Zusätzliche digitale Inhalte für Sie!

Dieses Buch bietet Ihnen mehr als nur eine gedruckte Version! Nutzen Sie die folgenden Möglichkeiten, die Ihnen für dieses Produkt in der NWB Datenbank zur Verfügung stehen.

@ Online-Version

Sie haben das gedruckte Exemplar Ihres Buches nicht zur Hand oder möchten etwas schnell recherchieren? Dann nutzen Sie die Online-Version Ihres Buches. Diese steht Ihnen nach Eingabe des folgenden Freischaltcodes direkt zur Verfügung.

Schalten Sie sich das Buch inklusive Mehrwert direkt frei.

Scannen Sie den QR-Code **oder** rufen Sie die Seite www.nwb.de auf.
Geben Sie den Freischaltcode ein und folgen Sie dem Anmeldedialog. Fertig!

Ihr Freischaltcode

CHKA-MPGU-FPDF-CCNA-UJCL-FI

www.nwb.de

Besteuerung von Betriebsstätten – Ein fallbasierter Einstieg

van der Ham (Hrsg.)

Unter Mitarbeit von Beratern, Unternehmensvertretern und Vertretern aus der Finanzverwaltung

nwb

ISBN 978-3-482-**68071**-7 - 1., unveränderter Nachdruck 2025

NWB Verlag GmbH & Co. KG
Eschstr. 22
44629 Herne
service@nwb.de

Satz: Reemers Publishing Services GmbH, Krefeld

Druck: Elanders Waiblingen GmbH, Waiblingen

Um eine gute Lesbarkeit zu gewährleisten, verwenden wir in Fachtexten in der Regel geschlechtsspezifische Personenbezeichnungen. Selbstverständlich sind damit alle Menschen gleichermaßen gemeint.

VORWORT

Herzlich willkommen zu „Betriebsstätten – ein fallbasierter Einstieg", dem zweiten Buch in unserer Reihe von praxisorientierten Handbüchern. In diesem Buch widmen wir uns einem Thema, welches seit Langem einen Brennpunkt des internationalen Steuerrechts darstellt: Betriebsstätten.

Betriebsstätten sind ein komplexes Thema, das sowohl für Praktiker als auch für Studenten, Controller, Wirtschaftswissenschaftler und Steuerberater von großer Bedeutung ist. Mit diesem Buch möchten wir Ihnen einen fundierten Einstieg in die Materie bieten und Ihnen helfen, sich in das Thema Betriebsstätten einzuarbeiten.

Unser Ansatz in diesem Buch ist fallbasiert. Jedes Kapitel enthält zahlreiche praktische Beispiele, die Ihnen dabei helfen sollen, die theoretischen Konzepte zu verstehen und in der Praxis anzuwenden. Wir beleuchten verschiedene Betriebsstättentatbestände sowohl dem Grunde als auch der Höhe nach, um Ihnen ein umfassendes Verständnis zu vermitteln.

Dieses Buch setzt unsere Reihe von Handbüchern fort, die speziell für die Praxis geschrieben wurden. Das erste Buch dieser Reihe, das sich mit dem Thema „Verrechnungspreise" befasst, ist ebenfalls im NWB Verlag erschienen. Wir hoffen, dass Ihnen auch dieses Buch dabei hilft, Ihr Wissen zu erweitern und Ihre Fähigkeiten in diesem Bereich zu stärken.

Das Buch wurde von Praktikern für Praktiker geschrieben. Zu den Autoren gehören Berater, Unternehmensvertreter und Vertreter der Finanzverwaltung. Wir möchten uns bei allen Autoren, Experten und Unterstützern bedanken, die zu diesem Buch beigetragen haben. Ihr Fachwissen und Ihre Erfahrung haben es ermöglicht, ein Werk zu schaffen, das sowohl praxisnah als auch fundiert ist.

Abschließend möchten wir Ihnen viel Erfolg bei der Auseinandersetzung mit dem Thema Betriebsstätten wünschen. Möge dieses Buch Ihnen dabei helfen, Ihre Kenntnisse zu vertiefen und neue Einsichten zu gewinnen.

Düsseldorf, im September 2024

Susann van der Ham und Ihr Team vom NWB Verlag

INHALTSÜBERSICHT

INHALTSVERZEICHNIS

Seite

6. BAU- UND MONTAGEBETRIEBSSTÄTTEN

7. DIE GESCHÄFTSLEITUNGSBETRIEBSSTÄTTE – VIEL WIND UM NICHTS?

Seite

11. BANKBETRIEBSSTÄTTE

Seite

14. HILFS- UND NEBENRECHNUNG UND WEITERE DOKUMENTATIONSVORSCHRIFTEN

ABBILDUNGSVERZEICHNIS

Seite

Kapitel 4

Kapitel 8

IHRE HERAUSGEBER UND AUTOREN

Susann van der Ham, Diplom-Kauffrau und Steuerberaterin, ist Partnerin Tax Transfer Pricing, EMEA Consumer Market Tax Leader bei PwC in Düsseldorf.

Lukas Bühl, LL.M. ist Senior Manager Tax & Legal, Transfer Pricing bei PwC in Köln.

Yunbing Chen ist Associate bei PwC in Düsseldorf.

Jaime Fiscal ist Steuerberater und hat mehrjährige Erfahrung im Bereich Financial Services Transfer Pricing.

Gerrit Halbach ist Partner Transfer Pricing bei PwC in Berlin.

Sascha Kley LL.M. ist Manager Transfer Pricing bei PwC in Frankfurt am Main.

Alisa König ist Senior Associate bei PwC in Stuttgart.

Jannis Lülf ist Senior Manager Transfer Pricing bei PwC in Frankfurt am Main.

Moritz Mühlhausen ist Partner International Tax bei PwC in Düsseldorf und Köln.

Christoph Ott ist Referent beim Bundesministerium der Finanzen in Berlin.

Daniel Retzer ist Steuerberater und Director bei PwC in Düsseldorf.

Dr. Isabel Ruhmer ist Partnerin Transfer Pricing bei PwC in Stuttgart.

Andreas Saliger ist Bediensteter der Steuerverwaltung.

Fritz Schröter ist Steuerberater und Senior Manager bei PwC in Frankfurt am Main.

Dr. Jesko Thiede ist Steuerberater bei der Immunitas Steuerberatungsgesellschaft.

Caroline Wies ist Senior Managerin Transfer Pricing bei PwC in Köln.

1. Einordnung und Überblick über das Buch

von Susann van der Ham[1]

1.1. Historische Einordnung

Man könnte sagen, dass Betriebsstätten fast genauso alt sind wie das internationale Steuerrecht. Immerhin fand sich der Betriebsstättenbegriff bereits im ältesten modernen Doppelbesteuerungsabkommen der Welt.[2] Dieses wurde zwischen dem Königreich Preußen und dem Königreich Sachsen geschlossen und am 16.4.1869 in Berlin unterzeichnet.[3]

In Art. 1 DBA Preußen-Sachsen 1869 wurde bereits geregelt, dass *„die beiderseitigen Staatsangehörigen vorbehaltlich der Artikel 2-4 nur in demjenigen Staate zu direkten Staatssteuern heranzuziehen sind, welchem sie als Untertanen angehören."* Ähnlich wie das Besteuerungsprinzip der Vereinigten Staaten war somit im ersten DBA zunächst eine prinzipielle Besteuerung des Welteinkommens anhand der Staatsangehörigkeit vorgesehen. Allerdings ging das Besteuerungsrecht nach fünf Jahren auf den Ansässigkeitsstaat über, sofern *„...ein Untertan des einen Staats in dem anderen Staate seinen dauernden Wohnsitz und Aufenthalt (nimmt), ohne die Staatsangehörigkeit daselbst zu erwerben"*.[4]

Hiervon wurden jedoch verschiedene Ausnahmen geregelt. So enthielt Art. 2 DBA Preußen-Sachsen 1869 folgende Regelung: *„Steuern vom Grundbesitz sowie vom Betriebe eines stehenden Gewerbes (von gewerblichen oder Handelsanlagen) und von dem aus diesen Quellen herrührenden Einkommen, werden nur in dem Staate bezahlt, in welchem diese Liegenschaften sich befinden, oder in welchem dieses Gewerbe ausgeübt wird."* Zum einen sollten also Einkünfte aus unbeweglichen Vermögen nur im Belegenheitsstaat besteuert werden. Zum anderen findet sich hier die erste Definition der Betriebsstätte und ein Besteuerungsrecht des Quellenstaats für die Einkünfte, die der Betriebsstätte zuzuordnen sind. Bemerkenswert ist dabei, dass diese Regelungen den aktuellen Grundsätzen der Art. 5 und 6 des OECD-MA doch recht ähnlich sind.

Um eine Doppelbesteuerung zu vermeiden, sah das DBA Preußen-Sachsen 1869 in Art. 2 Satz 2 Folgendes vor: *„Bei der Besteuerung des ganzen Einkommens in dem nach Artikel 1 berechtigtem Staate ist das Einkommen aus diesen Quellen, soweit des demgemäß bereits*

1 Susann van der Ham, Diplom-Kauffrau und Steuerberaterin, ist Partnerin Tax Transfer Pricing, EMEA Consumer Market Tax Leader bei PwC in Düsseldorf.

2 Vgl. Kippenberg, IStR 24/2006 S. II.

3 Vertrag zwischen Sachsen und Preußen vom 16.4.1869, die Beseitigung von Doppelbesteuerung sowie die Besteuerung des ambulanten Gewerbes betreffend. Vgl. Kippenberg, IStR 24/2006 S. II.

4 Vgl. Art. 1 Satz 2 DBA Preußen-Sachsen 1969.

in dem anderen Staate mit Steuern belegt ist, zu verschonen, beziehentlich die von solchen Quellen in dem anderen Staate nachweislich erhobenen Steuern von dem Ganzen ausgeworfenen Einkommensteuer-Betrag des nach Artikel 1 berechtigten Staate in Abzug zu bringen." Die Freistellungs- und die Anrechnungsmethode wurden genauso bereits verankert wie eine Subject-to-tax-Klausel.

Leider trat dieses erste DBA bereits nach ca. einem Jahr gemäß dem Schlussprotokoll außer Kraft,[1] da am 13.5.1870 der Norddeutsche Bund ein Doppelbesteuerungsgesetz verabschiedete, welches am 1.1.1871 in Kraft trat.[2] Dieses Doppelbesteuerungsgesetz enthielt in § 3 eine analoge Vorschrift für das Besteuerungsrecht des Quellenstaats im Falle des Betriebs eines Gewerbes. Somit wurde der erste Betriebsstättenbegriff entsprechend übernommen und fand sich später auch im DBA Preußen-Österreich von 1899 wieder.

Nach dem ersten Weltkrieg wurde das Thema Doppelbesteuerung vom Völkerbund wieder aufgenommen. Der Finanzausschuss des Völkerbunds beauftragte 1921 vier Ökonomen damit, die Auswirkungen der Doppelbesteuerung zu untersuchen. Der Ergebnisbericht wurde 1923 veröffentlicht, blieb aber weitgehend wirkungslos. [3] Ein 1922 berufenes Gremium erarbeitete dann bis 1946 verschiedene Abkommensmuster zur Beseitigung der Doppelbesteuerung. Erst 1963 – fast 100 Jahre nach dem ersten modernen DBA – legte die OECD einen zusammengefassten Bericht vor, dem ein erstes OECD-Musterabkommen und ein OECD-Musterkommentar als Anlage beigefügt waren.[4]

In der jüngeren Historie stand u. a. der Betriebsstättenbegriff im Fokus des OECD Base Erosion Profit Shifting (BEPS) Projekts. Am 15.10.2015 wurde der Abschlussbericht zu Aktionspunkt 7 vorgelegt, der eine umfangreiche Überarbeitung des Betriebsstättenbegriff enthielt.[5] Diese Änderungen haben mittlerweile ihren Eingang in das OECD-MA von 2017 bzw. 2022 erhalten.[6]

1 Vgl. Kippenberg, IStR 24/2006 S. II. Im vorletzten Satz des Schlussprotokolls war geregelt worden, dass die Übereinkunft an dem Tage außer Kraft tritt, an dem bundesgesetzliche Bestimmungen über die Beseitigung der doppelten Besteuerung von Bundesangehörigen Wirksamkeit erlangen.

2 Vgl. https://de.wikisource.org/wiki/Gesetz_wegen_Beseitigung_der_Doppelbesteuerung.

3 Vgl. https://www.nzz.ch/feuilleton/die-steuerrevolution-begann-vor-hundert-jahren-in-genf-der-gruender-geist-ist-heute-aber-verflogen-ld.1730102; Lehner in Vogel/Lehner, DBA, 7. Aufl. 2021, Grundlagen des Abkommensrechts, Abschnitt A. 3. a) Das OECD-Musterabkommen, Rz. 33.

4 Vgl. Lehner in Vogel/Lehner, DBA, 7. Aufl. 2021, Grundlagen des Abkommensrechts, Abschnitt A. 3. a) Das OECD-Musterabkommen, Rz. 34.

5 Vgl. https://www.oecd-ilibrary.org/taxation/preventing-the-artificial-avoidance-of-permanent-establishment-status-action-7-2015-final-report_9789264241220-en.

6 Vgl. https://www.oecd.org/berlin/publikationen/oecd-musterabkommenzurvermeidungvondoppelbesteuerung.htm.

1.2. Heutige Relevanz des Themas der Betriebsstätten für die Praxis

An das Vorliegen einer Betriebsstätte knüpfen im nationalen und internationalen Steuerrecht bestimmte Besteuerungsrechte bzw. -pflichten. Deshalb ist die steuerliche Strategie von international tätigen Unternehmen nicht selten auf die Vermeidung von Betriebsstätten ausgerichtet. Gleichzeitig gehören die Fragen, ob ein Unternehmen in einem anderen Staat eine Betriebsstätte dem Grunde nach und damit eine beschränkte Steuerpflicht begründet und welche Einkünfte einer Betriebsstätte zuzuordnen sind, zu den häufigsten Ursachen für internationale Besteuerungskonflikte.

Vor diesem Hintergrund hatte sich die OECD im Rahmen des Aktionspunkts 7 des BEPS-Projekts eine Überprüfung des Betriebsstättenbegriffs im OECD-MA vorgenommen. Insbesondere sollte analysiert werden, inwieweit die bis dahin geltende Definition schädliche Steuervermeidungspraktiken befördere und inwieweit diese Praktiken durch eine Überarbeitung der Definition zukünftig verhindert werden können.[1] Der wesentliche Fokus lag dabei auf dem Vertreterbetriebsstättenbegriff und auf den Ausnahmevorschriften für Hilfstätigkeiten und Tätigkeiten vorbereitender Art.

In Zeiten von COVID-19 und den folgenden Jahren ist allerdings ein anderes Thema viel stärker in den Fokus gerückt. Aufgrund der Veränderungen in der Arbeitswelt, die Möglichkeit des virtuellen Arbeitens über Standorte und Ländergrenzen hinweg und die stark zugenommene Tätigkeit im Homeoffice steht der Betriebsstättengrundtatbestand der Geschäftseinrichtungsbetriebsstätte nun wieder stärker im Mittelpunkt der Diskussionen. Komplex sind hierbei die sehr stark divergierenden Sichtweisen und Interpretationen der Anwenderstaaten und die Implikationen über die beschränkte Steuerpflicht des Unternehmens hinaus, die das Vorliegen einer Betriebsstätte für andere Fragestellungen wie beispielsweise lohnsteuerliche Verpflichtungen sowie das Sozialversicherungs-, das Aufenthalts- und das Arbeitsrecht haben kann.

1.3. Vorstellung der Kapitelstruktur und des Aufbaus des Buches

1.3.1. Zielsetzung des Buches

Das vorliegende Buch wurde von Praktikern für Praktiker geschrieben. Zu den Autoren gehören Berater, Unternehmensvertreter und Vertreter der Finanzverwaltung. Das Buch soll Studenten, Controllern, Wirtschaftswissenschaftlern, Steuerberatern and anderen

1 Vgl. OECD, OECD/G20 Base Erosion and Profit Shifting Project. Preventing the Artificial Avoidance of Permanent Establishment Status, Action 7 – 2015 Final Report, 2015, S. 9.

Interessierten einen fundierten Einstieg in die Materie bieten und helfen, sich in das komplexe Thema Betriebsstätten einzuarbeiten.

Jedes Kapitel im Hauptteil des Buches enthält entweder zahlreiche Anwendungsbeispiele für einzelne Vorschriften oder basiert auf einer zentralen Fallstudie mit umfangreichen Lösungshinweisen. Im Folgenden soll ein inhaltlicher Überblick über die einzelnen Kapitel und die jeweiligen Schwerpunkte gegeben werden.

1.3.2. Die Reise beginnt: Steuerliche Relevanz und ertragsteuerliche Besteuerungssystematik

Die Reise beginnt in **Kapitel 2** mit einer Einordnung des Konzepts der „Betriebsstätte" im nationalen und internationalen Steuerrecht insbesondere im Hinblick auf die Verteilung der Besteuerungsrechte. Hierbei ist vor allem § 49 Abs. 1 Nr. 2 Buchst. a EStG relevant, da er eine beschränkte Steuerpflicht bei Ausübung einer gewerblichen Tätigkeit durch eine Betriebsstätte in Deutschland begründet. Das Kapitel gibt auch einen Überblick über die Bedeutung der Betriebsstätte in anderen Zusammenhängen, wie z. B. die Nichtabzugsfähigkeit von Pendlerkosten zwischen Wohnort und Betriebsstätte und die Verpflichtung der Arbeitgeber, Lohnsteuer einzubehalten, wenn sie eine Betriebsstätte in Deutschland haben. Insgesamt bietet das Kapitel einen umfassenden Überblick und hebt die Komplexität und ungelöste Probleme bei der Besteuerung von Betriebsstätten hervor, die in der Praxis Herausforderungen darstellen können.

1.3.3. Grundlagen: Betriebsstättentatbestände

Die Kapitel 3–7 behandeln die in der Praxis am häufigsten auftretenden Betriebsstättentätbestände. Dem Betriebsstättengrundtatbestand der Geschäftseinrichtungsbetriebsstätte sind gleich zwei Kapitel gewidmet.

Kapitel 3 befasst sich mit der **Geschäftseinrichtungsbetriebsstätte dem Grunde** nach und basiert die Erläuterungen auf zwei zentralen Fallbeispielen. Eine Geschäftseinrichtungsbetriebsstätte bezieht sich auf einen festen Geschäftsort oder eine Einrichtung, die den Aktivitäten eines Unternehmens dient. Dies kann beispielsweise ein Büro, eine Fabrik, ein Lager oder ein Verkaufsstandort sein. Eine Geschäftseinrichtungsbetriebsstätte wird definiert durch objektive Tatbestandsmerkmale, wie z. B. das Vorhandensein einer physischen Einrichtung oder Anlage, die dem Unternehmen gehört oder von ihm genutzt wird. Darüber hinaus stellt die Verfügungsmacht über die Einrichtung ein wesentliches Kriterium für das Vorliegen einer Geschäftseinrichtungsbetriebsstätte dar.

In **Kapitel 4** werden dann die allgemeinen Grundsätze für die **Betriebsstättengewinnabgrenzung** thematisiert. Grenzüberschreitende Betriebsstättensachverhalte erfordern die Ausscheidung des fremdüblichen Anteils an einem Gesamtgewinn auf eine ausländische Betriebsstätte (Outbound-Fall, Betriebsstättengewinnaufteilung) oder die Ermittlung eines einer inländischen Betriebsstätte zuzurechnenden Gewinnes (Inbound-Fall, Betriebsstättengewinnermittlung). Beide Konstellationen, d.h. der Outbound- und der Inbound-Fall, werden in dem Kapitel detailliert dargestellt, wobei hierbei mit vielen Beispielen gearbeitet wird.

Neben dem Grundtatbestand sind in der Praxis häufig **Vertreterbetriebsstätten (Kapitel 5)**, **Bau- und Montagebetriebsstätten (Kapitel 6)** und die **Geschäftsleitungsbetriebsstätte (Kapitel 7)** anzutreffen. Alle drei Kapitel arbeiten mit anschaulichen Fallstudien und entsprechenden Lösungshinweisen.

1.3.4. Weitere Betriebsstättenfragestellungen und Sondertatbestände

In diesem Abschnitt des Buches werden weitere Betriebsstättenfragestellungen und Sondertatbestände behandelt.

Kapitel 8 startet mit dem Thema **New Work – Homeoffice, Remote Work & Matrix-Strukturen** und reflektiert, welche besonderen Betriebsstättenfragestellungen sich mit den neuen Arbeitswelten ergeben. Der Abschnitt beginnt mit einer Darstellung der Veränderungen der modernen Arbeitslandschaft und untersucht anschließend hiermit zusammenhängende Betriebsstättenrisiken dem Grunde und der Höhe nach. Abschließend werden Praxiseinblicke und spezielle Herausforderungen beleuchtet.

Herausforderungen von ganz anderer Art sind mit sogenannten **personallosen bzw. funktionslosen Betriebsstätten** verbunden, die in **Kapitel 9** beleuchtet werden. Das sind Betriebsstätten, die aufgrund einer festen Geschäftseinrichtung im anderen Staat begründet werden, denen jedoch keinerlei Personalfunktion zugeordnet werden kann. Beispiele für solche Betriebsstätten sind Windparks, Solarparks, Pipelines bzw. Rohrleitungen und Server. Dieser Sachverhalt kann für unterschiedliche Branchen und Industrien relevant sein. Neben den Produzenten von Energie aus erneuerbaren Quellen, Transporteuren von Öl und Gas oder Vertretern der Chemieindustrie können auch Plattformgeschäftsmodelle und Online-Händler sowie große Internetkonzerne von dieser Fragestellung betroffen sein. In der Praxis stellt die Gewinnabgrenzung von personallosen Betriebsstätten eine wesentliche Herausforderung dar und sorgt für einige Besteuerungskonflikte und entsprechende Verfahren, die derzeit beim BFH anhängig sind.

Echte Dienstleistungsbetriebsstätten sind für deutsche Unternehmen nur dann relevant, wenn sie in den fünf Ländern tätig sind, in denen das aktuelle DBA mit Deutschland diesen besonderen Betriebsstättentatbestand enthält bzw. regelt. Das wichtigste Land hierbei ist China. **Kapitel 10** untersucht anhand eines recht anschaulichen Beispielfalls die besonderen Herausforderungen der **Dienstleistungsbetriebsstätten**.

Kapitel 11 und **Kapitel 12** sind industriespezifischen Betriebsstättentatbeständen gewidmet, den **Bankenbetriebsstätten** und den **Versicherungsbetriebsstätten**.

Den Abschluss dieses Abschnitts bilden in **Kapitel 13** die **Betriebsstättenausnahmen**, die in Art. 5 Abs. 4 OECD-MA geregelt sind. Sie beziehen sich auf bestimmte Situationen, in denen eine Person oder ein Unternehmen in einem anderen Land tätig ist, aber trotz Vorliegens der Tatbestandsvoraussetzungen keine Betriebsstätte in diesem Land begründet. Hintergrund für diese Ausnahmeregelungen sind Erwägungen im Hinblick auf die Verwaltungseffizienz, denn nicht jede geringfügige Tätigkeit in einem anderen Staat rechtfertigt den hohen Aufwand für die Finanzverwaltung und den Steuerpflichtigen, der mit der beschränkten Besteuerungspflicht verbunden ist.

1.3.5. Compliance

Der letzte Abschnitt des Buches befasst sich in **Kapitel 14** mit steuerlichen Regelungen zur Compliance. Anhand eines ausführlichen Fallbeispiels wird zum einen die Erstellung einer **Hilfs- und Nebenrechnung** für Zwecke der Einkunftsabgrenzung erläutert. Anschließend werden zum anderen die **Dokumentationspflichten** dargestellt.

1.4. Fazit und Ausblick

Das Buch „Betriebsstätten – ein fallbasierter Einstieg" bietet einen guten Einstieg in das komplexe Thema der Betriebsstätten anhand zahlreicher Beispiele und Fallstudien. Es richtet sich insbesondere an Praktiker, die mit Betriebsstättenfragen konfrontiert sind und einen fundierten Überblick über das Thema erhalten möchten.

Das Buch behandelt verschiedene Aspekte der Betriebsstätte und bietet praxisnahe Lösungsansätze für häufig auftretende Fragestellungen. Es vermittelt ein Verständnis für die Grundlagen und die rechtlichen Rahmenbedingungen im Zusammenhang mit Betriebsstätten.

Allerdings ist zu beachten, dass das Buch nicht alle möglichen Fragestellungen abdecken kann, die in der Praxis auftreten können. Insbesondere bleiben Themen wie Betriebsstätten im Kontext digitaler Geschäftsmodelle, komplexe Betriebsstättenfälle und deren Abbildung in der Hilfs- und Nebenrechnung sowie rechtliche Fragen im Zusammenhang mit der Reichweite der Korrekturvorschriften in § 1 Abs. 5 AStG offen.

Trotz dieser offenen Fragen bietet das Buch einen wertvollen Einblick in das Thema Betriebsstätten und dient als nützliches Nachschlagewerk für Praktiker. Es ist jedoch ratsam, sich bei spezifischen und komplexen Fragestellungen zusätzlich mit Fachexperten oder Steuerberatern auszutauschen, um eine umfassende Beratung zu erhalten.

2. Ertragsteuerliche Besteuerungssystematik

von Moritz Mühlhausen[1]

LITERATUR:

Becker/van der Ham/Mühlhausen, Ertragsbesteuerung digitaler Geschäftsmodelle deutscher Unternehmen im Outbound-Fall, IStR 2019 S. 524; *Becker/van der Ham/Mühlhausen*, Grundfragen der Ertragsbesteuerung digitaler Geschäftsmodelle, BB 2019 S. 1623; *Blumers*, Die personallose Betriebsstätte, DB 2023 S. 1121; *Brandis/Heuermann*, EStG, 167. Erg.-Lfg. 2023; *Esterer*, Der Betriebsstättenbegriff im DBA und seine schleichende Auflösung in Festschrift Wassermeyer, 2015,; *Frotscher*, Internationales Steuerrecht, 5. Aufl. 2020; *Gosch*, AO/FGO, 176. Erg.-Lfg. 2023; *Hübschmann/Hepp/Spitaler*, AO/FGO, 274. Erg.-Lfg. 2023; *Klein*, AO, 16. Aufl. 2022; *Kroppen*, Betriebsstätte – Quo vadis?, IWB 15/2005 S. 1866; *Lenski/Steinberg*, GewStG, 146. Erg.-Lfg. 2023; *Mennel/Förster*, Steuern in Europa, Amerika und Asien, 135. Erg.-Lfg. 2023; *Nientimp/Schwarz/Stein*, Einkünfteermittlung nach dem AOA – Plädoyer für eine einheitliche Anwendung des Fremdvergleichsgrundsatzes, IStR 2016 S. 487; *Rasch/Rosenberger/Brülisauer*, Auswirkungen dezentraler Homeoffice-Tätigkeiten auf die Betriebsstättenbegründung, Gewinnzuordnung und die Besteuerung der Arbeitnehmer, IStR-Beihefter 10/2021 S. 1; *Satish/Dayal*, Indien: Rechtsauffassung des Supreme Court hinsichtlich des Betriebsstättenbegriffs im Abkommensrecht, IStR-LB 2017 S. 91; *Schmidt*, EStG, 42. Aufl. 2023; *Sölch/Ringleb*, UstG, 98. Erg.-Lfg. 2023; *van der Ham*, Update zu Pillar One: OECD-Fortschrittsbericht, Tax Certainty Framework und Dispute Resolution, IStR 2022 S. 746; *van der Ham/Retzer*, Anmerkung zu FG Nürnberg, Urteil v. 27.9.2022 - 1 K 1595/20, IStR 2023 S. 211; *Vogel/Lehner*, DBA, 7. Aufl. 2021; *Wassermeyer*, DBA, 161. Erg.-Lfg 2023; *Wassermeyer/Schwenke*, OECD-MA, 161. Erg.-Lfg. 2023; *Wendt/Suchanek/Möllmann/Heinemann*, GewStG, 2. Aufl. 2022.

2.1. Einleitung

Der Begriff der „Betriebsstätte" ist sowohl im nationalen als auch im internationalen Steuerrecht ein zentraler Anknüpfungspunkt für die Ertragsbesteuerung und die internationale Aufteilung der Besteuerungsrechte. Die Qualifikation unternehmerischer Aktivität als Betriebsstätte ist für ertragsteuerliche Zwecke insbesondere für die Gewinnabgrenzung und Zuteilung von Besteuerungsrechten entscheidend. Weiterhin ist die Betriebsstätte auch für Lohnsteuer, Erbschaft- und Umsatzsteuer relevant.

Neben der grundlegenden Frage, wann eine Betriebsstätte im Einzelfall vorliegt, stellt sich im Ertragsteuerrecht die Frage nach der zutreffenden Gewinnermittlung. Diese ist bei Betriebsstätten strukturell komplexer als bei alternativer Gründung einer Tochterkapitalgesellschaft zu beantworten. Insbesondere die Vielzahl an ungeklärten steuerrechtlichen Fragen und die noch nicht ausdifferenzierte internationale Abstimmung der Betriebsstättenbesteuerung können in der Praxis zu Problemen führen.

1 Moritz Mühlhausen ist Partner International Tax bei PwC in Düsseldorf und Köln.

Der folgende Beitrag gibt einen Überblick über die Systematik und praktische Bedeutung des Bestehens einer Betriebsstätte in unterschiedlichen (Steuer-)Rechtsgebieten, ausgewählte Abgrenzungsfragen zum Vorliegen einer Betriebsstätte und die strukturelle Ausgestaltung der Gewinnermittlung für Betriebsstätten.

2.2. Funktion und Bedeutung von Betriebsstätten im nationalen Steuerrecht

Die zentrale Definition der Betriebsstätte im deutschen Steuerrecht findet sich in § 12 AO. Demnach handelt es sich um eine „feste Geschäftseinrichtung, die der Tätigkeit eines Unternehmens dient". Es folgen einige Regelbeispiele, die stets als Betriebsstätte zu qualifizieren sind.[1] Hierzu zählt beispielweise der Ort der Geschäftsleitung oder ein Warenlager.

Im Ertragsteuerrecht finden sich eine Vielzahl von Vorschriften, die an das Bestehen einer Betriebsstätte i. S. des § 12 AO anknüpfen. Im internationalen Steuerrecht ist hierbei insbesondere § 49 Abs. 1 Nr. 2 Buchst. a EStG zu nennen. Nach dieser Vorschrift kommt es zu einer beschränkten Steuerpflicht, wenn im Inland eine gewerbliche Tätigkeit durch eine Betriebsstätte ausgeübt wird. Bei nicht im Inland ansässigen Steuerpflichtigen bedarf es somit einer gewissen Verfestigung und Verstetigung der gewerblichen Tätigkeit, um zu einer beschränkten Steuerpflicht zu kommen. Nur lose, fallweise geschäftliche Beziehungen zum Inland führen dagegen nicht zwangsläufig zu einer beschränkten Steuerpflicht. Die Betriebsstätte dient somit dazu, den Grad an Inlandsbezug bei einer gewerblichen Tätigkeit zu bestimmen, ab dem ein inländischer Besteuerungszugriff erfolgen soll.[2] Gleiches gilt für die selbstständige Tätigkeit (§ 49 Abs. 1 Nr. 3 EStG).

Hierbei ist jedoch zu beachten, dass es je nach Art der ausgeübten Tätigkeit auch ohne Vorliegen einer Betriebsstätte zu einer beschränkten Steuerpflicht im Inland kommen kann. Das ist beispielsweise bei künstlerischen, sportlichen, artistischen, unterhaltenden oder ähnlichen Darbietungen im Inland der Fall (§ 49 Abs. 1 Nr. 2 Buchst. d EStG). Im internationalen Steuerrecht sehr relevant ist weiterhin die beschränkte Steuerpflicht nach § 49 Abs. 1 Nr. 2 Buchst. f EStG bei Vermietung und Verpachtung von unbeweglichem Vermögen, Sachinbegriffen oder Rechten. Nach dieser Norm kommt es u. a. bei Rechteüberlassung zur beschränkten Steuerpflicht, wenn diese in einer inländischen Betriebsstätte verwertet werden. Allerdings kann auch ohne eine Betriebsstätte eine Steuerpflicht im Inland entstehen. Es reicht hierzu aus, dass die überlassenen Rechte

1 Vgl. dazu ausführlich Musil in Hübschmann/Hepp/Spitaler, AO/FGO, 274. Erg.-Lfg. 2023, § 12 AO Rz. 25.

2 Vgl. zu Art. 5 OECD-MA Görl/Gradl in Vogel/Lehner, DBA, 7. Aufl. 2021, Art. 5 OECD-MA Rz. 2 mit Hinweis auf BFH, Urteil v. 21.4.1999 - I R 99–97, BStBl 1999 II S. 694.

in ein inländisches Register eingetragen sind. Nach Auffassung der Finanzverwaltung ist in diesen Fällen kein weiterer Inlandsbezug erforderlich.[1]

Spiegelbildich verweist auch § 34d EStG, in dem ausländische Einkünfte definiert werden, auf das Bestehen einer ausländischen Betriebsstätte (§ 34d Nr. 2 Buchst. a EStG). Bei Erzielung gewerblicher Einkünfte im Ausland gelten diese grds. nur dann als ausländische Einkünfte, wenn sie durch eine ausländische Betriebsstätte erzielt werden.[2] Auch von diesem Grundsatz gibt es wiederum Ausnahmen, beispielsweise für gewerbliche Einkünfte, die durch die Veräußerung bestimmten ausländischen Vermögens oder ausländischer Anteile erzielt werden (§ 34d Nr. 2 Buchst. a i. V. mit Nr. 4 EStG. Gleiches gilt für ausländische Einkünfte aus selbstständiger Arbeit (§ 34d Nr. 3 EStG).

Relevant ist die Qualifikation als „ausländische Einkünfte" insbesondere für die Anrechnung oder den Abzug ausländischer Steuern nach § 34c EStG. Die Anrechnung ausländischer Steuern setzt grds. voraus, dass zugehörige ausländische Einkünfte i. S. des § 34d EStG vorliegen (§ 34c Abs. 1 Satz 1 EStG).[3]

Neben der Funktion als Anknüpfungspunkt zur Besteuerung in grenzüberschreitenden Sachverhalten ist der Begriff „Betriebsstätte" im Einkommensteuerrecht auch in anderen Zusammenhängen relevant. So nennt beispielsweise § 4 Abs. 5 Nr. 6 EStG, der die grundsätzliche Nichtabzugsfähigkeit von Aufwendungen für Fahrten zwischen Wohnung und Betriebsstätte regelt, ebenfalls diesen Begriff. Allerdings ist zu beachten, dass der Begriff „Betriebsstätte" für Zwecke dieser Vorschrift normspezifisch auszulegen ist und insoweit nicht auf § 12 AO zurückgegriffen werden kann.[4]

Im internationalen Lohnsteuerkontext ist darüber hinaus noch die Vorschrift des § 38 Abs. 1 Satz 1 Nr. 1 EStG zu nennen. Nach dieser Norm ist ein Arbeitgeber zum Abzug von Lohnsteuer verpflichtet, wenn dieser im Inland seine Geschäftsleitung, seinen Sitz oder eine Betriebsstätte hat. Besteht im Inland eine Betriebsstätte eines ausländischen Unternehmens, qualifiziert diese als „inländischer Arbeitgeber" und ist somit grds. zum Einbehalt von Lohnsteuer verpflichtet. Ein praktischer „Fallstrick" dieser Regelung liegt darin, dass nach Art. 15 Abs. 2 Buchst. c OECD-MA auch ohne eine Mindestanzahl von Arbeitstagen im Inland („183-Tage-Regelung") eine inländische Steuerpflicht besteht, soweit die Vergütungen von der Betriebsstätte getragen wurden. Im Extremfall reicht somit selbst im DBA-Fall eine eintägige Dienstreise aus dem ausländischen

1 Vgl. zur Übersicht über Literatur- und BMF-Auffassung Loschelder in Schmidt, EStG, 42. Aufl. 2023, § 49 EStG Rz. 56.

2 Vgl. Wagner in Brandis/Heuermann, EStG, 167. Erg.-Lfg. 2023, § 34d EStG Rz. 25 ff.

3 Vgl. Heinicke in Schmidt, EStG, 42. Aufl. 2023, § 34c EStG Rz. 11.

4 Vgl. Gersch in Klein, AO, 16. Aufl. 2022, § 12 AO Rz. 1; Drüen in Brandis/Heuermann, EStG, 167. Erg.-Lfg. 2023, § 4 EStG Rz. 805; BFH, Urteil v. 19.9.1990 - XR 44/89, BStBl 1991 II S. 97; BFH, Urteil v. 13.5.2015 – III R 59/13, BFH/NV 2015 S. 1365 HAAAE-99376 Rz. 25.

Stammhaus in die inländische Betriebsstätte aus, um eine inländische Lohnsteuerpflicht zu begründen (sog. „PE-Traveller“).[1] Angesichts der geringen Anforderungen an das Bestehen einer Betriebsstätte (dazu siehe Ott in Kapitel 3), die ggf. ungewollt und zunächst unerkannt begründet wird, können die Folgen dieser Regelung praktisch sowohl für das Unternehmen als auch die betroffenen Mitarbeiter erheblich sein.

Neben dem Einkommen- und Körperschaftsteuerrecht ist der Begriff „Betriebsstätte“ für die Gewerbesteuer von hoher praktischer Relevanz. Steuerobjekt der Gewerbesteuer ist nach § 2 Abs. 1 Satz 1 GewStG jeder stehende Gewerbebetrieb, soweit er im Inland betrieben wird. Nach § 2 Abs. 1 Satz 3 GewStG ist das der Fall, soweit für den Gewerbebetrieb im Inland eine Betriebsstätte unterhalten wird. Ob eine inländische Betriebsstätte besteht, entscheidet somit über die sachliche Gewerbesteuerpflicht.[2]

Analog zum internationalen Steuerrecht entscheidet das Bestehen einer Betriebsstätte für gewerbesteuerliche Zwecke nach § 4 GewStG weiterhin darüber, ob einer Gemeinde Gewerbesteuer zusteht. Somit ist auch für Zwecke der Gewerbesteuer ein gewisser Grad an Verfestigung und Konstanz in einer Gemeinde erforderlich, um eine Steuerpflicht zu begründen.[3] Bestehen mehrere Betriebsstätten in verschiedenen Gemeinden, ist die Gewerbesteuer auf die hebeberechtigten Gemeinden nach Maßgabe der §§ 28 ff. GewStG zu zerlegen. Punktuell enthält das Gewerbesteuerrecht mit der Fiktion einer Betriebsstätte bei Vorliegen einer Organschaft in § 2 Abs. 2 Satz 2 GewStG einen eigenen Betriebsstättenbegriff.[4]

Im Umsatzsteuerrecht wird ebenfalls der Begriff der Betriebsstätte verwendet. Relevant ist dieser insbesondere für die Bestimmung des Leistungsortes, beispielsweise in § 3a Abs. 1 Satz 2 UStG. Für Umsatzsteuerzwecke gilt jedoch eine eigene, von § 12 AO abweichende Betriebsstättendefinition, die auf Art. 11 Abs. 2 MwStVO zurückgeht.[5]

Auch außerhalb Deutschlands ist das Prinzip der Anknüpfung an Betriebsstätten für Zwecke lokaler Besteuerung bekannt. In der Schweiz wird die interkantonale Doppelbesteuerung ebenfalls durch das Anknüpfen an das Bestehen einer Betriebsstätte in einem Kanton vermieden.[6] Analog zu Deutschland gibt es im nationalen Schweizer Steuerrecht eine eigene Definition der Betriebsstätte, die allerdings – anders als in Deutschland – wesentlich enger als die Definition in Art. 5 OECD-MA ist.[7]

---

1 Vgl. Wassermeyer/Schwenke, OECD-MA, 161. Erg.-Lfg. 2023, Art. 15 OECD-MA Rz. 40.

2 Vgl. Keß in Lenski/Steinberg, GewStG, 146. Erg.-Lfg. 2023, § 2 GewStG Rz. 2501.

3 Vgl. Sarrazin in Lenski/Steinberg, GewStG, 146. Erg.-Lfg. 2023, § 4 GewStG Rz. 11.

4 Vgl. Kontny in Wendt/Suchanek/Möllmann/Heinemann, GewStG, 2. Aufl. 2022, § 2 GewStG Rz. 123.

5 Vgl. Wäger in Sölch/Ringleb, UStG, 98. Erg.-Lfg. 2023, § 3a UStG Rz. 63.

6 Vgl. Kolb in Mennel/Förster, Steuern in Europa, Amerika und Asien, 135. Erg.-Lfg. 2023, Schweiz Rz. 376 zur Vermögensteuer.

7 Vgl. Rasch/Rosenberger/Brülisauer, IStR-Beihefter zu 10/2021 S. 1, 6 ff.

In den USA bestehen eine Vielzahl verschiedener Einkommensteuern auf Bundesstaatsebene. Zur Begründung der Steuerpflicht in einem Bundessstaat ist ein „Nexus“ in diesem Staat erforderlich.[1] Die Definition des lokalen „Nexus“ unterscheidet sich zwischen den Staaten allerdings erheblich. Teils werden der Betriebsstätte verwandte Konzepte verwendet, teils andere Ansätze.[2]

2.3. Bedeutung zur Aufteilung von Besteuerungsrechten nach DBA

Besondere Bedeutung hat der Betriebsstättenbegriff weiterhin für die internationale Aufteilung von Besteuerungsrechten nach DBA. Der in Art. 5 OECD-MA verwendete Betriebsstättenbegriff entspricht weitgehend der deutschen Definition in Art. 12 AO. Im Detail gibt es aber einige Unterschiede, die regelmäßig zu einer engeren Betriebsstättendefinition im Abkommensrecht führen. Beispielsweise enthält Art. 5 OECD-MA Ausnahmen für vorbereitende Tätigkeiten und Hilfs- und Nebentätigkeiten, die eine Betriebsstätte ausschließen. Im deutschen Recht sind diese Ausnahmen nicht enthalten, so dass beispielsweise ein Warenlager nach § 12 Satz 2 Nr. 5 AO stets als Betriebsstätte qualifiziert, nach Art. 5 Abs. 4 OECD-MA dagegen nur, wenn die Schwelle der vorbereitenden bzw. Hilfs- und Nebentätigkeiten überschritten wird.

Weiterhin enthält Art. 5 OECD-MA eine Definition der Vertreterbetriebsstätte, die über den deutschen Betriebsstättenbegriff hinausgeht. Mit dem Begriff des „ständigen Vertreters“ in Art. 13 AO gibt es allerdings auch in Deutschland einen steuerlichen Anknüpfungspunkt für tatbestandsgemäße „Vertreter“. Dieser gilt allerdings nicht für § 2 GewStG (dazu siehe Thiede in Kapitel 5), so dass bei Vorliegen einer inländischen Vertreterbetriebsstätte nach Art. 5 OECD-MA, bei der keine für § 12 AO erforderlichen Tatbestandsmerkale erfüllt sind, lediglich eine Körperschaft- oder Einkommensteuerpflicht, aber keine Gewerbesteuerpflicht begründet werden kann.

Art. 6 OECD-MA zur Vermeidung der Doppelbesteuerung auf dem Gebiet der Nachlass-, Erbschaft- und Schenkungsteuern enthält eine zum OECD-MA 2017 gleichlautende Betriebsstättendefinition. Allerdings fehlt hier die Vertreterbetriebsstätte, d.h., diese wurde nicht in das OECD-MA 2017 ErbSt übernommen.

1 Vgl. Maywald/Miethe in Mennel/Förster, Steuern in Europa, Amerika und Asien, 135. Erg.-Lfg. 2023, USA Rz. 32, 217.

2 Vgl. Dendorfer in Wassermeyer, DBA, 161. Erg.-Lfg. 2023, USA Anhang Rz. 122.

2.4. Digitale Wirtschaft und virtuelle Betriebsstätten

Der Begriff der Betriebsstätte hat seit Ende des 19. Jahrhunderts Bedeutung als Anknüpfungspunkt für die Besteuerung.[1] Inzwischen erscheint die Anknüpfung an eine „feste Geschäftseinrichtung" für den Besteuerungszugriff überholt.[2] Durch die Digitalisierung ist es ohne Weiteres möglich, in einer Jurisdiktion ohne physische Präsenz und somit ohne tatbestandsgemäße feste Geschäftseinrichtung oder einen vor Ort tätigen Vertreter tätig zu sein.[3] Demnach gibt es bereits seit einiger Zeit Tendenzen, auch bei Erbringung digitaler Dienstleistungen eine „fiktive Betriebsstätte" anzunehmen oder alternativ über „Digital Service Taxes" eine Besteuerung bei wirtschaftlicher Tätigkeit in einem Staat auch ohne Betriebsstätte zu erreichen.[4] Aktuell erarbeitet das Inclusive Framework Regelungen zum Besteuerungsrecht für Marktstaaten („Pillar One"), die aus Sicht der beteiligten Staaten durch den überholten Betriebsstättenbegriff erforderlich sind.[5] Diese Regelungen sollen allerdings nur für einen kleinen Kreis von besonders großen und profitablen, grenzüberschreitenden Unternehmen gelten.[6] Somit ist das aus fiskalischer Sicht bestehende „Problem" des fehlenden Besteuerungszugriffs bei digitaler Leistungserbringung ohne physische Präsenz in Form einer Betriebsstätte oder eines Vertreters nach wie vor als ungelöst zu bezeichnen.

2.5. Abgrenzungsfragen und Missbrauch

In vielen Staaten ist eine Tendenz erkennbar, den Betriebsstättenbegriff aufzuweichen und möglichst weit zu interpretieren, um den Besteuerungszugriff zu sichern und als missbräuchlich angesehene Gestaltungen zur Vermeidung von Betriebsstätten zu verhindern.[7] Die Schwierigkeit in der Abgrenzung, wann im Einzelfall eine Betriebsstätte begründet wird, lässt sich exemplarisch an der Frage der „Verfügungsmacht" über die feste Geschäftseinrichtung illustrieren.[8]

---

1 Vgl. Kroppen, IWB 15/2005 S. 1866 JAAAB-58066.

2 So jedenfalls die Auffassung der OECD und des „Inclusive Framework on BEPS", vgl. OECD, Steuerliche Herausforderungen der Digitalisierung – Zwischenbericht 2018: Inclusive Framework on BEPS, OECD/G20 Projekt Gewinnverkürzung und Gewinnverlagerung, 2018, abrufbar unter: https://doi.org/10.1787/9789264310438-de, S. 165.

3 Vgl. Becker/van der Ham/Mühlhausen, IStR 2019 S. 524, 528.

4 Vgl. Becker/van der Ham/Mühlhausen, BB 2019 S. 1623.

5 Vgl. OECD, Tax Challenges Arising from Digitalisation – Report on Pillar One Blueprint: Inclusive Framework on BEPS, OECD/G20 Base Erosion and Profit Shifting Project, 2020, abrufbar unter: https://doi.org/10.1787/beba0634-en.

6 Vgl. van der Ham, IStR 2022 S. 746.

7 Vgl. Esterer in FS Wassermeyer, 2015; diese Tendenz zeigt sich auch in der internationalen Rechtsprechung – exemplarisch steht hierfür das „Formel 1"-Urteil des indischen „Supreme Court", nachdem die Durchführung des Formel 1-Rennens in Indien 2011, 2012 und 2013 zu einer Betriebsstätte der Formula One World Championship Ltd. geführt hat, vgl. Satish/Dayal, IStR-LB 2017 S. 91.

8 Vgl. hierzu eingehend Kroppen, IWB 15/2005 S. 1866 JAAAB-58066.

Aus deutscher Sicht ist nach wie vor die „Verfügungsmacht“ über die feste Geschäftseinrichtung als ungeschriebenes Tatbestandsmerkmal erforderlich, um eine Betriebsstätte zu begründen.[1] In vielen Staaten ist dies allerdings nicht der Fall. Der OECD-MK enthält bereits seit vielen Jahren das sog „Anstreicher-Beispiel“.[2] In diesem Beispielsfall ist ein Maler über einen Zeitraum von zwei Jahren an drei Tagen in der Woche in einem Bürogebäude mit Anstreicharbeiten beschäftigt. Trotz Tätigwerden in fremden Räumen ohne eigene Verfügungsmacht geht die OECD davon aus, dass in diesem Fall eine Betriebsstätte begründet wird. Gleiches gilt für Tz. 25, in der ein Unternehmensberater durch Tätigkeit für eine Bank in deren Räumlichkeiten eine Betriebsstätte begründet, ohne dass Hinweise auf die Verfügungsmacht enthalten sind. Deutschland hat bei der OECD Vorbehalte bezüglich dieser Beispiele angebracht.[3]

Auch aus deutscher Sicht kann jedoch bei Vorliegen von Verfügungsmacht ein Tätigwerden in fremden Räumen zur Begründung einer Betriebsstätte führen. Indizien für das Vorliegen von Verfügungsmacht und damit für das Vorliegen einer Betriebsstätte i. S. von § 12 AO sind insbesondere:

- Unabhängiges, ständiges Zugangsrecht: Das Unternehmen (bzw. seine Mitarbeiter) haben ein unabhängiges, ständiges Zugangsrecht zu den Geschäftsräumen (z. B. über eigene Schlüssel, Schlüsselkarten, Fingerabdrucksensoren usw.). Um die Verfügungsgewalt übernehmen zu können, muss dem Unternehmen eine (faktische) Rechtsposition eingeräumt worden sein, die den Eindruck erweckt, dass die spezifische (externe) Einrichtung Teil des Unternehmens ist.[4]
- Bestimmte Arbeitsstätte/bestimmte Räumlichkeiten: In der bisherigen Rechtsprechung vertraten die Finanzgerichte die Auffassung, dass eine Verfügungsbefugnis, die zu einer Betriebsstätte führt, voraussetzt, dass die Rechtsstellung des Unternehmens auf eine bestimmte Arbeitsstätte oder einen oder mehrere konkret definierte Räume innerhalb eines Gebäudes beschränkt ist.[5] Nach der neueren Rechtsprechung reicht es vielmehr aus, wenn der Unternehmer jeden Teil eines Gebäudes oder eines räumlich überschaubaren Bereichs (z. B. Betriebsgelände, Flugplatz), der für seine unternehmerische Tätigkeit geeignet ist, dauerhaft nutzen darf, auch wenn er keinen Anspruch auf einen bestimmten Arbeitsplatz hat.[6] Ein konkret zugewiesener

1 Vgl. Zur Kritik hieran Kaeser in Wassermeyer, DBA, 161. Erg.-Lfg 2023, Art. 5 OECD-MA Rz. 42 m. w. N.

2 OECD-MK 2017, Art. 5 Ziff. 17.

3 OECD-MK 2017, Art. 5 Ziff. 178.

4 Vgl. Musil in Hübschmann/Hepp/Spitaler, AO/FGO, § 12 AO Rz. 16a; BFH, Urteil v. 4.6.2008 - I R 30/07, BStBl 2008 II S. 922; FG Köln, Urteil v. 16.10.2012 - 8 K 2753/08 TAAAE-26967.

5 Vgl. BFH, Urteil v. 17.3.1982 - I R 189/79, BStBl 1982 II S. 624; BFH, Urteil v. 29.4.1983 - I R 118/83, BStBl 1988 I S. 168; FG Düsseldorf, Urteil v. 24.6.1992 - 13 K 560/88 E, EFG 1993, S. 42 (rkr.).

6 Vgl. BFH, Urteil v. 3.2.1993 - I R 80 - 81/91, BStBl 1993 II S. 462; BFH, Urteil v. 14.7.2004 - I R 106/03, BFH/NV 2005, S. 154 ZAAAB-40241; BFH, Urteil v. 4.7.2012 - II R 38/10, BStBl 2012 II S. 782; Heinsen in Gosch, AO/FGO, § 12 AO Rz. 12.1.

Arbeitsplatz zur ausschließlichen Nutzung ist jedoch ein starkes Indiz für eine nicht nur vorübergehende Verfügungsgewalt.[1]

- Ständige Verfügbarkeit: Obwohl der Unternehmer nicht ständig in den Räumlichkeiten oder Einrichtungen anwesend sein muss, müssen diese dem Unternehmer ständig zur Verfügung stehen und dürfen nicht von anderen genutzt werden, wenn der Unternehmer nicht in den Räumlichkeiten oder Einrichtungen anwesend ist.[2]

Die bloße Tätigkeit in den Räumen eines Vertragspartners reicht dagegen nach deutschem steuerlichen Verständnis – für sich betrachtet – nicht aus, um die erforderliche Verfügungsgewalt zu begründen. Dies gilt selbst dann, wenn die Tätigkeit wiederholt oder dauerhaft ausgeübt wird. Auch in diesem Fall müssen zusätzliche Umstände des Einzelfalls auf eine besondere örtliche Komponente der Tätigkeit hinweisen.[3]

International zeigt sich, dass auch ohne „Verfügungsmacht" vom Vorliegen einer Betriebsstätte ausgegangen wird. So gibt es innerhalb der OECD-Staaten die – am oben dargestellten „Anstreicher-Beispiel" sichtbare – Tendenz, auch die bloße Dienstleistungserbringung bereits als Betriebsstätte zu qualifizieren.[4] Trotz des nach wie vor erforderlichen Tatbestandsmerkmals „Verfügungsmacht" können auch nach der deutschen Rechtslage graduelle Unterschiede in der Praxis entscheidend sein. Das zeigt sich beispielhaft an der Entscheidung des BFH vom 7.6.2023.[5] Entscheidend für das Bestehen einer Betriebsstätte war im Urteilsfall, dass einem im Inland tätigen Flugzeugmechaniker ein persönlicher Spind zur Verfügung stand. Ohne diesen Spind und die darüber bestehende Verfügungsmacht des Flugzeugmechanikers hätte im Urteilsfall trotz beständiger Leistungserbringung im Inland wohl keine Betriebsstätte vorgelegen.

Weiterhin zeigt sich die international zunehmende Aufweichung der Betriebsstättendefinition an der zunehmend restriktiven Interpretation der Ausnahmen für vorbereitende und Hilfstätigkeiten nach Art. 5 Abs. 4 OECD-MA. Diese sind zuletzt durch das OECD-MA 2017, in das die Ergebnisse des BEPS-Projekts der OECD und des Inclusive Framework[6] eingeflossen

1 Vgl. FG Köln, Urteil v. 18.9.2014 - 4 K 1753/11, EFG S. 2014, 2115 WAAAE-79127.

2 Vgl. BFH, Urteil v. 28.6.2006 - I R 92/05, BStBl 2007 II S. 100; FG Köln, Urteil v. 18.9.2014 - 4 K 1753/11, EFG S. 2014, 2115 WAAAE-79127; FG Baden-Württemberg, Urteil v. 19.12.2008 - 3 V 2830/07, 11 V 2830/07, NWB 2009 S. 982 EAAAD-13846.

3 Vgl. BFH, Beschluss v. 9.3.1962 - I B 156/58 S, BStBl 1962 III S. 227; BFH, Urteil v. 18.3.1976 - IV R 168/72, BStBl 1976 II S. 365; BFH, Urteil 11.10.1989 - I R 77/88, BStBl 1990 II S. 166; BFH, Urteil v. 16.5.1990 - I R 113/87, BStBl 1990 II S. 983; BFH, Urteil v. 4.6.2008 - I R 30/07, BStBl 2008 II S. 922, Rz. 15; BFH, Urteil v. 4.7.2012 - II R 38/10, BStBl 2012 II S. 782.

4 Vgl. hierzu Kaeser in Wassermeyer, DBA, 161. Erg.-Lfg. 2023, Art. 5 OECD-MA Rz. 10a.

5 BFH, Urteil v. 7.6.2023 - I R 47/20 KAAAJ-46356.

6 OECD, Preventing the Artificial Avoidance of Permanent Establishment Status, Action 7 - 2015 Final Report, OECD/G20 Base Erosion and Profit Shifting Project, 2015, abrufbar unter: https://doi.org/10.1787/9789264241220-en.

sind, verschärft worden.[1] Ziel war insbesondere, die künstliche Vermeidung von Betriebsstätten z.B. durch Aufteilung der einzelnen unternehmerischen Tätigkeiten („Atomisierung") in mehrere, jeweils als Hilfs- oder Nebentätigkeiten zu qualifizierende Tätigkeiten zu unterbinden.[2]

Darüber hinaus wurde durch das OECD-MA 2017 der Begriff der Vertreterbetriebsstätte verschärft.[3] Auch diese Änderung geht auf Aktionspunkt 7 des BEPS-Projekts zurück.[4] Nunmehr können auch Handlungen von Personen, die wesentlich zum Vertragsabschluss beigetragen haben, eine Vertreterbetriebsstätte begründen. Ziel ist auch hier, die „künstliche" Vermeidung von Vertreterbetriebsstätten durch die formale Einschränkung der Tätigkeiten und Handlungsspielräume lokaler Repräsentanten im Ausland zu vermeiden.[5]

2.6. Praktische Umsetzung und administrative Hürden

Im Vergleich zur Besteuerung von Kapitalgesellschaften ist die praktische Umsetzung der Besteuerung von Betriebsstätten häufig komplexer. Dies resultiert daraus, dass für Zwecke der Betriebsstättenbesteuerung ein Teil des Gewinns eines einheitlichen Gesamtunternehmens ermittelt und der Betriebsstätte zugeordnet werden muss. Nach dem nach wie vor gültigen BMF-Schreiben zur Besteuerung von Betriebsstätten („Betriebsstättenerlass") v. 24.12.1999 ist hierfür im Grundsatz die Aufteilung des Gesamtgewinns nach einem sachgerechten Schlüssel („indirekte Methode") oder die gesonderte, eigenständige Gewinnermittlung auf Basis der Buchführung und der steuerlichen Gewinnermittlungsregelungen zulässig.[6] Allerdings sind diese Grundsätze nach Auffassung der Finanzverwaltung bei Anwendbarkeit des „Authorized OECD Approach" (AOA; siehe dazu im Folgenden) nicht mehr anzuwenden und insoweit von § 1 Abs. 5 AStG und der Betriebsstättengewinnabgrenzungsverordnung (BsGaV) überlagert.[7] Lediglich im Verhältnis zu Nicht-Mitgliedstaaten der OECD, mit denen ein DBA mit Art. 7 i.d.F. des Art. 7 OECD-MA 2008 oder Art. 7 UN-MA entspricht, soll der

1 Vgl. Görl/Gradl in Vogel/Lehner, DBA, 7. Aufl. 2021, Art. 5 OECD-MA Rz. 168.

2 OECD, Preventing the Artificial Avoidance of Permanent Establishment Status, Action 7 - 2015 Final Report, OECD/G20 Base Erosion and Profit Shifting Project, 2015, abrufbar unter: https://doi.org/10.1787/9789264241220-en, S. 28.

3 Vgl. Kaeser in Wassermeyer, DBA, 161. Erg.-Lfg 2023, Art. 5 OECD-MA Rz. 206.

4 OECD, Preventing the Artificial Avoidance of Permanent Establishment Status, Action 7 - 2015 Final Report, OECD/G20 Base Erosion and Profit Shifting Project, 2015, abrufbar unter: https://doi.org/10.1787/9789264241220-en, S. 15.

5 OECD, Preventing the Artificial Avoidance of Permanent Establishment Status, Action 7 - 2015 Final Report, OECD/G20 Base Erosion and Profit Shifting Project, 2015, abrufbar unter: https://doi.org/10.1787/9789264241220-en, S. 15.

6 BMF, Schreiben v. 24.12.1999, BStBl 1999 I S. 1076, zuletzt geändert durch BMF, Schreiben v. 22.12.2016, BStBl 2017 I S. 182, Tz. 2.3.2.

7 Vgl. BMF, Schreiben v. 22.12.2016, BStBl 2017 I S. 182, Tz. 460.

Betriebsstättenerlass 1999 noch angewendet werden.[1] In der Praxis spielt die indirekte Methode somit keine relevante Rolle mehr.

Bei Anwendung der direkten Methode kann, anders als bei der Besteuerung von Kapitalgesellschaften, die Ausgangsgröße für die Ermittlung des Gewinns somit nicht ohne Weiteres aus der Buchführung entnommen werden. Vor diesem Schritt müssen zunächst insbesondere die Fragen geklärt werden, welche Vermögensgegenstände, Schulden sowie welcher Anteil des Eigenkapitals des Gesamtunternehmens der Betriebsstätte zuzurechnen sind. Weiterhin ist aufgrund der Fiktion der weitgehenden Selbstständigkeit der Betriebsstätte zu klären, welche fiktiven Transaktionen zwischen Stammhaus und Betriebsstätte zur Ermittlung eines zutreffenden, fremdüblichen Ergebnisses zu berücksichtigen sind. Mit dieser Frage hat sich die OECD ausführlich beschäftigt und den sog. „Authorized OECD Approach" (AOA) entwickelt, der in Deutschland in der Betriebsstättengewinnabgrenzungsverordnung (BsGaV) umgesetzt wurde. Die Komplexität der Regelungen im Vergleich zur regulären Gewinnermittlung bei Kapitalgesellschaften zeigt sich bereits am Umfang des Regelwerks. So hat die BsGaV 41 Paragrafen. Das zugehörige BMF-Schreiben[2] hat einen Umfang von 186 Seiten.

In der Praxis besteht daher nach wie vor große Unsicherheit über viele Fragen der Gewinnermittlung. Das fängt bereits mit der Frage an, ob die vom Gesetzgeber beabsichtigte Umsetzung des AOA in deutsches Recht überhaupt geglückt ist.[3] Hintergrund ist, dass die weitgehenden Regelungen der BsGaV auf einer Verordnungsermächtigung zu § 1 Abs. 5 AStG beruhen. § 1 AStG ist aber keine Gewinnermittlungsvorschrift, sondern setzt tatbestandsmäßig voraus, dass es zu einer Minderung der Einkünfte im Inland durch nicht fremdübliche Geschäftsbeziehungen gekommen ist. Somit ist sehr fragwürdig, ob § 1 Abs. 5 AStG überhaupt Geltung beanspruchen kann, wenn dies nicht der Fall ist.[4]

Darüber hinaus ist auch die Umsetzung des Regelungsgehalts der AOA in der BsGaV teilweise kritikwürdig. Beispielsweise folgt die deutsche Finanzverwaltung in der BsGaV an vielen Stellen einem einseitig profiskalischen Kurs, nachdem die Bemessungsgrundlage im Inland möglichst hoch, im Ausland dagegen möglichst niedrig ausfallen soll.[5] Ein Beispiel hierfür sind die Regelungen zur Bestimmung des Dotationskapitals einer Betriebsstätte in §§ 12 und 13 BsGaV. Die Regelungen für ausländische und inländische Betriebsstätten sind unterschiedlich ausgestaltet, mit dem Ziel, das Dotationskapital

1 Vgl. BMF, Schreiben v. 22.12.2016, BStBl 2017 I S. 182, Tz. 430.

2 BMF, Schreiben v. 22.12.2016, BStBl 2017 I S. 182.

3 Vgl. van der Ham/Retzer, IStR 2023 S. 211, 214.

4 So FG Nürnberg, Urteil v. 27.9.2022 - 1 K 1595/20 HAAAJ-32765, nrkr., Revision I R 45/22; FG Düsseldorf, Urteil v. 12.5.2023 - 3 K 70/18 UAAAJ-46934.

5 Vgl. hierzu Nientimp/Schwarz/Stein, IStR 2016 S. 487.

inländischer Betriebsstätten möglichst hoch und das ausländischer Betriebsstätten möglichst niedrig zu bestimmen.[1] Eine solche einseitige fiskalische Regelung sorgt dafür, dass Doppelbesteuerung und dadurch ausgelöste Verständigungsverfahren vorprogrammiert sind.

Überaus kritikwürdig ist auch die zentrale Bedeutung von Personalfunktionen einer Betriebsstätte, die nach der Systematik von § 1 Abs. 2 BsGaV in einem ersten Schritt zu ermitteln sind. Darauf aufbauend sind Vermögenswerte, Chancen und Risiken, das Dotationskapital sowie übrige Passivposten zu allokieren. Die grundlegende Bedeutung von Personalfunktionen führt dazu, dass einer personallosen Betriebsstätte, wie beispielsweise Windkraftanlagen, nach der Systematik der BsGaV keine Vermögenswerte zugeordnet werden köntnen. Die zentrale Bedeutung der Personalfunktion findet sich in dieser Form nicht im AOA und beruht möglicherweise auf einem Übersetzungsfehler des deutschen Verordnungsgebers.[2]

Erschwerend kommt hinzu, dass sich komplexe Fragen der Zuordnung von Vermögensgegenständen, Schulden und Eigenkapital und der darauf basierenden Gewinnermittlung i. d. R. auch im Ausland stellen, da bei grenzüberschreitenden Betriebsstättenfällen immer (mindestens) zwei Staaten betroffen sind. Somit besteht latent das Risiko einer Doppelbesteuerung und daraus resultierenden, oft jahrelangen Verständigungsverfahren oder Verfahren vor Finanzgerichten.

Zusammenfassend lässt sich somit feststellen, dass die administrativen Hürden bei der Besteuerung von Betriebsstätten nach wie vor hoch sind und eine große Unsicherheit über die aus Sicht aller beteiligter Staaten gesetzeskonforme Gewinnermittlung und Besteuerung besteht.

2.7. Fazit

Der Begriff der Betriebsstätte ist, trotz seiner langen Historie, nach wie vor ein entscheidender Anknüpfungspunkt für die nationale und internationale Besteuerung in verschiedenen Steuerarten. Das Verständnis, was jeweils als „Betriebsstätte“ anzusehen ist, variiert zwischen den verschiedenen Steuerarten. Auch international unterscheiden sich die Kriterien für die Qualifikation als Betriebsstätte. Eine international koordinierte, breit angelegte „Modernisierung“ oder Erweiterung des Betriebsstättenbegriffs, um auch die rein digitale Leistungserbringung zu erfassen, scheint aktuell nicht in Sicht. Stattdessen sollen die aus Sicht der internationalen Finanzverwaltungen bestehenden Herausforderungen der Digitalisierung für traditionelle Steueranknüpfungspunkte durch das „Pillar One“-Projekt der OECD und des Inclusive Framework gelöst werden.

1 Vgl. Frotscher, Internationales Steuerrecht, 5. Aufl. 2020, § 6 Rz. 460 m. w. N.

2 So Blumers, DB 2023 S. 1121.

Im Bestreben, das eigene Steuersubstrat zu erhöhen, wurden die Kriterien zur Begründung einer Betriebsstätte in vielen Ländern durch die jeweiligen Gesetzgeber und teils auch durch die Rechtsprechung deutlich aufgeweicht. Im Ergebnis besteht somit bei grenzüberschreitender unternehmerischer Aktivität und Mobilität von Arbeitnehmern ein hohes, inhärentes Risiko, dass es zu einer ungewollten und ggf. zunächst unerkannten Betriebsstättenbegründung kommt. Wie oben aufgezeigt, können die steuerlichen Folgen erheblich sein. Unternehmen sind daher gut beraten, durch entsprechende Prozesse und Richtlinien für Entsendungen, grenzüberschreitendes Arbeiten, grenzüberschreitende Matrix-Funktionen und die Bestellung von Geschäftsführern sicherzustellen, dass das Entstehen unerkannter Betriebsstätten so weit wie möglich verhindert wird.

3. Betriebsstättenbegriff und Betriebsstättenbegründung

von Christoph Ott[1]

LITERATUR:

Buciek, Aktuelle Entwicklungen zur Betriebsstättenbesteuerung, DStZ 2003 S.139; *Bühler*, Prinzipien des internationalen Steuerrechts, 1964; *Debatin*, Das Betriebsstättenprinzip der deutschen Doppelbesteuerungsabkommen (Teil I), DB 1989 S.1692; *Gosch*, AO/FGO, 175. Erg.-Lfg. 2023; *Göttsche/Stangl*, Der Betriebsstättenerlass des BMF vom 24.12.1999 – Anmerkungen und Zweifelsfragen, DStR 2000 S.498; *Hidien*, Stand auf dem Weihnachtsmarkt ist keine Betriebsstätte, DStZ 2004 S.126; *Hilbert/Wittenstein*, Einwirkung abkommensrechtlicher Begriffsbestimmungen auf das innerstaatliche Steuerrecht – BFH, Urteil v.20.7.2016 - I R 50/15, IWB 23/2016 S.882; *Hübschmann/Hepp/*Spitaler, AO/FGO, 273. Erg.-Lfg. 2023; *Kahlenberg*, Welche Betriebsstättendefinition ist für die gewerbesteuerliche Kürzung maßgebend? – FG Köln, Urteil v.7.5.2015 - 10 K 73/13, IWB 24/2015 S.940; *Klein*, AO, 16.Aufl. 2022; *Koenig*, AO, 5.Aufl. 2024; *Kahle/Ziegler*, Betriebsstättenbegriff – Grundfragen und aktuelle Entwicklungen, DStZ 2009 S.834; *Kessler/Peter*, Neuinterpretation eines traditionellen Besteuerungskonzepts durch die OECD vor dem Hintergrund des zunehmenden E-Commerce, BB 2000 S.1545, *Krawitz/Hick*, Betriebsstätteneigenschaft in- und ausländischer Bau- oder Montagetätigkeiten bei mehreren Projekten, RiW 2002 S.523; *Looks/Heinsen*, Betriebsstättenbesteuerung, 3.Aufl. 2017; *Lüdicke*, Gewerbesteuer bei ausländischer Hilfsbetriebsstätte nach dem DBA-Türkei – Anmerkung zu FG Köln, Urteil v.7.5.2015 – 10 K 73/13, IStR 2015 S.770; *Möller*, Der Begriff der Betriebsstätte im deutschen Steuerrecht, StuB 2005 S.350; Tipke/*Kruse*, AO/FGO, 175. Erg.-Lfg. 2023; *Vogel/Lehner*, DBA, 7.Aufl. 2021; *Wassermeyer*, DBA, 161. Erg.-Lfg. 2023.

3.1. Einleitung

Die Betriebsstätte ist ein Kernbegriff des deutschen und internationalen Steuerrechts. Jeder Steuerpflichtige, der Gewinneinkünfte erzielt, hat mindestens eine Betriebsstätte inne.[2] Es gibt keine betriebsstättenlosen, freischwebenden Gewinneinkünfte (no floating income).[3] Infolgedessen beeinflusst die Begründung sowie das Unterhalten einer Betriebsstätte die Besteuerung in erheblichem Maße. Dies eröffnet Raum für steuerliche Gestaltung.[4] Es kann aber auch zu unvorhergesehenen Besteuerungsfolgen kommen, wenn ungewollt Betriebsstätten begründet wurden.

1 Christoph Ott ist Referent beim Bundesministerium der Finanzen in Berlin. Dieser Beitrag gibt ausschließlich die private Meinung des Autors wieder und wurde nicht in dienstlicher Eigenschaft verfasst.

2 BFH, Urteil v.19.12.2007 - I R 19/06, BStBl 2010 II S.398, Rz.47; Koenig in Koenig AO, 4.Aufl. 2021, § 12 AO Rz.5.

3 BFH, Vorlagebeschluss v.11.12.2013 - I R 4/13, BStBl 2014 II S.791, Rz.25; BFH, Urteil v.19.12.2007 - I R 19/06, BStBl 2010 II S.398, Rz.47.

4 Gersch in Klein, AO, 16.Aufl. 2022, § 12 AO Rz.1.

Der sichere Umgang mit der nationalen Betriebsstättendefinition des § 12 AO sowie der abkommensrechtlichen Betriebsstättendefinition ist der Schlüssel dazu, Besteuerungsfolgen im Vorhinein absehen und einschätzen zu können. Hierzu soll das nachfolgende Kapitel seinen Beitrag leisten. Angereichert durch zwei Beispielsfälle wird ein systematischer Zugriff auf die Betriebsstättenbegriffe, deren Definitionen und die Betriebsstättenbegründung insgesamt vermittelt. Abgerundet wird das Kapitel durch ein der vermittelten Systematik folgendes Prüfungsschema.

3.2. Beispielsfälle

1. Fall: Die A-GmbH mit Sitz in Deutschland stellt Dritten als Host einer Internet-Cloud Speicherplatz zur Verfügung. Hierzu betreibt sie einen stationären Internetserver in einem ausländischen Staat, mit dem ein DBA nach OECD-MA 2017[1] besteht.

2. Fall: Die B-GmbH mit Sitz in Deutschland betreibt einen Online-Modehandel. Der internetaffine Geschäftsführer der B-GmbH hat vor einigen Jahren einen stationären Internetserver in einem ausländischen Staat, mit dem ein OECD-MA besteht, erworben, mit dem er bei Betrieb einer ebenfalls erworbenen Software genau feststellen konnte, wer seinen Webshop besucht, wie lange die Person auf der Website verweilt und ob die Person einen Einkauf tätigt. Die Software erlaubt es der B-GmbH im Stadium des Verweilens der Person auf der Website ein Pop-up auszuspielen, dass zu einem Einkauf anregt. Bei Betrieb des Servers und der Software konnte die B-GmbH ihre Verkäufe leicht steigern. Angesichts hoher Energie- und Personalkosten für den Betrieb ruht der Server samt Software jedoch aktuell.

3.3. Voraussetzungen der Betriebsstättenbegründung

3.3.1. Nationaler Betriebsstättenbegriff (§ 12 AO)

Ausgangspunkt des Betriebsstättenbegriffs ist im nationalen Steuerrecht § 12 Satz 1 AO. Nach dieser Vorschrift ist Betriebsstätte jede feste (vgl. auch Ott in Kapitel 3.4.2.) Geschäftseinrichtung oder Anlage (vgl. auch Ott in Kapitel 3.4.1.), die der Tätigkeit eines Unternehmens dient (vgl. Ott in Kapitel 3.4.4.). Dazu kommt das richterrechtlich entwickelte, ungeschriebene Tatbestandsmerkmal der Verfügungsmacht (vgl. Ott in Kapitel 3.4.3.).

Weiter kennt § 12 Satz 2 AO eine nicht abschließende Aufzählung[2] von Betriebsstätten kraft Gesetzesdefinition.[3] Die aufgeführten acht Einzelkonstellationen sind *insbeson-*

1 OECD Model Tax Convention on Income and on Capital 2017.

2 BFH, Urteil v. 2.4.2014 - I R 68/12, BStBl 2014 II S. 875, Rz. 15.

3 Gersch in Klein, AO, 16. Aufl. 2022, § 12 AO Rz. 1.

dere als Betriebsstätten anzusehen. Sie sind national stets unabhängig von den obigen Tatbestandsmerkmalen Betriebsstätten. Des Weiteren dienen die in § 12 Satz 2 AO geregelten Einzelfälle indiziell zur Auslegung der Tatbestandsmerkmale nach § 12 Satz 1 AO. Dies gilt vor allem hinsichtlich der zeitlichen Dimension der räumlichen Verwurzelung einer Betriebsstätte (vgl. Ott in Kapitel 3.4.2.1.3.).[1]

§ 12 AO zielt darauf ab, die innerstaatliche Steuerpflicht im Bereich der Gewinneinkünfte räumlich zu verorten. Die durch ein Unternehmen insgesamt geschaffene Wertschöpfung wird rechtlich unselbstständigen Unternehmensteilen, den Betriebsstätten, zugeschlagen.[2] Dabei bestimmt § 12 AO den Mindeststandard einer als „Zurechnungspol" funktional zusammenhängender Einkünfte dienenden Betriebsstätte.[3] Die Bejahung einer Betriebsstätte im nationalen Recht kommt damit der Aussage gleich, dass die Aktivitäten des Unternehmens an einem räumlich umgrenzten Ort derart gewichtig sind, dass gerade diesem Ort der auf diese Aktivitäten zurückgehende Wertschöpfungsbeitrag zuzuordnen ist. Direkt einleuchtend ist dieses Konzept im Bereich der Gewerbesteuer. Hier soll der Gewerbeertrag des Gesamtunternehmens einzelnen Gemeinden zugeordnet werden.[4]

3.3.2. Abkommensrechtlicher Betriebsstättenbegriff

Flankiert wird der nationale Betriebsstättenbegriff vom eigenständigen abkommensrechtlichen Betriebsstättenbegriff. Letzterer ergibt sich aus einem einschlägigen DBA und beansprucht Geltung allein zwischen den Vertragsstaaten des jeweiligen DBA.[5] Definition und Auslegung des abkommensrechtlichen Betriebsstättenbegriffs ergeben sich eigenständig aus dem jeweiligen DBA (vgl. zur autonomen Auslegung exemplarisch Art. 3 Abs. 2 OECD-MA).[6] Ein Rückgriff auf das nationale Recht zur Auslegung ist grds. gesperrt (vgl. wiederum Art. 3 Abs. 2 OECD-MA).[7] Allein in Detailfragen betreffend der Auslegung von durch das DBA nicht bestimmten oder definierten (Teil-)Begriffen zum abkommensrechtlichen Betriebsstättenbegriff kann auf § 12 AO zurückgegriffen

1 BFH, Urteil v. 19.5.1993 - I R 80/92, BStBl 1993 II S. 655, Rz. 12; BFH, Urteil v. 30.8.1989 - I R 215/85, BStBl 1989 II S. 956, Rz. 11; Drüen in Tipke/Kruse, AO/FGO, 175. Erg.-Lfg. 2023, § 12 AO Rz. 35.

2 BFH, Urteil v. 17.9.2003 - I R 12/02, BStBl 2004 II S. 396, Rz. 14; BFH, Urteil v. 21.4.1999 - I R 99/97, BStBl 1999 II S. 694, Rz. 13; Drüen in Tipke/Kruse, AO/FGO, 175. Erg.-Lfg. 2023, § 12 AO Rz. 1.

3 BFH, Urteil v. 19.12.2007 - I R 19/06, BStBl 2010 II S. 398, Rz. 47; Drüen in Tipke/Kruse, AO/FGO, 175. Erg.-Lfg. 2023, § 12 AO Rz. 1.

4 Musil in Hübschmann/Hepp/Spitaler, AO/FGO, 273. Erg.-Lfg. 2023, § 12 AO Rz. 4.

5 Musil in Hübschmann/Hepp/Spitaler, AO/FGO, 273. Erg.-Lfg. 2023, § 12 AO Rz. 49.

6 BFH, Urteil v. 20.7.2016 - I R 50/15, BStBl 2017 II S. 230, Rz. 16; Drüen in Tipke/Kruse, AO/FGO, 175. Erg.-Lfg. 2023, § 12 AO Rz. 40; Lehner in Vogel/Lehner, DBA, 7. Aufl. 2021, Grundlagen des Abkommensrechts Rz. 113b ff.

7 BFH, Urteil v. 20.7.2016 - I R 50/15, BStBl 2017 II S. 230, Rz. 10, 14, 15, 18, 22; Drüen in Tipke/Kruse, AO/FGO, 175. Erg.-Lfg. 2023, § 12 AO Rz. 40; Drüen in Tipke/Kruse, AO/FGO, 175. Erg.-Lfg. 2023, Vor § 8 AO Rz. 5.

werden.[1] Auch anders herum kann der abkommensrechtliche Betriebsstättenbegriff nicht zur Auslegung des nationalen Rechts herangezogen werden.[2]

Angesichts des praktisch-systematischen Ansatzes dieses Kapitels sowie des Umstandes, dass sich die Definition der Betriebsstätte in den einzelnen DBA i.d.R. an Art. 5 Abs. 1 OECD-MA bzw. dem wortgleichen Art. 5 Abs. 1 UN-Musterabkommen 2021 (UN-MA)[3] orientieren, soll nachfolgend insbesondere auf den abkommensrechtlichen Betriebsstättenbegriff des Art. 5 Abs. 1 OECD-MA eingegangen werden.

Nach Art. 5 Abs. 1 OECD-MA ist unter einer abkommensrechtlichen Betriebsstätte eine „feste (vgl. Ott in Kapitel 3.4.2.) Geschäftseinrichtung (vgl. Ott in Kapitel 3.4.1.), durch die die Geschäftstätigkeit eines Unternehmens ganz oder teilweise ausgeübt wird (vgl. Ott in Kapitel 3.4.4.), zu verstehen. Auch das Abkommensrecht kennt dabei in Art. 5 Abs. 2 OECD-MA insgesamt sechs Betriebsstätten kraft Gesetzesdefinition („*insbesondere*"). Zudem enthält Art. 5 Abs. 3 OECD aktivitätsbezogene Ausführungen zur Bau- und Montagebetriebsstätte. Weitergehend enthält Art. 5 Abs. 3 UN-MA sogar eine Liste von aktivitätsbezogenen Betriebsstätten kraft positiver Abkommensdefinition (Positivliste). Zuletzt kennt das Abkommensrecht im Gegensatz zu § 12 AO in Art. 5 Abs. 4 OECD-MA (bzw. dessen Ausgestaltung durch Art. 13 Abs. 2 und 3 des Mehrseitigen Übereinkommens vom 24.11.2016 zur Umsetzung steuerabkommensbezogener Maßnahmen zur Verhinderung der Gewinnverkürzung und Gewinnverlagerung (BEPS-MLI)) eine sog. Negativliste von Einzelfallkonstellation, die keine abkommensrechtliche Betriebsstätte darstellen, auch dann, wenn sie die Tatbestandsmerkmale des Art. 5 Abs. 1 OECD-MA erfüllen.

Die Zielsetzung des abkommensrechtlichen Betriebsstättenbegriffs unterscheidet sich dabei von derjenigen des nationalen Betriebsstättenbegriffs. Der Betriebsstättenbegriff der DBA zielt – wie die DBA insgesamt – auf eine (faire) Verteilung der Besteuerungsrechte zwischen den Vertragsstaaten.[4] Im Gegensatz zum nationalen Recht sind die Besteuerungsrechte beim ersten Zugriff bereits verteilt. Die Gewinne des Unternehmens sind nach Art. 7 Abs. 1 Satz 1 Halbsatz 1 OECD-MA dem Sitzstaat des Unternehmens zugeordnet. Dem Konzept der abkommensrechtlichen Betriebsstätte liegt nach Art. 7 Abs. 1 Satz 1 Halbsatz 2 und Satz 2 i.V. mit Art. 5 OECD-MA der Gedanke zugrunde,

1 Drüen in Tipke/Kruse, AO/FGO, 175. Erg.-Lfg. 2023, Vor § 8 AO Rz. 5.

2 BFH, Urteil v. 20.7.2016 - I R 50/15, BStBl 2017 II S. 230, Rz. 10, 14, 15, 18, 22; BFH, Urteil v. 26.11.1986 - I R 256/83, juris Rz. 27, 30; BFH, Urteil v. 5.6.1986 - IV R 268/82, BStBl 1986 II S. 659, Rz. 18, 21; Drüen in Tipke/Kruse, AO/FGO, 175. Erg.-Lfg. 2023, § 12AO Rz. 44a; inzwischen zutreffend auch die Neufassung des § 12 Nr. 10 AEAO in der Fassung des BMF, Schreiben v. 5.2.2024, BStBl 2024 I S. 177.

3 United Nations Model Double Taxation Convention Between Developed and Developing Countries 2021.

4 So schon Bühler, Prinzipien des Internationalen Steuerrechts, 1964, S. 174 f.; Debatin, DB 1989 S. 1692 f.; Drüen in Tipke/Kruse, AO/FGO, 175. Erg.-Lfg. 2023, § 12 AO Rz. 40; Krawitz/Hick, RIW 2002 S. 523 f.; Musil in Hübschmann/Hepp/Spitaler, AO/FGO, 273. Erg.-Lfg. 2023, § 12 AO Rz. 4, 46.

dass es einer fairen Aufteilung von Besteuerungsrechten entspricht, wenn die durch eine Betriebsstätte geschaffenen Wertschöpfungsbeiträge (nur) von dem Vertragsstaat besteuert werden dürfen, in dessen Territorium die Betriebsstätte liegt (zur Gewinnaufteilung siehe Saliger in Kapitel 4). Der abkommensrechtliche Betriebsstättenbegriff legt die Intensitätsschwelle zum Überschlagen des Besteuerungsrechts auf den Betriebsstättenstaat fest.[1] Die abkommensrechtliche Betriebsstätte ist somit Anknüpfungspunkt eines (beschränkten) Besteuerungsrechts des Quellenstaates.[2] Dieser Kerngedanke beeinflusst die Auslegung der abkommensrechtlichen Betriebsstättendefinition, beispielsweise nach Art. 5 Abs. 1 OECD-MA, maßgebend.[3]

3.3.3. Verhältnis der Betriebsstättenbegriffe zueinander

Insgesamt lässt sich feststellen, dass eine große Übereinstimmung zwischen dem Betriebsstättenbegriff des § 12 AO und dem abkommensrechtlichen Betriebsstättenbegriff besteht.[4] Auf die Unterschiede der Begriffe, die sich vor allem darin zeigen, dass erstens nach § 12 AO eine dienende Funktion der Anlage oder Geschäftseinrichtung genügt, während die Geschäftstätigkeit abkommensrechtlich durch die Geschäftseinrichtung ausgeübt werden muss (vgl. Ott in Kapitel 3.4.4.), und zweitens der abkommensrechtliche Betriebsstättenbegriff vorbereitende und Hilfstätigkeiten ausnimmt (vgl. Ott in Kapitel 3.4.4.2.), wird einzugehen sein. Aber auch für Deutschland lässt sich in der Tendenz sagen, dass die abkommensrechtliche Definition der Betriebsstätte regelmäßig enger ist als der Betriebsstättenbegriff des § 12 AO.[5]

Letzteres ist logisch und liegt in folgendem Umstand begründet. Die DBA zielen auf die (faire) Verteilung der Besteuerungsrechte zwischen den Vertragsstaaten. Dies wird erreicht, indem nationale Besteuerungsrechte der Vertragsstaaten (völkerrechtlich) beschränkt werden,[6] z. B. indem nur einer der Vertragsstaaten berechtigt ist, einen Steuertatbestand zu besteuern oder der eine Staat die Steuern des anderen Staates auf seine Steuerlast anrechnet. Darüber hinaus wollen DBA nicht allein die Doppelbesteuerung vermeiden, sondern auch die doppelte Nichtbesteuerung verhindern. Ausgehend von dieser Zielsetzung sollte der abkommensrechtliche Betriebsstättenbegriff in seiner

1 Kessler/Peter, BB 2000 S. 1545; Krawitz/Hick, RIW 2002 S. 523.

2 Musil in Hübschmann/Hepp/Spitaler, AO/FGO, 273. Erg.-Lfg. 2023, § 12 AO Rz. 4, 48.

3 BFH, Urteil v. 11.10.2000 - I R 44-51/99, BStBl 2002 II S. 271, Rz. 25 f.

4 Vgl. die Aussage „in weiten Teilen identisch" in FG Thüringen, Urteil v. 7.7.2015 - 2 K 646/12, juris Rz. 34; Musil in Hübschmann/Hepp/Spitaler, AO/FGO, 273. Erg.-Lfg. 2023, § 12 AO Rz. 47; BMF, Schreiben v. 24.12.1999, BStBl 1999 I S. 1076, 1081, Tz. 1.2.1.1.

5 Drüen in Tipke/Kruse, AO/FGO, 175. Erg.-Lfg. 2023, § 12 AO Rz. 41; Kahle/Ziegler, DStZ 2009 S. 834, 841; Rautenstrauch/Heinsen in Looks/Heinsen, Betriebsstättenbesteuerung, 3. Aufl. 2017, Rz. 275; Kaeser in Wassermeyer, DBA, 161. Erg.-Lfg. 2023, Art. 5 OECD-MA Rz. 9.

6 Drüen in Tipke/Kruse, AO/FGO, 175. Erg.-Lfg. 2023, § 12 AO Rz. 40; Drüen in Tipke/Kruse, AO/FGO, 175. Erg.-Lfg. 2023, § 2 AO Rz. 33.

Tendenz enger gefasst sein als der jeweilige nationale Betriebsstättenbegriff eines der Vertragsstaaten.[1] Nur so ist durch abkommensrechtliche Beschränkung der nationalrechtlichen Betriebsstätte eine zumindest einmalige Besteuerung sichergestellt. Wäre andersherum der nationalrechtliche Betriebsstättenbegriff stets enger als der des Abkommensrechts, würde dem Betriebsstättenstaat abkommensrechtlich das Besteuerungsrecht zugewiesen. Dieser könnte das Besteuerungsrecht jedoch mangels erfüllter nationaler Norm nicht ausnutzen.[2]

3.3.4. Anwendungsbereiche der Betriebsstättenbegriffe

Es gleicht einer Binse, festzustellen, dass der Betriebsstättenbegriff des § 12 AO allein im nationalen Recht, derjenige des Abkommensrechts allein in Betreff der DBA Anwendung findet. Doch insbesondere bei Divergenz der verschiedenen Betriebsstättenbegriffe stellt sich die Frage, ob ein Betriebsstättenbegriff einen allgemeinen Vorrang vor dem anderen beansprucht. Dies ist nicht der Fall.[3] Vielmehr bestehen allein spezifische Vorrangstellungen. Der abkommensrechtliche Betriebsstättenbegriff geht demjenigen des § 12 AO nur insoweit vor, als ein DBA Anwendung findet.[4] Im Hinblick auf Fragen des nationalen Rechts ist allein § 12 AO maßgebend. Gedanken, auch bei nationaler Rechtsanwendung von der Maßgeblichkeit des vom nationalen Recht abweichenden abkommensrechtlichen Betriebsstättenbegriffs auszugehen,[5] überzeugen nicht.[6]

3.3.5. Einzelfallabwägung

Grundsätzlich gilt: Ob eine Betriebsstätte gegeben ist, entscheidet sich nach den Umständen im **Einzelfall.**[7] Dies ist gleichzeitig misslich, aber auch verständlich, denn ein

1 BFH, Urteil v. 26.2.1992 - I R 85/91, BStBl 1992 II S. 937, Rz. 18; Drüen in Tipke/Kruse, AO/FGO, 175. Erg.-Lfg. 2023, § 12 AO Rz. 41; Göttsche/Stangl, DStR 2000 S. 498, 500; Musil in Hübschmann/Hepp/Spitaler, AO/FGO, 273. Erg.-Lfg. 2023, § 12 AO Rz. 47; Kaeser in Wassermeyer, DBA, 161. Erg. Lfg. 2023, Art. 5 OECD-MA Rz. 9.

2 Vgl. zu diesem funktionalen Unterschied der Betriebsstättenbegriffe die Ausführungen in BFH, Urteil v. 30.4.1975 - I R 152/73, BStBl 1975 II S. 626, Rz. 13.

3 Drüen in Tipke/Kruse, AO/FGO, 175. Erg.-Lfg. 2023, § 12 AO Rz. 44.

4 BFH, Urteil v. 20.7.2016 - I R 50/15, BStBl 2017 II S. 230, Rz. 15 f.; BFH, Urteil v. 3.8.2005 - I R 87/04, BStBl 2006 II S. 220, Rz. 11 ff.; Gersch in Klein AO, 16. Aufl. 2022, § 12 AO Rz. 1; § 12 Nr. 10 AEAO in der Fassung des BMF, Schreiben v. 5.2.2024, BStBl 2024 I S. 177.

5 FG Köln, Urteil v. 7.5.2015 - 10 K 73/13, IStR 2015 S. 794 Rz. 22 f.; Urteil aufgehoben durch BFH, Urteil v. 20.7.2016 - I R 50/15 PAAAF-84228; in diese Richtung wohl auch zu verstehen gewesen AEAO zu § 12 Nr. 4 (a. F.) in der Fassung des BMF, Schreiben v. 31.1.2014, BStBl 2014 I S. 290.

6 BFH, Urteil v. 20.7.2016 - I R 50/15, BStBl 2017 II S. 230, Rz. 10, 14, 15, 18, 22; BFH, Urteil v. 5.6.1986 - IV R 268/82, BStBl 1986 II S. 659, Rz. 18, 21; Hilbert/Wittenstein, IWB 23/2016 S. 882, 884 GAAAF-87601; Kahlenberg, IWB 24/2015 S. 940 YAAAF-18511; Lüdicke, IStR 2015 S. 770.

7 Anschaulich BFH, Beschluss v. 22.6.2010 - VII B 244/09, juris Rz. 12; Gersch in Klein, AO, 16. Aufl. 2022, § 12 AO Rz. 2; Koenig in Koenig, AO, 4. Aufl. 2021, § 12 AO Rz. 10.

Verweis auf den Rechtsbegriff der „Betriebsstätte“ findet sich in zahlreichen Steuergesetzen.[1] Jedes dieser Steuergesetze verweist dabei im Kern auf § 12 Satz 1 AO, lädt den Begriff der Betriebsstätte jedoch über § 12 AO hinaus mit der Zielsetzung der einzelnen Norm des spezifischen Steuergesetzes auf.[2]

Dabei beinhaltet sowohl die Prüfung des Betriebsstättenbegriffs des § 12 AO als auch des abkommensrechtlichen Betriebsstättenbegriffs stets einen Zweischritt. Dieser besteht aus erstens der genauen Prüfung und Bejahung der einzelnen Tatbestandsmerkmale sowie zweitens einer Gesamtwürdigung des Einzelfalls, die auch Sinn und Zweck derjenigen Norm(en) in den Blick nimmt, für die eine Betriebsstätte bejaht werden soll.

Nachfolgende Ausführungen sollen dabei helfen, den Graubereich auszuleuchten und einen systematischen Stufenaufbau bieten, anhand dessen Abfolge die vom BFH geforderte **Einzelfallprüfung** geordnet und gezielt durchlaufen werden kann (vgl. für ein Schritt-für-Schritt-Prüfungsschema Ott in Kapitel 3.7.). Die Anordnung der einzelnen Prüfungsschritte folgt dabei der Logik, dass dem Betriebsstättenbegriff zwar allein objektive Tatbestandsmerkmale und keine subjektiven Absichten zugrunde liegen, einige objektive Merkmale aber leichter feststellbar sind als andere. Ganz praktisch ist die Feststellung, ob eine Geschäftseinrichtung in Form eines körperlichen Gegenstandes vorliegt oder nicht einfacher zu beantworten ist, als die Frage, ob ein konkret festgestellter Gegenstand einem konkreten Unternehmen dient. Dementsprechend hat sich eine effiziente Prüfung dem Modus der abnehmenden Leichtigkeit der Feststellung des einzelnen Merkmals unterzuordnen, um in der Praxis Zeit zu sparen, die der Klärung der schwierigen Abgrenzungsfragen zuteil gebracht werden kann.

Dabei soll sich der vorliegende Beitrag auf die Betriebsstättenbegründung nach den Betriebsstättendefinitionen fokussieren. Insbesondere die in Art. 5 Abs. 3 Buchst. b UN-MA zu beobachtende Tendenz ausgedehnter „Positivlisten“ für (Dienstleistungs-) Betriebsstätten im abkommensrechtlichen Sinne wird nicht behandelt. Diese folgen nicht der systematischen Definition, sondern eigenen Tatbestandsmerkmalen und Kriterien.[3] Auch die Vertreterbetriebsstätten nach Art. 5 Abs. 5 und 6 OECD-MA werden nicht gesondert behandelt (vgl. hierzu Thiede in Kapitel 5). Insgesamt ist international jedoch ein Trend zur Aufweichung im Sinne einer Absenkung der Tatbestandshürden des abkommensrechtlichen Betriebsstättenbegriffs zu verzeichnen.

1 Drüen in Tipke/Kruse, AO/FGO, 175. Erg.-Lfg. 2023, § 12 AO Rz. 1a spricht davon, dass § 12 AO mehreren Herren diene. Zu nennen sind exemplarisch § 28 Abs. 1 Satz 1 GewStG; § 4 Abs. 1 Satz 4 und Abs. 5 Satz 1 Nr. 6, § 49 Abs. 1 Nr. 2 Buchstabe a EStG, § 1 Abs. 4 Nr. 2 und Abs. 5 AStG.

2 Vgl. hierzu BFH, Urteil v. 13.9.2000 - X R 174/96, BStBl 2001 II S. 734, Rz. 15.

3 Für einen allgemeinen Überblick Drüen in Tipke/Kruse, AO/FGO, 175. Erg.-Lfg. 2023, § 12 AO Rz. 46 sowie Musil in Hübschmann/Hepp/Spitaler, AO/FGO, 273. Erg.-Lfg. 2023, § 12 AO Rz. 47g.

3.4. Betriebsstättenbegriffe – Tatbestandsmerkmale

3.4.1. Geschäftseinrichtung oder Anlage

3.4.1.1. Definition

Es bestehen keine wesentlichen Unterschiede zwischen dem Begriff der Geschäftseinrichtung in § 12 AO und demjenigen im Abkommensrecht. Der in § 12 AO zusätzlich erwähnte Begriff der Anlage adressiert vor allem Maschinen oder Automaten,[1] findet sich aber inhaltlich auch im abkommensrechtlichen Begriff der Geschäftseinrichtung wieder.

Geschäftseinrichtung oder Anlage ist jeder körperliche Gegenstand, der abstrakt geeignet ist, im Fall des § 12 AO der Tätigkeit eines Unternehmens zu dienen bzw. durch den im Fall des Abkommensrechts die Unternehmenstätigkeit ausgeübt werden kann.[2] Dies sind vor allem Gebäude, Räume, Maschinen oder gar Wohnungen.[3] Die weitaus überwiegende Anzahl der Fälle, in denen die Geschäftseinrichtung in Form von Räumen vorliegt, darf jedoch nicht darüber hinwegtäuschen, dass der Begriff der Geschäftseinrichtung keine Vorrichtung verlangt, die zum Aufenthalt von Menschen geeignet ist.[4] Auch eine bestimmte Größe oder Ausstattung der Geschäftseinrichtung oder Anlage ist nicht gefordert.[5] Der jüngeren Rechtsprechung des BFH ist dabei nach hier vertretener Auffassung zu entnehmen, dass zunehmend kleinere körperliche Gegenstände, wie ein Schließfach, einen größeren Gegenstand, wie einen Flugzeughangar insgesamt, als Geschäftseinrichtung i. S. des § 12 AO gelten können.[6] Die Geschäftseinrichtung ist so verstanden der Hangar („die im Zusammenhang mit der Leistungserbringung unerlässlichen Räumlichkeiten").[7] Das Schließfach vermittelt allein die Verwurzelung der unternehmerischen Tätigkeit am spezifischen Ort.[8]

1 Z. B. Spielautomaten BFH, Beschluss v. 5.10.1965 - I B 387/62 U, BStBl 1965 III S. 668, Rz. 4.

2 BFH, Urteil v. 2.4.2014 - I R 68/12, BStBl 2014 II S. 875, Rz. 16; BFH, Urteil v. 17.9.2003 - I R 12/02, BStBl 2004 II S. 396, Rz. 8, 18; BFH, Urteil v. 30.10.1996 - II R 12/92, BStBl 1997 II S. 12, Rz. 23; BFH, Urteil v. 3.2.1993 - I R 80-81/91, BStBl 1993 II S. 462, Rz. 48; FG Berlin, Urteil v. 2.5.2001 - 2 K 2227/97, juris Rz. 25; FG München, Urteil v. 22.9.2006 - 8 K 1299/06, juris Rz. 19; Drüen in Tipke/Kruse, AO/FGO, 175. Erg.-Lfg. 2023, § 12 AO Rz. 4; Gersch in Klein AO, 16. Aufl. 2022, § 12 AO Rz. 2; Koenig in Koenig AO, 4. Aufl. 2021, § 12 AO Rz. 6; Anlage dabei als Unterart der Geschäftseinrichtung.

3 BFH, Urteil v. 16.12.2009 - I R 56/08, BStBl 2010 II S. 492, Rz. 2 f.; BFH, Urteil v. 3.2.1993 - I R 80-81/91, BStBl 1993 II S. 462, Rz. 46; Drüen in Tipke/Kruse, AO/FGO, 175. Erg.-Lfg. 2023, § 12 AO Rz. 5; Gersch in Klein AO, 16. Aufl. 2022, § 12 AO Rz. 3; Koenig in Koenig AO, 4. Aufl. 2021, § 12 AO Rz. 6.

4 BFH, Urteil v. 2.4.2014 - I R 68/12, BStBl 2014 II S. 875, Rz. 16; Drüen in Tipke/Kruse, AO/FGO, 175. Erg.-Lfg. 2023, § 12 AO Rz. 5; Gersch in Klein AO, 16. Aufl. 2022, § 12 AO Rz. 3.

5 Gersch in Klein AO, 16. Aufl. 2022, § 12 AO Rz. 3.

6 BFH, Urteil v. 7.6.2023 - I R 47/20 KAAAJ-46356, Rz. 24 und 26.

7 BFH, Urteil v. 7.6.2023 - I R 47/20 KAAAJ-46356, Rz. 24.

8 BFH, Urteil v. 7.6.2023 - I R 47/20 KAAAJ-46356, Rz. 24 und 26.

3.4.1.2. Subsumtion anhand der Beispielsfälle

Im **1. Fall** liegt eine Geschäftseinrichtung oder Anlage in Form des stationären Servers vor.

Im **2. Fall** liegt ebenfalls eine Geschäftseinrichtung oder Anlage in Form eines Servers vor. Die Software hingehen ist kein körperlicher Gegenstand.

3.4.2. Räumliche Verwurzelung

3.4.2.1 Definition

Wiederum bestehen in Betreff des Merkmals der räumlichen Verwurzelung keine wesentlichen Unterschiede zwischen dem Betriebsstättenbegriff des § 12 AO und demjenigen des Abkommensrechts. Das Merkmal der räumlichen Verwurzelung der Geschäftseinrichtung oder Anlage als territorialer Fixpunkt der Betriebsstätte ergibt sich aus dem Wort „fest" in § 12 Satz 1 AO bzw. Art. 5 Abs. 1 OECD-MA. Das Merkmal hat zwei Dimensionen. Zum einen die genaue räumliche Abgrenzbarkeit der Geschäftseinrichtung bzw. Anlage und der Tätigkeiten in derselben als fixer, beständiger Punkt in einem Gebiet (vgl. Ott in Kapitel 3.4.2.1.1.). Zum anderen – und dabei noch etwas näher am allgemeinen Verständnis des Wortes „fest" – die Beziehung der Geschäftseinrichtung oder Anlage zum Erdboden (vgl. Ott in Kapitel 3.4.2.1.2.). Zudem zieht die Rechtsprechung des BFH ein zeitliches Element der räumlichen Verwurzelung hinzu, dessen genaue Dauer unklar ist, aber letztlich dazu dient, abzugrenzen, ob die Geschäftseinrichtung oder Anlage bereits genug Zeit hatte, um „Wurzeln zu schlagen" oder mangels Einwurzelung noch nicht „fest" mit dem Boden verbunden ist (vgl. Ott in Kapitel 3.4.2.1.3.).

3.4.2.1.1. Räumlich klar umrissener, abgrenzbarer Ort

Die erste Dimension der räumlichen Verwurzelung der Geschäftseinrichtung oder Anlage verlangt eine „besonders intensive Verwurzelung der Arbeit mit dem Ort der Ausübung"[1,2] Letztlich ist insoweit nicht entscheidend, wie sehr sich die Geschäftseinrichtung oder Anlage, beispielsweise eine Fabrik, selbst räumlich ausdehnt, denn diese bleibt eine einzige Geschäftseinrichtung oder Anlage. Entscheidend ist vielmehr, dass die Tätigkeit immer wieder am selben abgrenzbaren Ort ausgeübt wird und nicht über einen nicht mehr abgrenzbaren Bereich hinweg „schwebt" und immer wieder an einem anderen Ort ausgeführt wird. Der jüngeren Rechtsprechung des BFH[3] ist darüber hinaus noch eine

1 BFH, Urteil v. 23.5.2002 - III R 8/00, BStBl 2002 II S. 512, Rz. 16; BFH, Urteil v. 19.5.1993 - I R 80/92, BStBl 1993 II S. 655, Rz. 12.

2 BFH, Urteil v. 4.7.2012 - II R 38/10, BStBl 2012 II S. 782, Rz. 47; BFH, Urteil v. 4.6.2008 - I R 30/07, BStBl 2008 II S. 922, Rz. 15.

3 BFH, Urteil v. 7.6.2023 - I R 47/20 KAAAJ-46356, Rz. 21, 24, 26.

weitere Facette der räumlichen Verwurzelung zu entnehmen, die der BFH als „Überlassung personenbeschränkter Nutzungsstrukturen“ (im Beispielsfall ein Schließfach zur alleinigen Nutzung) in größeren Geschäftseinrichtungen, wie weitläufigen Räumlichkeiten, bezeichnet. Der BFH ordnet die Verwurzelung infolge „personenbeschränkter Nutzungsstrukturen“ innerhalb von Geschäftseinrichtungen selbst dem Merkmal der „dienenden Funktion“ der Geschäftseinrichtung für das Unternehmen zu.[1] Überzeugender erscheint eine Zuordnung zum Topos der „Verfügungsmacht“ über die Geschäftseinrichtung. Daher soll in diesem Kontext näher auf diese jüngere Rechtsprechungslinie eingegangen werden (vgl. Ott in Kapitel 3.4.3.1.). Es handelt sich hierbei jedoch um klare Sonderfälle der Betriebsstättenfrage. In der Regel wird diese Dimension der „Festigkeit“ der Geschäftseinrichtung oder Anlage leicht zu bejahen sein.

3.4.2.1.2. Bezug zur Erdoberfläche

Dabei verlangt die zweite Dimension der „Festigkeit“ nicht, dass die Geschäftseinrichtung oder Anlage selbst fest mit der Erdoberfläche verbunden ist.[2] Auch bewegliche Geschäftseinrichtungen und Anlagen können nach diesem Verständnis „fest“ sein.[3] Es bedarf lediglich eines auf Dauer angelegten Bezugs der Geschäftseinrichtung oder Anlage zu einem bestimmten Teil der Erdoberfläche.[4] Ausreichend in diesem Sinne ist es, wenn die Geschäftseinrichtung oder Anlage regelmäßig immer wiederkehrend, wenn auch in jedem Einzelfall nur für wenige Stunden, an derselben Stelle steht (z. B. Marktstände).[5] Hiervon abgrenzend fehlt der „feste“ Bezug zu einem Teil der Erdoberfläche immer dann, wenn sich die Tätigkeiten auf größeres Gebiet beziehen und sich – im Beispiel der Marktstände bleibend – die Standorte der Geschäftseinrichtung oder Anlage immer wieder verändern.[6] Auch diese Dimension der „Festigkeit“ der Geschäftseinrichtung oder Anlage ist tendenziell wenig voraussetzungsreich.

---

1 BFH, Urteil v. 7.6.2023 - I R 47/20 KAAAJ-46356, Rz. 24, 26; BFH, Urteil v. 18.9.2019 - III R 3/19 FAAAH-47097, Rz. 30 f. unter Verweis auf BFH, Urteil 4.6.2008 - I R 30/07, BStBl 2008 II S. 922; vgl. auch BFH, Urteil v. 23.3.2022 - III R 35/20, BStBl 2022 II S. 844, Rz. 17 f.; BFH, Beschluss v. 18.2.2021 - III R 8/19, BStBl 2021 II S. 627, Rz. 18 ff.

2 Gersch in Klein, AO, 16. Aufl. 2022, § 12 AO Rz. 3; Koenig in Koenig, AO, 4. Aufl. 2021, § 12 AO Rz. 9.

3 Gersch in Klein, AO, 16. Aufl. 2022, § 12 AO Rz. 4.

4 BFH, Urteil v. 17.9.2003 - I R 12/02, BStBl 2004 II S. 396, Rz. 19 ff.; BFH, Urteil v. 30.10.1996 - II R 12/92, BStBl 1997 II S. 12, Rz. 16; BFH, Urteil v. 3.2.1993 - I R 80-81/91, BStBl 1993 II S. 462, Rz. 47; BFH, Urteil v. 8.3.1988 - VIII R 270/81, juris, Rz. 14; BFH, Urteil v. 9.10.1974 - I R 128/73, BStBl 1975 II S. 203, Rz. 10; Drüen in Tipke/Kruse, AO/FGO, 175. Erg.-Lfg. 2023, § 12 AO Rz. 6 f., 8; Heinsen in Gosch, AO/FGO, 175. Erg.-Lfg. 2023, § 12 AO Rz. 9.

5 BFH, Urteil v. 17.9.2003 - I R 12/02, BStBl 2004 II S. 396, Rz. 19 ff.; BFH, Urteil v. 9.10.1974 - I R 128/73, BStBl 1975 II S. 203, Rz. 10.

6 BFH, Urteil v. 18.10.1962 - IV 319/60 U PAAAB-51253; Hessisches FG, Urteil v. 5.10.1989 - 8 K 3275/89, juris.

3.4.2.1.3. Zeitliche Dimension der räumlichen Verwurzelung

Da die räumliche Verwurzelung der Geschäftseinrichtung oder Anlage mit einem abgegrenzten Teil der Erdoberfläche vergleichsweise schnell gegeben ist, bedarf es als Korrektiv einer zeitlichen Dimension der räumlichen Verwurzelung.[1] Andernfalls würde der Betriebsstättentatbestand ufer- und konturlos. Im Bild bleibend ist zu prüfen, ob die Wurzeln tief genug geschlagen haben.

Welche Mindestzeitspanne dabei anzulegen ist, um von einer Stetigkeit der räumlichen Verwurzelung ausgehen zu können, ist ungeklärt.[2] Teile der Literatur sehen die zeitliche Dimension der räumlichen Verwurzelung zumindest nach Ablauf einer Zeitspanne von sechs Monaten als erfüllt an.[3] Der BFH hat sich bislang nicht festgelegt. Jedoch urteilte der BFH im Jahr 1993, dass als Zeitspanne mindestens sechs Monate anzusetzen seien.[4] Diese Aussage stützt der BFH systematisch auf den Rechtsgedanken der Übertragung der Zeitspannen der §§ 9 und 12 Satz 2 Nr. 8 AO auf den Betriebsstättenbegriff als Ganzen.[5] Die Finanzverwaltung stimmt dem zu und sieht die zeitliche Dimension der räumlichen Verwurzelung ebenfalls nach einer Mindestzeitspanne von sechs Monaten als gegeben an.[6] Inhaltlich sowie aus Gründen der Praktikabilität ist dem zuzustimmen.[7] Das Mantra der **Einzelfallentscheidung** bleibt jedoch erhalten. Je nach Art und Intensität der Tätigkeit kann bereits eine kürzere Zeitspanne genügen oder eine längere erforderlich sein.[8]

3.4.2.2. Subsumtion anhand der Beispielsfälle

Im **1. Fall** besteht die räumliche Verwurzelung des Servers, da dieser stationär ist.

Auch im **2. Fall** besteht die räumliche Verwurzelung des Servers.

---

1 BFH, Urteil v. 4.6.2008 - I R 30/07, BStBl 2008 II S. 922, Rz. 15; BFH, Urteil v. 28.6.2006 - I R 92/05, BStBl 2007 II S. 100, Rz. 18; BFH, Urteil v. 17.9.2003 - I R 12/02, BStBl 2004 II S. 396, Rz. 19 ff.; BFH, Urteil v. 30.10.1996 - II R 12/92, BStBl 1997 II S. 12, Rz. 16; BFH, Urteil v. 19.5.1993 - I R 80/92, BStBl 1993 II S. 655, Rz. 12; BFH, Urteil v. 3.2.1993 - I R 80 -81/91, BStBl 1993 II S. 462, Rz. 47 f.; BFH, Urteil v. 8.3.1988 - VIII R 270/81, juris, Rz. 14; BFH, Urteil v. 28.8.1986 - V R 20/79, BStBl 1987 II S. 162, Rz. 16 f.; BFH, Urteil v. 9.10.1974 - I R 128/73, BStBl 1975 II S. 203, Rz. 10; Musil in Hübschmann/Hepp/Spitaler, AO/FGO, 273. Erg.-Lfg. 2023, § 12 AO Rz. 14.

2 Musil in Hübschmann/Hepp/Spitaler, AO/FGO, 273. Erg.-Lfg. 2023, § 12 AO Rz. 15.

3 Buciek, DStZ 2003 S. 139, 140.

4 BFH, Urteil v. 19.5.1993 - I R 80/92, BStBl 1993 II S. 655, Rz. 12; offengelassen in BFH, Urteil v. 17.9.2003 - I R 12/02, BStBl 2004 II S. 396, Rz. 23.

5 BFH, Urteil v. 17.9.2003 - I R 12/02, BStBl 2004 II S. 396, Rz. 23; BFH, Urteil v. 19.5.1993 - I R 80/92, BStBl 1993 II S. 655, Rz. 12.

6 BMF, Schreiben v. 24.12.1999, BStBl 1999 I S. 1076, 1081, Tz. 1.1.1.1.

7 Vgl. auch Musil in Hübschmann/Hepp/Spitaler, AO/FGO, 273. Erg.-Lfg. 2023, § 12 AO Rz. 15.

8 FG München, Urteil v. 11.12.1985 - 47/80 L1, EFG 1986 S. 259, 260; Drüen in Tipke/Kruse, AO/FGO, 175. Erg.-Lfg. 2023, § 12 AO Rz. 10; Gersch in Klein AO, 16. Aufl. 2022, § 12 AO Rz. 7; Göttsche/Stangl, DStR 2000 S. 498, 499; Hidien, DStZ 2004 S. 126, 127.

3.4.3. Verfügungsmacht

3.4.3.1. Definition

Sowohl der Betriebsstättenbegriff des §12 AO als auch derjenige des Abkommensrechts setzen eine Verfügungsmacht der Person über die Geschäftseinrichtung oder Anlage voraus. Es bedarf einer tatsächlichen, nicht zwingend rechtmäßigen, vereinbarten oder alleinigen Verfügungsmacht über die Geschäftseinrichtung oder Anlage.[1] Entscheidend ist dabei allein deren Bestehen, nicht hingegen, ob die Verfügungsmacht nach außen hin erkennbar ist.[2] Auch der Umstand, ob die Verfügungsmacht entgeltlich oder unentgeltlich eingeräumt wurde, ist unerheblich.[3] In gewisser gegenseitiger Abhängigkeit mit dem Merkmal der räumlichen Verwurzelung der Geschäftseinrichtung oder Anlage (vgl. Ott in Kapitel 3.4.2.) muss sich auch die Verfügungsmacht auf eine Geschäftseinrichtung oder Anlage gerade an einem abgrenzbaren Ort beziehen.[4]

Kurz gesagt, muss die Person eine (Rechts-)Position an der Geschäftseinrichtung oder Anlage innerhaben, die ihr ohne ihre Mitwirkung nicht entzogen oder geändert werden kann.[5] Ausreichend ist, dass die Person die Geschäftseinrichtung oder Anlage jederzeit nutzen kann, ohne dass ihre Verfügungsmacht bestritten wird.[6] Dabei ist der jüngeren Rechtsprechung des BFH zu entnehmen, dass die Verfügungsmacht nicht die gesamte Geschäftseinrichtung umfassen muss.[7] Es genügt vielmehr, dass

1 BFH, Urteil v.4.7.2012 - II R 38/10, BStBl 2012 II S.782, Rz.47; BFH, Urteil v.23.2.2011 - I R 52/10, juris, Rz.35f.; BFH, Urteil v.18.3.2009 - III R 2/06, juris, Rz.13f.; BFH, Urteil v.4.6.2008 - I R 30/07, BStBl 2008 II S.922, Rz.13ff.; BFH, Urteil v.14.7.2004 - I R 106/03, juris, Rz.11ff.; BFH, Urteil v.23.5.2002 - III R 8/00, BStBl 2002 II S.512, Rz.19f.; BFH, Urteil v.13.9.2000 - X R 174/96, BStBl 2001 II S.734, Rz.17; BFH, Urteil v.11.10.1989 - I R 77/88, BStBl 1990 II S.166, Rz.12; BFH, Urteil v.28.8.1986 - V R 20/79, BStBl 1987 II S.162, Rz.17; BFH, Urteil v.17.3.1982 - I R 189/79, BStBl 1982 II S.624, Rz.14f.; Buciek, DStZ 2003 S.139; Drüen in Tipke/Kruse, AO/FGO, 175. Erg.-Lfg. 2023, §12 AO Rz.11; Gersch in Klein AO, 16.Aufl. 2022, §12 AO Rz.5; Koenig in Koenig, AO, 4.Aufl. 2021, §12 AO Rz.11; Musil in Hübschmann/Hepp/Spitaler, AO/FGO, 273. Erg.-Lfg. 2023, §12 AO Rz.16; Möller, StuB 8/2005 S.350, 352 VAAAB-60002.

2 BFH, Urteil v.3.2.1993 - I R 80-81/91, BStBl 1993 II S.462, Rz.58; RFH, Beschluss v.4.3.1927 - I B 1/27, RStBl 1927 S.112, 113; Musil in Hübschmann/Hepp/Spitaler, AO/FGO, 273. Erg.-Lfg. 2023, §12 AO Rz.17.

3 BFH, Urteil v.3.2.1993 - I R 80-81/91, BStBl 1993 II S.462, Rz.58.

4 BFH, Urteil v.23.5.2002 - III R 8/00, BStBl 2002 II S.512, Rz.16, 19f.; FG Köln, Urteil v.14.7.1987 - 5 K 459/83, juris, Rz.22; Drüen in Tipke/Kruse, AO/FGO, 175. Erg.-Lfg. 2023, §12 AO Rz.12.

5 BFH, Urteil v.18.3.2009 - III R 2/06, juris, Rz.13f.; BFH, Urteil v.4.6.2008 - I R 30/07, BStBl 2008 II S.922, Rz.14; BFH, Urteil v.14.7.2004 - I R 106/03, juris, Rz.11ff.; BFH, Urteil v.23.5.2002 - III R 8/00, BStBl 2002 II S.512, Rz.15; BFH, Urteil v.16.5.1990 - I R 113/87, BStBl 1990 II S.983, Rz.14; BFH, Urteil v.11.10.1989 - I R 77/88, BStBl 1990 II S.166, Rz.12; BFH, Urteil v.17.3.1982 - I R 189/79, BStBl 1982 II S.624, Rz.15; Drüen in Tipke/Kruse, AO/FGO, 175. Erg.-Lfg. 2023, §12 AO Rz.12; Musil in Hübschmann/Hepp/Spitaler, AO/FGO, 273. Erg.-Lfg. 2023, §12 AO Rz.16.

6 BFH, Urteil v.23.5.2002 - III R 8/00, BStBl 2002 II S.512, Rz.15; BFH, Urteil v.14.7.2004 - I R 106/03, juris, Rz.11ff.; BFH, Urteil v.17.3.1982 - I R 189/79, BStBl 1982 II S.624, Rz.15; BFH, Urteil v.8.3.1988 - VIII R 270/81, juris, Rz.15, 19.

7 BFH, Urteil v.7.6.2023 - I R 47/20 KAAAJ-46356, Rz.24, 26.

zumindest einzelne Nutzungsstrukturen (z. B. ein Schließfach innerhalb der Räumlichkeiten) personenbeschränkt überlassen werden und allein von diesem beschränkten Personenkreis autark genutzt werden können.[1] Hierbei ist der vermeintlichen Tendenz der Rechtsprechung zu widersprechen, das Merkmal der Verfügungsmacht über die Einrichtung zugunsten eines wohl neu geschöpften Merkmals der „unternehmerischen Verwurzelung" zu entwerten.[2] In der Sache ist dem BFH beizupflichten, dass auch eine beschränkte autarke Kontrolle über einzelne Teile der bzw. Gegenstände in der Geschäftseinrichtung genügt. Dies ist aber gerade ein Paradebeispiel dafür, dass es einer Verfügungsmacht über die Geschäftseinrichtung bedarf, um letztlich zu einer Betriebsstätte zu gelangen. Dass die so kontrollierten Teile der Geschäftseinrichtung dann auch dem konkreten Unternehmen dienen, ist einleuchtend, aber gerade der Aspekt der Kontrolle über die Einrichtungsteile, mithin die Verfügungsmacht über diese, ist das herausstechende und abgrenzende Merkmal.

Keine Verfügungsmacht über Geschäftseinrichtungen oder Anlagen besteht, wenn Räume allein im Interesse Dritter genutzt werden oder die Nutzung allein geduldet wird, jedoch jederzeit untersagt werden könnte.[3] Auch fehlt es an der Verfügungsmacht, wenn die Räume – z. B. bei Abwesenheit der Person – ohne Weiteres einer anderen Person zugewiesen werden können.[4] Ebenso fehlt es dem Arbeitgeber bei Homeoffice-Sachverhalten typischerweise an der Verfügungsmacht über die (Privat-)Räume des Arbeitnehmers, denn auch wenn er die Räume des Arbeitnehmers anmietet, steht dem Arbeitgeber regelmäßig kein Recht zu, die Räume zu betreten oder andere Arbeitnehmer in diesen arbeiten zu lassen.[5]

3.4.3.2. Zeitliche Dimension der Verfügungsmacht

Um dem Tatbestandsmerkmal der Verfügungsmacht über die Geschäftseinrichtung oder Anlage weitere Kontur zu verleihen, verlangt die Rechtsprechung auch diesem eine

1 BFH, Urteil v. 7.6.2023 - I R 47/20 KAAAJ-46356, Rz. 24, 26.

2 Letztlich Folge der Rechtsprechungslinie BFH, Urteil v. 7.6.2023 - I R 47/20 KAAAJ-46356, Rz. 24, 26; BFH, Urteil v. 18.9.2019 - III R 3/19 FAAAH-47097, Rz. 30 f. unter Verweis auf BFH, Urteil 4.6.2008 - I R 30/07, BStBl 2008 II S. 922; vgl. auch BFH, Urteil v. 23.3.2022 - III R 35/20, BStBl 2022 II S. 844, Rz. 17 f.; BFH, Beschluss v. 18.2.2021 - III R 8/19, BStBl 2021 II S. 627, Rz. 18 ff.

3 BFH, Urteil v. 4.6.2008 - I R 30/07, BStBl 2008 II S. 922, Rz. 15; BFH, Urteil v. 4.7.2012 - II R 38/10, BStBl 2012 II S. 782, Rz. 47.

4 FG Köln, Urteil v. 18.9.2014 - 4 K 1753/11, juris WAAAE-79127, Rz. 51.

5 BFH, Beschluss v. 21.2.1963 - I B 98/61, DStR 1962-63 S. 419.

zeitliche Dimension ab.[1] Es bedarf mithin einer Verfügungsmacht von gewisser Dauer, Nachhaltigkeit und Beständigkeit.[2] Auch in Betreff der Verfügungsmacht besteht keine allgemeingültige Mindestzeitspanne.[3] Wiederum erscheint es jedoch sinnvoll, obige Überlegungen zu einer sechsmonatigen Mindestzeitspanne auch auf das Tatbestandsmerkmal der Verfügungsmacht zu übertragen.[4] Hierdurch werden die meisten Fälle handhabbar. Aber auch hinsichtlich des Tatbestandsmerkmals der Verfügungsmacht ist klarzustellen, dass je nach Besonderheit des **Einzelfalls** auch kürzere Zeitspannen ausreichen oder längere Zeitspannen von Nöten sein können.[5]

Betreffend der Mindestzeitspanne von sechs Monaten gehen dabei einige Aussagen in Rechtsprechung und Literatur so weit, nicht nur den tatsächlich verwirklichten Sachverhalt, sondern auch subjektive anfängliche Planungselemente und -absichten der Person(en) in den Blick zu nehmen.[6] Diese subjektiven Elemente sollen dabei in beide Richtungen wirken können. Es soll auch, wenn tatsächlich sechs Monate unterschritten wurden, eine Betriebsstätte vorliegen können, wenn subjektiv eine Betätigung von mehr als sechs Monaten Dauer gewollt war. Andersherum soll auch bei tatsächlich längerer Dauer als sechs Monaten dann keine Betriebsstätte vorliegen, wenn die Person(en) von vornherein nur eine Nutzung der Geschäftseinrichtung oder Anlage für weniger als sechs Monate beabsichtigten.[7]

In die Würdigung des Tatbestandsmerkmals der Verfügungsmacht über die Geschäftseinrichtung oder Anlage sollten keine subjektiven Elemente einfließen. Der Grundtatbestand des Betriebsstättenbegriffs sowohl nach § 12 AO als auch nach Art. 5 Abs. 1 OECD-MA ist objektiver und tatsächlich feststellbarer Natur. Subjektive Elemente sollten allenfalls im Rahmen der abschließenden Gesamtwürdigung aller Umstände des Einzelfalls berücksichtigt werden (vgl. hierzu Ott in Kapitel 3.4.5.).

---

1 BFH, Urteil v. 4.7.2012 - II R 38/10, BStBl 2012 II S. 782, Rz. 46; BFH, Urteil v. 23.2.2011 - I R 52/10, juris, Rz. 35 f.; BFH, Urteil v. 4.6.2008 - I R 30/07, BStBl 2008 II S. 922, Rz. 15; BFH, Urteil v. 23.5.2002 - III R 8/00, BStBl 2002 II S. 512, Rz. 15; BFH, Urteil v. 13.9.2000 - X R 174/96, BStBl 2001 II S. 734, Rz. 16; BFH, Urteil v. 11.10.1989 - I R 77/88, BStBl 1990 II S. 166, Rz. 12; BFH, Urteil v. 28.8.1986 - V R 20/79, BStBl 1987 II S. 162, Rz. 17 f.; BFH, Urteil v. 17.3.1982 - I R 189/79, BStBl 1982 II S. 624, Rz. 14 f.; Buciek, DStZ 2003 S. 139; Drüen in Tipke/Kruse, AO/FGO, 175. Erg.-Lfg. 2023, § 12 AO Rz. 11; Möller, StuB 8/2005 S. 350, 352 VAAAB-60002; Musil in Hübschmann/Hepp/Spitaler, AO/FGO, 273. Erg.-Lfg. 2023, § 12 AO Rz. 16.

2 BFH, Urteil v. 4.7.2012 - II R 38/10, BStBl 2012 II S. 782, Rz. 46; BFH, Urteil v. 10.2.1988 - VIII R 159/84, BStBl 1988 II S. 653, Rz. 22.

3 Koenig in Koenig, AO, 4. Aufl. 2021, § 12 AO Rz. 10; a. A. Mindestzeitspanne sechs Monate BFH, Urteil v. 19.5.1993 - I R 80/92, BStBl 1993 II S. 655, Rz. 12.

4 BFH, Urteil v. 19.5.1993 - I R 80/92, BStBl 1993 II S. 655, Rz. 12; Gersch in Klein AO, 16. Aufl. 2022, § 12 AO Rz. 7; Koenig in Koenig, AO, 4. Aufl. 2021, § 12 AO Rz. 10.

5 BFH, Urteil v. 19.5.1993 - I R 80/92, BStBl 1993 II S. 655, Rz. 12; anschaulich FG Köln, Urteil v. 18.9.2014 - 4 K 1753/11, juris, Rz. 51 ff.; Koenig in Koenig, AO, 4. Aufl. 2021, § 12 AO Rz. 10; Musil in Hübschmann/Hepp/Spitaler, AO/FGO, 273. Erg.-Lfg. 2023, § 12 AO Rz. 15.

6 Heinsen in Gosch, AO/FGO, 175. Erg.-Lfg. 2023, § 12 AO Rz. 10.

7 BFH, Urteil v. 30.10.1973 - I R 50/71, BStBl 1974 II S. 107, passim.

3.4.3.3. Subsumtion anhand der Beispielsfälle

Im **1. Fall** besteht Verfügungsmacht der A-GmbH über den Internetserver, da sie diesen als Host selbst betreibt.

Auch im **2. Fall** besteht Verfügungsmacht der B-GmbH über den Internetserver, da sie diesen selbst betrieben hat.

3.4.4. Dienende Funktion vs. Tätigkeitsbezug der Geschäftseinrichtung

3.4.4.1. Definition gem. § 12 AO

Die Betriebsstättendefinition des § 12 AO setzt voraus, dass die Geschäftseinrichtung oder Anlage einem Unternehmen **unmittelbar** dient.[1] Nach einem sehr getreuem Wortlautverständnis könnte sich dieses Tatbestandsmerkmal aus dem Wort „Geschäftseinrichtung" selbst ableiten. Dieses beinhalte, dass die Einrichtung dem Geschäft zu dienen habe.[2] Im Kern ist das Tatbestandsmerkmal der „dienenden Funktion" der Geschäftseinrichtung oder Anlage jedoch richterrechtlich ausgeformt.

Ein Unternehmen i.S.des § 12 AO liegt dabei in jeder Betätigung im Rahmen der Gewinneinkünfte. Erfasst sind insbesondere originär gewerbliche Betätigungen, aber auch die gewerbliche Abfärbung gem. § 15 Abs. 3 Nr. 1 Satz 1 EStG oder die gewerbliche Prägung gem. § 15 Abs. 3 Nr. 2 Satz 1 EStG.[3] Abzugrenzen ist insbesondere die reine Vermögensverwaltung (Fruchtziehungsformel)[4].

Erforderlich ist, dass die Geschäftseinrichtung oder Anlage dazu bestimmt ist, den Unternehmenszweck zu fördern.[5] Am leichtesten lässt sich dieses Tatbestandsmerkmal bejahen, wenn die Geschäftseinrichtung oder Anlage auch tatsächlich zu unternehmerischen Zwecken genutzt wird.[6] Umfasst ist dabei jede unternehmensbezogene Tätigkeit in, an oder mit der Geschäftseinrichtung.[7]

1 BFH, Urteil v. 30.10.1996 - II R 12/92, BStBl 1997 II S. 12, Rz. 23; BFH, Urteil v. 10.2.1988 - VIII R 159/84, BStBl 1988 II S. 653, Rz. 20; BFH, Urteil v. 28.8.1986 - V R 20/79, BStBl 1987 II S. 162, Rz. 18; BFH, Urteil v. 18.3.1976 - IV R 168/72, BStBl 1976 II S. 365, Rz. 11; Koenig in Koenig, AO, 4. Aufl. 2021, § 12 AO Rz. 17, 19; Musil in Hübschmann/Hepp/Spitaler, AO/FGO, 273. Erg.-Lfg. 2023, § 12 AO Rz. 21.

2 Drüen in Tipke/Kruse, AO/FGO, 175. Erg.-Lfg. 2023, § 12 AO Rz. 4.

3 Drüen in Tipke/Kruse, AO/FGO, 175. Erg.-Lfg. 2023, § 12 AO Rz. 17; Koenig in Koenig, AO, 4. Aufl. 2021, § 12 AO Rz. 17.

4 Statt vieler BFH, Urteil v. 2.11.1971 - VIII R 1/71, BStBl 1972 II S. 360, Rz. 9.

5 BFH, Urteil v. 30.10.1996 - II R 12/92, BStBl 1997 II S. 12, Rz. 23; FG Düsseldorf, Urteil v. 10.9.1991 - 9 K 524/86 BB, juris, Rz. 27; Drüen in Tipke/Kruse, AO/FGO, 175. Erg.-Lfg. 2023, § 12 AO Rz. 19.

6 BFH, Urteil v. 30.10.1996 - II R 12/92, BStBl 1997 II S. 12, Rz. 23; Koenig in Koenig, AO, 4. Aufl. 2021, § 12 AO Rz. 18.

7 BFH, Urteil v. 30.10.1996 - II R 12/92, BStBl 1997 II S. 12, Rz. 23; Drüen in Tipke/Kruse, AO/FGO, 175. Erg.-Lfg. 2023, § 12 AO Rz. 19.

Der Wortlaut des §12 Satz 1AO „Geschäftseinrichtung oder Anlage, die der Tätigkeit eines Unternehmens dient" setzt keine tatsächliche Benutzung der Geschäftseinrichtung oder Anlage hinaus. Es genügt bereits eine Geschäftseinrichtung oder Anlage, die abstrakt geeignet ist, die konkrete Tätigkeit des Unternehmens zu fördern. Weder ist dabei die Bedeutung der konkreten Geschäftseinrichtung oder Anlage für das Unternehmen noch der Umfang der Nutzung derselben entscheidend.[1] Das Tatbestandsmerkmal der „dienenden Funktion" gem. §12 AO kann daher auch im Fall einer mittels der Geschäftseinrichtung oder Anlage ausgeübten Hilfstätigkeiten oder unwesentlichen Tätigkeit erfüllt sein.[2] Keine Betriebsstätte liegt aber dann vor, wenn eine private (Mit-)Nutzung der Geschäftseinrichtung von nicht allein untergeordneter Bedeutung vorliegt.[3]

Nicht erforderlich ist der Einsatz von Personal. Eine Einrichtung oder Anlage dient der Tätigkeit auch dann, wenn es sich um rein mechanische, vollautomatische Anlagen oder Einrichtungen ohne ständigen Personaleinsatz handelt.[4]

Wie die Tatbestandsmerkmale der räumlichen Verwurzelung und der Verfügungsmacht bedarf auch dasjenige der „dienenden Funktion" der Geschäftseinrichtung eines zeitlichen Elements.[5] Wiederum erscheint es angemessen, auf die bereits zuvor angesprochene Mindestzeitspanne von sechs Monaten zu rekurrieren.

Insgesamt bleibt aber auch das Tatbestandsmerkmal der „dienenden Funktion" letztlich ein solches, das dem Gesamtbild der Umstände des Einzelfalls unterliegt.[6] Ebenso unterliegt das zeitliche Moment, mithin die ausreichende Verfestigung der „dienenden Funktion" der Geschäftseinrichtung, einer Einzelfallbetrachtung.[7]

3.4.4.2. Definition gem. Art. 5 Abs. 1 OECD-MA

Die Betriebsstättendefinition des Art. 5 Abs. 1 OECD-MA setzt voraus, dass die Geschäftstätigkeit eines Unternehmens ganz oder teilweise durch die Geschäftseinrichtung ausgeübt werden muss. Die Definition des Unternehmens ergibt sich dabei aus Art. 3 Abs. 1 Buchst. c OECD-MA in seinem Zusammenspiel mit Art. 6 Abs. 1, Art. 7 und 14 a. F. OECD-MA. Hiernach ist „Unternehmen" die Ausübung einer Geschäftstätigkeit.

1 BFH, Beschluss v. 9.1.2019 - I B 138/17, Rz. 14; Gersch in Klein, AO, 16. Aufl. 2022, §12 AO Rz. 3.

2 BFH, Urteil v. 8.12.1971 - I R 3/69, BStBl 1972 II S. 289, Rz. 13; BFH, Beschluss v. 30.8.1960 - I B 148/59 U VAAAA-89873, Rz. 8.

3 BFH, Urteil v. 8.9.2016 - III R 62/11, BStBl 2017 II S. 163, Rz. 14; Gersch in Klein, AO, 16. Aufl. 2022, §12 AO Rz. 2.

4 BFH, Urteil v. 30.10.1996 - II R 12/92, BStBl 1997 II S. 12, Rz. 24; FG Berlin, Urteil v. 2.5.2001 - 2 K 2227/97, juris, Rz. 25.

5 BFH, Urteil v. 7.6.1966 - I B 124/64 WAAAA-90255, Rz. 12; Drüen in Tipke/Kruse, AO/FGO, 175. Erg.-Lfg. 2023, §12 AO Rz. 21.

6 Drüen in Tipke/Kruse, AO/FGO, 175. Erg.-Lfg. 2023, §12 AO Rz. 19.

7 Drüen in Tipke/Kruse, AO/FGO, 175. Erg.-Lfg. 2023, §12 AO Rz. 21.

Dabei ist die Land- und Fortwirtschaft auszusparen, da diese von Art. 6 Abs. 1 OECD-MA erfasst wird. Aus Art. 7 Abs. 1 OECD-MA im Zusammenspiel damit, dass nach Streichung des Art. 14 a. F. OECD-MA keine spezielle Norm für selbstständige Arbeit mehr besteht, ergibt sich, dass der Unternehmensbegriff des Abkommensrechts übertragen auf deutsche Begrifflichkeiten originär gewerbliche und selbstständige Tätigkeiten umfasst. Nicht umfasst sind reine Gewerblichkeitsfiktionen des deutschen Steuerrechts, wie etwa § 15 Abs. 3 Nr. 1 und Nr. 2 EStG.[1] Diese nationalen Vorschriften sind ohne Bedeutung für das Abkommensrecht.

Ein weiterer Unterschied zum Betriebsstättenbegriff des § 12 AO besteht darin, dass der abkommensrechtliche Betriebsstättenbegriff voraussetzt, dass die unternehmerische Tätigkeit durch die oder in der Geschäftseinrichtung ausgeübt wird.[2] Eine rein abstrakte Eignung der Geschäftseinrichtung, den Unternehmenszweck zu fördern, genügt i. R. des Art. 5 Abs. 1 OECD-MA nicht.[3]

Zuletzt besteht ein Unterschied des abkommensrechtlichen Betriebsstätenbegriffs des Art. 5 Abs. 1 OECD-MA zu demjenigen des § 12 AO darin, dass letzterer auch unwesentliche, vorbereitende und Hilfstätigkeiten, die dem Unternehmen dienen, genügen lässt. Dahingegen schließt der abkommensrechtliche Betriebsstättenbegriff durch Art. 5 Abs. 4 OECD-MA vorbereitende und Hilfstätigkeiten explizit aus.[4] Dies schränkt den abkommensrechtlichen Betriebsstättenbegriff gegenüber demjenigen des § 12 AO erheblich ein.[5] Die Begründung einer abkommensrechtlichen Betriebsstätte bedarf demnach stets der zumindest teilweisen Ausübung einer Haupttätigkeit durch die Geschäftseinrichtung.[6]

1 BFH, Urteil v. 29.11.2017 - I R 58/15 YAAAG-80016, Rz. 20; Drüen in Tipke/Kruse, AO/FGO, 175. Erg.-Lfg. 2023, § 12 AO Rz. 17.

2 Thüringer FG, Urteil v. 7.7.2015 - 2 K 646/12 KAAAF-08972, Rz. 34; Drüen in Tipke/Kruse, AO/FGO, 175. Erg.-Lfg. 2023, § 12 AO Rz. 41; Gersch in Klein, AO, 16. Aufl. 2022, § 12 AO Rz. 19; Musil in Hübschmann/Hepp/Spitaler, AO/FGO, 273. Erg.-Lfg. 2023, § 12 AO Rz. 21, 47a; BMF, Schreiben v. 24.12.1999, BStBl 1999 I S. 1076, 1081, Tz. 1.1.1.1.

3 Gersch in Klein, AO, 16. Aufl. 2022, § 12 AO Rz. 19; Musil in Hübschmann/Hepp/Spitaler, AO/FGO, 273. Erg.-Lfg. 2023, § 12 AO Rz. 47a.

4 Görl/Gradl in Vogel/Lehner, DBA, 7. Aufl. 2021, Art. 5 OECD-MA Rz. 167; Musil in Hübschmann/Hepp/Spitaler, AO/FGO, 273. Erg.-Lfg. 2023, § 12 AO Rz. 47a.

5 Musil in Hübschmann/Hepp/Spitaler, AO/FGO, 273. Erg.-Lfg. 2023, § 12 AO Rz. 47a.

6 FG Münster, Urteil v. 17.6.2016 - 9 K 593/13 K,G,F, juris OAAAF-87124, Rz. 119; Drüen in Tipke/Kruse, AO/FGO, 175. Erg.-Lfg. 2023, § 12 AO Rz. 41.

3.4.4.3. Unterschiede zwischen § 12 AO und Art. 5 Abs. 1 OECD-MA

Zusammenfassend ergeben sich folgende Unterschiede:

	§ 12 AO	Art. 5 Abs. 1 OECD-MA
Unternehmensbegriff (Einkunftsarten, die eine Betriebsstätte begründen)	Alle Gewinneinkunftsarten, auch Gewerblichkeitsfiktionen, wie Prägung oder Abfärbung	Unternehmensgewinne i. S. des Art. 7 OECD-MA, die übertragen auf Deutschland nur originär gewerbliche und selbständige Einkünfte umfassen
Abstrakte Eignung, Unternehmenszweck zu fördern	Ausreichend	Nicht ausreichend; das Unternehmen muss zumindest teilweise mittels der Geschäftseinrichtung ausgeübt werden
Unwesentliche, vorbereitende oder Hilfstätigkeiten	Erfasst	Nicht erfasst

3.4.4.4. Subsumtion anhand der Beispielsfälle

Im **1. Fall** dient der Internetserver (abstrakt) der Unternehmenstätigkeit. Die Unternehmenstätigkeit Cloud-Hosting wird auch durch den Internetserver ausgeübt. Da der Server hierfür wesentlich ist, liegen keine unwesentlichen, rein vorbereitenden oder Hilfstätigkeiten vor.

Obwohl der Internetserver im **2. Fall** aktuell nicht mehr betrieben wird, ist er abstrakt in der Lage, dem Unternehmen der B-GmbH zu dienen (§ 12 AO). Hingegen wird gegenwärtig weder die Unternehmenstätigkeit der B-GmbH durch den Internetserver ganz oder teilweise ausgeübt (Art. 5 Abs. 1 OECD-MA). Auch würde der Betrieb des Servers samt Software nur eine vorbereitende Tätigkeit zur Haupttätigkeit des Unternehmens, dem Online-Modehandel, darstellen (Art. 5 Abs. 1 OECD-MA).

3.4.5. Gesamtwürdigung – „Verschleifen" der Tatbestandsmerkmale

3.4.5.1. Problemaufriss

Auch wenn sich der BFH nicht umfassend dazu bekennt, ist in der Rechtsprechung die Tendenz dazu zu erkennen, dass insbesondere in den Graustufen zwischen der klaren Bejahung und der klaren Verneinung einzelner Tatbestandsmerkmale der Betriebsstättendefinitionen eine abschließende Gesamtwürdigung des Einzelfalls vorgenommen wird.[1] Kritisch angemerkt, könnte man dabei von einem „Verschleifen“ der Tatbestandsmerkmale ineinander sprechen. Wohlwollender könnte man von einer abschließenden Kontrolle des Subsumtionsergebnisses auf normative Plausibilität sprechen. Dabei lassen sich der Rechtsprechung z.B. Fälle entnehmen, in denen ein Mangel des Tatbestandsmerkmals der Festigkeit bzw. räumlichen Verwurzelung der Geschäftseinrichtung oder Anlage durch ein eindeutig zu bejahendes zeitliches Element substituiert wurde.[2] Der BFH scheint nach Abklopfen der einzelnen Tatbestandsmerkmale bei der Feststellung, dass eines derselben nur unzulänglich vorliegt, eine Art abschließende Gesamtwürdigung vorzunehmen. Im Rahmen dieser Gesamtwürdigung vermag eine hinreichend starke Ausprägung eines Tatbestandsmerkmals ein unzulänglich vorliegendes anderes Tatbestandsmerkmal auszugleichen. Der BFH spricht von einer „wertenden Betrachtung“, ohne jedoch die Maßstäbe derselben zu benennen.[3] Diese zusätzliche Wertungsebene mit unklaren Wertungsgesichtspunkten erschwert einen systematischen Lösungsansatz. Sie ist aber letztlich allein Ausfluss des BFH-Obersatzes vom Einzelfall. Der BFH wird durch seine „wertende Betrachtung“ der Einzelfallprüfung gerecht und verhindert holzschnittartige Ergebnisse. Denn selbstredend besteht eine gewisse gegenseitige Abhängigkeit der Merkmale räumlicher Verwurzelung der Geschäftseinrichtung oder Anlage (vgl. Ott in Kapitel 3.4.2.) und Verfügungsmacht über die Geschäftseinrichtung oder Anlage (vgl. Ott in Kapitel 3.4.3.).[4] Dasselbe gilt für den engen Zusammenhang zwischen räumlicher und zeitlicher Dimension der Verwurzelung der Geschäftseinrichtung oder Anlage.[5] Die abschließende Gesamtwürdigung der Einzeltatbestandsmerkmale in ihrem Zusammenspiel ist damit dem Mantra vom Einzelfall der Betriebsstättenprüfung immanent und auch sachgerecht.

3.4.5.2. Subsumtion anhand der Beispielsfälle

Im **1. Fall** ergibt sich auch durch eine Gesamtwürdigung kein anderes Ergebnis. Alle Tatbestandsmerkmale des Betriebsstättenbegriffs des § 12 AO sind erfüllt. Ebenso sind alle Tatbestandsmerkmale des abkommensrechtlichen Betriebsstättenbegriffs erfüllt.

Auch im **2. Fall** ergibt sich durch eine Gesamtwürdigung kein anderes Ergebnis. Während alle Tatbestandsmerkmale des Betriebsstättenbegriffs des § 12 AO erfüllt sind,

1 Vgl. insbesondere BFH, Urteil v. 7.6.2023 - I R 47/20 KAAAJ-46356, Rz. 25.

2 BFH, Urteil v. 17.9.2003 - I R 12/02, BStBl 2004 II S. 396, Rz. 19 ff.; BFH, Urteil v. 13.9.2000 - X R 174/96, BStBl 2001 II S. 734, Rz. 16 ff.; BFH, Urteil v. 9.10.1974 - I R 128/73, BStBl 1975 II S. 203, Rz. 10; Musil in Hübschmann/Hepp/Spitaler, AO/FGO, 273. Erg.-Lfg. 2023, § 12 AO Rz. 11.

3 Drüen in Tipke/Kruse, AO/FGO, 175. Erg.-Lfg. 2023, § 12 AO Rz. 3.

4 BFH, Urteil v. 23.5.2002 - III R 8/00, BStBl 2002 II S. 512, Rz. 15 f., 19 f.; Drüen in Tipke/Kruse, AO/FGO, 175. Erg.-Lfg. 2023, § 12 AO Rz. 12.

5 BFH, Urteil v. 4.6.2008 - I R 30/07, BStBl 2008 II S. 922, Rz. 15; Gersch in Klein, AO, 16. Aufl. 2022, § 12 AO Rz. 2; Koenig in Koenig, AO, 4. Aufl. 2021, § 12 AO Rz. 10.

liegt keine abkommensrechtliche Betriebsstätte vor, da die Unternehmenstätigkeit nicht aktuell durch den Internetserver ausgeübt wird und die Aktivitäten rund um Server und Software allein vorbereitender Art sind.

3.5. Beginn und Ende der Betriebsstätteneigenschaft

Eine Betriebsstätte beginnt, sobald das Unternehmen beginnt, seine Tätigkeit durch eine feste Geschäftseinrichtung auszuüben, und endet mit der Aufgabe der Verfügungsmacht über die feste Geschäftseinrichtung oder mit der Einstellung jeder durch sie ausgeübten Tätigkeit.[1]

3.6. Inhaber der Betriebsstätte

Inhaber einer Betriebsstätte i.S.des § 12 AO ist der jeweilige Steuerpflichtige. Dies kann eine natürliche oder eine juristische Person, aber auch eine Mitunternehmerschaft selbst sein, da letztere zumindest für die Gewerbesteuer Steuerschuldnerin ist, vgl. § 5 Abs. 1 Satz 3 GewStG. Die Betriebsstätten einer Mitunternehmerschaft werden zudem den einzelnen Mitunternehmern als eigene zugerechnet.[2]

Inhaber der abkommensrechtlichen Betriebsstätten ist stets eine in einem Vertragsstaat ansässige Person als Trägerin des jeweiligen Unternehmens.

3.7. Prüfungsschema

Ausgehend von obigen Ausführungen ergibt sich folgendes Prüfungsschema:

1. Identifizierung des Steuerpflichtigen bzw. der im Vertragsstaat ansässigen Person.
2. Liegt ein Unternehmen vor? Werden für Zwecke des § 12 AO Gewinneinkünfte erzielt (insbesondere Fruchtziehungsformel) bzw. werden für Zwecke des Art. 5 Abs. 1 OECD-MA Unternehmensgewinne gem. Art. 7 Abs. 1 OECD-MA erzielt? Im Fall des § 12 AO genügen dabei die Gewerblichkeitsfiktionen des § 15 Abs. 3 EStG.
3. Besteht am untersuchten Ort ein dem Unternehmen zuzurechnender körperlicher Gegenstand?
4. Weist dieser körperliche Gegenstand einen intensiven, nicht nur gelegentlichen Bezug zu einem räumlich klar abgrenzbaren Bereich auf? Ist dieser räumliche Bezug nicht allein vorübergehender Art?

1 BFH, Urteil v. 4.6.2008 - I R 30/07, BStBl 2008 II S. 922, Rz. 13 ff.

2 BFH, Urteil v. 13.2.2008 - I R 75/07, BStBl 2010 II S. 1028, Rz. 13; BFH, Urteil v. 16.10.2002 - I R 17/01, BStBl 2003 II S. 631, Rz. 21, 30; BFH, Urteil v. 29.1.1964 - I 153/61 S LAAAB-48448, Rz. 20; BMF, Schreiben v. 26.9.2014, BStBl 2014 I S. 1258, Tz. 2.2.3.

5. Besteht eine Beziehung zwischen der Person (1.) und dem körperlichen Gegenstand (2.) dergestalt, dass die Person Gewalt über den Gegenstand ausüben kann, ohne dass Dritte sie aus dieser Position verdrängen können? Konkret: Wird die Gewaltausübung der Person über den Gegenstand im tatsächlichen Verkehr zumindest geduldet?

6a. Im Fall des § 12 AO: Dient der Gegenstand dem Unternehmen zumindest abstrakt?

6b. Im Fall des Art. 5 Abs. 1 OECD-MA: Wird die Haupttätigkeit des Unternehmens zumindest teilweise mittels des Gegenstandes ausgeübt?

4. Gewinnabgrenzung zwischen Unternehmen und seiner Betriebsstätte und Betriebsstättengewinnermittlung

von Andreas Saliger[1]

LITERATUR:

BMF, Verwaltungsgrundsätze Betriebsstättengewinnaufteilung (BsGaV), BStBl 2017 I S. 182; *Buchner*: Die Ansicht der OECD zur Zurechnung von Kapital und Zinsaufwendungen zu einer Betriebsstätte: Vergleichende Gegenüberstellung vor und nach Inkrafttreten des AOA und steuerliche Gestaltungsmöglichkeiten, IStR 2013 S. 228; *Ditz/Rupp*, ISR 2021 S. 413; *Fuhrmann/Geurts/Nientimp/Willmanns*, Außensteuergesetz Kommentar, 4. Aufl. 2023; *Gosch/Kroppen/Grotherr/Kraft*, DBA-Kommentar, 52. Erg.-Lfg. 2023; *Klein*, Betriebsstättenbesteuerung ausländischer Unternehmen in Deutschland, IWB 2/2021 S. 46; *OECD*, Bericht über die Zurechnung von Gewinnen zu Betriebsstätten, 2010; *Strothenke*, Verwaltungsgrundsätze Betriebsstättengewinnaufteilung (VWG BsGa) veröffentlicht, StuB 2017 S. 425; *Tenberge*, Die finalen Verwaltungsgrundsätze Betriebsstättengewinnaufteilung; IWB 3/2017 S. 99.

4.1. Allgemeine Grundsätze zur Gewinnabgrenzung

4.1.1. Einkünfteermittlungsvorschriften

Grenzüberschreitende Betriebsstättensachverhalte erfordern die Ausscheidung des fremdüblichen Anteils an einem Gesamtgewinn auf eine ausländische Betriebsstätte (Outbound-Fall, Betriebsstättengewinnaufteilung) oder die Ermittlung eines einer inländischen Betriebsstätte zuzurechnenden Gewinnes (Inbound-Fall, Betriebsstättengewinnermittlung). Für beide Fälle hält das deutsche Steuerrecht nur wenige Vorschriften bereit. Der einer Betriebsstätte zuzuordnende Gewinn ist als „ausländische Einkünfte" (§ 34d Nr. 2 EStG) der Formel des § 34c Abs. 1 EStG zuzuführen, nach dem DBA (Art. 7 i. V. mit dem Methodenartikel Art. 23A OECD-MA folgend) freizustellen und dem Progressionsvorbehalt (§ 32b Abs. 1 Satz 1 Nr. 3 EStG) zu unterwerfen oder umgekehrt als inländische Einkünfte (§ 49 Abs. 1 Nr. 2a EStG) der deutschen Besteuerung zu unterwerfen. Leitlinien geben nur § 4 Abs. 1 EStG für die Zuordnung stiller Reserven bei Entstrickungen und Verstrickungen derselben ins oder aus der deutschen Besteuerung und § 50 Abs. 1 Satz 1 EStG vor, der zur Ermittlung der inländischen Einkünfte einer Betriebsstäte nur Betriebsausgaben zum Abzug zulässt, die in wirtschaftlichem Zusammenhang mit den Einnahmen dieser Betriebsstätte stehen. Weitere Grundnormen für die Einkünfteermittlung hält das deutsche Steuerrecht nicht vor. Nach der Rechtsprechung des BFH

1 Andreas Saliger ist Bediensteter der Steuerverwaltung. Der Beitrag gibt ausschließlich die private Meinung des Autors wieder und wurde nicht in dienstlicher Eigenschaft verfasst.

findet für die Zuordnung von Wirtschaftsgütern, Einnahmen und Ausgaben das **Veranlassungsprinzip** Anwendung. Einer Betriebsstätte sind danach nur die Wirtschaftsgüter und die Betriebseinnahmen und Betriebsausgaben zuzuordnen, die ihre Veranlassung in der Tätigkeit der Betriebsstätte selbst haben; mit anderen Worten: für deren Erwerb, Halten oder Verwertung die Tätigkeit der Betriebsstätte ursächlich ist. Dabei ist für die Zuordnung von Wirtschaftsgütern ausweislich der BFH-Rechtsprechung eine funktionale Bedeutung für die Tätigkeit der Betriebsstätte maßgebend, um ihr zugeordnet werden zu können.[1]

4.1.2. Einkünftekorrekturvorschriften

Ergänzt werden die Vorschriften zur Einkünfteermittlung um die Regelungen zur Einkünftekorrektur in § 1 Abs. 5 AStG. Auch wenn § 1 AStG nur als Einkünftekorrekturvorschrift ausgestaltet ist, so fußen darauf die Paragrafen der Betriebsstättengewinnaufteilungsverordnung (BsGaV),[2] die detaillierte Anweisungen zur Anwendung von § 1 Abs. 5 AStG und den darin in deutsches Recht überführten Grundsätzen des Authorized OECD Approach (AOA),[3] wie sie im Betriebsstättenbericht der OECD aus 2010 niedergelegt sind, enthalten. Zum Zusammenspiel zwischen Einkünfteermittlungsvorschriften und Einkünftekorrekturvorschriften bieten die Verwaltungsgrundsätze Betriebsstättengewinnaufteilung (VWG BsGa)[4] Anhaltspunkte und liefern weitere Beispiele.[5]

4.1.3. Zusammenwirken mit internationalen Vorschriften

Internationale verbindliche Vorschriften zur konkreten betragsmäßigen Betriebsstättengewinnzuordnung existieren über den in Art. 7 Abs. 2 OECD-MA festgehaltenen Fremdvergleichsgrundsatz hinaus nicht. Erhält ein Vertragsstaat das Besteuerungsrecht, muss er es über seine nationale Rechtsetzung wahrnehmen. Dies stellen aus deutscher Sicht die allgemeinen Einkünfteermittlungsvorschriften zusammen mit der Einkünftekorrekturvorschrift des § 1 AStG sicher. Letztere führt allerdings nur zugunsten des inländischen Steueraufkommens zu einer Korrektur. Erhält Deutschland das Besteuerungsrecht nicht (bereits im Einkunftsartikel) oder muss Deutschland das Besteuerungsrecht

1 BFH, Urteil v. 17.10.2007 - I R 5/06, BStBl 2009 II S. 555; BFH, Urteil v. 13.2.2008 - I R 63/06, BStBl 2009 II S. 414; BFH, Urteil v. 8.9.2010 - I R 74/09, BStBl 2014 II S. 788; BFH, Beschluss v. 24.11.2021 - I B 44/21, BStBl 2022 II S. 431.

2 BsGaV, Verordnung zur Anwendung des Fremdvergleichsgrundsatzes auf Betriebsstätten nach § 1 Abs. 5 des Außensteuergesetzes vom 13.10.2014, BGBl 2014 I S. 1603 zuletzt geändert durch Art. 8 Abs. 4 des Gesetzes zur Umsetzung der Richtlinie (EU) 2021/514 vom 20.12.2022, BGBl 2022 I S. 2730.

3 Bericht über die Zurechnung von Gewinnen zu Betriebsstätten von 2010, abrufbar unter: https://www.oecd.org/ctp/transfer-pricing/attributes-of-profits-permanent-establishments-german.pdf.

4 BMF, Schreiben v. 22.12.2016, BStBl 2017 I S. 182 – Verwaltungsgrundsätze Betriebsstättengewinnaufteilung (VWG BsGa).

5 BMF, Schreiben v. 22.12.2016, BStBl 2017 I S. 182, Rz. 20.

abgeben (d. h. über den Methodenartikel steuerfrei stellen, Art. 23 OECD-MA), wirkt letztlich das Abkommen als für den Steuerpflichtigen begünstigend direkt und unmittelbar einkünftemindernd (besteuerungsverhindernd). § 16 BsGaV folgt dieser allgemeinen Regel und schreibt sie klarstellend in einer Verordnung fest, in dem über die allgemeinen Einkünfteermittlungsvorschriften hinaus für Zwecke der Betriebsstättengewinnermittlung „fiktive Betriebseinnahmen" und „fiktive Betriebsausgaben" angenommen werden können. Führt § 16 BsGaV zu einer deutschen Einkünfteerhöhung, fußt er auf § 1 Abs. 1 AStG, führt er zu einer Einkünfteminderung, fußt er auf dem Artikel für Unternehmensgewinne (i. d. R. Art. 7) des anzuwendenden DBA, das Deutschland nur das Besteuerungsrecht für den fremdüblichen Betriebsstättengewinn zugesteht.

Die zuzuordnenden echten und fiktiven Transaktionen für die Betriebsstättengewinnermittlung sind, soweit sie nicht mit fremden Dritten (also nicht nahestehenden Personen i. S. von § 1 Abs. 2 AStG) ausgeführt werden, nach dem Fremdvergleichsgrundsatz, wie er in den Verwaltungsgrundsätzen Verrechnungspreise[1] beschrieben und in den OECD-Verrechnungspreisleitlinien[2] niedergelegt ist, zu bepreisen. Damit wurde ein von der OECD und dem deutschen Gesetzgeber gewünschter möglichst weitgehender Gleichlauf zwischen der internationalen Gewinnabgrenzung nahestehender Unternehmen einerseits und Unternehmen mit ausländischen Betriebsstätten andererseits erreicht. Dennoch bleibt eine Betriebsstätte zivilrechtlich unverändert ein untrennbarer Teil des Unternehmens, zu dem sie gehört. Die steuerlichen Selbständigkeitsfiktionen dienen ausschließlich der steuerlichen Gewinnzuordnung und lösen keine weiteren Rechtsfolgen aus. Das gilt auch für steuerliche Folgewirkungen wie Quellensteuerabzug (z. B. § 50a EStG) oder Abzugsbeschränkungen oder Hinzurechnungsvorschriften (z. B. § 9 GewStG).

Die Vorschriften zur Betriebsstättengewinnaufteilung oder -ermittlung gelten auch für die Aufteilung oder Ermittlung des Gewinnes freier Berufe und selbständiger Arbeit, nicht jedoch für Geschäftsvorfälle zwischen Mitunternehmer und Mitunternehmerschaft, da auf letztere aufgrund des Vorliegens tatsächlicher Geschäftsvorfälle die Vorschriften des § 1 Abs. 1 AStG originär Anwendung finden.

Grundsätzlich ist im Rahmen der Betriebsstättengewinnaufteilung und -ermittlung immer zwischen Betriebsstätte und übrigem Unternehmen abzugrenzen. Das übrige Unternehmen umfasst alle Teile des Unternehmens ohne die infrage stehende Betriebsstätte und damit auch immer noch alle anderen ggf. bestehenden Betriebsstätten. In dem im Folgenden dargestellten Grundfall umfasst aus Sicht der Betriebsstätte in Staat A das übrige Unternehmen die Betriebsstätten im Ansässigkeitsstaat und in

1 BMF, Schreiben v. 6.6.2023, BStBl 2023 I S. 1093.

2 BMF, Schreiben v. 6.6.2023, BStBl 2023 I S. 1093, 1130, Anlage 1.

den Staaten B und C. Jede Betriebsstätte ist aus Sicht der Abkommensanwendung in Abgrenzung zum übrigen Unternehmen zu betrachten und nicht nur in Abgrenzung zur Betriebsstätte im Ansässigkeitsstaat, die in der Vergangenheit als Stammhaus bezeichnet wurde.

4.2. Grundfall zur Gewinnabgrenzung (Outbound)

Die Regelungen zur Gewinnabgrenzung im Outbound-Fall (also im Fall eines inländischen Unternehmens mit ausländischer Betriebsstätte) sollen anhand des folgenden – im Verlauf des Kapitels weiterentwickelten – Beispiels verdeutlicht werden:

Grundfall I: Die D-GmbH mit Sitz und Geschäftsleitung im Inland produziert und vertreibt Maschinenteile im In- und Ausland und unterhält zu diesem Zweck u.a. eine seit Jahren vollausgestattete Produktionsbetriebsstätte in Staat A sowie eine reine Vertriebsbetriebsstätte in Staat B, die nur von der D-GmbH im Inland produzierte Produkte im Staat B vertreibt. In Staat C unterhält die D-GmbH eine weitere Betriebsstätte, die die eigenständige Produktion und den Vertrieb der Produkte nur in Staat C verantwortet. Der Gesamtgewinn der D-GmbH wurde nach handelsrechtlichen und steuerrechtlichen Grundsätzen ermittelt und beträgt 1 Mio. €.

ABB 1: Grundfall I

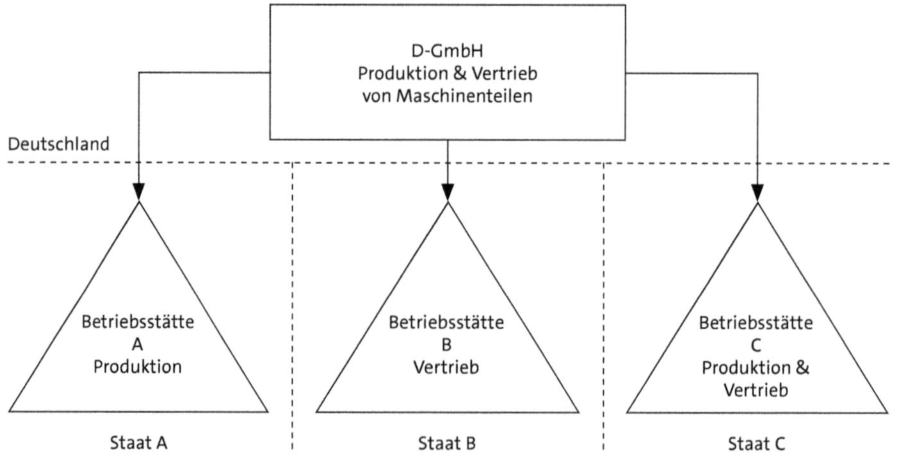

Für die Ermittlung des aufzuteilenden **Gesamtgewinns** der D-GmbH gelten die allgemeinen Grundsätze des deutschen Steuerrechts. Die Vorschriften des Einkommensteuergesetzes und des Körperschaftsteuergesetzes zu Fragen der Bewertung, Gewinnrealisierung, zu Zulässigkeit und Höhe von Rückstellungen oder Abschreibungen sind zu beachten. Das gilt unabhängig davon, ob der Betriebsstättengewinn nach dem Welteinkommensprinzip besteuert wird oder nach einem DBA der Anrechnungs- oder der Freistellungsmethode zu unterwerfen ist.

In einem weiteren Schritt ist der Gesamtgewinn des Unternehmens auf die Betriebsstätte und das übrige Unternehmen aufzuteilen. Dies geschieht im Rahmen der Veranlassungsprinzips (Veranlassungszusammenhang) danach, ob die Tätigkeit der Betriebsstätte ursächlich für die Notwendigkeit von Wirtschaftsgütern, Betriebseinnahmen und Betriebsausgaben ist. In einem weiteren Schritt sind die Vorschriften des § 1 AStG und der BsGaV ergänzend anzuwenden, wenn und soweit sich danach ein höherer inländischer Gewinn ergibt. Während sich die Einkünfteermittlungsvorschriften auf den steuerbilanziellen Gewinn auswirken, schlagen sich die Einkünftekorrekturvorschriften in einer außerbilanziellen Hinzurechnung bei der Ermittlung der steuerlichen Einkünfte nieder.

HINWEIS

In Zweifelsfällen wird diese Abgrenzung nicht immer klar zu definieren sein, weshalb aus pragmatischer Sicht nichts dagegensprechen dürfte, die Betriebsstättengewinnermittlung in einer einheitlichen Hilfs- und Nebenrechnung vorzunehmen.

4.3. Vorschriften zur Gewinnermittlung und Zuordnung nach dem Veranlassungsprinzip

4.3.1. Entstrickungsvorschriften

Grundlegende Vorschriften zur Betriebsstättengewinnermittlung und der Zuordnung ergeben sich aus dem Einkommensteuergesetz, soweit die Aufdeckung von stillen Reserven in Fällen des Verlusts oder der Einschränkung des Besteuerungsrechts Deutschlands an diesen betroffen ist. § 4 Abs. 1 Satz 3 EStG fingiert in diesen Fällen eine Entnahme im Betriebsvermögen natürlicher Personen, § 12 Abs. 1 KStG eine fiktive Veräußerung im Betriebsvermögen juristischer Personen, wobei es sich im Ergebnis in beiden Fällen im Outbound-Fall letztlich um eine Buchwertaufstockung handelt, da das Wirtschaftsgut nicht aus dem Betriebsvermögen und damit aus der Steuerbilanz des Unternehmens ausscheidet. Handelsbilanziell ergibt sich beim Übergang von Wirtschaftsgütern aus dem inländischen in das ausländische Betriebsvermögen keine Rechtsfolge. Lediglich steuerbilanziell wird die Besteuerung der stillen Reserven im Inland sichergestellt, indem der Buchwert bis zum gemeinen Wert[1] aufgestockt wird. Diese Aufstockung ist dem inländischen übrigen Unternehmen zuzuordnen. Auch eine Wertminderung auf den gemeinen Wert ist denkbar.

1 § 6 Abs. 1 Nr. 4 Satz 1 Halbsatz 2 EStG, § 12 Abs. 1 Satz 1 KStG.

BEISPIEL (MATERIELLES WIRTSCHAFTSGUT): Die D-GmbH überführt am 1.7.01 eine Produktionsmaschine, deren Buchwert am 1.1.01 100.000 € betragen hat, aus dem Inland in die Betriebsstätte in Staat A. Der gemeine Wert zum 1.7.01 beträgt 200.000 €, die Restnutzungsdauer beträgt an diesem Tag zwei Jahre.

Die Maschine verbleibt im Betriebsvermögen und ist vom 1.1. bis zum 1.7. mit 25.000 € anteilig abzuschreiben. Die Zuordnung dieser Abschreibung erfolgt zum übrigen Unternehmen. Die Aufstockung des Buchwertes liegt aufgrund der fiktiven Entnahme nach § 4 Abs. 1 Satz 3 EStG zum gemeinen Wert (§ 6 Abs. 1 Nr. 4 Buchst. a Satz 1 Halbsatz 2 EStG) bei 200.000 €. Zur Abmilderung der Folgen aus der Aufdeckung sieht § 4g Abs. 1 EStG ein Wahlrecht zur Bildung eines steuerbilanziellen Ausgleichspostens in Höhe der aufgedeckten stillen Reserven vor, der im Jahr der Bildung erfolgswirksam gebildet und in den folgenden vier Wirtschaftsjahren erfolgswirksam aufgelöst wird (§ 4g Abs. 2 EStG).

ABB 2: Entstrickungsvorschrift I

Entstrickungsvorschrift I (Überführung ins Ausland)

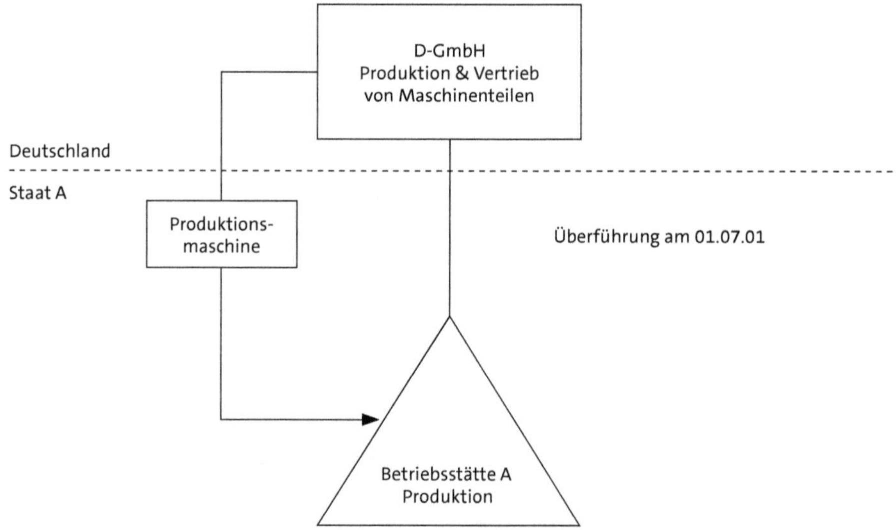

Beschreibung	Gesamt-Gewinnauswirkung	Betriebsstätte	Übriges Unternehmen
Abschreibung der Maschine 1.1. bis 30.6.	−25.000		−25.000
Aufstockung Buchwert am 1.7. von 75.000 € um 125.000 € auf 200.000 €	+125.000		+125.000

Abschreibung der Maschine 1.7. bis 31.12.	−50.000	−50.000	
Bildung Ausgleichsposten	−125.000		−125.000
Auflösung Ausgleichsposten pro Jahr	+25.000		+25.000

BEISPIEL (NUTZUNGSÜBERLASSUNG INS AUSLAND): Die D-GmbH in Deutschland überlässt ein ihr zuzuordnendes Wirtschaftsgut vorübergehend der Betriebsstätte A in Staat A zur Nutzung. Voneinander unabhängige Dritte hätten für die Überlassung einen Mietvertrag mit einer monatlichen Zahlung von 2.000€ (gemeiner Wert) abgeschlossen. Im vorliegenden Fall ist §12 Abs.1 KStG (§4 Abs.1 Satz3 EStG) erfüllt, weil das Besteuerungsrecht der Bundesrepublik Deutschland an den Gewinnen aus der Nutzung des Wirtschaftsguts, die sich im Betriebsstättengewinn niederschlagen, ausgeschlossen ist. Es ist eine „fiktive Nutzungsentnahme“ zu erfassen und mit dem gemeinen Wert zu bewerten.

ABB 3: Entstrickungsvorschrift II

Entstrickungsvorschrift II (Nutzungsüberlassung)

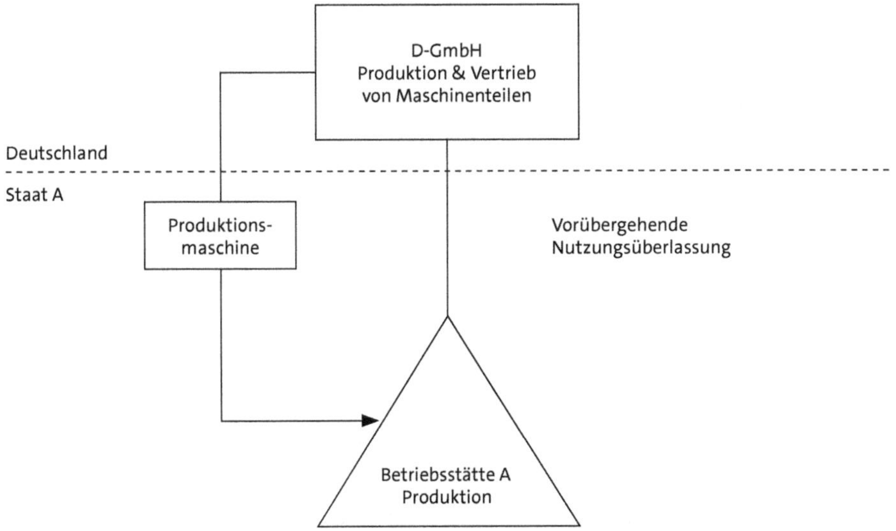

Beschreibung	**Gesamt-Gewinnaus-wirkung**	**Betriebsstätte**	**Übriges Unternehmen**
Ansatz „Nutzungsentnahme (fiktive Miete)“	0	−24.000	+24.000

4.3.2. Verstrickungsvorschriften

Gleiches gilt in umgekehrter Richtung bei Begründung des Besteuerungsrechts Deutschlands an den stillen Reserven. Auch hier ergibt sich eine Auswirkung nur in der Steuerbilanz und bei der Zuordnung dieser Aufwendungen und Erträge.

BEISPIEL: Die D-GmbH überführt am 1.7.01 eine Produktionsmaschine, deren Buchwert am 1.1.01 100.000€ beträgt von der Betriebsstätte in Staat A ins Inland. Der gemeine Wert zum 1.7.01 beträgt 200.000€ und wurde in Staat A auch besteuert, die Restnutzungsdauer beträgt an diesem Tag zwei Jahre.

ABB 4: Verstrickungsvorschrift

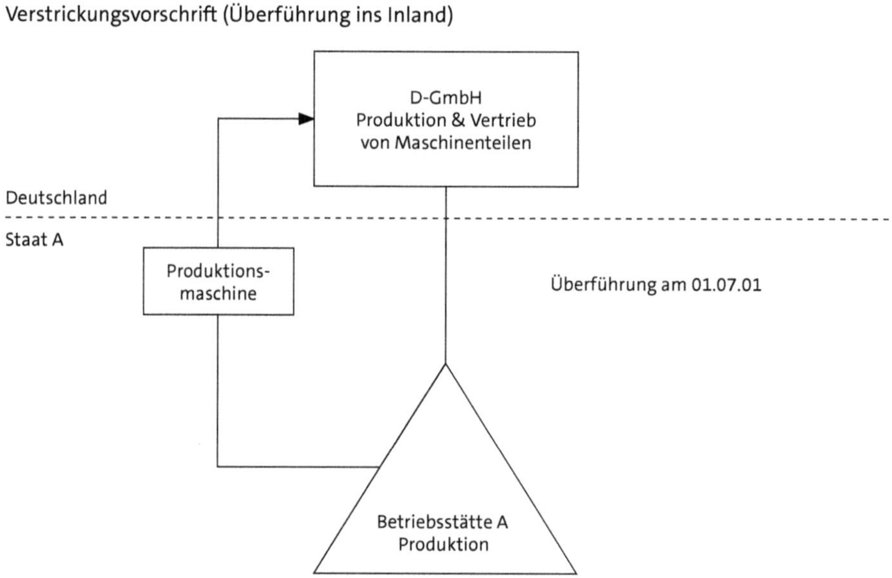

Gewinnauswirkung und Zuordnung	Steuerbilanz	Betriebsstätte	Übriges Unternehmen
Abschreibung der Maschine 1.1. bis 30.6.	−25.000	−25.000	
Aufstockung Buchwert am 1.7. von 75.000€ um 125.000€ auf 200.000€	+125.000	+125.000	
Abschreibung der Maschine 1.7. bis 31.12.	−50.000		−50.000

Bis zum Veranlagungszeitraum 2019 kam es nicht auf die Besteuerung des gemeinen Werts im Abgangsstaat (im Beispiel Staat B) an. Seit dem Veranlagungszeitraum 2020 begrenzt § 6 Abs. 5a Halbsatz 2 EStG den Verstrickungswert jedoch auf den Wert, den der andere Staat der dortigen Entstrickungsbesteuerung zugrunde gelegt hat,[1] höchstens auf den gemeinen Wert nach inländischen Vorschriften.

4.4. Vorschriften zur Gewinnaufteilung im Außensteuergesetz

4.4.1. Einführung des Authorized OECD Approach

Mit Wirkung vom 1.1.2013 wurde im deutschen Steuerrecht der im Betriebsstättenbericht vom Juli 2010 der OECD[2] niedergelegte Authorized OECD Approach (AOA) eingeführt. Umgesetzt wurde dieser Schritt durch die Ausweitung der ertragsteuerlichen Korrekturnorm des § 1 AStG auf die Fälle der Betriebsstättengewinnaufteilung. Nach dem AOA werden die Betriebsstätte und das übrige Unternehmen (alle verbleibenden Teile des Rechtsträgers ohne die Betriebsstätte) für die Aufteilung der Besteuerungsbefugnisse als voneinander unabhängige Unternehmen fingiert. Dieser Gedanke folgt der Formulierung in Art. 7 Abs. 2 OECD-MA 2010 und findet seine deutsche Entsprechung in § 1 Abs. 5 AStG und der Betriebsstättengewinnaufteilungsverordnung[3] (BsGaV). Den fiktiv selbständigen Unternehmensteilen werden ausgeübte Funktionen, eingesetzte Wirtschaftsgüter und übernommene Risiken zugeordnet, die die Basis bilden für die Bestimmung und Prüfung der Transaktionen untereinander.

4.4.2. Herleitung der anzunehmenden schuldrechtlichen Beziehung

Im Verhältnis zwischen der Betriebsstätte und ihrem Unternehmen mangelt es aufgrund der Einheitlichkeit des Rechtsträgers an einer schuldrechtlichen Beziehung. § 1 Abs. 5 AStG erweitert die Anwendung der „Korrekturnorm zugunsten" der Finanzverwaltung in § 1 Abs. 1 AStG deshalb auf sogenannte „anzunehmende schuldrechtliche Beziehungen" („dealings") und wendet darauf die Methoden zur Bestimmung des fremdüblichen Verrechnungspreises in § 1 Abs. 3–3c AStG an. In § 1 Abs. 4 Satz 1 Nr. 2 AStG wird die „anzunehmende schuldrechtliche Beziehung" selbst als „Geschäftsbeziehung" zur Anwendung von § 1 Abs. 1 AStG definiert. Eine solche liegt vor, wenn voneinander unabhängige ordentliche und gewissenhafte Geschäftsleiter eine schuldrechtliche Vereinbarung getrof-

1 Kritisch hierzu Ditz/Rupp, ISR 2021 S. 413 ff.

2 Bericht über die Zurechnung von Gewinnen zu Betriebsstätten von 2010, abrufbar unter: https://www.oecd.org/ctp/transfer-pricing/attributes-of-profits-permanent-establishments-german.pdf.

3 BsGaV, Verordnung zur Anwendung des Fremdvergleichsgrundsatzes auf Betriebsstätten nach § 1 Abs. 5 des Außensteuergesetzes vom 13.10.2014, BGBl 2014 I S. 1603 zuletzt geändert durch Art. 8 Abs. 4 des Gesetzes zur Umsetzung der Richtlinie (EU) 2021/514 vom 20.12.2022, BGBl 2022 I S. 2730.

fen hätten oder eine bestehende Rechtsposition geltend machen würden. Nach § 1 Abs. 5 Satz 3 AStG ist die Betriebsstätte für diese Beurteilung wie ein eigenständiges und unabhängiges Unternehmen zu behandeln, das mit dem dann ebenfalls eigenständigen und unabhängigen übrigen Unternehmen in eine Liefer- oder Leistungsbeziehung tritt.

Diese nur für die steuerrechtliche Zuordnung von Einkünften durchzuführende gedankliche Übung basiert auf mehreren Schritten (§ 1 BsGaV), wobei jeder Schritt auf den vorhergehenden Schritt aufbaut:

- In einem ersten Schritt sind die maßgeblichen Personalfunktionen der Betriebsstätte und des übrigen Unternehmens zu identifizieren und zuzuordnen.
- Davon ausgehend sind der Betriebsstätte die Vermögenswerte sowie Chancen und Risiken zuzuordnen.
- Dies wiederum ist Grundlage für die Zuordnung eines anteiligen Dotationskapitals und der übrigen Passivposten der Betriebsstätte.
- Diese Zuordnungen sind die Basis für die Zuordnung von tatsächlichen Geschäftsfällen zur Betriebsstätte; das heißt: alle tatsächlichen Geschäftsvorfälle mit Dritten im Zusammenhang mit den zuvor zugeordneten Vermögenswerten, Chancen und Risiken und Passivposten führen zu Betriebseinnahmen oder Betriebsausgaben der Betriebsstätte.
- Erst im letzten Schritt ist zu bestimmen, ob neben den tatsächlichen Geschäftsvorfällen mit Dritten auch fiktive Geschäftsvorfälle (anzunehmende schuldrechtliche Beziehungen) zwischen der Betriebsstätte und dem übrigen Unternehmen bestehen. Diese sind als fiktive Betriebseinnahmen und fiktive Betriebsausgaben der Betriebsstätte zu erfassen.

ABB 5: Vorgehensweise bei der Gewinnallokation

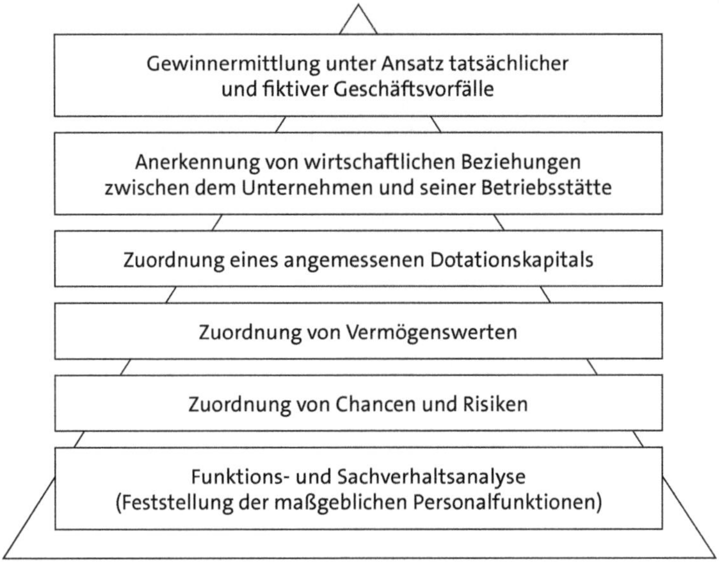

4.4.3. Zuordnung von Personalfunktionen

Personalfunktionen sind nach der Definition in § 1 Abs. 3 BsGaV die von eigenem Personal des Unternehmens ausgeübten Geschäftstätigkeiten (im Zusammenhang mit der Nutzung, Anschaffung, Herstellung, Verwaltung, Veräußerung, Weiterentwicklung, dem Schutz, der Risikosteuerung und der Entscheidung) bezüglich Veränderungen bei den Chancen und Risiken des Unternehmens. Das eigene Personal umfasst dabei nur natürliche Personen, die aufgrund arbeitsvertraglicher oder gesellschaftsrechtlicher Vereinbarung für das Unternehmen tätig sind und schließt damit Personal, das aufgrund Dienstleistungsvertrag von außen zugekauft wird, aus. Eingeschlossen sind Unternehmer und Mitunternehmer sowie nahe Angehörige. Dabei wird jedoch nicht das Personal zugeordnet, sondern nur die jeweils ausgeübte Funktion. Ein und dieselbe Person kann in zeitlicher Abfolge (jedoch nicht gleichzeitig) auch mehrere Personalfunktionen (z. B. Einkauf und Vertrieb) an unterschiedlichen Orten ausüben. Maßgeblich ist sodann der physische Ort der Ausübung der Funktion.

BEISPIEL: Die D-GmbH in Deutschland und die Betriebsstätte in Staat B sind nicht weit von der gemeinsamen Staatsgrenze entfernt. Der Mitarbeiter X arbeitet regelmäßig vormittags als Buchhalter in der D-GmbH und nachmittags als Buchhalter in der Betriebsstätte in Staat B. Die Zuordnung der Personalfunktion und in der Folge die anteiligen Kosten folgen der Tätigkeit. Im Ergebnis ist die Zuordnung nach dem Veranlassungsprinzip und dem AOA hier identisch.

ABB 6: Zuordnung von Personalfunktionen I

Zuordnung von Personalfunktionen I

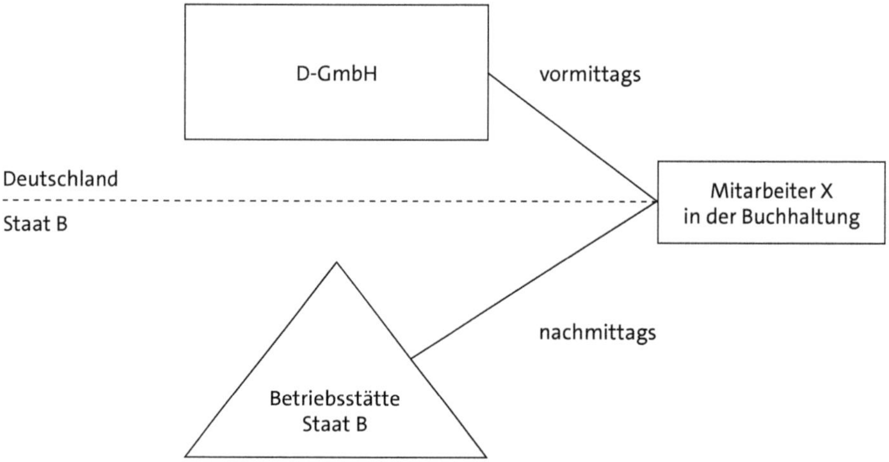

Die Personalfunktionen sind grds. der Betriebsstätte zuzuordnen, in der sie räumlich (örtlich) ausgeübt werden (§ 4 Abs. 1 Satz 1 BsGaV). Kann eine räumliche Zuordnung mangels Tätigkeit in der Betriebsstätte nicht erfolgen, ist der engste sachliche Bezug maßgeblich (§ 4 Abs. 2 BsGaV). Eine anzunehmende schuldrechtliche Beziehung kommt grds. nur in Betracht, wenn Tätigkeiten für eine bestimmte Betriebsstätte räumlich (örtlich) in einer in einem anderen Staat belegenen Betriebsstätte ausgeübt wurden.

BEISPIEL: In der Betriebsstätte in Staat C, die die von ihr vertriebenen Produkte selbst produziert, sitzt ein Team aus Verkäufern, das den Vertrieb in Staat C übernimmt. Daneben werden die Produkte der Betriebsstätte in Staat C von einem Mitarbeiter in Staat W an der Grenze übernommen und in Staat W ausgeliefert, ohne dass dieser jemals in der Betriebsstätte in Staat C tätig wird. In Staat W existiert keine eigene Betriebsstätte, der Mitarbeiter arbeitet nur mit einem ihm zur Verfügung stehenden Fahrzeug von seinem Wohnort aus. Dieser Mitarbeiter ist aufgrund des engen sachlichen Bezugs zur Betriebsstätte in Staat C dieser Betriebsstätte zuzuordnen, obwohl er in Staat C räumlich nicht tätig wird.

ABB 7: Zuordnung von Personalfunktionen II

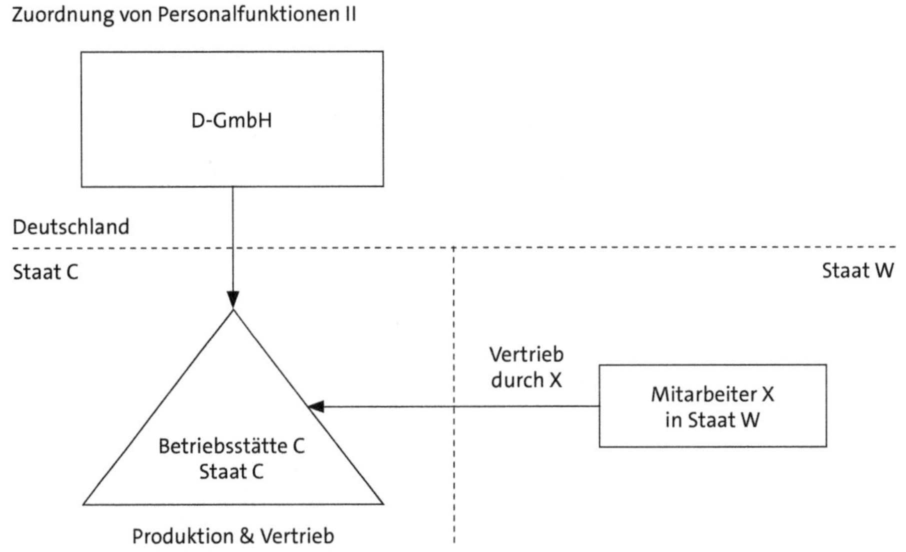

Eine Ausnahme bilden kurzfristige Tätigkeiten ohne sachlichen Bezug zur Betriebsstätte (§ 4 Abs. 1 Satz 2 BsGaV). Hier kann nach einer Vereinfachungsregelung von einer Dienstleistung (mit fremdüblichem Gewinnaufschlag) anstelle einer Kostenzuordnung (ohne Gewinnaufschlag) ausgegangen werden, wenn die Tätigkeit keinen Bezug zur Tätigkeit der (anderen) Betriebsstätte aufweist und nicht länger als 30 Tage andauert.

BEISPIEL: In der Betriebsstätte in Staat A muss eine neue Produktionsmaschine installiert werden. Dafür nimmt sie die hauseigene Technikabteilung mit Personal der D-GmbH aus Deutschland in Anspruch, da sie selbst nicht über eine solche Abteilung verfügt. Techniker der D-GmbH aus Deutschland fahren für 20 Tage in die Betriebsstätte A und installieren die Maschine. In diesen Fällen liegt nach § 4 Abs. 2 Satz 2 BsGaV eine Dienstleistung vor, die fremdüblich zu vergüten ist, da die Tätigkeit der Techniker (hausinterne Wartung und Reparatur) keinen sachlichen Bezug zur normalen Tätigkeit der Betriebsstätte (Produktion) hat und die 30-Tagesfrist nicht überschritten ist.

ABB 8: Zuordnung von Personalfunktionen III

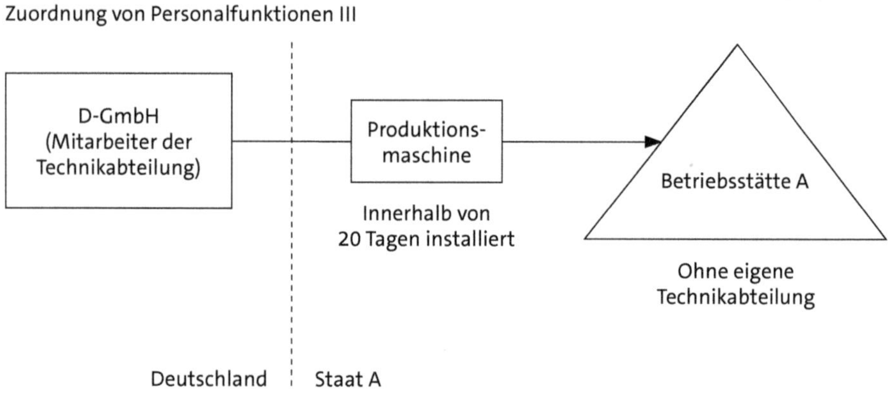

BEISPIEL: In der Betriebsstätte in Staat A muss der krankheitsbedingte Ausfall von Personal in der Produktion ausgeglichen werden. Dafür nimmt sie übergangsweise für 20 Tage Personal der D-GmbH aus Deutschland in Anspruch. In diesen Fällen greift § 4 Abs. 2 Satz 2 BsGaV nicht, weil die Personalfunktion einen sachlichen Bezug zur (normalen) Geschäftstätigkeit der Betriebsstätte aufweist. Das übergangsweise eingesetzte Personal ist in diesen Fällen während des Einsatzes immer unabhängig von einer zeitlichen Komponente mit seinen anteiligen Aufwendungen der Betriebsstätte A zuzuordnen. Die Ausnahmeregelungen von der anteiligen Kostenzuordnung hin zu einer Zuordnung zu nur einer Betriebsstätte und fiktiver Annahme einer schuldrechtlichen Beziehung kommen nur unter den Voraussetzungen von § 4 Abs. 2 und 3 BsGaV in Betracht.[1]

ABB 9: Zuordnung von Personalfunktionen IV

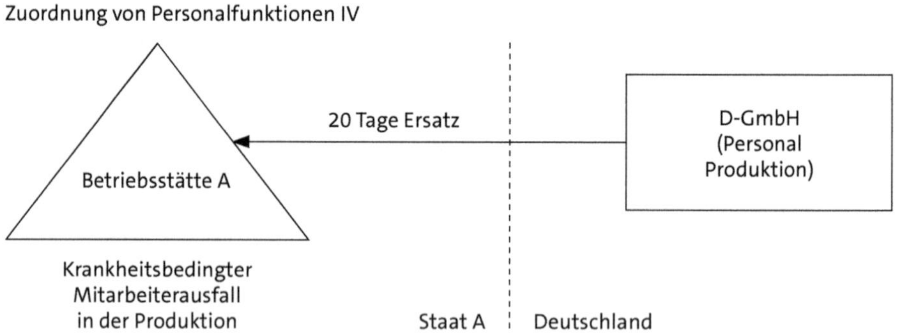

1 BMF, Schreiben v. 22.12.2016, BStBl 2017 I S. 182, Rz. 74.

4.4.4. Zuordnung von materiellen Wirtschaftsgütern

Für die Zuordnung von materiellen Wirtschaftsgütern ist grds. die Nutzung des Wirtschaftsguts die maßgebliche Personalfunktion. Materielle Wirtschaftsgüter folgen damit immer der örtlichen Zuordnung der zugrundeliegenden Personalfunktion. In der Regel entspricht das dem Ort, an dem sich das materielle Wirtschaftsgut befindet (siehe jedoch Retzer/König in Kapitel 9). Nutzungsänderungen führen zu Zuordnungsänderungen und damit zu einer anzunehmenden schuldrechtlichen Beziehung. Da im Falle materieller Wirtschaftsgüter jedoch eine Nutzungsänderung meistens auch zu einer Änderung der Zuordnung nach dem Veranlassungsprinzip führen dürfte, findet die Entstrickung oder Verstrickung hier bereits im Rahmen der Regelungen des Einkommensteuerrechts (§ 4 Abs. 1 Satz 3 und 8 EStG) statt und es bleibt grds. kein Raum mehr für die Anwendung von § 1 AStG. Dennoch schreibt § 5 BsGaV gleichermaßen die Nutzung des Wirtschaftsgutes „auf Dauer“ als maßgebliche Personalfunktion für materielle Wirtschaftsgüter fest.

Abweichend von der Nutzung kann in Fällen, in denen demgegenüber die Anschaffung, Herstellung, Verwaltung oder Veräußerung des betreffenden materiellen Wirtschaftsguts maßgeblich sind, eine abweichende Zuordnung vorzunehmen sein. Die Nutzung ist in diesen Fällen fremdüblich zu vergüten. Wird dabei ein so dem Inland zugeordnetes materielles Wirtschaftsgut im Ausland genutzt, kommt es allerdings zur Entstrickung nach § 4 Abs. 1 Satz 3 EStG bzw. § 12 Abs. 1 KStG mit dem gemeinen Wert nach § 6 Abs. 1 Nr. 4 Satz 1 Halbsatz 2 EStG. Im umgekehrten Fall eines dem Ausland zugeordneten Wirtschaftsgutes, das im Inland genutzt wird, kommt es nicht zu einer „fiktiven“ Nutzungseinlage (Verstrickung), da Nutzungseinlagen allgemein im Steuerrecht nicht vorgesehen sind. Allerdings liegt eine Minderung des inländischen Gewinns nach § 16 Abs. 2 Satz 2 BsGaV durch eine „fiktive Betriebsausgabe“ vor, die ihre Grundlage in der Beschränkung des deutschen Besteuerungsrechts auf den fremdüblichen Gewinn nach Art. 7 Abs. 1 und 2 OECD-MA hat. Das Abkommen ist in diesen Fällen – da beschränkend – direkt anwendbar.

BEISPIEL: Die D-GmbH hat im Inland LKWs erworben und nutzt diese grds. auch im Inland. Die Betriebsstätte in Staat A hat eigene zugeordnete LKW, wovon einer durch einen Totalschaden ausfällt. Bis zur Ersatzbeschaffung nutzt sie übergangsweise einen LKW aus Deutschland. Die Selbstkosten zzgl. Gewinnaufschlag sollen 5.000 € betragen, die tatsächlichen Aufwendungen (Abschreibung, etc.) 4.500 €. Die vorübergehende Nutzung des LKW des inländischen Unternehmens in der ausländischen Betriebsstätte führt nicht zu einer Zuordnungsänderung (Veranlassungsprinzip, insbesondere aber auch AOA). Sie führt aber nach § 4 Abs. 1 Satz 3 EStG zu einer fiktiven Nutzungsentnahme, mithin zu einer Erfassung von Betriebseinnahmen im Inland, denen die originären Aufwendungen aus der GuV gegenüberstehen. Technisch wird aber nur das steuerliche Ergebnis der Betriebsstätte um die dort zu erfassenden Betriebsausgaben i. H. v. 5.000 € gekürzt. Das inländische Ergebnis erhöht sich im Rahmen der Freistellung des nun gekürzten Betriebsstättenergebnisses. § 16 BsGaV läuft ins Leere, da der inländische Gewinn bereits fremdüblich erfasst ist (§ 1 AStG).

ABB 10: Zuordnung von materiellen Wirtschaftsgütern I

Zuordnung von materiellen Wirtschaftsgütern I

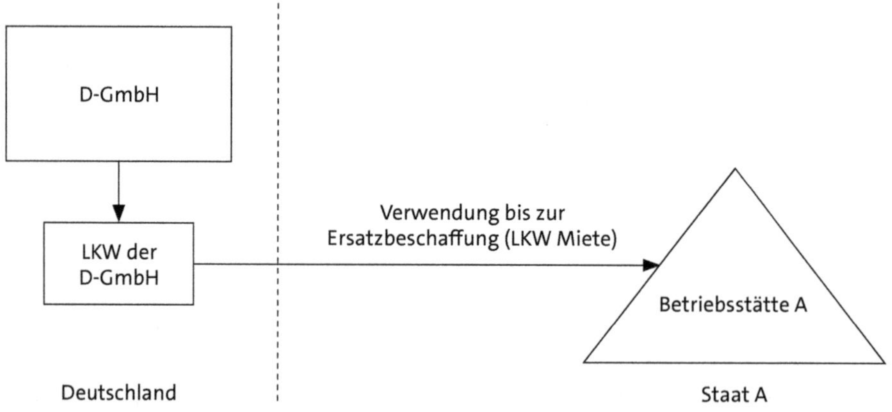

Gewinnauswirkung und Zuordnung	Gesamt-Gewinnauswirkung	Betriebsstätte	Übriges Unternehmen
Ansatz Nutzungsentnahme (LKW-Miete)	ohne	−5.000	+5.000

BEISPIEL: Ein LKW der Betriebsstätte B wird im inländischen Unternehmen vorübergehend genutzt. Die Nutzung des LKW im inländischen Unternehmen führt nicht zu einer Zuordnungsänderung, sondern zu einer zeitlich befristeten Nutzungsüberlassung. Eine Nutzungseinlage ins Inland ist nicht möglich. Allerdings mindert die Nutzung den inländischen Gewinn über die Einkünftekorrektur nach § 16 BsGaV (§ 1 AStG) als „fiktive Betriebseinnahme" der Betriebsstätte.

ABB 11: Zuordnung von materiellen Wirtschaftsgütern II

Zuordnung von materiellen Wirtschaftsgütern II

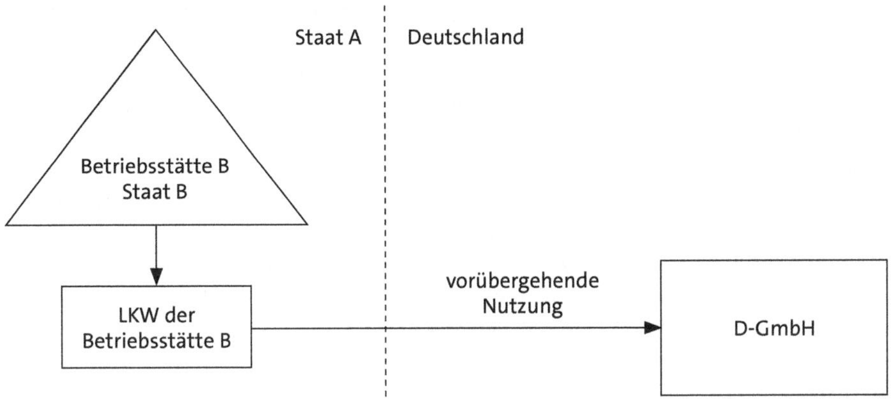

Gewinnauswirkung und Zuordnung	Gesamt-Gewinnauswirkung	Betriebsstätte	Übriges Unternehmen
Ansatz fiktive Betriebseinnahme der Betriebsstätte (LKW-Miete) nach Art. 7 OECD-MA, § 16 BsGaV	ohne	+ 5.000	− 5.000

4.4.5. Zuordnung von immateriellen Werten

Immaterielle Werte werden abweichend von materiellen Wirtschaftsgütern nicht nach der Nutzung, sondern nach den Personalfunktionen, die für ihre Schaffung oder den Erwerb maßgeblich sind, zugeordnet (§ 6 Abs. 1 BsGaV). Immaterielle Werte sind nach § 1 Abs. 3c AStG alle Werte, die weder materielle Wirtschaftsgüter, Beteiligungen oder Finanzanlagen sind und Gegenstand eines Geschäftsvorfalles sein können. Zu den Personalfunktionen, die für deren Schaffung von Bedeutung sind, gehören neben der eigentlichen Forschungs- und Entwicklungstätigkeit auch die Gestaltung der Prüfanforderungen und Prüfverfahren, die Analyse der aus diesen Prüfungen stammenden Daten und die Bestimmung von Entwicklungsphasen (Meilensteinen) für das jeweilige Projekt. Maßgeblich sind die Personalfunktionen, die sich inhaltlich aufgrund ihrer Qualifikation mit der Durchführung und Vorbereitung dieser Tätigkeiten befassen. Nicht entscheidend ist die formale Entscheidung durch den Entscheidungsträger, insbesondere, wenn dieser selbst nicht über die fachliche Qualifikation verfügt. Die maßgeblichen Personalfunktionen für den Erwerb sind die Prüfung des Bedarfs und die Gestaltung des Entscheidungsprozesses sowie die Prüfungen im Hinblick auf den Erwerb und die Entscheidungen über die Verwendung des immateriellen Wertes. Die Zuordnung immaterieller Wirtschaftsgüter nach den Einkünfteermittlungsvorschriften wird somit anhand der Einkünftekorrekturvorschriften „geprüft“, dürfte jedoch grds. zum gleichen Ergebnis führen. Unterschiede ergeben sich in diesen Fällen in der Rechtsfolge. Nutzt eine andere Betriebsstätte als die, die für Schaffung oder Erwerb zuständig war, den immateriellen Wert, kommt es auf das im Einzelfall anwendbare DBA an. Enthält es einen Art. 7 OECD-MA (und später) nachgebildeten Artikel für die Zuordnung von Besteuerungsrechten an Unternehmensgewinnen, kommt in Outbound-Fällen § 4 Abs. 3 Satz 3 EStG zur Anwendung. Das gleiche gilt gegenüber Betriebsstätten in Nicht-DBA-Staaten. Ist Art. 7 im Abkommen dem Art. 7 OECD-MA 2008 (und früher) nachgebildet, hebelt das Abkommen die Anwendung von § 4 EStG aus. Auch § 1 Abs. 5 AStG (und § 16 BsGaV) kommen nicht zur Anwendung, da das Abkommen selbst in diesen Fällen wegen dem darin enthalten Vorrang der Aufwendungszuordnung (Art. 7 Abs. 3 OECD-MA 2008) eine Sperrwirkung entfaltet.[1]

BEISPIEL: Die D-GmbH hat im Inland einen immateriellen Wert geschaffen, der ihr nach dem Veranlassungszusammenhang und nach § 6 BsGaV zugeordnet wurde. Die Betriebsstätten der D-GmbH in A und C nutzen dieses Wirtschaftsgut ebenfalls mit. Der immaterielle Wert führt bei der D-GmbH zu Aufwendungen pro Betriebsstätte von 100.000 €, die fremdübliche Lizenz hätte pro Betriebsstätte 500.000 € betragen. Mit Staat A besteht ein DBA mit einem Artikel, der Art. 7 OECD-MA 2008 nachgebildet ist, Art. 7 im DBA mit Staat C entspricht dem Art. 7 OECD-MA 2010.

1 BMF, Schreiben v. 22.12.2016, BStBl 2017 I S. 182, Rz. 429; Nr. 34 OECD-MK zu Art. 7 OECD-MA 2008.

ABB 12: Zuordnung von immateriellen Werten

Zuordnung von immateriellen Werten

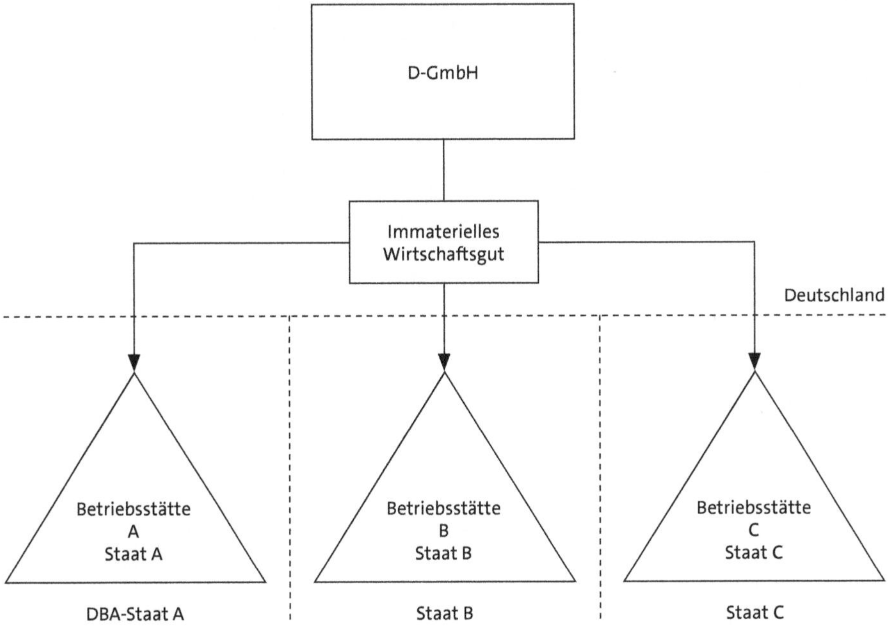

Gewinnauswirkung und Zuordnung pro Betriebsstätte	Gesamt-Gewinnauswirkung	Betriebsstätte	Übriges Unternehmen
Betriebsstätte in Staat A (OECD-MA 2008) Zuordnung der anteiligen Aufwendungen	–100.000	–100.000	+100.000
Betriebsstätte in Staat C (OECD-MA 2010) Zuordnung der Aufwendungen fiktive Betriebseinnahmen, § 16 BsGaV	–100.000	 –500.000	–100.000 +500.000

4.4.6. Zuordnung von Beteiligungen und Finanzanlagen

Beteiligungen an anderen Gesellschaften, Finanzanlagen oder ähnliche Vermögenswerte werden nach dem Kriterium der Nutzung zugeordnet (§ 7 Abs. 1 Satz1 BsGaV). Unter Nutzung ist dabei abweichend vom Nutzungsbegriff in § 5 Abs. 1 BsGaV die funktionale Nutzung der Beteiligung durch eine Betriebsstätte zu verstehen. Ein funktionaler Zusammenhang zwischen einer Beteiligung und einer Betriebsstätte besteht, wenn die Beteiligung (der Vermögenswert) der Betriebsstätte dient (sog. „Betriebsstättenvorbehalt“, siehe Art. 10 Abs. 4, Art. 11 Abs. 4 OECD-MA). Der OECD-MA spricht dabei von „effectively connected“ und verlangt mehr als eine reine Erfassung der Beteiligung als Betriebsstättenvermögen in der Buchhaltung. Der Zweck der Beteiligung muss dabei der Tätigkeit der Betriebsstätte dienen und diese ergänzen oder unterstützen.

BEISPIEL: Die D-GmbH hält eine 20 %ige Beteiligung an der in Staat A ansässigen R-GmbH, die ein Hauptrohstofflieferant für die Produktionsbetriebsstätte A in Staat A ist. Die Beteiligung wurde eingegangen, um die Rohstofflieferungen sicher zu stellen. Eine weitere 100 %ige Beteiligung besteht an der ebenfalls in Staat A ansässigen V-GmbH, deren Tätigkeit im Vertrieb der von Betriebsstätte A produzierten Waren in Staat A besteht. Beide Beteiligungen dienen der Tätigkeit der Betriebsstätte A und weisen damit einen funktionalen Zusammenhang auf. Sie sind der Betriebsstätte A zuzuordnen.

ABB 13: Zuordnung von Beteiligungen und Finanzanlagen I

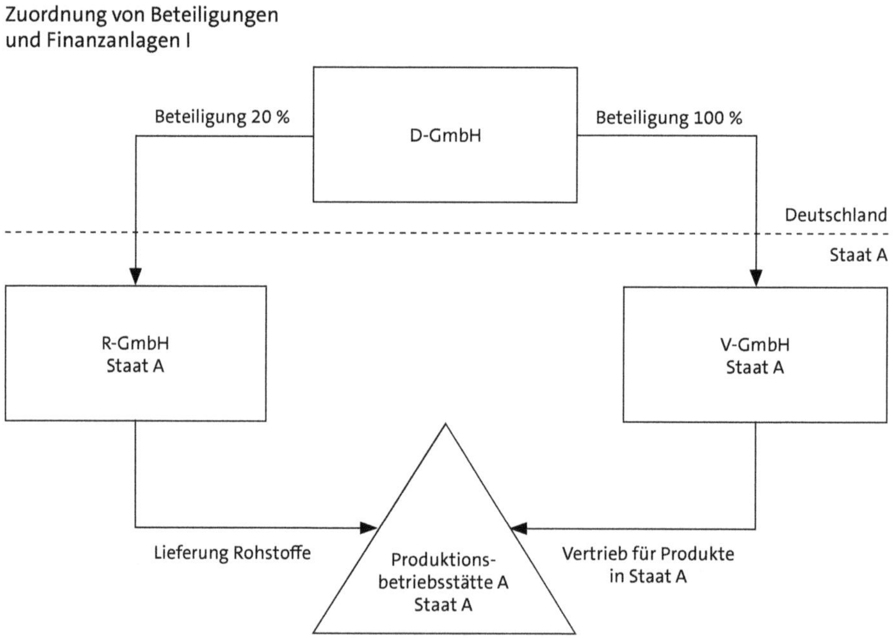

Hilfsweise können zur Einordnung der funktionalen Bedeutung die Überlegungen zur Zuordnung von Beteiligungen an Kapitalgesellschaften zum notwendigen Betriebsvermögen eines Einzelunternehmens, wie sie sich aus § 4 Abs. 1 EStG und ergänzend aus H 4.2 EStH ergeben, „analog“ auf die Tätigkeit der Betriebsstätte Anwendung finden.

Steht eine Beteiligung in funktionalem Zusammenhang mit mehreren Betriebsstätten, kommt es auf die überwiegende Nutzung an, die nach qualitativen Kriterien zu bestimmen ist. Quantitative Kriterien, die auch einer unwillkürlichen Volatilität unterliegen, sind allenfalls nachrangig zu berücksichtigen, wenn eine qualitative Abgrenzung keine eindeutige Zuordnung zulässt. Dabei ist eine mehrjährige Betrachtung auch unter Zuhilfenahme von Prognoserechnungen vorzunehmen.[1]

BEISPIEL: Die Beteiligung an der R-GmbH aus dem vorhergehenden Beispiel dient dem Einkauf von Rohstoffen für die Produktionsbetriebsstätten A und C. Die Einkaufssteuerung wird von der Betriebsstätte A übernommen. Damit ist die Beteiligung der Betriebsstätte A zuzuordnen. Steuert jede Betriebsstätte ihren Einkauf unabhängig voneinander selbst, ist hilfsweise nach der zugekauften Menge zuzuordnen, wobei hier eine dauerhafte (längerfristige) Betrachtung zugrunde zu legen ist.

ABB 14: Zuordnung von Beteiligungen und Finanzanlagen II

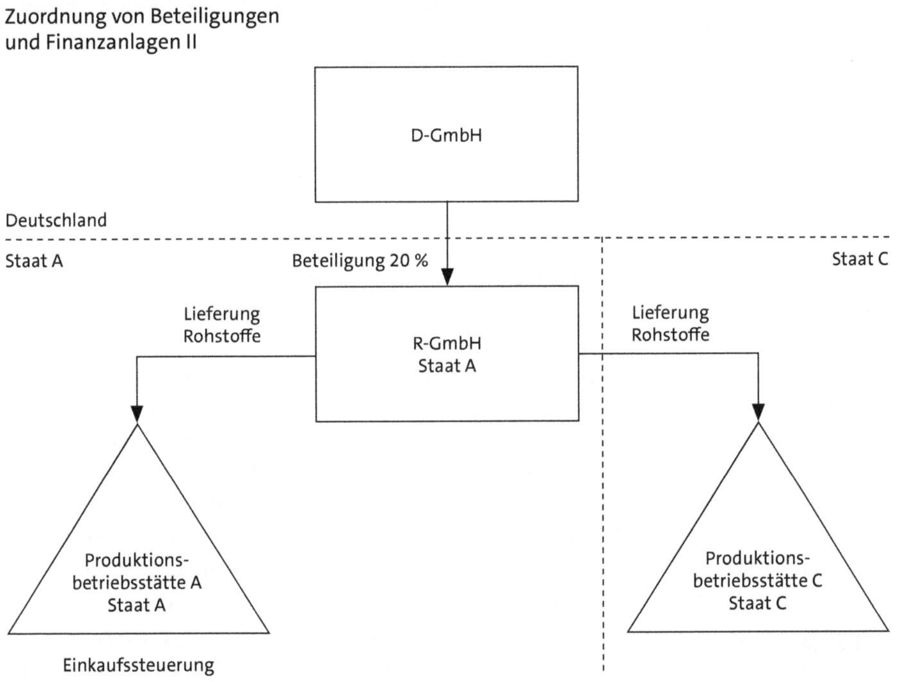

1 BMF, Schreiben v. 22.12.2016, BStBl 2017 I S. 182, Rz. 44.

Maßgeblich für die Zuordnung der laufenden Erträge aus Beteiligungen an Kapitalgesellschaften ist zusätzlich zu den Regelungen der BsGaV das Vorhandensein einer Norm zum Betriebsstättenvorbehalt analog Art. 10 Abs. 3 OECD-MA für Fälle von Beteiligungen im gleichen Staat wie die Belegenheit der Betriebsstätte oder Art. 21 Abs. 2 OECD-MA für Beteiligungen in anderen Staaten als dem Belegenheitsstaat der Betriebsstätte. Fehlen letztgenannte Artikel im einschlägigen DBA, sind die Erträge aus Beteiligungen an Kapitalgesellschaften immer dem Ansässigkeitsstaat, und damit im Beispielsfall Deutschland, zur Besteuerung zuzuweisen.

4.4.7. Zuordnung von sonstigen Vermögenswerten

Mit den Regelungen zur Zuordnung von sonstigen Vermögenswerten bietet die BsGaV nur eine Auffangvorschrift für gegebenenfalls nicht erfasste Fälle. Zuordnungsmaßstab ist dabei – wie im Falle immaterieller Werte – die Schaffung oder der Erwerb des sonstigen Vermögenswerts (§ 8 Abs. 1 BsGaV). Abweichend davon ist nach Abs. 2 auch eine Zuordnung nach anderen Kriterien wie Verwaltung oder Risikosteuerung möglich, wenn diese Kriterien bedeutender sind.

4.4.8. Zuordnung von Geschäftsvorfällen

Sowohl nach dem Verständnis aus dem Veranlassungsprinzip als auch gemäß dem Verständnis nach dem AOA sind die laufenden Geschäftsvorfälle mit fremden Dritten oder mit rechtlich selbständigen verbundenen Unternehmen der Betriebsstätte oder dem übrigen Unternehmen zuzuordnen. Maßgebend ist dabei die Personalfunktion, die für das Zustandekommen des Geschäftsvorfalls ursächlich ist. Dabei kommt es auf die Verantwortlichkeiten und Handlungen im Zusammenhang mit der Durchführung der Geschäftsvorfälle an und nicht auf die die Geschäftsvorfälle auslösenden strategischen Entscheidungen. Sind mehrere Personalfunktionen im Zusammenspiel verantwortlich, so ist die Personalfunktion mit der größten Bedeutung vorrangig für die Zuordnung. Anschaffungs- und Veräußerungsvorgänge sind dabei regelmäßig der Betriebsstätte zuzuordnen, wenn das angeschaffte oder veräußerte Wirtschaftsgut der Betriebsstätte zuzurechnen ist oder war. Die Rechnungsstellung oder die Bezeichnung als Vertragspartner in einem Vertrag hat allenfalls indizielle Wirkung, zumal die Betriebsstätte selbst nicht Vertragspartner sein kann und jeder Vertrag zivilrechtlich zwischen dem Vertragspartner und dem Unternehmen als Ganzes abgeschlossen wird.

BEISPIEL: Die Vertriebsbetriebsstätte B vertreibt die Produkte der D-GmbH aus Deutschland und übernimmt auch den Vertrieb von speziellen Produkten der Produktionsbetriebsstätte C aus Staat C im Staatsgebiet des Staats B. Sie führt dabei die Verhandlungen komplett in Eigenregie und fordert die Lieferung nach erfolgreichem Vertragsschluss bei der Betriebsstätte C an.

Diese liefert dann direkt an den Endkunden in Staat B. Die Umsatzerlöse mit dem Endkunden sind der Betriebsstätte B zuzuordnen, in der Folge ist die Lieferung der Produkte von Betriebsstätte C an Betriebsstätte B als zusätzliche Transaktion (Lieferung) zu erfassen und fremdüblich zu vergüten.

ABB 15: Zuordnung von Geschäftsvorfällen

Zuordnung von Geschäftsvorfällen

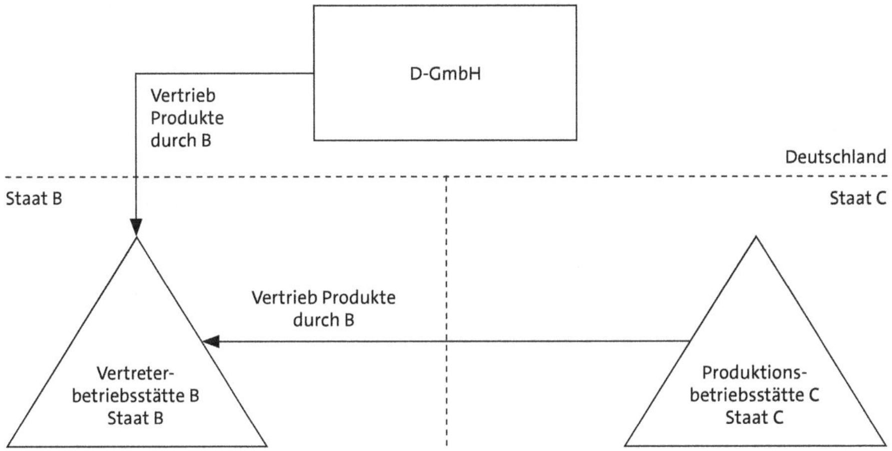

Gewinnauswirkung und Zuordnung	Gesamt-Gewinnauswirkung	Betriebsstätte B	Betriebsstätte C	übriges Unternehmen
Umsatzerlöse mit Endkunden in B	100.000	100.000		
Produktionsaufwendungen	−90.000		−90.000	
fiktive Betriebsausgaben- bzw. -einnahmen, § 16 BsGaV	0	−95.000	95.000	
Gewinn aus dem Geschäftsvorfall (Saldo)	10.000	5.000	5.000	

Grundsätzlich führt die Überführung von Wirtschaftsgütern zwischen Betriebsstätten zu einer fiktiven Veräußerung von der abgebenden Betriebsstätte an das Unternehmen und in der gleichen logischen Sekunde zu einer fiktiven Veräußerung vom Unternehmen an die aufnehmende Betriebsstätte. Aus Vereinfachungsgründen kann jedoch von einem Geschäftsvorfall zwischen den beteiligten Betriebsstätten ausgegangen werden, wenn dies keine Auswirkungen auf die deutsche Besteuerung hat. Eine Auswirkung auf die deutsche Besteuerung kann sich ergeben, wenn es sich um eine Überführung von Wirtschaftsgütern aus einer Freistellungs- in eine Anrechnungsbetriebsstätte handelt.[1]

4.4.9. Zuordnung von Chancen und Risiken

Die Zuordnung von Chancen und Risiken (§ 10 BsGaV) im unmittelbaren Zusammenhang mit einem Vermögenswert oder einem Geschäftsvorfall folgt der Zuordnung des Vermögenswerts oder Geschäftsvorfalls. Chancen und Risiken ohne Verbindung zu einem Vermögenswert oder Geschäftsvorfall folgen der Zuordnung der Personalfunktion, auf der sie beruhen. Das ist die Personalfunktion, die zur Übernahme der betreffenden Chancen und Risiken im Unternehmen geführt hat. Sind die Personalfunktionen mehrerer Betriebsstätten ursächlich, so ist die Personalfunktion mit der größten Bedeutung maßgeblich. Eine Aufteilung von Chancen und Risiken ist nicht vorgesehen (Rz. 122 VWG BsGa[2]).

BEISPIEL: Der Untergang einer Maschine, die aufgrund der Nutzung der Produktionsbetriebsstätte A zuzuordnen ist, ist ebenfalls der Betriebsstätte A zuzuordnen.

ABB 16: Zuordnung von Chancen und Risiken I

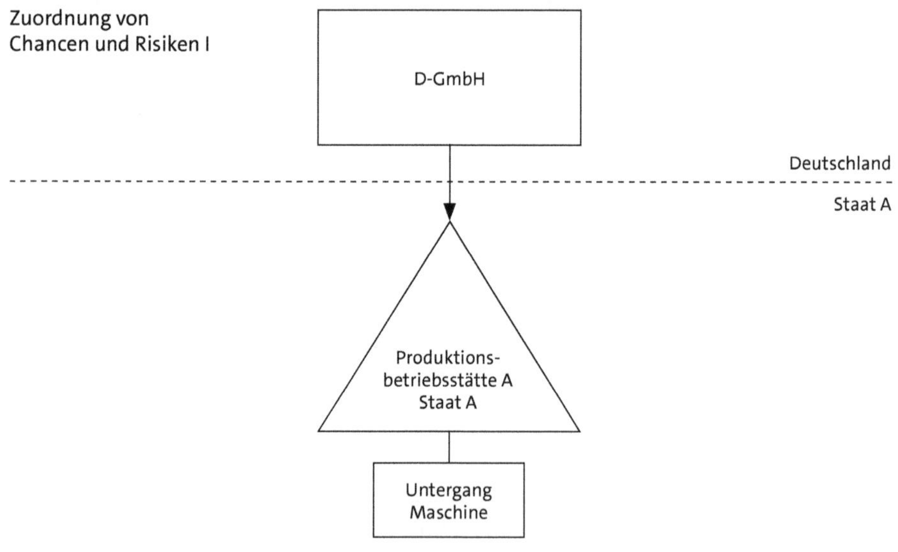

1 Siehe auch BMF, Schreiben v. 22.12.2016, BStBl 2017 I S. 182, Hinweis in Beispiel in Rz. 170.

2 BMF, Schreiben v. 22.12.2016, BStBl 2017 I S. 182.

BEISPIEL: Betriebsstätte C erbringt im Rahmen eines einmalig erhaltenen Auftrags eines Kunden in Staat C eine Servicedienstleistung an der Maschine eines Zulieferers. Aufgrund unsachgemäßer Ausführung an der Maschine des Kunden entsteht ein Haftungsfall. Dieser ist aufgrund der Ursächlichkeit des Fehlers in Personal(-funktionen) der Betriebsstätte C zuzuordnen. Risiken sind nach den allgemeinen Regeln zu erfassen. Führt ein Risiko zu einem Ausweis als Rückstellung in der Steuerbilanz, so ist die Rückstellung auch in der Hilfs- und Nebenrechnung auszuweisen.

ABB 17: Zuordnung von Chancen und Risiken II

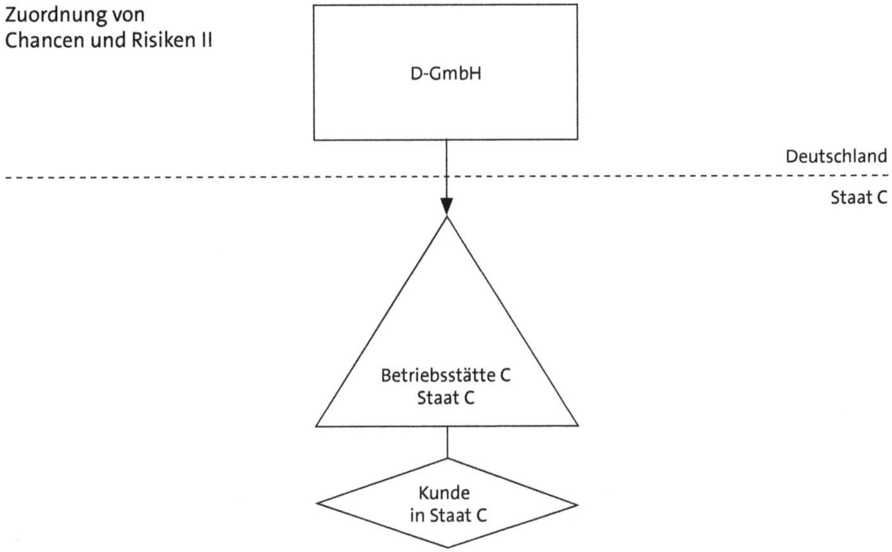

BEISPIEL: Betriebsstätte C haftet im Rahmen ihrer Produktion für die Gewährleistung, was zum Ausweis einer Gewährleistungsrückstellung in der Steuerbilanz des Gesamtunternehmens D-GmbH führt. Die Gewährleistungsrückstellung ist, da die Ursache des Risikos in der Tätigkeit der Betriebsstätte liegt, der Betriebsstätte C zuzurechnen.

ABB 18: Zuordnung von Chancen und Risiken III

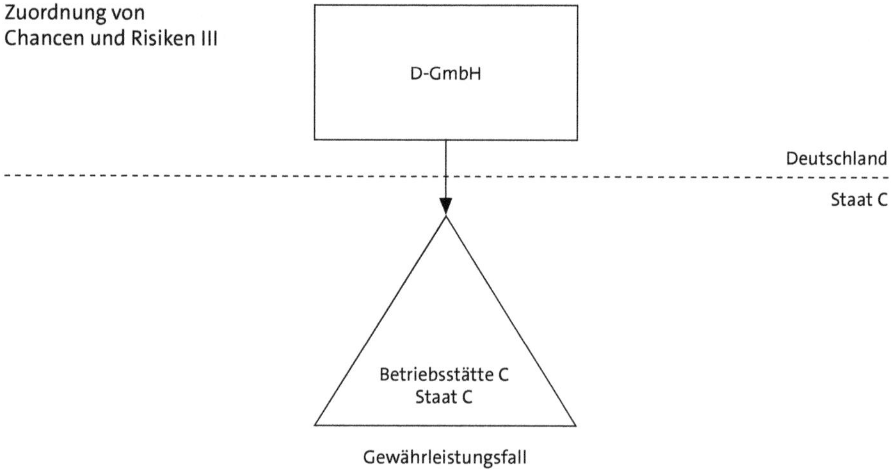

4.4.10. Zuordnung von Sicherungsgeschäften

Sicherungsgeschäfte (§ 11 BsGaV, z. B. Währungssicherungen, Versicherungsverträge) folgen abweichend von den allgemeinen Zuordnungsregeln der Zuordnung des zu sichernden Geschäfts und nicht der Personalfunktion, die das Sicherungsgeschäft verwaltet. Verwaltet die Personalfunktion einer anderen Betriebsstätte das Sicherungsgeschäft, so handelt es sich um eine Dienstleistung dieser Betriebsstätte gegenüber der Betriebsstätte, der das Sicherungsgeschäft und das dadurch abgesicherte Geschäft zuzuordnen sind.

BEISPIEL: Betriebsstätte C hält eine Fremdwährungsforderung gegenüber einem ihr zuzuordnenden Kunden und sichert diese durch gegenläufiges Währungsgeschäft ab. Das gegenläufige Währungsgeschäft ist deshalb immer wie die zugrunde liegenden Fremdwährungsforderung der Betriebsstätte C zuzurechnen. Wird das Währungsgeschäft aus Gründen der Zentralisierung immer in der D-GmbH in Deutschland abgewickelt, handelt es sich hierbei um eine Dienstleistung des übrigen Unternehmens an die Betriebsstätte C, die fremdüblich (z. B. im Rahmen der Kostenaufschlagsmethode) von C an das übrige Unternehmen zu vergüten ist.

ABB 19: Zuordnung von Sicherungsgeschäften I

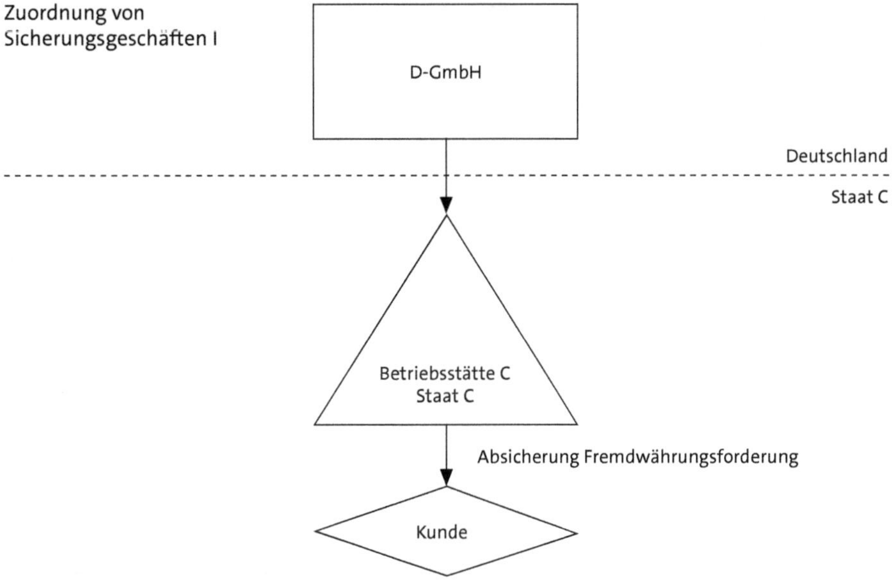

BEISPIEL: Die D-GmbH schließt zentral in Deutschland Versicherungsverträge mit Versicherungsgesellschaften ab, die die Risiken des Unternehmens inklusive aller Betriebsstätten absichern. Die entstehenden Versicherungsprämien sind anteilig nach jeweils sachgerechtem Schlüsseln den einzelnen betroffenen Betriebsstätten zuzuordnen. Erstattungen aufgrund konkreter Schadensfälle sind direkt zuzurechnen. Die Personalfunktion der Verwaltung der Versicherungsverträge und gegebenenfalls auch -fälle ist als Dienstleistung an die jeweiligen Betriebsstätten fremdüblich zu vergüten.

ABB 20: Zuordnung von Sicherungsgeschäften II

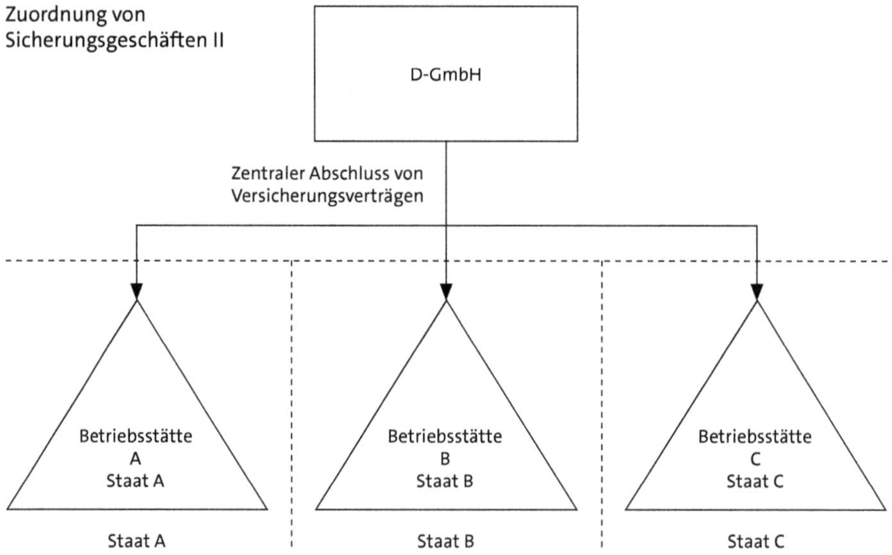

4.4.11. Zuordnung von Dotationskapital (Outbound-Fall)

Die Zuordnung von Dotationskapital folgt nicht den allgemeinen Vorschriften und ist deshalb immer außerhalb der Steuerbilanz in einer Hilfs- und Nebenrechnung für die Betriebsstätte vorzunehmen. Ausgehend von der Überlegung, der Betriebsstätte nur das Kapital zuzuordnen, das sie für die Erfüllung ihrer Funktion benötigt, wird in einem ersten Schritt das der Betriebsstätte zuzuordnende Kapital berechnet. In einem zweiten Schritt werden der Betriebsstätte dann die übrigen Passivposten zugeordnet, bis die Aktiv- und Passivposten der Hilfs- und Nebenrechnung ausgeglichen sind und die gleiche Summe ergeben. Dadurch ergibt sich, dass nur die tatsächlich an fremde Dritte und verbundene Unternehmen (andere Legaleinheiten) gezahlten Finanzierungsaufwendungen bei der Betriebsstätte zu berücksichtigen sind. Fiktive Finanzierungsbeziehungen werden – von wenigen Ausnahmen abgesehen – nicht angenommen.

Da die Zuordnung des Dotationskapitals zur Betriebsstätte für die Zuordnung von Finanzierungsaufwendungen von Bedeutung ist, hat die Zuordnung des Dotationskapitals immer zu Beginn des Wirtschaftsjahrs der Betriebsstätte zu erfolgen und bleibt über das Wirtschaftsjahr hinweg grds. unverändert. Nur bei unterjährigen Veränderungen von Personalfunktionen, Vermögenswerten oder Chancen und Risiken der Betriebsstätte im Vergleich zu den Verhältnissen, die zu Beginn des Wirtschaftsjahres vorlagen, kommt eine Anpassung im Verlauf des Wirtschaftsjahrs infrage.[1] Eine solche Anpassung hat Auswirkungen für den Zeitraum ab der Anpassung bis zum Ende des Wirtschaftsjahres. Für das Dotationskapital gilt aufgrund der jährlichen im Vorhinein vorzunehmenden Zuordnung keine einem „Bilanzenzusammenhang" entsprechende Kontinuität zwischen der zum 31.12. aufzustellenden Hilfs- und Nebenrechnung und der auf den 1.1. des Folgejahres zu erstellenden Hilfs- und Nebenrechnung.

Die BsGaV unterscheidet zwischen der Zuordnung von Dotationskapital zu inländischen (§ 12 BsGaV) oder ausländischen (§ 13 BsGaV) Betriebsstätten. Einer ausländischen Betriebsstätte ist mindestens das Dotationskapital zuzuordnen, das sie aus betriebswirtschaftlichen Gründen zur Erfüllung ihrer Aufgaben benötigt (Mindestkapitalausstattungsmethode, § 13 Abs. 1 Satz 1 BsGaV); es darf jedoch nicht höher sein als der Wert, der sich nach der Kapitalaufteilungsmethode gem. § 12 Abs. 1–3 BsGaV ergibt (§ 13 Abs. 2 Satz 2 BsGaV). Nur, wenn nichtsteuerliche Vorschriften des Betriebsstättenstaats ein höheres Dotationskapital erforderlich machen, darf ein über die Mindestkapitalausstattungsmethode hinausgehendes Kapital zugeordnet werden. Ist für die Betriebsstätte eine Handelsbilanz aufzustellen, darf das in der Handelsbilanz ausgewiesene Kapital nicht überschritten werden.

BEISPIEL: Die D-GmbH erstellt für die Betriebsstätte B nach den handelsrechtlichen Vorschriften des Staats B eine Handelsbilanz und weist darin 100.000 € handelsrechtliches Dotationskapital aus. Betriebswirtschaftlich sind 50.000 € notwendig, nach der Kapitalaufteilungsmethode ergibt sich ein Wert von 80.000 €. Die D-GmbH kann der Betriebsstätte B bis zu 80.000 € Dotationskapital zuweisen, jedoch auch weniger (50.000 €), wenn dies eher dem Fremdvergleichsgrundsatz entspricht.

Bei der Kapitalaufteilungsmethode wird der Betriebsstätte ein Anteil am Kapital des Gesamtunternehmens zugewiesen, der ihrem Anteil an den Vermögenswerten des Gesamtunternehmens entspricht. Dazu sind der Betriebsstätte zuerst alle Vermögenswerte der Aktivseite zuzuordnen und ins Verhältnis zu der Summe aller Vermögenswerte des Gesamtunternehmens zu setzen. Die Ermittlung der Werte erfolgt grds. nach Fremdvergleichswerten (§ 12 Abs. 3 Satz 1 BsGaV, Zeitwert, Verkehrswert), kann aber aus Vereinfachungsgründen auch mit den Buchwerten erfolgen. Dazu muss glaubhaft gemacht werden, dass der Ansatz zu Buchwerten zu keinem abweichenden Ergebnis führt, was insbesondere beim Vorhandensein von immateriellen Werten im Gesamtunternehmen Schwierigkeiten bereiten dürfte.

1 Siehe § 12 Abs. 6 und § 13 Abs. 5 BsGaV.

BEISPIEL: Das Gesamtunternehmen der D-GmbH weist ein steuerliches Eigenkapital i. H. v. von 1.000 € auf, die Summe aller Vermögenswerte der D-GmbH beträgt 5.000 €. Die Vermögenswerte der Betriebsstätte laut vorläufiger Hilfs- und Nebenrechnung belaufen sich auf 1.000 €. Das Dotationskapital der Betriebsstätte ist nach betriebswirtschaftlicher Notwendigkeit zuzuordnen, darf aber höchstens den Wert aufweisen, der sich nach der Kapitalaufteilungsmethode ergibt. Diese bestimmt sich nach dem Verhältnis der Vermögenswerte der Betriebsstätte zu den Vermögenswerten des Gesamtunternehmens, im vorliegenden Beispiel 1.000 € von 5.000 € und somit 1/5. Damit ist der Betriebsstätte 1/5 des gesamten steuerlichen Eigenkapitals von 1.000 € und somit ein Dotationskapital von höchstens 200 € zuzuordnen. Die Zuordnung eines geringeren Betrags zur Betriebsstätte B ist möglich. Die Zuordnung des Dotationskapitals gilt bis zum Ende des Wirtschaftsjahres, wenn unterjährig keine Veränderung der Zuordnung von Personalfunktionen, Vermögenswerten oder Chancen und Risiken erfolgt.

Ein ausführlicheres Beispiel mit Beschreibung findet sich in Rz. 148 der VWG BsGa.[1]

4.4.12. Zuordnung von Passivposten

Nach der Zuordnung von Dotationskapital ist die Passivseite der Hilfs- und Nebenrechnung so weit aufzufüllen, dass sich die Summe von aktiven und passiven Positionen ausgleichen. Dafür sind drei Gruppen von Passivposten zu unterscheiden.

1) direkt zuordenbare Passivposten: diese stehen mit den Vermögenswerten, Chancen und Risiken der Betriebsstätte in direktem Zusammenhang
2) indirekt zuordenbare Passivposten mit allgemeinem Bezug: diese stehen nicht mit den Vermögenswerten, Chancen und Risiken der Betriebsstätte oder einer anderen Betriebsstätte in direktem Zusammenhang
3) indirekt zuordenbare Passivposten mit Bezug zu anderen Betriebsstätten: diese stehen mit den Vermögenswerten, Chancen und Risiken anderer Betriebsstätten in direktem Bezug

Sodann ist die Passivseite aufzufüllen, wobei vorrangig die Verbindlichkeiten aus Gruppe 1) zuzuordnen sind, nachrangig die aus Gruppe 2) oder letztlich sogar aus Gruppe 3), falls die Passivposten der ersten beiden Gruppen nicht ausreichen sollten. Ergibt sich bereits ein Überhang an direkt zuordenbaren Passivposten, so sind die Passivposten dieser Gruppe nur „direkt zuordnungsfähig“ und soweit anteilig zu kürzen, dass sie in der Summe „zuordenbar“ sind („quotale Kürzung“). Das gleiche dürfte gelten, wenn Gruppe 1) voll zugeordnet werden kann, aber Gruppe 2) in der Summe zu hoch ist. Damit wird eine willkürliche Zuordnung von Passivposten mit hohen oder niedrigen Zinsen vermieden.

1 BMF, Schreiben v. 22.12.2016, BStBl 2017 I S. 182.

BEISPIEL: Betriebsstätte C erwirbt eine Produktionsmaschine für 1 Mio. €, die ausschließlich in der Betriebsstätte C eingesetzt wird und zu 100 % über ein Bankdarlehen finanziert wird. Das Bankdarlehen ist somit auch direkt der Betriebsstätte C zuordenbar. Die vorläufige Hilfs- und Nebenrechnung weist ein Delta zwischen zugeordnetem Dotationskapital, Risiken und Summe aller Vermögenswerte von 700.000 € auf. Damit können auch nur 700.000 € Darlehen der Betriebsstätte zugeordnet werden. Die verbleibenden 300.000 € sind dem übrigen Unternehmen zuzuordnen.

ABB 21: Zuordnung von Passivposten I

Zuordnung von Passivposten I

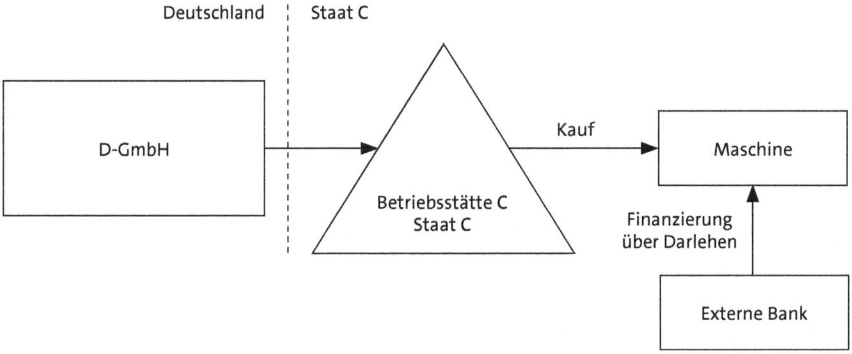

BEISPIEL (ABWANDLUNG): Wie Beispiel zuvor, jedoch wurden zwei Maschinen für 700.000 € und 300.000 € angeschafft, die mit zwei Darlehen zu jeweils 100 %, aber zu unterschiedlichen Zinssätzen finanziert wurden. Im Ergebnis sind beide Darlehen jeweils anteilig der Betriebsstätte zuzuordnen (7/10 von 700 und 7/10 von 300) und damit 490.000 € und 210.000 €. Zwar werden in der Summe ebenfalls 700.000 € zugeordnet, Auswirkungen ergeben sich jedoch bei den abzugsfähigen Finanzierungsaufwendungen aufgrund der unterschiedlichen Höhe der Zinssätze beider Darlehen.

ABB 22: Zuordnung von Passivposten I (Abwandlung)

Zuordnung von Passivposten I (Abwandlung)

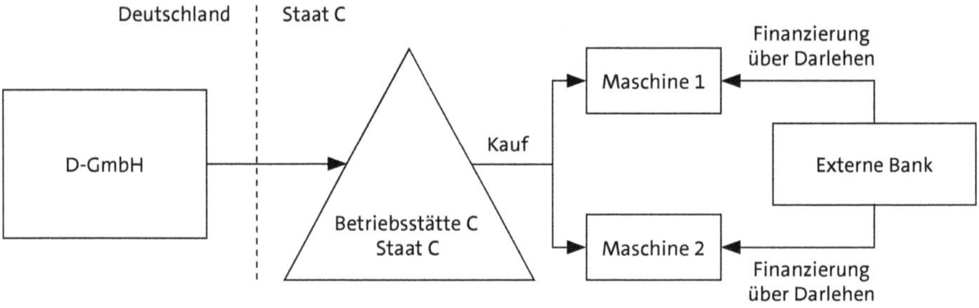

Weitere Beispiele finden sich in Rz. 152 ff. der VWG BsGa.[1]

4.4.13. Zuordnung von Finanzierungsaufwendungen

Finanzierungsaufwendungen können einer Betriebsstätte nur zugeordnet werden, wenn sie in Zusammenhang mit der Betriebsstätte zugeordneten Passivposten stehen. Das bedeutet, dass Zinsaufwendungen für direkt zugeordnete Darlehen Betriebsausgaben der Betriebsstätte sind. Sind die Darlehen aufgrund von § 14 BsGaV ganz oder teilweise nicht der Betriebsstätte zugeordnet, können die dafür aufgewendeten Zinsen ganz oder teilweise nicht als Betriebsausgaben der Betriebsstätte abgezogen werden. Sind im Rahmen der Zuordnung mehrere Darlehen anteilig gekürzt worden, so sind die jeweils anteilig zugeordneten Darlehen mit den anteilig darauf entfallenden Zinsen Betriebsausgaben der Betriebsstätte. Fiktive Zinsaufwendungen aufgrund fiktiver Darlehen sind dem AOA grds. fremd.[2]

BEISPIEL (FORTFÜHRUNG): Wie zuvor fallen für das Darlehen der Maschine für 1 Mio. € 50.000 € Zinsen an. Im Ergebnis sind nur 7/10 von 50.000 € und somit 35.000 € bei der Betriebsstätte abzugsfähig. In der Abwandlung fallen für das Darlehen von 700.000 € insgesamt 42.000 € und für das Darlehen von 300.000 € insgesamt 6.000 € an Zinsen an. Für beide sind nach der Zuordnungskappung auf 7/10 auch nur anteilige 7/10 an Zinsaufwendungen bei der Betriebsstätte abzugsfähig, somit 29.400 € (42.000 x 7/10) und 4.200 € (6.000 x 7/10).

Dass im Ergebnis im vorliegenden Beispiel 30 % der unstreitig mit der Betriebsstätte in wirtschaftlichem Zusammenhang stehenden Finanzierungsaufwendungen dem übrigen Unternehmen zugeordnet werden, hat im Outbound-Fall i. d. R. keine Bedeutung,

1 BMF, Schreiben v. 22.12.2016, BStBl 2017 I S. 182.

2 Siehe auch BMF, Schreiben v. 22.12.2016, BStBl 2017 I S. 182, Rz. 174.

weil sich dadurch die Einkünfte des inländischen Unternehmens nicht erhöhen. Grund hierfür ist, dass der OECD-Betriebsstättenbericht 2020[1] hierfür verschiedene Lösungen[2] als denkbar erachtet und keine als Auslegung des Art. 7 OECD-MA vorschreibt. Es handelt sich bei den zuvor beschriebenen Regelungen lediglich um die deutsche Auslegung.

HINWEIS:

Da die Regelungen der BsGaV zu Zuordnung von Dotationskapital auf § 1 AStG fußen, kommt eine Korrektur nur in die Einkünfte erhöhenden Fällen in Betracht. Allenfalls müsste argumentiert werden, dass es sich um die deutsche Lesart der Regelungen des OECD-Betriebsstättenbericht aus 2010 handelt und daher ein Art. 7 Abs. 2 OECD-MA nachgebildeter Artikel direkt beschränkend Anwendung finden dürfte. Eher von Bedeutung sind die Regelungen für die Fälle mit Inbound-Betriebsstätten, da in diesen Fällen eine Doppelbesteuerung droht, die im Zweifel zwingend zu einem Verständigungs- oder Schiedsverfahren führt.

4.4.14. Erfassung von fiktiven Betriebseinnahmen und fiktiven Betriebsausgaben

§ 16 Abs. 1 BsGaV definiert die anzunehmenden schuldrechtlichen Beziehungen auf der Basis von § 1 Abs. 4 AStG und im Einklang mit Art. 7 Abs. 2 OECD-MA als Fiktion von Geschäftsvorfällen zwischen dem Unternehmen und seiner als selbständiges Unternehmen fingierten Betriebsstätte. Maßstab ist das Verhalten unabhängiger Dritter in Bezug auf die Vereinbarung schuldrechtlicher Verträge oder der Geltendmachung von Rechtspositionen.

Diese anzunehmenden schuldrechtlichen Beziehungen sind mit den Verrechnungspreisen anzusetzen, die sich aus dem Fremdvergleichsgrundsatz des § 1 AStG ergeben und führen zu „fiktiven Betriebseinnahmen“ und „fiktiven Betriebsausgaben“. Damit sind alle Vorschriften, die sich auf die Bestimmung fremdüblicher Verrechnungspreise beziehen, auch auf anzunehmende schuldrechtliche Beziehungen anwendbar (§§ 1 Abs. 3–3c, 1a AStG), das geht bis hin zur Möglichkeit der Annahme einer Funktionsverlagerung.[3]

Einer Erhöhung inländischer Einkünfte liegt demnach immer § 1 AStG zugrunde, der das von Art. 7 Abs. 1 OECD-MA gewährte Besteuerungsrecht Deutschlands wahrnimmt. Eine Minderung erfolgt dagegen im Einklang mit der Beschränkung des deutschen Besteuerungsrechts auf den fremdüblichen Gewinn durch Art. 7 ggf. i. V. mit dem Methodenartikel des einschlägigen DBA. § 16 BsGaV stützt sich auf diese Normen und zeichnet diese Wirkung nur nach. Dies allerdings unter dem Vorbehalt, dass nicht bereits eine Einkünfteermittlungsvorschrift des EStG oder KStG zu diesem Ergebnis führt (nament-

1 Bericht über die Zurechnung von Gewinnen zu Betriebsstätten von 2010, abrufbar unter: https://www.oecd.org/ctp/transfer-pricing/attributes-of-profits-permanent-establishments-german.pdf.

2 Buchner, IStR 2013 S. 228.

3 Siehe BMF, Schreiben v. 6.6.2023, BStBl 2023 II S. 1093, Rz. 3.120.

lich § 4 Abs. 1 Satz 3 und 8 EStG oder § 12 Abs. 1 KStG). Die folgenden Beispiele fassen dies zum Teil wiederholend noch einmal zusammen.

BEISPIEL (DIENSTLEISTUNG): Betriebsstätte B unterstützt aufgrund der Expertise eigenen Personals das Unternehmen in Deutschland bei der Ausführung von Installationsarbeiten an dem Unternehmen in Deutschland zugeordneten Produktionsmaschinen an drei Tagen. Die D-GmbH in Deutschland vergibt diese üblicherweise an Fremdfirmen. Das Personal der Betriebsstätte B bleibt daher nach § 4 Abs. 1 Satz 2 BsGaV der Betriebsstätte B zugeordnet. Voneinander unabhängige Dritte hätten für die Unterstützungsleistung einen Dienstvertrag vereinbart. Nach § 16 Abs. 2 BsGaV ist dafür ein Betrag zu verrechnen, der dem Fremdvergleichsgrundsatz entspricht. Dieser führt bei der Betriebsstätte B zu fiktiven Betriebseinnahmen.

BEISPIEL (NUTZUNGSÜBERLASSUNG INS AUSLAND): Die D-GmbH in Staat A überlässt ein ihr zuzuordnendes Wirtschaftsgut vorübergehend der Betriebsstätte B in Staat B zur Nutzung. Voneinander unabhängige Dritte hätten für die Überlassung einen Mietvertrag abgeschlossen. Deshalb ist ein Mietvertrag zwischen B und dem übrigen Unternehmen zu fingieren (§ 16 Abs. 1 Nr. 2 Buchst. a BsGaV). und mit einem Preis zu verrechnen, der dem Fremdvergleichsgrundsatz entspricht. Allerdings ist aufgrund der Nutzungsüberlassung eines Wirtschaftsguts im vorliegenden Fall auch § 4 Abs. 1 Satz 3 EStG erfüllt, weshalb eine „fiktive Nutzungsentnahme" zu erfassen ist und mit dem gemeinen Wert zu bewerten ist. Die BsGaV und damit § 1 AStG kommt nur mit einem ggf. überschießenden Betrag zur Anwendung.

BEISPIEL (NUTZUNGSÜBERLASSUNG INS INLAND): Die Betriebsstätte B überlässt ein ihr zuzuordnendes Wirtschaftsgut vorübergehend dem Unternehmen der D-GmbH in Staat A zur Nutzung. Voneinander unabhängige Dritte hätten für die Überlassung einen Mietvertrag abgeschlossen. Deshalb ist ein Mietvertrag zwischen B und dem übrigen Unternehmen zu fingieren (§ 16 Abs. 1 Nr. 2 Buchst. a BsGaV). und mit einem Preis zu verrechnen, der dem Fremdvergleichsgrundsatz entspricht. § 4 Abs. 1 Satz 9 EStG ist auf Nutzungseinlagen nicht anwendbar.

4.4.15. Begründung und Auflösung von Betriebsstätten

Betriebsstätten existieren ab dem Vorhandensein der physischen Präsenz und bis zur Auflösung der physischen Präsenz. Von und bis zu diesen Zeitpunkten können der Betriebsstätte Aufwendungen und Erträge zugeordnet werden. Allerdings können auch vorweggenommene Aufwendungen (Vorlaufkosten) oder nachlaufende Aufwendungen und Erträge zu leisten sein oder empfangen werden, für die sich sodann die Frage der Zuordnung stellt. Vorlaufkosten in einem zeitlichen Zusammenhang mit der Betriebsstättenbegründung sind nach dem Veranlassungsprinzip bereits der künftigen Betriebsstätte zuzuordnen.[1] Dies gilt auch, wenn es am Ende doch nicht zur Begründung der Betriebsstätte kommt.

1 Siehe BMF, Schreiben v. 22.12.2016, BStBl 2017 I S. 182, Rz. 67 m. w. N.

BEISPIEL: Die D-GmbH beabsichtigt, in Staat E eine neue Betriebsstätte zu eröffnen und schließt dazu einen Mietvertrag ab, der jedoch vor Mietbeginn wieder gekündigt wird, weil die Entscheidung zur Betriebsstättenbegründung widerrufen wurde. Die vorzeitige Kündigung führt zu einer Vertragsstrafe. Die Mietaufwendungen (Vertragsstrafe) haben ihre Ursache (Veranlassung) in der geplanten Betriebsstättenbegründung und sind deshalb der (nicht gegründeten) Betriebsstätte zuzurechnen.

Werden allerdings Vorlaufkosten aufgewendet, die nach Begründung der Betriebsstätte zu einer anzunehmenden schuldrechtlichen Beziehung dieser gegenüber führen würden, bleiben die Vorlaufkosten dem übrigen Unternehmen zugeordnet.

BEISPIEL: Wie Beispiel zuvor, jedoch stellt die D-GmbH einen Bilanzbuchhalter zur Erstellung der Betriebsstättenbuchhaltung ein, der seine Tätigkeit am Ort der D-GmbH in Deutschland erbringt. Er erstellt die vorbereitenden Arbeiten und wird, nachdem die Betriebsstättenbegründung abgesagt wurde, für andere Unternehmensbereiche im Inland eingesetzt. Da seine Tätigkeit zu einer anzunehmenden schuldrechtlichen Beziehung „Buchführung" geführt hätte, die anschließend zum fremdüblichen Preis der Betriebsstätte belastet worden wäre, bleiben die Aufwendungen als erfolglose Aufwendungen im Zusammenhang mit einer nicht zustande gekommenen Transaktion im übrigen Unternehmen zugeordnet.[1]

Bei der Beendigung einer Betriebsstätte ist nach den Grundsätzen der Betriebsveräußerung eine „Abschluss"-Hilfs- und Nebenrechnung zu erstellen. Sodann gilt die Betriebsstätte mit allen verbliebenen aktiven und passiven Positionen als an das übrige Unternehmen veräußert.[2] Nachlaufende Einnahmen und Ausgaben sind dem neuen „Inhaber", also dem übrigen Unternehmen zuzurechnen.[3]

4.5. Einführung zum Grundfall zur Gewinnabgrenzung (Inbound)

Die Regelungen zur Gewinnabgrenzung im Inbound-Fall (also im Fall eines ausländischen Unternehmens mit inländischer Betriebsstätte) sollen anhand des folgenden – im Verlauf des Kapitels weiterentwickelten – Beispiels verdeutlicht werden:

Grundfall II: Die X-GmbH mit Sitz und Geschäftsleitung im Staat X produziert und vertreibt Maschinenteile und unterhält zu diesem Zweck u.a. eine seit Jahren vollausgestattete Produktionsbetriebsstätte im Inland.

1 Siehe BMF, Schreiben v. 22.12.2016, BStBl 2017 I S.182, Rz.67 m. w. N.

2 Siehe BMF, Schreiben v. 22.12.2016, BStBl 2017 I S.182, Rz.67 m. w. N.

3 Siehe BMF, Schreiben v. 22.12.2016, BStBl 2017 I S.182, Rz.69 m. w. N.

ABB 23: Grundfall II

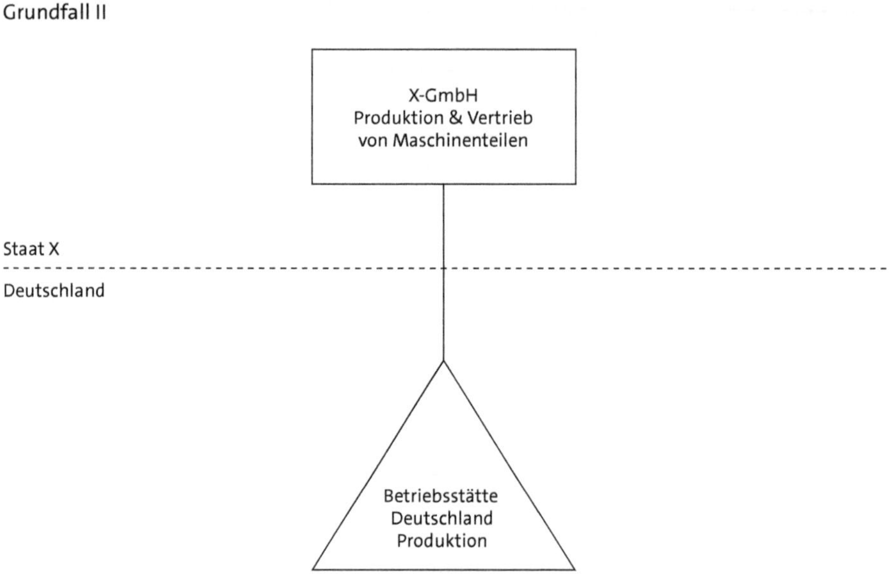

Maßgeblich für die deutsche Besteuerung ist damit nur das Ergebnis der Betriebsstätte, das zwar grds. isoliert ermittelt werden kann, nicht jedoch ohne sich aus dem Gesamtergebnis und aus den Zahlen der Gesamtbuchhaltung abzuleiten.

4.5.1. Zuordnung nach dem Veranlassungsprinzip

Auch bei inländischen Betriebsstätten ausländischer Unternehmen erfolgt die Zuordnung von Wirtschaftsgütern grds. dem Veranlassungsprinzip.

4.5.2. Verstrickungsvorschriften

Bei der Überführung von Vermögenswerten in eine inländische Betriebsstätte, was zur Begründung des Besteuerungsrechts der Bundesrepublik Deutschland an den stillen Reserven führt, kommen die Regelungen des Einkommensteuergesetzes zur Anwendung, soweit diese eine Wirkung entfalten. § 4 Abs. 1 Satz 8 EStG fingiert in diesen Fällen eine Einlage, wobei in Umkehr zum Outboundfall in diesen Fällen tatsächlich ein Zugang im „inländischen Betriebs(stätten)vermögen" stattfindet.

BEISPIEL: Die X-GmbH überführt am 1.7.01 eine Produktionsmaschine, deren Buchwert am 1.1.01 100.000 € beträgt, in die Betriebsstätte im Inland. Der gemeine Wert zum 1.7.01 beträgt 200.000 € und wurde in Staat X auch besteuert, die Restnutzungsdauer beträgt an diesem Tag zwei Jahre.

ABB 24: Verstrickungsvorschrift

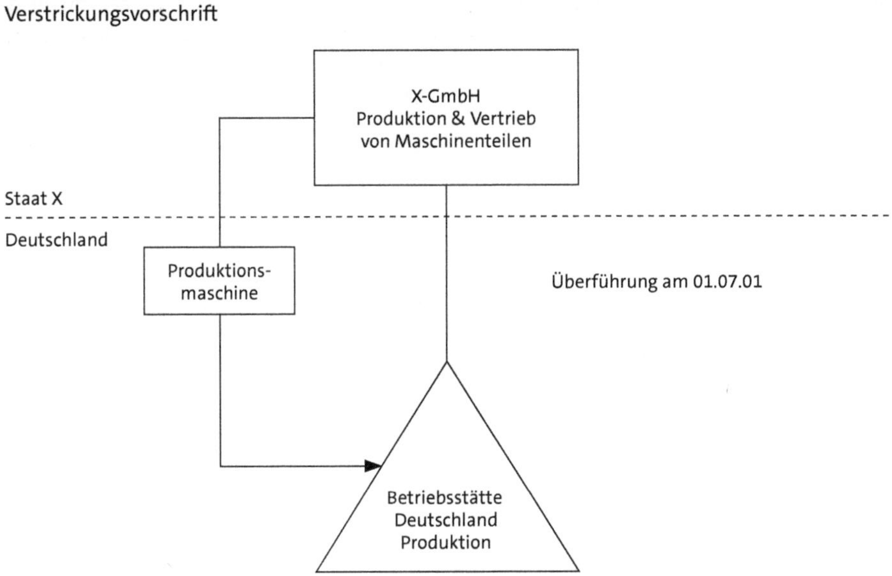

Gewinnauswirkung und Zuordnung	Gewinn-auswirkung	Betriebsstätte
„Fiktive Einlage" der Maschine am 1.7.	0	0
Abschreibung der Maschine 1.7. bis 31.12.	−50.000	−50.000

Bis zum Veranlagungszeitraum 2019 kam es nicht auf die Besteuerung des gemeinen Werts im Abgangsstaat (im Beispiel im Ansässigkeitsstaat der X-GmbH) an. Seit dem Veranlagungszeitraum 2020 begrenzt § 6 Abs. 5a Halbsatz 2 EStG den Verstrickungswert jedoch auf den Wert, den der andere Staat der dortigen Entstrickungsbesteuerung zugrunde gelegt hat.[1]

Die Verstrickung von Nutzungseinlagen kommt nach den allgemeinen Vorschriften des Ertragsteuerrechts (§ 4 Abs. 1 EStG) nicht in Betracht, da diese ganz allgemein im Ertrag-

1 Kritisch hierzu Ditz/Rupp, ISR 2021 S. 413 ff.

steuerrecht nicht vorgesehen ist. Jedoch ist die weitergehende Anwendung von § 1 AStG und die Erfassung einer fiktiven Betriebsausgabe zu prüfen.

4.5.3. Entstrickungsvorschriften

Die grundlegenden Vorschriften zur Betriebsstättengewinnermittlung und der Zuordnung ergeben sich wie im Outbound-Fall aus dem Einkommensteuergesetz, soweit die Aufdeckung von stillen Reserven in Fällen des Verlusts oder der Einschränkung des Besteuerungsrechts Deutschlands an diesen betroffen ist. § 4 Abs. 1 Satz 3 EStG fingiert eine Entnahme, wobei im Outbound-Fall tatsächlich ein Abgang aus den inländischen Buchführungsunterlagen zu verzeichnen ist.

BEISPIEL: Die X-GmbH überführt am 1.7.01 eine Produktionsmaschine, deren Buchwert am 1.1.01 100.000 € beträgt aus der inländischen Betriebsstätte in das übrige Unternehmen. Der gemeine Wert zum 1.7.01 beträgt 200.000 €, die Restnutzungsdauer beträgt an diesem Tag zwei Jahre. Die Maschine ist vom 1.1. bis zum 1.7. mit 25.000 € anteiliger Abschreibung abzuschreiben. Die Zuordnung erfolgt zur Betriebsstätte. Die fiktiven Entnahme nach § 12 Abs. 1 KStG (§ 4 Abs. 1 Satz 3 EStG) ist zum gemeinen Wert (§ 6 Abs. 1 Nr. 4 Buchst. a Satz 1 Halbsatz 2 EStG) von 200.000 € zu erfassen. Zur Abmilderung der Folgen aus der Aufdeckung sieht § 4g Abs. 1 EStG[1] ein Wahlrecht zur Bildung eines steuerbilanziellen Ausgleichspostens in Höhe der aufgedeckten stillen Reserven vor, der erfolgswirksam im Jahr der Bildung gebildet und in den folgenden vier Wirtschaftsjahren erfolgswirksam aufgelöst wird (§ 4g Abs. 2 EStG).

1 § 4g EStG ist auch für beschränkt Steuerpflichtige in allen offenen Fällen anwendbar (§ 52 Abs. 8a EStG).

ABB 25: Entstrickungsvorschrift

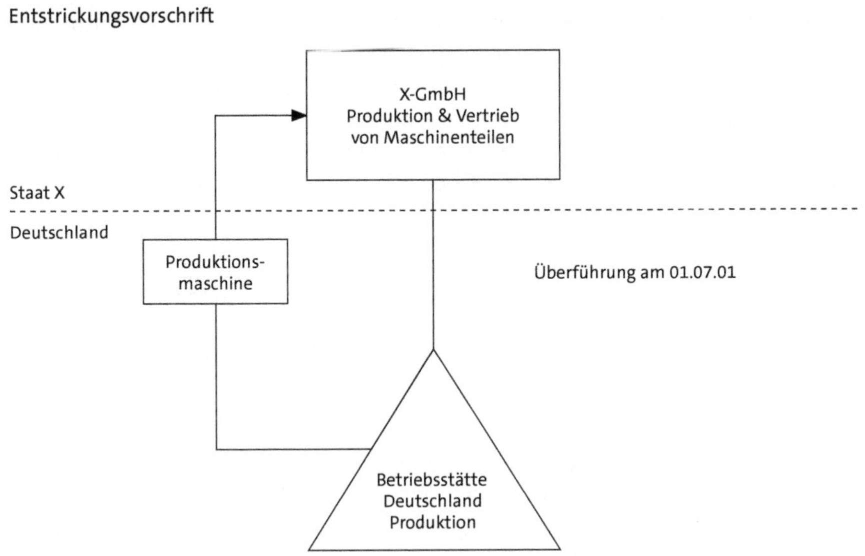

Gewinnauswirkung und Zuordnung	Gewinnauswirkung	Betriebsstätte
Abschreibung der Maschine 1.1. bis 30.6.	–25.000	–25.000
Veräußerungsgewinn am 1.7. (200.000 € abzgl. Buchwert 75.000 €)	+ 125.000	+ 125.000
Bildung Ausgleichsposten	–125.000	–125.000
Auflösung Ausgleichsposten pro Jahr	+ 25.000	+ 25.000

4.5.4. Besonderheiten beim Dotationskapital inländischer Betriebsstätten

Für die Zuordnung von Dotationskapital einer inländischen Betriebsstätte eines ausländischen Unternehmens ergeben sich einige Abweichungen von der Zuordnung im Outbound-Fall. Nach § 12 BsGaV ist zuerst das Kapital des (nach ausländischem Recht) buchführungspflichtigen Gesamtunternehmens nach deutschem Steuerrecht zu bestimmen oder anzupassen. Dies würde bedeuten, dass grds. alle Bilanzpositionen nach deutschem Steuerrecht in einer Schattenrechnung mitzuführen wären, um das jeweilige Steuerbilanzkapital nach deutschem Steuerrecht parat zu haben. Deshalb lässt die BsGaV vereinfachend zu, alternativ das eingezahlte Kapital zzgl. der Rücklagen und Gewinnvorträge (abzüglich Verlustvorträge) als Basis zugrunde zu legen, wenn Abweichungen durch Anpassungsrechnungen ausgeglichen werden können.

Des Weiteren ist das zuzuordnende Dotationskapital nach der Kapitalaufteilungsmethode zu bestimmen, wobei sich das Verhältnis aus dem Verhältnis der Vermögenswerte der Betriebsstätte zu der Summe aller Vermögenswerte des Gesamtunternehmens ergibt. Die Werte sind mit Fremdvergleichswerten (also Zeitwerten) anzusetzen. Aus Vereinfachungsgründen können die Buchwerte angesetzt werden, wenn sich daraus glaubhaft keine Abweichungen ergeben oder diese durch Anpassungsrechnungen ausgeglichen werden können. Der Wert, der sich ergibt, ist das anzusetzende Dotationskapital, wenn nicht das in einer inländischen Handelsbilanz[1] tatsächlich ausgewiesene Dotationskapital höher ist (§ 12 Abs. 5 BsGaV).

BEISPIEL: Die X-GmbH erstellt für die inländische, im Handelsregister als Zweigniederlassung eingetragene Betriebsstätte eine Handelsbilanz und weist darin 100.000 € handelsrechtliches Dotationskapital aus. Nach der Kapitalaufteilungsmethode ergibt sich ein Wert von 80.000 €. Die X-GmbH muss der inländischen Betriebsstätte nach der Kapitalaufteilungsmethode zwar 80.000 € Dotationskapital zuweisen. Maßgeblich ist jedoch das Dotationskapital der Handelsbilanz, das – weil höher – nach § 12 Abs. 5 BsGaV mindestens anzusetzen ist.

Mangels steuerlichen Zugriffs auf die Fremdüblichkeit der Kapitalausstattung des ausländischen Gesamtunternehmens und der sich aufgrund der oben genannten Regelungen automatisch ergebenden Zuordnung eines inländischen Anteils davon, prüft § 12 Abs. 4 BsGaV zur Verhinderung von Gestaltungsmöglichkeiten bei Unternehmensgruppen, die Konzern (i. S. des § 18 AktG) sind, das ausländische Eigenkapital in einem ersten Schritt insgesamt am Fremdvergleich. Demnach ist das ausländische Eigenkapital auf eine fremdübliche Ausgangsgröße anzugleichen, wenn sich bei Anwendung der Kapitalaufteilungsmethode für die inländische Betriebsstätte ein Dotationskapital ergibt, das ein ordentlicher und gewissenhafter Geschäftsleiter auf Dauer nicht hinnehmen würde. Die VWG BsGa sehen diese Fälle in Rz. 140 jedenfalls bei einer Unterkapitalisierung vorliegen, bei der es anlässlich dieser Unterkapitalisierung innerhalb von fünf Jahren nicht möglich ist, die anfallenden Finanzierungsaufwendungen zu amortisieren. In Fällen, in denen der Fremdvergleichstest fehl geht, ist anstelle des steuerlichen Eigenkapitals des Unternehmens, dem die Betriebsstätte zugehörig ist, auf das steuerliche Eigenkapital der konsolidierten Unternehmensgruppe abzustellen.[2]

4.5.5. Weitere Grundsätze

Im Übrigen sind die zuvor beschriebenen Grundsätze für Outbound-Betriebsstätten analog anzuwenden.

1 Beispielsweise bei Buchführungspflicht einer inländischen im Handelsregister eingetragenen Zweigniederlassung nach § 238 HGB.

2 Siehe dazu auch Beispiel in BMF, Schreiben v. 22.12.2016, BStBl 2017 I S. 182, Rz. 141.

5. Ständiger Vertreter

von Dr. Jesko Thiede[1]

LITERATUR:

Musil in Hübschmann/Hepp/Spitaler, AO/FGO, 275. Erg.-Lfg. 2023, § 13 AO, *Drüen* in Tipke/Kruse, AO/FGO, 177. Erg.-Lfg. 2023, § 13 AO.

5.1. Ständige Vertreter i. S. von § 13 AO

Der ständige Vertreter ist in § 13 AO legal definiert als eine Person, die nachhaltig die Geschäfte eines Unternehmens besorgt und dabei dessen Sachweisungen unterliegt. Der ständige Vertreter steht subsidiär neben der Betriebsstätte als gesonderter Tatbestand zur Bestimmung eines steuerlichen Anknüpfungspunkts. Ein Unternehmen, bei dem ein ständiger Vertreter im Inland bestellt ist, hat nicht zugleich zwingend auch eine Betriebsstätte i. S. des § 12 AO und umgekehrt. Sowohl die Betriebsstätte als auch der ständige Vertreter sind Tatbestandsmerkmale für das Erzielen von inländischen Einkünften i. S. von § 49 Abs. 1 Nr. 2 Buchst. a EStG und können somit eine beschränkte Steuerpflicht in Deutschland begründen. Während die Betriebsstätte in Form einer festen Geschäftseinrichtung ein sachlicher Anknüpfungspunkt mit physischer Präsenz ist, besteht der Anknüpfungspunkt beim ständigen Vertreter durch einen personellen Inlandsbezug. Der Begriff des ständigen Vertreters ist ferner beispielsweise für die Ermittlung von ausländischen Einkünften i. S. von § 34d EStG oder bei der Lohnsteuer von Bedeutung.

Die Legaldefinition eines ständigen Vertreters erfordert, dass die nachfolgenden vier Kriterien kumulativ erfüllt sind:

- Person
- Geschäftsbesorgung eines Unternehmens
- Weisungsgebundenheit
- Nachhaltigkeit der Geschäftsbesorgung

5.1.1. Person

Ständiger Vertreter kann sowohl eine natürliche als auch eine juristische Person oder eine Personengesellschaft sein. Der Personenkreis umfasst hierbei auch nahestehende Personen wie Tochter- oder Schwestergesellschaften, die bei Vorliegen der weiteren Tatbestandsvoraussetzungen ständiger Vertreter sein können. Es muss sich aber um eine andere Person als den Unternehmer selbst handeln, so dass eine Personenverschiedenheit

1 Steuerberater Dr. Jesko Thiede ist Steuerberater bei der Immunitas Steuerberatungsgesellschaft.

zwischen Unternehmen und Vertreter besteht. Ein Einzelunternehmer kann demzufolge nicht zugleich ständiger Vertreter seines Unternehmens sein. Infrage kommen sowohl Angestellte als auch selbständig Gewerbetreibende. Der Vertreter muss in Deutschland selbst aber nicht steuerpflichtig sein.

In der Literatur ist umstritten, ob der Geschäftsführer als Organ einer Kapitalgesellschaft (Vorstand, Geschäftsführer) ständiger Vertreter des Unternehmens sein kann. Mit Hinweis auf das deutsche Zivilrecht wird dies überwiegend verneint, da das Handeln eines Geschäftsführers als eigene Handlung des Unternehmens anzusehen sei (sog. „Organtheorie"). Es fehle dadurch an der Personenverschiedenheit. Zudem „erledigt" der Geschäftsführer die Geschäfte der Gesellschaft nicht, sondern er führt diese.[1] Der BFH hat diese Auffassung aber abgelehnt. Der BFH begründet dies damit, dass die Organtheorie bereits im Zivilrecht in Bezug auf Vertretungsvorschriften keine Anwendung findet. Ferner führt er an, dass ausländische Unternehmen der primäre Adressatenkreis für die Regelung sind, deren lokale Rechtsordnungen diese Theorie aber nicht kennen.[2] Im Ergebnis kann der **Geschäftsführer einer Kapitalgesellschaft ständiger Vertreter** sein. Die Rechtsprechung ist auf Geschäftsführer von Personengesellschaften ebenfalls anwendbar. Es gilt jedoch zu beachten, dass auch die weiteren Tatbestandsmerkmale des ständigen Vertreters vorliegen müssen. Vorrangig ist aber weiterhin zu prüfen, wo der Ort der Geschäftsleitung ist oder ob eine Geschäftsleitungsbetriebsstätte begründet wird.

5.1.2. Geschäftsbesorgung eines Unternehmens

Die Geschäfte des Unternehmens müssen durch den Vertreter besorgt werden. Es kann daher nicht der Unternehmer selbst sein, der als Vertreter zu qualifizieren ist. Der Vertreter muss vielmehr die Geschäfte eines anderen besorgen, wobei die Person zugleich auch Vertreter für mehrere Unternehmer sein kann.

Der Begriff der „Besorgung" wird durch die Rechtsprechung nach dem allgemeinen Sprachgebrauch ausgelegt, d.h. „erledigen", „sich um jemanden oder etwas kümmern", „(einen Auftrag) ausführen". Im Rahmen der Regelbeispiele in §13 Satz 2 AO können das Abschließen von Verträgen und das Einholen von Aufträgen als Beispiele hierfür herangezogen werden.

Zu den zu besorgenden Geschäften zählt **jede Tätigkeit wirtschaftlicher Art.** Eine rechtsgeschäftliche Tätigkeit ist hingegen nicht erforderlich. Entscheidend ist, ob der Vertreter in tatsächlicher Hinsicht für den Unternehmer tätig wird. Demnach ist keine Vertre-

1 Musil in Hübschmann/Hepp/Spitaler, AO/FGO, 275. Erg.-Lfg. 2023, §13 AO Rz. 5a, Drüen in Tipke/Kruse, AO/FGO, 177. Erg.-Lfg. 2023, §13 AO, Rz. 3a m.w.N.

2 BFH, Urteil v. 23.10.2018 - I R 54/16, BStBl 2019 II S. 365.

tungsbefugnis beispielsweise in Form einer schriftlichen Vertretungsvollmacht (z. B. Handlungsvollmacht oder Prokura) vorausgesetzt. Die Tätigkeiten müssen aber dem Unternehmenszweck des Unternehmens dienen und der Vertreter muss auf Rechnung des Unternehmers handeln. Ob er hierbei in seinem Namen oder im Namen des Unternehmers auftritt, ist unbeachtlich. In der Literatur werden Handelsvertreter, Makler, Agenten mit und ohne Abschlussvollmacht, Kommissionäre, Spediteure, Bankiers oder Pächter, der die Geschäfte des Verpächters besorgt, als klassische Beispiele genannt, wobei die Auflistung nicht abschließend ist.

Zugleich besteht aber auch Konsens darüber, dass nicht jede Geschäftsbesorgung zugleich dem Unternehmenszweck dient. Umstritten ist jedoch, welche Tätigkeiten nicht erfasst werden. Nach der Rechtsprechung des BFH dienen bestimmte Hilfstätigkeiten nicht unmittelbar dem Unternehmenszweck, so dass in diesem Fall kein ständiger Vertreter begründet wird. Hierzu zählen beispielsweise die Abgabe von Steuererklärungen und die Entgegennahme von Steuerbescheiden.[1] Zugleich besorgt auch eine Bank, die Überweisungsaufträge für einen Unternehmer nachhaltig ausübt, nicht die Geschäfte eines Unternehmens. Auf Grundlage dieser Beispiele wird teilweise vertreten, dass durch die Ausübung von jedweden Hilfs- und Nebengeschäften die Geschäfte eines Unternehmens nicht besorgt werden. Aus verwaltungsökonomischen Gründen und um einen ausufernden Anwendungsbereich der Regelung sicherzustellen, sollte man die Regelung auch insoweit einschränken, dass bei Ausübung von Tätigkeiten vorbereitender Art und Hilfstätigkeiten in Anlehnung an die abkommensrechtlichen Ausnahmeregelung für das Begründen einer Betriebsstätte kein ständiger Vertreter begründet wird. Eine derart weite Auslegung ergibt sich allerdings aus der Rechtsprechung des BFH bislang nicht. Dieser stellt lediglich darauf ab, ob die Tätigkeit dem Unternehmenszweck dient. Dies kann auch bei Hilfs- und Nebengeschäften sein. Es muss daher im Einzelfall geprüft werden, ob die ausgeübte Tätigkeit dem Unternehmenszweck dient.

Im Hinblick auf den Sinn und Zweck der Regelung als Anknüpfungspunkt für die inländische Besteuerung von ausländischen Unternehmen sollte der Anwendungsbereich aber vor allem dahingehend eingeschränkt werden, dass die Aktivitäten des Vertreters sich auf die Wirtschaft in Deutschland auswirken. Dies entspricht der im angloamerikanischen Raum angewandten Interpretation für eine Betriebsstätte in der Form einer festen Geschäftseinrichtung, nach der eine Steuerpflicht nur begründet wird, wenn sich die Aktivitäten auf den Handel im jeweiligen Land auswirken. Dies steht auch im Einklang mit der Rechtsprechung des BFH, der zurecht für den deutschen Besteuerungszugriff **eine Inlandspräsenz von einigem Gewicht** fordert.[2] Ein Unternehmen wird in Deutschland beispielsweise nicht bereits dadurch von einer Person vertreten, dass ein

1 BFH, Urteil v. 12.4.1978 - I R 136/77, BStBl 1978 II S. 494.

2 BFH, Urteil v. 23.10.2018 - I R 54/16, BStBl 2019 II S. 365.

Arbeitnehmer dauerhaft in seinem Homeoffice arbeitet, aber nicht für einen Kunden oder eine Niederlassung im Inland tätig ist. Inwiefern die Inlandspräsenz von einigem Gewicht ist, muss im Einzelfall geprüft werden. Es spricht aber einiges dafür, wenn der Vertreter nachhaltig Gespräche mit lokal ansässigen Unternehmen führt und die wirtschaftlichen Beziehungen des ausländischen Unternehmers zu deutschen Unternehmen verbessern oder ausbauen will.

Diese Einschränkung ergibt sich hingegen nicht aus dem Gesetz, da weder bei der Definition des ständigen Vertreters nach § 13 AO noch der inländischen Einkünfte in § 49 EStG eine Auswirkung auf den inländischen Handel oder die inländische Wirtschaft vorausgesetzt wird. Es ist lediglich erforderlich, dass ein ständiger Vertreter im Inland bestellt ist. In Anbetracht der sog. Registerfälle ist nicht auszuschließen, dass die Finanzverwaltung die Regelung weitergehend interpretiert. Soweit ersichtlich, ist eine extensive Auslegung durch die Finanzverwaltung aber nicht bekannt.

5.1.3. Weisungsgebundenheit

Die Norm erfordert weiterhin, dass der Vertreter in Bezug auf die Besorgung der Geschäfte dem Unternehmer gegenüber weisungsgebunden ist und den Sachanweisungen folgen muss. Hierdurch werden selbständig Gewerbetreibende eingeschlossen, sofern diese – auch im Rahmen ihrer eigenen Geschäftstätigkeit – den Sachanweisungen eines anderen Unternehmers unterliegen. Ein lediglich persönliches Abhängigkeitsverhältnis ist nicht ausreichend. Der Unternehmer selbst ist zudem gegenüber seinem Unternehmen nicht weisungsgebunden, so dass für diesen das Kriterium nicht erfüllt ist. Insgesamt ist das Tatbestandsmerkmal erforderlich, um eine beschränkte Steuerpflicht des Unternehmers nach dem Sinn und Zweck rechtfertigen zu können und zugleich den Anwendungsbereich nicht auf jeden Geschäftspartner auszudehnen.

Bei Arbeitnehmern ist das Kriterium zweifelsfrei dem Grunde nach bereits erfüllt. Bei anderen Sachverhaltskonstellationen ist dies individuell zu prüfen. Ein wirksames Vertragsverhältnis ist nicht zwingend erforderlich. Vielmehr kommt es darauf an, dass sich der Wille des Unternehmers **tatsächlich** auf das Handeln des Vertreters auswirkt und der Vertreter für den Unternehmer tätig wird. Dies kann sich beispielsweise durch konkludentes Tun oder die bloße Billigung des Verhaltens – unabhängig davon, ob schriftlich, mündlich oder stillschweigend – ergeben. Die Möglichkeit zum Eingreifen hierzu ist ausreichend, das tatsächliche Eingreifen durch den Unternehmer ist hingegen nicht notwendig.

5.1.4. Nachhaltigkeit der Geschäftsbesorgung

Um den Anwendungsbereich einzuschränken, führt nicht jede Geschäftsbesorgung einer Person für ein Unternehmen zu einem ständigen Vertreter. Die Person muss die Tätigkeit für das Unternehmen auch nachhaltig ausüben. Nach der ständigen Rechtsprechung ist hierfür sowohl eine **Planmäßigkeit** als auch eine **Regelmäßigkeit** erforderlich. Die reine Widerholungsabsicht reicht – abweichend von der Nachhaltigkeitsdefinition im umsatzsteuerlichen Sinne – ebenso wie eine gelegentliche oder vorübergehende Tätigkeit allein nicht aus.

Um diese unbestimmten Begriffe der Planmäßigkeit und Regelmäßigkeit anwendbar zu machen, wird häufig auf die zeitliche Komponente der Tätigkeit abgestellt. Der BFH fordert eine Inlandspräsenz von einigem Gewicht, wobei dies gesetzlich nicht kodifiziert ist. Bei einem Aufenthalt von bis zu 14 Tagen pro Jahr liegt nach der Rechtsprechung keine Nachhaltigkeit vor. Nach der Literaturauffassung soll die kritische Zeitgrenze zwischen 60 und 183 Tagen liegen. Eine einfache Quantifizierung ist aber nicht ausreichend. Vielmehr muss für die Bestimmung der Regelmäßigkeit neben der Anzahl der Tage auch die Verteilung der Tage beachtet werden, d.h., das Risiko zum Vorliegen eines ständigen Vertreters ist höher, wenn eine Person fünf Tage je Monat (= 60 Tage) und nicht 60 Tage am Stück im Inland tätig ist. Als Anhaltspunkt könnte auch die österreichische Grenze zur Ermittlung einer Dauerhaftigkeit und Regelmäßigkeit in Bezug auf das Arbeiten im Homeoffice herangezogen werden. Eine Dauerhaftigkeit wird demnach verneint, sofern ein Mitarbeitender an weniger als 25% seiner Gesamtarbeitszeit im Homeoffice arbeitet. Bei einer Tätigkeit von über 50% soll dies hingegen als dauerhaft und regelmäßig zu werten sein.[1]

Zu beachten ist auf jeden Fall, dass zwischen Aufenthalts- und Arbeitstagen zu unterscheiden ist. So kann eine Person, die 30 Urlaubstage und alle Wochenenden in einem Land verbringt, sich dort an mehr als 130 Tagen aufhalten, ohne einen Tag dort tätig zu sein. In dem Fall besorgt er aber die Geschäfte nicht nachhaltig in diesem Land, selbst wenn er sich regelmäßig in diesem Land aufhält. Es ist daher jeweils eine Einzelfallprüfung geboten.

Bei einer Person (z.B. ein Arbeitnehmer), die allein betrachtet, mangels nachhaltiger Tätigkeit nicht als ständiger Vertreter zu qualifizieren ist, kann die Nachhaltigkeit nicht dadurch begründet werden, dass verschiedene Personen nacheinander im Inland tätig sind. Die Norm erfordert nämlich, dass „eine" Person die Geschäfte des Unternehmens besorgt. Es wird folglich hierbei nicht der gesamte Fußabdruck eines Unternehmens betrachtet (**keine kumulative Betrachtung**). Abweichend hiervon, liegt ein ständiger

1 Vgl. österreichisches BMF, Richtlinie v. 7.10.2021 - 2021-0.586.616 („Verrechnungspreisrichtlinien 2021"), BMF-AV Nr. 140/2021, Rz. 262.

Vertreter dennoch vor, wenn es verschiedene Arbeitnehmer einer juristischen Person sind und die juristische Person als ständiger Vertreter zu betrachten ist.

5.1.5. Regelbeispiele i. S. von § 13 Satz 2 AO

In dem Fall, dass eine Person nachhaltig Verträge abschließt oder vermittelt oder Aufträge einholt bzw. einen Bestand von Gütern oder Waren unterhält und davon Auslieferungen vornimmt, liegt nach § 13 Satz 2 AO ein ständiger Vertreter vor. In diesen Fällen sieht der Gesetzgeber die vorstehenden Tatbestandsmerkmale als erfüllt an. Die Auflistung ist aber nicht abschließend, da es nur Beispiele („insbesondere") sein sollen.

Die erste Alternative erfasst einerseits Personen, die mittels erteilter Vollmacht Verträge für ein Unternehmen abschließen, als auch Personen, die lediglich Verträge vermitteln oder Aufträge generieren. Nach Ansicht der Finanzverwaltung umfasst der Begriff des Abschlusses von Verträgen auch das Verhandeln von Verträgen, sofern diese in allen Einzelheiten verhandelt werden und der Unternehmer lediglich den unterschriftsreifen Vertrag unterzeichnen muss.

Bei der zweiten Alternative handelt es sich um Warenlager, über die das Unternehmen keine Verfügungsmacht hat – sonst wäre es wohl eine Betriebsstätte –, von denen Auslieferungen vorgenommen werden.

Weitere klassische Beispiele für einen ständigen Vertreter, die die Tatbestandsmerkmale regelmäßig erfüllen, aber nicht zugleich explizit genannt werden, sind darüber hinaus auch noch Kommissionäre, Makler, Handelsvertreter und Spediteure (siehe auch oben).

5.2. Abkommensrechtlicher Begriff des ständigen Vertreters – Dependent Agent

5.2.1. Ständige Vertreter im Abkommensrecht

Die äquivalente Regelung zum ständigen Vertreter findet sich in Art. 5 Abs. 5 OECD-MA 2017. Die Person wird hier als „**abhängige Person**" bezeichnet. Der abhängige Vertreter wird im Rahmen einer Fiktion (‚gilt') mit der Betriebsstätte gleichgestellt. Der ständige Vertreter im OECD-MA wird definiert als eine Person, die für ein Unternehmen tätig ist und in einem Vertragsstaat die Vollmacht besitzt, im Namen des Unternehmens Verträge abzuschließen, und die Vollmacht dort gewöhnlich ausübt, so wird das Unternehmen behandelt, als habe es in diesem Staat für alle von der Person für das Unternehmen ausgeübten Tätigkeiten eine Betriebsstätte, es sei denn, diese Tätigkeiten beschränken sich auf die in Abs. 4 genannten Tätigkeiten, die, würden sie durch eine feste

Geschäftseinrichtung ausgeübt, diese Einrichtung nach dem genannten Absatz nicht zu einer Betriebsstätte machten.

Die Regelung ist auf Tätigkeiten im Zusammenhang mit der Verhandlung oder dem Abschluss von Verträgen beschränkt. Der abkommensrechtliche Begriff des abhängigen Vertreters ist folglich im Vergleich zu der nationalen Regelung enger gefasst. Die Begriffe können daher nicht als synonym füreinander verwendet werden. Da ein abhängiger Vertreter als Betriebsstätte gilt, ergeben sich jeweils die gleichen Rechtsfolgen wie bei einer Betriebsstätte in Form einer festen Geschäftseinrichtung.

5.2.2. Vertragsverhandlungen vs. Vertragsabschluss

In vielen von Deutschland abgeschlossenen DBA wird ein Vertreter für das vertretene Unternehmen als Fiktion wie eine Betriebsstätte (‚gilt') behandelt, wenn die Person für das Unternehmen tätig ist und über die Vollmacht verfügt, im Namen des Unternehmens Verträge abzuschließen, und diese gewöhnlich ausübt. Entsprechend dem Wortlaut der Regelung ist der Anwendungsbereich auf den Abschluss von Verträgen im Namen des Unternehmens beschränkt, zugleich war hierfür eine Vollmacht erforderlich. Der Vertreter muss demnach Verträge für eine andere Person abschließen, so dass die andere Person in dem Land mittels einer Betriebsstätte steuerpflichtig wird.

Entgegen dem Wortlaut soll aber bereits seit dem Jahr 2003 die Regelung so ausgelegt werden, dass die Abschlussvollmacht im wirtschaftlichen Sinne auszulegen sei. Dies bedeutet, dass es ausreichend ist, wenn der Vertreter Verträge mit rechtsverbindlicher Wirkung für das Unternehmen abschließt, auch wenn diese Verträge tatsächlich nicht im Namen des Unternehmens abgeschlossen werden.

Im Rahmen des BEPS-Projekts wurde der Wortlaut der Regelung im OECD-MA erweitert, da diese künstlich umgangen werden konnte. In dem neuen Musterabkommen von 2017 werden die Voraussetzungen dahingehend ergänzt, dass auch Fälle erfasst werden, in denen eine Person gewöhnlich die **führende Rolle beim Abschluss von Verträgen** einnimmt, die regelmäßig ohne weitere wesentliche Änderungen durch das Unternehmen geschlossen werden. Dies wurde ebenfalls in den OECD-MK aufgenommen. Eine rechtliche faktische Abschlussvollmacht, wie beispielsweise bei Prokuristen, ist nicht mehr erforderlich. Damit werden etwa die Tätigkeiten von Maklern, Vermittlern oder Kommissionären in den Anwendungsbereich der Regelung eingeschlossen. Zu beachten ist, dass die Regelung sich bislang nur in sehr wenigen deutschen DBA wiederfindet (z. B. DBA Australien).

Es stellt sich in der Praxis aber häufig die Frage, ob nicht nur durch den Abschluss, sondern auch durch das Verhandeln von Verträgen eine Betriebsstätte im Sinne eines DBA begründet werden kann. Während es bei DBA, die bereits den neuen Wortlaut enthalten, zweifelsfrei ist, dass der erweiterte Anwendungsbereich zu berücksichtigen ist, ist es bei den älteren DBA umstritten, ob die Regelung entsprechend dem jeweils aktuellen OECD-MK auch über den Wortlaut der Norm hinaus interpretiert werden kann. Nach ständiger Rechtsprechung des BFH kann der OECD-MK als Auslegungshilfe grds. herangezogen werden, hierbei ist aber jeweils der Stand im Zeitpunkt des Abschlusses des DBA von Bedeutung, sog. statische Auslegung.[1] Das BMF hat kürzlich entgegen der Rechtsprechung des BFH festgehalten, dass jeweils die aktuelle Fassung des OECD-MK bei der Anwendung von Bedeutung sein soll, sog. dynamische Auslegung.[2]

In der Praxis sind aber nicht nur diese beiden Personen zu berücksichtigen, stattdessen sollte auch die Auffassung des anderen Staates berücksichtigt werden. Viele Staaten wenden die dynamische Auslegung an, so dass auch das Verhandeln von Verträgen kritisch ist und hierdurch eine Betriebsstätte begründet werden kann. Je nach Einzelfall kann eine Doppelbesteuerung drohen, sofern die beteiligten Länder unterschiedliche Auffassungen vertreten.

5.2.3. Gewöhnlichkeit

Während die Tätigkeiten beim ständigen Vertreter **nachhaltig** sein müssen, ist bei dem abkommensrechtlichen Begriff des abhängigen Vertreters von **Gewöhnlichkeit** die Rede. Zur Bestimmung, wann eine Gewöhnlichkeit vorliegt, ergeben sich die gleichen Fragen, wie beim ständigen Vertreter. Insofern sei auf die vorherigen Ausführungen verwiesen. Nach Ansicht des BFH ist zumindest eine Aufenthaltsdauer von 60 Tagen im Inland nicht ausreichend, damit das Kriterium der Gewöhnlichkeit erfüllt ist.

Bereits in Deutschland ist die Grenze umstritten, ab welchem Zeitpunkt eine Gewöhnlichkeit vorliegt. Auch der OECD-MK quantifiziert den Begriff nicht näher, es ist stattdessen von der Art der Verträge und dem Geschäft des Unternehmens abhängig. Zugleich ist aber auch fraglich, wie der andere Vertragsstaat die Gewöhnlichkeit auslegt. In der Praxis ist es durchaus bekannt, dass Verträge gewöhnlich verhandelt werden, wenn die Tätigkeit in zwei verschiedenen Monaten ausgeübt wird. Sofern das Tatbestandsmerkmal daher zweifelsfrei erfüllt oder nicht, sollte aus Sicht von allen beteiligten Ländern eine Einzelfallprüfung vorgenommen werden.

5.2.4. Selbständige Vertreter

Art. 5 Abs. 6 OECD-MA 2014 sieht wiederum eine Ausnahme von einem abhängigen Vertreter i. S. von Abs. 5 vor und verneint die Begründung einer Betriebsstätte, wenn die Person seine Geschäftstätigkeit durch einen Makler, Kommissionär oder einen anderen

1 So z. B. BFH, Urteil v. 11.07.2018 - I R 44/16, BStBl 2023 II S. 430.

2 BMF, Schreiben v. 19.4.2023, BStBl 2023 I S. 630.

unabhängigen Vertreter ausübt, sofern diese Personen im Rahmen ihrer ordentlichen Geschäftstätigkeit handeln. Dies wird damit begründet, dass eigenständige Unternehmen nicht zugleich eine Betriebsstätte eines anderen sein können.

Seit der Überarbeitung des OECD-MA und des OECD-MK im Jahr 2017 können nunmehr auch Kommissionäre und Makler eine Vertreterbetriebsstätte begründen. Diese Personen sind daher nicht mehr von dem Anwendungsbereich des Abs. 6 erfasst. Kein abhängiger Vertreter liegt seit der Modifizierung nunmehr vor, wenn eine Person ausschließlich oder nahezu ausschließlich für ein oder mehrere Unternehmen tätig ist, mit dem sie eng verbunden ist, d. h. bei einem Beteiligungsverhältnis von mehr als 50 % (Art. 5 Abs. 8 OECD-MA 2017).

5.2.5. Ausnahmetatbestände

Die Vertreterbetriebsstätte beschränkt sich auf das Verhandeln und den Abschluss von Verträgen. Allgemeine Geschäftsbesorgungen ohne Bezug zu Verträgen werden hingegen nicht erfasst. Darüber hinaus enthält Art. 5 Abs. 4 OECD-MA 2017 Ausnahmetatbestände, bei denen zwar die Voraussetzungen einer Betriebsstätte beispielweise in Form eines abhängigen Vertreters erfüllt sind, aber trotzdem keine Betriebsstätte angenommen wird. Dies umfasst Tätigkeiten vorbereitender Art und Hilfstätigkeiten, die Einlagerung, Ausstellung oder Auslieferung von Gütern und Waren.

Insbesondere die Frage, ob es sich um Tätigkeiten vorbereitender Art oder Hilfstätigkeiten handelt, ist einzelfallbezogen zu prüfen. Eine vorbereitende Tätigkeit liegt vor, wenn sie der Haupttätigkeit vorgelagert ist. Dies kann beispielsweise die Planung einer Baustelle sein, während die Überwachung der Errichtung bereits zur Haupttätigkeit zählt. Hilfstätigkeiten können zeitgleich oder auch nachgelagert sein und sind nicht auf Umsatz- oder Gewinnerzielung ausgerichtet. Dies können alle Tätigkeiten sein, die das Unternehmen auslagern kann (z. B. Buchführung). Die Abgrenzung der vorbereitenden und Hilfstätigkeiten von der Haupttätigkeit eines Unternehmens ist allerdings nicht immer eindeutig, da der Übergang teilweise fließend ist. So kann beispielsweise der Abschluss von Personalverträgen darunter subsumiert werden. Sollte die Gesellschaft in einem Konzern für sämtliche Personalverträge zuständig sein, könnte es sich unter Umständen um die Haupttätigkeit der Gesellschaft handeln.

Zu beachten ist zudem, dass eine Person, die Waren nachhaltig für eine andere Person unterhält, entsprechend den Regelbeispielen nach § 13 Satz 2 AO ein ständiger Vertreter für das andere Unternehmen ist. Das Unternehmen ist somit nach nationalem Recht beschränkt steuerpflichtig. Da die Person i. d. R. aber keine Verträge für eine andere Person verhandelt oder abschließt, liegt abkommensrechtlich zugleich kein abhängiger Vertreter i. S. von Abs. 5 OECD-MA 2017 vor. Auch eine feste Geschäftseinrichtung könnte zwar grds. in dem Fall vorliegen, aber Einrichtungen, die ausschließlich zur Lagerung, Ausstellung oder Auslieferung von Gütern oder Waren des Unternehmens benutzt werden, gelten entsprechend der Ausnahmetatbestände nicht als Betriebsstätte (Art. 5 Abs. 4 Buchst. a OECD-MA 2017). Hierbei wird angenommen, dass derartige Tätigkeiten vorbereitender Art oder eine Hilfstätigkeit darstellen. Abweichendes gilt daher, wenn das Warenlager für die Leistungserbringung einen zentralen Stellenwert hat.

5.3. Rechtsfolge

Mit der Bestellung eines ständigen Vertreters im Inland unterliegt das Unternehmen in Deutschland der beschränkten Einkommen- bzw. Körperschaftsteuer. Eine Gewerbesteuerpflicht besteht mangels Betriebsstätte i. S. von § 12 AO nicht. Nach § 138 Abs. 4 AO hat in dem Fall das Unternehmen aber eine Pflicht zur Registrierung in Deutschland. Zudem ist jährlich eine Steuererklärung gem. § 31 Abs. 1 KStG i. V. mit § 25 Abs. 1 EStG einzureichen. In der Praxis wird häufig verkannt, dass diese Verpflichtung auch besteht, auch wenn Deutschland nach einem DBA kein Besteuerungsrecht hat. Die Melde- und Registrierungsverpflichtung gilt ungeachtet der Regelungen eines DBA.

Das Unternehmen ist nach § 38 Abs. 1. Nr. 1 EStG außerdem dazu verpflichtet, Lohnsteuer in Deutschland einzubehalten und abzuführen. Subventionen hingegen kann das Unternehmen i. d. R. nicht erhalten, da hierfür i. d. R. eine Betriebsstätte i. S. von § 12 AO erforderlich ist.

5.4. Beispielsfälle

5.4.1. Kommissionär

Kommissionär ist in § 383 Abs. 1 HGB als eine Person legal definiert, die es gewerbsmäßig übernimmt, Waren oder Wertpapiere für Rechnung eines anderen (des Kommittenten) in eigenem Namen zu kaufen oder zu verkaufen. Kraft Gesetzes besorgt der Kommissionär demnach die Geschäfte des Unternehmens in dessen Namen und muss diesem gegenüber Rechenschaft ablegen. Ferner ist der Kommissionär gegenüber dem Unternehmen weisungsgebunden (§ 284 Abs. 1 und 2 HGB). Wenn der Kommissionär nachhaltig für ein Unternehmen tätig ist, ist dieser entsprechend den Regelbeispielen zutreffend ein ständiger Vertreter i. S. von § 13 AO für den Kommittenten.

Wenn ein Kommissionär in Deutschland für ein ausländisches Unternehmen tätig ist, kommt es in der Praxis auf die Umstände des Einzelfalls an:

a) Unternehmen ist in einem Land ansässig, mit dem kein DBA abgeschlossen wurde (z. B. Brasilien)

Das ausländische Unternehmen mit einem ständigen Vertreter in Deutschland erzielt nach § 49 Abs. 1 Nr. 2 Buchst. a EStG inländische Einkünfte und ist daher mit diesen

Einkünften in Deutschland beschränkt steuerpflichtig. Wenn der Kommissionär im Rahmen seiner eigenen Geschäftstätigkeit agiert, werden die Einkünfte des ausländischen Unternehmens aufgrund einer Billigkeitsmaßnahme nicht in Deutschland der Steuer unterworfen, R 49.1 Abs. 1 Satz 2 EStR. Dies wird damit begründet, dass der inländische Kommissionär und das ausländische Unternehmen als fremde Dritte die durch den Kommissionär erbrachten Leistungen fremdvergleichskonform vergüten und demnach selbst bei Begründung einer beschränkten Steuerpflicht ein Betriebsstättengewinn i. H. von 0 € resultieren würde.

b) Unternehmen ist in einem Land ansässig, mit dem ein DBA nach dem OECD-MA 2014 besteht

Ist das Unternehmen in einem Land ansässig, mit dem Deutschland ein DBA auf Grundlage eines OECD-MA vor 2017 abgeschlossen hat, hat das ausländische Unternehmen in Deutschland für Zwecke des DBA insoweit keine Betriebsstätte. Nach deutschem Verständnis ist bereits die Definition eines abhängigen Vertreters i. S. von Art. 5 Abs. 5 OECD-MA 2014 nicht erfüllt, da der Kommissionär die Verträge in eigenem Namen – und nicht wie erforderlich im Namen eines anderen – abschließt.

Nach angloamerikanischem Verständnis können die Voraussetzungen aber grds. vorliegen. Klarstellend sieht das Abkommen vor, dass, wenn die Person ein unabhängiger Vertreter nach Art. 5 Abs. 6 OECD-MA 2014 ist, keine Betriebsstätte vorliegt. Kommissionär wird dort explizit als Beispiel für einen unabhängigen Vertreter genannt, so dass durch die Tätigkeit eines Kommissionärs das ausländische Unternehmen keine Betriebsstätte im anderen Land begründet, solange der Kommissionär dies innerhalb seiner eigenen Geschäftstätigkeit macht. Die Begründung hierfür entspricht der oben genannten.

c) Unternehmen ist in einem Land ansässig, mit dem ein DBA nach dem OECD-MA 2017 besteht

Die Regelungen nach dem OECD-MA 2014 wurden von Konzernen durch die sog. Kommissionärmodelle dadurch „ausgenutzt", dass rechtlich selbständige Tochtergesellschaften als Kommissionäre im eigenen Namen, aber auf Rechnung anderer Konzerngesellschaften die Güter und Waren des Konzerns vertrieben. Das Funktions- und Risikoprofil der Kommissionärsvergütung erforderte eine geringere Vergütung, wodurch die Steuerbelastung vermindert werden konnte. Der Anwendungsbereich von Art. 5 Abs. 5 OECD-MA 2017 wurde daher dahingehend erweitert, dass nicht mehr nur der Abschluss von Verträgen im Namen eines anderen Unternehmens erforderlich ist und stattdessen auch Kommissionäre von der Regelung grds. erfasst werden, sofern diese kein unabhängiger Vertreter sind.

Der Kommissionär als exemplarisches Beispiel für einen unabhängigen Vertreter wurde in der Neuregelung gestrichen, so dass es auf die allgemeinen Tatbestandsmerkmale ankommt. Es ist demnach entscheidend, ob die Person seine Tätigkeit als unabhängiger Vertreter ausübt und im Rahmen dieser ordentlichen Geschäftstätigkeit für das Unternehmen handelt. Um Konzerngestaltungen zu verhindern, darf der Kommissionär nicht ausschließlich oder fast ausschließlich für ein Unternehmen tätig sein, mit dem der Kommissionär eng verbunden ist. Diese Rückausnahme führt dazu, dass wiederum eine Betriebsstätte vorliegt.

In der Praxis begründet der Kommissionär in den meisten Fällen daher im Ergebnis auch nach der aktuellen Regelung des OECD-MA weiterhin keine Betriebsstätte in Deutschland. In Konzernkonstellationen muss hingegen das anwendbare Abkommen berücksichtigt werden.

5.4.2. Verpachtung eines Hotelbetriebs[1]

Eine natürliche Person war zivilrechtlicher und wirtschaftlicher Eigentümer eines Hotels und hat den Hotelbetrieb geleitet. Die Hotelbetreiberin verzieht ins Ausland und verpachtet das Hotel und der Pächter führt den Hotelbetrieb fort. Es wurde seitens der Verpächterin keine Betriebsaufgabe erklärt.

Grundsätzlich erzielt die Verpächterin nach dem Wegzug und der Verpachtung des Hotels einschließlich dem Betrieb des Hotels Einkünfte aus Vermietung und Verpachtung, da die Verpächterin über keine Betriebsstätte in der Form einer festen Geschäftseinrichtung i.S.von § 12 AO verfügt. Da Deutschland nach der Auswanderung kein Besteuerungsrecht an der Veräußerung des Verpachteten Betriebsvermögens hat, liegt eine Betriebsaufgabe i.S.von § 16 Abs. 3 EStG vor, so dass die bis dahin entstandenen stillen Reserven zu versteuern sind.

Abweichend hiervon liegt im Zeitpunkt des Wegzugs keine Exit-Besteuerung vor, wenn die Verpächterin keine Betriebsaufgabe erklärt hat und der Pächter als ständiger Vertreter der Verpächterin zu qualifizieren ist. In dem vorliegenden Urteil des BFH hat der Pächter die Pflichten der Verpächterin dahingehend wahrgenommen, dass dieser die wirtschaftlichen Interessen des Verpächters hinsichtlich der Erhaltung, Erneuerung oder der Erweiterung der Betriebseinrichtungen übernommen hat. Der Pächter hat nicht nur die notwendige Reparaturarbeiten einschließlich der Handwerker vorgeschlagen, sondern diese auch für die Verpächterin überwacht und teilweise auch bezahlt. Er hat daher die Geschäfte der Verpächterin besorgt. In dem Fall wurde die Weisungsgebundenheit damit begründet, dass die Verpächterin sich die letzte Entscheidung hinsichtlich der auszuführenden Arbeiten und der zu beauftragenden Handwerker vor-

1 In Anlehnung an BFH, Urteil v. 12.4.1978 - I R 136/77, BStBl 1978 II S. 494.

behielt. Nach Ansicht des BFH ist der Pächter in dem Fall als ständiger Vertreter der Verpächterin zu qualifizieren. Da die Pächterin keine Betriebsaufgabe erklärt hatte, war sie mit ihren Einkünften aus Gewerbebetrieb in Deutschland beschränkt steuerpflichtig. Infolgedessen war der Gewinn aus der Veräußerung des Betriebsvermögens erst im Zeitpunkt der Veräußerung bzw. der Aufgabe des Betriebs steuerpflichtig.

Der Pächter eines Grundstücks ist aber nicht immer als ständiger Vertreter eines Verpächters zu qualifizieren; es ist jeweils im Einzelfall zu prüfen, ob er insbesondere die Geschäfte des Verpächters führt und diesem gegenüber weisungsgebunden ist. Zur Vermeidung der Begründung einer beschränkten Steuerpflicht durch einen ständigen Vertreter sollte sichergestellt werden, dass die Pflichten des Pächters auf die gesetzlich erforderlichen Pflichten beschränkt werden. Darüberhinausgehende Tätigkeiten sollten durch die Verpächter beauftragt und kontrolliert werden.

5.4.3. Regelung in Zeiten von New Work

5.4.3.1. Homeoffice-Tätigkeit von Arbeitnehmern

Zur neuen Normalität ist es spätestens seit der Corona-Pandemie geworden, dass die Angestellten eines Unternehmens nicht mehr zwingend im Büro arbeiten. Unternehmen erlauben immer häufiger auch das temporäre Arbeiten im Ausland oder stellen aufgrund des Fachkräftemangels direkt Arbeitnehmer im Ausland ein. In der Praxis beschränkt sich die Prüfung zur Begründung einer Betriebsstätte auf die „klassische" Betriebsstätte in der Form einer festen Geschäftseinrichtung i.S.von § 12 AO. Nach nationalem Verständnis liegt mangels Verfügungsmacht über das Homeoffice regelmäßig keine Betriebsstätte vor, wobei i.d.R. im Ausland eine extensivere Auslegung Anwendung findet und durchaus je nach Ausgestaltung des Einzelfalls und des Ziellands eine Betriebsstätte in der Form einer festen Geschäftseinrichtung vorliegen kann. Hingegen wird in der Praxis häufig verkannt, dass der Mitarbeitende als ständiger Vertreter qualifiziert werden kann.

Ein Angestellter, der dauerhaft im Homeoffice in Deutschland für seinen Arbeitgeber tätig ist, besorgt hier nachhaltig die Geschäfte des Unternehmens und ist dabei dem Unternehmen gegenüber weisungsgebunden. Die Tatbestandsvoraussetzungen eines ständigen Vertreters sind in dem Fall regelmäßig erfüllt. Auch wenn nach nationalem Recht dadurch ein ständiger Vertreter im Inland bestellt ist, ist – sofern vorhanden – das deutsche Besteuerungsrecht nach einem DBA in der Regel ausgeschlossen, solange die Person keine Verträge regelmäßig verhandelt oder unterzeichnet. In Anbetracht der Compliance Anforderungen (Registrierungspflicht etc.) sieht man, dass die Regelung nicht mehr zeitkonform ist. Es sollte im nationalen Recht zusätzlich vorausgesetzt werden, dass sich die Tätigkeit des Arbeitnehmers im Inland auf die Volkswirtschaft im Inland auswirken muss.

Im umgekehrten Fall, d.h., ein deutsches Unternehmen erlaubt die Tätigkeit im Ausland, ist es daher jeweils ratsam, dass die Mitarbeitenden im Ausland keine Verträge verhandeln oder abschließen und ferner nicht für Kunden im Heimatland arbeiten dürfen.

5.4.3.2. Employer of records

Eine weitere Variante der neuen Arbeitsmodelle, die in den letzten Jahren in der Praxis von Bedeutung gewonnen hat, ist das sog. „Employer of Records". Hier wird Personal von einem Employer of Records (EOR), d.h. einem Unternehmen im Ansässigkeitsland der Arbeitnehmer, eingestellt. Der EOR ist für sämtliche administrativen Aufgaben, wie Lohnbuchhaltung, Abführung der Sozialversicherungsbeiträge etc. zuständig. Die Arbeitnehmer haben ausschließlich mit dem EOR Arbeitsverträge abgeschlossen. Ein im Ausland ansässiges Unternehmen beauftragt anschließend den EOR mit der Erbringung bestimmter Leistungen unter Einbeziehung des beim EOR angestellten Personals.

Das beim EOR angestellte Personal unterliegt dabei typischerweise den Sachanweisungen des im Ausland ansässigen Unternehmens. Da die Tätigkeit dauerhaft und somit nachhaltig in Deutschland ausgeübt wird, sind alle Tatbestandsmerkmale eines ständigen Vertreters erfüllt. Das ausländische Unternehmen ist folglich in Deutschland beschränkt steuerpflichtig und es sind die oben genannten rechtlichen Folgen einschließlich der Registrierungspflicht zu beachten.

Fraglich ist jedoch in diesem Fall, ob der EOR oder das dort angestellte Personal als abhängiger Vertreter i.S.d. Art. 5 Abs. 5 OECD-MA gelten kann. Hierfür muss der EOR oder das dort angestellte Personal eine Abschlussvollmacht für das ausländische Unternehmen besitzen und diese gewöhnlich im Inland ausüben bzw. im Inland die wesentliche Rolle beim Abschluss von Verträgen des ausländischen Unternehmens spielen. Außerdem muss eine Abhängigkeit i.S.d. Art. 5 Abs. 8 OECD-MA 2017 vorliegen.

Mangelt es jedoch entweder an der Abschlussvollmacht oder der Ausübung der wesentlichen Rolle beim Vertragsabschlüssen oder liegt keine Abhängigkeit des EOR bzw. des dort angestellten Personals i.S.d. Art. 5 Abs. 8 OECD-MA vor, dann hätte Deutschland trotz beschränkter Steuerpflicht nach nationalem Recht aufgrund der abkommensrechtlichen Beschränkungen kein Besteuerungsrecht.

Allerdings ist zu beachten, dass die (arbeits-)rechtliche Zulässigkeit der EOR Modelle in der Praxis umstritten ist. Auch lohnsteuer- und sozialversicherungsrechtliche Einbehaltungspflichten können je nach Umständen des Einzelfalls bei dem Unternehmen, für das die Person tätig ist, und nicht bei dem EOR liegen.

6. Bau- und Montagebetriebsstätten

von Susann van der Ham[1]

LITERATUR:

Brüninghaus/van der Ham in Vögele/Borstell/van der Ham, Verrechnungspreise, 6. Aufl. 2024; S. 1533; *BMF*, Verwaltungsgrundsätze Betriebsstättengewinnaufteilung, BMF-Schreiben v. 22.12.2016, BStBl 2017 I S. 182; *Hummer/Hintz*, Steuerliche Abwicklung einer Bau- und Montagebetriebsstätte in Österreich, IWB 5/2021 S. 182; *Mateev*, Mehrwertsteuerliche Fallstricke bei grenzüberschreitenden Projekten im Anlagenbau – Teil 1, IWB 15/2022 S. 603; *öMBF*, Verrechnungspreisrichtlinie 2021, öBMF, Richtlinie v. 7.10.2021 - 2021-0.586.616, BMF-AV Nr. 140/2021; *Rehfeldt* in GKGK, DBA, Art. 5 OECD-MA; *Ritz/Koran*, BAO, 7. Aufl. 2021; *Sennewald* in Oestreicher/Schnitger/Wellens, Gewinnabgrenzung nach dem AOA, 2020, S. 383; *van der Ham* in GKGK, DBA, Art. 7 OECD-MA.

6.1. Standardfall (Fallbeispiel 1)

6.1.1. Darstellung des Sachverhalts

Das in Deutschland ansässige Bauunternehmen Silberbach GmbH wird am 2.1.01 von einem österreichischen Unternehmen beauftragt, eine Lagerhalle auf dem Werksgelände in Salzburg zu errichten. Bei dem Projekt handelt es sich um ein sogenanntes EPC-Projekt[2], d.h. einer im internationalen Bauwesen üblichen Form der Projektabwicklung. Wie bei einem EPC-Projekt üblich, tritt der deutsche Auftraggeber dabei als Generalunternehmer auf und verpflichtet sich, dem österreichischen Auftraggeber die Lagerhalle schlüsselfertig (Turnkey) zu übergeben. Es wurde hierfür ein Festpreis vereinbart. Weiterhin sind Konventionalstrafen für den Fall vorgesehen, dass die Lagerhalle nicht bis zum geplanten Fertigstellungsdatum übergeben werden kann.

Die Silberbach GmbH erbringt laut Vertrag alle notwendigen Leistungen für die Errichtung der Lagerhalle. Dies beinhaltet insbesondere die gesamte Ingenieurleistung, die Produktion der vorgefertigten Bauteile für die Lagerhalle, die Beschaffung sonstiger Baumaterialien sowie die Auswahl und die Beauftragung eventueller Subunternehmer für bestimmte Teilleistungen. Hinzu kommen die Vertragsverhandlungen mit dem Auftraggeber, die juristische Umsetzung des Bauauftrags und die kaufmännische Überwachung des Bauprojekts. Sämtliche vorgenannten Tätigkeiten werden primär in Deutschland ausgeführt.

1 Susann van der Ham, Diplom-Kauffrau und Steuerberaterin, ist Partnerin Tax Transfer Pricing bei PwC in Düsseldorf.

2 EPC steht für Engineering, Procurement and Construction bzw. für Detail-Planung und Kontrolle, Beschaffungswesen, Ausführung der Bau- und Montagearbeiten.

Außerdem übernimmt die Silberbach GmbH die technische Bauüberwachung, die Montage der Bauteile und die schlüsselfertige Inbetriebnahme der Lagerhalle. Diese Tätigkeiten erfolgen primär vor Ort auf der Baustelle in Österreich.

Laut Vertrag soll die Baumaßnahme acht Monate andauern. Die ersten Arbeitnehmer des deutschen Unternehmens treffen am 1.5.01 am Ort der Leistungserbringung ein und errichten ein Planungsbüro. Aufgrund schlechten Wetters und aufgrund von Lieferschwierigkeiten bzgl. bestimmter Baumaterialien muss die Baumaßnahme vom 1.10.01 bis zum 1.3.02 unterbrochen werden. Während der weiteren Bauausführung kommt es am 1.6.02 zu einer weiteren Unterbrechung von sechs Wochen und Mehrkosten, da das Personal vor Ort die falschen Baustoffe bestellt hatte. Am 1.9.02 kommt es wiederum zu einer Unterbrechung von sechs Wochen und Mehrkosten aufgrund eines Konstruktionsfehlers, der aber schnell behoben werden konnte. Die Baumaßnahme wird am 31.12.02 beendet. Noch am selben Tag reisen alle Arbeitnehmer zurück nach Deutschland. Der ursprünglich geplante Abnahmetermin am 12.1.03 wurde jedoch vom Auftraggeber abgesagt, weil es Uneinigkeit zur Beschaffenheit der Außenanlage gab. Die finale Abnahme des Werks erfolgte dann am 28.2.03.

Vor Ankunft der Arbeitnehmer wurden technische Geräte wie Bagger, Betonmischer und weitere Geräte nach Österreich geliefert. Weiterhin wurde ein Lkw nach Österreich geliefert, der allerdings regelmäßig aufgrund der hohen Beanspruchung zurück nach Deutschland verbracht und ausgetauscht wird. Die restlichen Geräte verbleiben während der Bauzeit in Österreich. Das Personal ist dazu verpflichtet, die Geräte ordnungsgemäß zu warten und etwaiges neues Personal mit den Geräten vertraut zu machen. Ein kleiner Kran wird vom Personal auf der Baustelle direkt in Österreich beschafft.

Für die Baumaßnahmen fallen übliche Kosten für Personal, Material, Wartung, Reise und Vertrieb an. Zudem sind für den Bauauftrag Kosten für Akquise anzusetzen. Das Personal vor Ort ist dafür verantwortlich, die Baumaßnahme sachgemäß durchzuführen. Zudem haben die Mitarbeiter vor Ort dafür Sorge zu tragen, dass bei Personalausfall Ersatz beschafft wird.

Die Silberbach GmbH geht keinen weiteren wirtschaftlichen Betätigungen in Österreich nach. Weder unterhält das Unternehmen hier eine Zweigniederlassung noch hat es in der Vergangenheit hier eine Betriebsstätte begründet.

6.1.2. Vorliegen einer Betriebsstätte

6.1.2.1. Perspektive des Betriebsstättenstaates: Österreich

In einem ersten Schritt ist nun zu prüfen, ob und inwieweit die Silberbach GmbH in Österreich eine Betriebsstätte begründet und damit gem. § 21 österreichischen Körperschaftssteuergesetz (öKStG) i.V. mit § 98 des österreichischen Einkommensteuergesetz (öEStG) in Österreich beschränkt steuerpflichtig wird.

Dies richtet sich zunächst nach den nationalen steuerlichen Vorschriften in Österreich. Maßgeblich ist hierbei § 29 Bundesabgabenordnung (BAO), nach dem eine Betriebsstätte wie folgt definiert ist:

„(1) Betriebsstätte im Sinn der Abgabenvorschriften ist jede feste örtliche Anlage oder Einrichtung, die der Ausübung eines Betriebes oder wirtschaftlichen Geschäftsbetriebs (§ 31) dient.

(2) Als Betriebsstätten gelten insbesondere

a) *die Stätte, an der sich die Geschäftsleitung befindet;*
b) *Zweigniederlassungen, Fabrikationsstätten, Warenlager, Ein- und Verkaufsstellen, Landungsbrücken (Anlegestellen von Schifffahrtgesellschaften), Geschäftsstellen und sonstige Geschäftseinrichtungen, die dem Unternehmer oder seinem ständigen Vertreter zur Ausübung des Betriebes dienen;*
c) *Bauausführungen, deren Dauer sechs Monate überstiegen hat oder voraussichtlich übersteigen wird."*[1]

Zu den gesetzlichen Regelungen in § 29 Abs. 2 Buchst. c BAO zur Betriebsstättenbegründung einer Bauausführung lässt sich Folgendes festhalten:

- Zunächst ist der Begriff der Bauausführung recht weit gefasst und erfasst damit einen breiten Tätigkeitskatalog, der von Hochbau über Tiefbau, Straßen- und Brückenbau bis hin zu Rückbau reicht.[2]
- Die hier genannte Sechsmonatsfrist entspricht der deutschen Regelung in § 12 Nr. 8 AO.
- Abweichend von den deutschen Regelungen begründet eine Bauausführung nach österreichischem Recht auch dann eine Betriebsstätte, wenn diese **voraussichtlich** mehr als sechs Monate dauern wird. Das heißt, nicht nur die tatsächliche Dauer der Bauausführung ist relevant, sondern die geplante Dauer der Bauausführung muss für die Beurteilung des Vorliegens einer Betriebsstätte nach nationalem österreichischen Recht betrachtet werden.
- Außerdem ist nach österreichischem Recht auf die einzelne Bauausführung abzustellen. Ein Zusammenrechnen unterschiedlicher Bauausführungen und Montagen, wie sie in § 12 Nr. 8 AO vorgesehen ist, ist nach österreichischem Recht nicht durchzuführen.

---

1 Vgl BGBl I Nr. 818/1993.
2 Vgl. Ritz/Koran, BAO, 7. Aufl. 2021, § 29 Rz. 9 ff.

Für die Berechnung der Frist ist der Fristbeginn, eine mögliche Hemmung der Frist und das Fristende entscheidend. Da die Baumaßnahme im vorliegenden Fall von vorherein auf acht Monate ausgelegt war, dürfte die Dauer für die Begründung einer Betriebsstätte nach nationalem Recht in Österreich wohl erfüllt sein. Dies gilt selbst dann, wenn die Arbeiten zwischendurch pausieren würden.[1]

6.1.2.2. Doppelbesteuerungsrecht

Ob und inwieweit Österreich allerdings von seinem Besteuerungsrecht Gebrauch machen kann, richtet sich nach dem DBA zwischen Deutschland und Österreich (DBA Österreich)[2]. Der Betriebsstättenbegriff ist in Art. 5 DBA Österreich definiert und regelt in Abs. 3, dass eine in einem Vertragsstaat ansässige Person mit einer Bau- und Montagetätigkeit im anderen Vertragsstaat eine Betriebsstätte begründet, sofern hierbei eine Dauer von zwölf Monaten überschritten wird.

Gemäß OECD-MK 2017[3] beginnt die Frist, sobald der Auftragnehmer auf der Baustelle tätig wird. Das inkludiert auch vorbereitende Tätigkeiten, z. B. wenn ein Bau-Container bzw. ein Planungsbüro errichtet wird. Bei einem EPC-Projekt, d. h., wenn der Generalunternehmen wie im vorliegenden Fall umfassende Projektverantwortung übernimmt, werden auch die Anwesenheitszeiten von beauftragten Subunternehmens in die Fristberechnung einbezogen. Das Fristende tritt üblicherweise dann ein, wenn die Arbeiten permanent beendet worden sind.[4] Dies ist i. d. R. der Fall, wenn das Werk vom Kunden abgenommen wurde.

Temporäre Unterbrechungen sollen den Fristablauf gemäß OECD-MK[5] grds. nicht hemmen. Das betrifft insbesondere saisonale Unterbrechungen bzw. Unterbrechungen aufgrund der Wetterlage.

Für die Frage der Fristberechnung ist allerdings die nationale Interpretation des DBA Österreich relevant. Nach österreichischem Recht ist § 108 Abs. 2 BAO für die Berechnung der Frist maßgeblich.[6] Im Hinblick auf die Berücksichtigung eventueller Unterbrechungen ist im vorliegenden Fall außerdem die deutsch-österreichische Verständigung vom 7.9.1991 zu prüfen, in der vereinbart wurde, dass bei der Arbeitsvergabe in Baulosen

1 Vgl. Ritz/Koran, BAO, 7. Aufl. 2021, § 29 Rz. 12.

2 Vgl. Gesetz zu dem Abkommen vom 24.8.2000 zwischen der Bundesrepublik Deutschland und der Republik Österreich zur Vermeidung der Doppelbesteuerung auf dem Gebiet der Steuern vom Einkommen und vom Vermögen, BGBl 2002 II S. 735.

3 OECD-MK 2017, Art. 5 Ziff. 54.

4 Vgl. OECD-MK, Art. 5 Ziff. 55.

5 OECD-MK, Art. 5 Ziff. 55.

6 Vgl Bendlinger, Die Betriebsstätte in der Praxis des internationalen Steuerrechts, S. 164 ff.; vgl. EAS 2832 v. 19.2.2007.

nur die tatsächlichen Arbeitszeiten vor Ort zu berücksichtigen sind. Dies kommt einer Hemmung der Frist gleich.[1]

Aus deutscher Sicht ist die BFH-Rechtsprechung zu beachten. Der BFH hat in seinem Urteil vom 21.4.1999[2] im Hinblick auf den Fristbeginn von Montagearbeiten entschieden, dass diese nicht schon mit der Anlieferung der zu montierenden Gegenstände am vorgesehenen Montageort, sondern erst mit dem Eintreffen der ersten Person, die vom Montageunternehmen mit den vorzunehmenden Montagearbeiten betraut worden ist, beginnt. Im Hinblick auf mögliche Unterbrechungen kommt der BFH im gleichen Urteil zu dem Ergebnis, dass im Betriebsablauf bedingte Unterbrechungen, z. B. aufgrund von Trocknungsfristen, Streiks oder Materialmangels, den Fristablauf nicht hemmen. Nicht im Betriebsablauf bedingte Unterbrechungen sollen allerdings den Fristablauf hemmen, wenn sie länger als 14 Tage dauern und das Personal tatsächlich von der Baustelle abgezogen wird. Verweigert beispielsweise der Besteller einer Anlage die Abnahme, wird die Frist gehemmt, wenn die Unterbrechung nicht kurzfristig ist und die Arbeiter abgezogen werden.[3] Dies entspricht auch der Sichtweise der deutschen Finanzverwaltung, wonach kurzfristige Arbeitsunterbrechungen den Fristablauf nicht hemmen.[4]

6.1.2.3. Lösungshinweise

Im vorliegenden Sachverhalt lässt sich der Fristbeginn am 1.5.01 feststellen, da zu diesem Zeitpunkt erste Mitarbeiter der Silberbach GmbH an der Baustelle ihre Tätigkeiten aufnehmen. Am 28.2.03 wurde das Projekt vom Auftraggeber abgenommen und die Bauausführungen damit abgeschlossen. Insgesamt liegen zwischen Projektbeginn und Projektende 22 Monate. Allerdings kam es zwischendurch zu zahlreichen Unterbrechungen, so dass nun zu untersuchen ist, ob und inwieweit der Fristablauf hierdurch gehemmt wurde. Die folgende Tabelle soll einen Überblick hierrüber geben:

Unterbrechung	**Fristhemmung eingetreten?**
1.10.01 bis 1.3.02 Dauer: 6 Monate	Gründe: Lieferschwierigkeiten, Wetter keine Fristhemmung, da im Betriebsablauf bedingt
1.6.02 bis 15.7.02 Dauer: 6 Wochen	Gründe: Lieferschwierigkeiten, Wetter keine Fristhemmung, da im Betriebsablauf bedingt
1.9.02 bis 15.10.02 Dauer: 6 Wochen	Gründe: Lieferschwierigkeiten, Wetter keine Fristhemmung, da im Betriebsablauf bedingt

1 Vgl. Bendlinger/Remberg/Kuckhoff, SWI 6/2002 S. 265.

2 Vgl. BFH, Urteil v. 21.4.1999 - I R 99/97, BStBl 1999 II S. 694.

3 Vgl. BFH, Urteil v. 21.4.1999 - I R 99/97, BStBl 1999 II S. 694; vgl. Rehfeld in GKGK, DBA, Art. 5 OECD-MA Rz. 146.

4 Vgl. BMF, Schreiben v. 22.12.2016, BStBl 2017 I S. 182, Tz. 4.3.1 (Betriebsstätten-Verwaltungsgrundsätze).

1.1.03 bis 12.1.03 (geplante Abnahme) Dauer: < 14 Tage	Gründe: Geplante Dauer zwischen Abreise des Personals und Abnahme keine Fristhemmung, da zwar nicht im Betriebsablauf bedingt, aber nur kurzfristig
13.1.03 bis 28.2.03 (finale Abnahme) Dauer: ca. 6 Wochen	Gründe: Verweigerte Abnahme Fristhemmung, da nicht im Betriebsablauf bedingt und nicht nur kurzfristig, Personal abgezogen

Hieraus ergibt sich die für die Betriebsstättenbegründung maßgebliche Dauer der Tätigkeit vor Ort von 20 Monaten und zwölf Tagen (1.5.01 bis 12.1.03). Die Silberbach GmbH begründet somit eine Bau- und Montagebetriebsstätte in Österreich.

6.1.3. Betriebsstättengewinnaufteilung

6.1.3.1. Nationales Recht: Österreich

In einem nächsten Schritt muss nun ermittelt werden, in welchem Umfang die Silberbach GmbH in Österreich beschränkt steuerpflichtig wird. Gemäß § 98 öEStG ist sie mit den Einkünften steuerpflichtig, die einer in Österreich befindlichen Betriebsstätte zuzurechnen sind.

6.1.3.2. Doppelbesteuerungsrecht

Gemäß Art. 7 Abs. 1 DBA Österreich dürfen nur die Gewinne der Silberbach GmbH in Österreich besteuert werden, die der österreichischen Betriebsstätte der GmbH zuzurechnen sind. In Art. 7 Abs. 2 DBA Österreich wird außerdem geregelt, dass einer in Österreich belegenen Betriebsstätte die Gewinne zugerechnet werden, die sie hätte erzielen können, wenn sie eine gleiche oder ähnliche Tätigkeit unter gleichen oder ähnlichen Bedingungen als selbständiges Unternehmen ausgeübt hätte und im Verkehr mit dem Unternehmen, dessen Betriebsstätte sie ist, völlig unabhängig gewesen wäre. Bei der Ermittlung der Gewinne der Betriebsstätte werden die für diese Betriebsstätte entstandenen Aufwendungen, einschließlich der Geschäftsführungs- und allgemeinen Verwaltungskosten, zum Abzug zugelassen, gleichgültig ob sie in dem Staat, in dem die Betriebsstätte liegt, oder anderswo entstanden sind (Art. 7 Abs. 3 DBA Österreich).

Das DBA Österreich entspricht damit der Fassung des OECD-MA vor 2010. Mit dem OECD-Betriebsstättenbericht vom 22.7.2010 wurde jedoch ein OECD-Projekt abgeschlossen, im Rahmen dessen die OECD-Betriebsstättengewinnabgrenzungsgrundsätze vollständig überarbeitet worden sind. Im Ergebnis wurden unterschiedliche, bis dahin mögliche Gewinnabgrenzungsmethoden durch den sog. Authorised OECD Approach (AOA) abgelöst. Dieser sieht nun vor, dass die unselbständige Betriebsstätte eines Unternehmens in einem anderen Vertragsstaat für Zwecke der Gewinnabgrenzung wie ein fiktiv selbständiges Unternehmen zu betrachten ist. Für die Ermittlung der zuzurechnenden Gewinne ist somit die Selbständigkeit der Betriebsstätte zu unterstellen und für sog. anzunehmende schuldrechtliche Beziehungen (Dealings) zwischen Stammhaus und Betriebsstätte ist der Fremdvergleichsgrundsatz anzuwenden. Dieser besagt, dass die Bedingungen für diese Dealings, insbesondere die Preise, so anzusetzen sind, wie sie von unabhängigen Dritten unter gleichen oder ähnlichen Umständen vereinbart worden wären. Der AOA wurden mit einer Neufassung des Art. 7 erstmals in das OECD-MA 2010 aufgenommen.

Da jedoch das DBA Österreich wie fast alle anderen DBA, die Österreich abgeschlossen hat, einen Art. 7 noch in der Fassung vor 2010 enthält, ist der AOA aus österreichischer Sicht nur insoweit auf die Betriebsstättengewinnabgrenzung zwischen einem deutschen Stammhaus und seiner österreichischen Betriebsstätte anzuwenden, als dass er vom Wortlaut des Art. 7 Abs. 2 DBA Österreich gedeckt ist. Insofern spricht die österreichische Finanzverwaltung vom „AOA light“.[1]

Dies bedeutet im Grunde, dass die österreichische Finanzverwaltung die Selbständigkeitsfiktion der Betriebsstätte für Zwecke der Gewinnabgrenzung stützt, jedoch bzgl. der Anerkennung bestimmter Innentransaktionen eine Grenze zieht.[2]

6.1.3.3. Gewinnaufteilung bei Bauausführungen und Montagen

6.1.3.3.1. Regelungen in Österreich

Gemäß öVPR 2021 (Rz. 358) sind die Gewinne bei Bau- und Montageleistungen zwischen Stammhaus und Betriebsstätte so aufzuteilen, dass die Betriebsstätte erhält, was ein fremder selbständiger Unternehmer für die Ausführung der Bau- oder Montageleistung unter gleichen oder ähnlichen Bedingungen erhalten hätte. Dabei wird die Fiktion, beim Stammhaus handle es sich um den General- und bei der Betriebsstätte um einen fiktiven Subunternehmer, als „brauchbarer Ansatz“ für den Fremdvergleich bezeichnet.[3]

Sofern es sich bei den Tätigkeiten der Betriebsstätte um solche mit Routinecharakter handelt, wird die Kostenaufschlagsmethode als angemessen angesehen, wobei dabei ein Bruttogewinnaufschlag auf die direkten und indirekten Herstellungskosten festzusetzen ist.[4]

1 Vgl. öMBF, Richtlinie v. 7.10.2021 - 2021-0.586.616, BMF-AV Nr. 140/2021, Rz. 9 ff., 279 ff. (Verrechnungspreisrichtlinie 2021).

2 Vgl. öMBF, Richtlinie v. 7.10.2021 - 2021-0.586.616, BMF-AV Nr. 140/2021, Rz. 280 f.

3 Vgl. öMBF, Richtlinie v. 7.10.2021 - 2021-0.586.616, BMF-AV Nr. 140/2021, Rz. 358.

4 Vgl. öMBF, Richtlinie v. 7.10.2021 - 2021-0.586.616, BMF-AV Nr. 140/2021, Rz. 359.

Handelt es sich bei den Interaktionen mit der Betriebsstätte jedoch um komplexe Leistungsbeziehungen, kann eine Zuordnung des Auftragsergebnisses entsprechend den Tätigkeiten, Funktionen und der Risikoverteilung zwischen Stammhaus und Bau- oder Montagebetriebsstätte in einem kombinierten direkten/indirekten Verfahren (Kostenschlüsselmethode) sachgerechter als die Kostenaufschlagsmethode sein.[1]

Bei der Zuordnung von Wirtschaftsgütern, insbesondere Baugeräten, geht die österreichische Finanzverwaltung darüber hinaus davon aus, dass diese nicht der Betriebsstätte zuzuordnen sind. Das gilt auch dann, wenn die Dauer der Überlassung nicht nur vorübergehend ist (d. h., einen zwölf Monatszeitraum übersteigt).[2]

Außerdem sind die Aufwendungen für durch das Stammhaus beauftragte Subunternehmer regelmäßig dem Stammhaus zuzurechnen, auch wenn deren Tätigkeit teilweise im Betriebsstättenstaat erfolgen.[3]

Etwaige Verluste, die sich im Zusammenhang mit der Bauausführung ergeben, sind dort zuzurechnen, wo die verantwortliche Risikokontrollfunktion zu verorten ist. Sollte der Verlust durch Personalfunktionen im Stammhaus verursacht worden sein, dann ist der Routine-Betriebsstätte, die ihre Leistungen erwartungsgemäß erbracht hat, ein Gewinn zuzurechnen, selbst dann, wenn das Gesamtunternehmen mit dem Projekt einen Verlust erzielt.[4]

6.1.3.3.2. Regelungen in Deutschland

In Deutschland richten sich die Gewinnzuordnungsregelungen nach § 1 Abs. 5 AStG. Hiernach ist die ausländische Betriebsstätte eines deutschen Unternehmens für Zwecke der Gewinnaufteilung wie ein eigenständiges und unabhängiges Unternehmen zu behandeln. Die Grenzen dieser Selbständigkeitsfiktionen sollen erreicht sein, wenn die Zugehörigkeit der Betriebsstätte zum Unternehmen eine andere Behandlung erfordert.

Um die Betriebsstätte wie ein eigenständiges und unabhängiges Unternehmen zu behandeln, ist eine zweistufige Vorgehensweise vorgesehen. In einem ersten Schritt sind zunächst die Personalfunktionen des Unternehmens, die Vermögenswerte, die Chancen und Risiken sowie das Dotationskapitel den Unternehmensteilen zuzuordnen. Außerdem sind die anzunehmenden schuldrechtlichen Beziehungen (Dealings) zwischen den Unternehmensteilen zu bestimmen. In einem zweiten Schritt sollen dann für diese Dealings angemessene, fiktive Verrechnungspreise bestimmt werden.

1 Vgl. öMBF, Richtlinie v. 7.10.2021 - 2021-0.586.616, BMF-AV Nr. 140/2021, Rz. 360.
2 Vgl. öMBF, Richtlinie v. 7.10.2021 - 2021-0.586.616, BMF-AV Nr. 140/2021, Rz. 326.
3 Vgl. öMBF, Richtlinie v. 7.10.2021 - 2021-0.586.616, BMF-AV Nr. 140/2021, Rz. 363.
4 Vgl. öMBF, Richtlinie v. 7.10.2021 - 2021-0.586.616, BMF-AV Nr. 140/2021, Rz. 370 f.

Grundsätzlich gelten für Bau- und Montagetätigkeiten die allgemeinen Zuordnungsregelungen gem. §§ 1–17 BsGaV. Daneben sind jedoch in den §§ 30 und 31 BsGaV besondere Regelungen vorgesehen, die im Folgenden kurz beleuchtet werden sollen:

- **Zuordnung von materiellen Wirtschaftsgütern (§ 31 Abs. 1–3 BsGaV)**: Wenn ein Bauunternehmen einen Auftrag verwirklicht, sind dazu meist technische Geräte nötig, wie etwa ein Bagger oder andere Baumaschinen, die der Bauausführung im anderen Vertragsstaat dienen. Grundsätzlich bildet die Nutzung als maßgebliche Personalfunktion die Grundlage für die Zuordnung dieser materiellen Wirtschaftsgüter. Bei Bau- und Montagebetriebsstätten müssen jedoch neben der Nutzung noch weitere, wesentliche Personalfunktionen von der Betriebsstätte ausgeübt werden, um eine Zuordnung der materiellen Wirtschaftsgüter zur Betriebsstätte vornehmen zu können. Diese mit dem Bagger oder anderen Baumaschinen zusammenhängenden Personalfunktionen können sich z. B. auf die Anschaffung, Herstellung, Veräußerung oder Verwertung des Wirtschaftsguts beziehen. Zudem sollen diese von der ausländischen Betriebsstätte ausgeübten Personalfunktionen die restlichen, vom übrigen Unternehmen ausgeübten Personalfunktionen qualitativ eindeutig überwiegen. Hiervon ist auszugehen, wenn ausschließlich das Personal der ausländischen Betriebsstätte über den Verbleib, die Nutzung, die Wartung und die Einführung des Personals in Bezug auf das jeweilige Gerät entscheidet. Die Zuordnung zum übrigen Unternehmen hat indes dann zu erfolgen, wenn ebenjene Personalfunktionen nicht von der ausländischen Betriebsstätte übernommen werden, sondern diese beim übrigen Unternehmen verbleiben. Das Gerät gilt dann als vom übrigen Unternehmen der ausländischen Betriebsstätte beigestellt.[1]
- **Zuordnung der Verträge (§ 31 Abs. 4 BsGaV)**: Grundsätzlich ist ein Bau- oder Montagevertrag dem übrigen Unternehmen zuzuordnen. Dies gilt nur dann nicht, wenn die Personalfunktionen der Betriebsstätte maßgeblich beim Zustandekommen des Vertrags involviert waren und somit im Vergleich zur Personalfunktion des übrigen Unternehmens wesentlicheren Einfluss auf den Vertragsabschluss hatten. Außerdem sind Situationen vorstellbar, in denen fremde Dritte eine (entgeltliche) Übernahme des Bauvertrags vereinbart hätten, weil beispielsweise der ursprüngliche Vertragspartner funktional gar nicht in der Lage ist, den Bauauftrag verantwortlich abzuwickeln.

Im Standardfall ist von einer fiktiven Dienstleistung der Betriebsstätte gegenüber dem Stammhaus auszugehen, die im Regelfall mit einer kostenorientierten Verrechnungspreismethode zu vergüten ist (§ 32 BsGaV). Dabei sind insbesondere alle erforderlichen

1 Vgl. BMF, Schreiben v. 22.12.2016, BStBl 2017 I S. 182, Rz. 351 i. V. mit § 31 Abs. 2 BsGaV.

Personalkosten, die unmittelbar durch die Erbringung von Personalfunktionen in der Bau- und Montagebetriebsstätte verursacht sind, in der Kostenbasis zu berücksichtigen.

Fraglich ist hierbei, inwieweit neben den Personalkosten auch weitere Kosten, z. B. Kosten für die Beauftragung von Subunternehmern vor Ort oder Materialkosten in die Kostenbasis einzubeziehen sind. Für die Zuordnung dieser Geschäftsvorfälle sind die allgemeinen Zuordnungsregelungen heranzuziehen. Für die Zuordnung von Subunternehmerleistungen und Materialeinkäufen sind gem. § 9 Abs. 1 BsGaV die Personalfunktionen maßgeblich, die für das Zustandekommen der Geschäftsvorfälle verantwortlich sind. Da i. d. R. Subunternehmer und Materiallieferungen von den Personalfunktionen des Stammhauses beauftragt werden, sind entsprechende Aufwendungen i. d. R. dem Stammhaus zuzuordnen. Eine Ausnahme hiervon gilt nur dann, wenn die Personalfunktionen in der Betriebsstätte bzgl. dieser Geschäftsvorfälle eine bedeutendere Rolle spielen. Dies kann z. B. der Fall sein, wenn die Risikosteuerung (z. B. die Abnahme von Subunternehmerleistungen) ausschließlich vor Ort auf der Baustelle erfolgt.

In besonderen Fällen kann gem. § 33 BsGaV abweichend von der Kostenaufschlagsmethode eine Gewinnaufteilungsmethode angewendet werden. Die Voraussetzung hierfür ist allerdings, dass die Personalfunktionen der Betriebsstätte nicht nur Routinecharakter haben oder der Betriebsstätte einzigartige immaterielle Werte zuzurechnen sind.

6.1.3.3.3. Vergleich der Regelungen

Grundsätzlich lässt sich ein gewisser Gleichklang zwischen den österreichischen und den deutschen Regelungen zur Gewinnabgrenzung für Bau- und Montagebetriebsstätten feststellen. Beide unterstellen (eine zumindest eingeschränkte) Selbständigkeit der Betriebsstätte für Zwecke der Gewinnabgrenzung. Außerdem ist in beiden Staaten im Regelfall eine kostenorientierte Verrechnungspreismethode vorgesehen, wenn die Betriebsstätte nur Routinetätigkeiten ausübt.

Eine abweichende Auslegung könnte es im Einzelfall bzgl. der genauen Bestimmung der einzubeziehenden Kostenbasis und bei der Ermittlung des Gewinnaufschlags geben. Während nach dem öVPR 2021 alle direkten und indirekten Herstellkosten in die Kostenbasis einzubeziehen sind, können aus deutscher Sicht Materialkosten nur dann in die Kostenbasis einbezogen werden, wenn diese auch von den Personalfunktionen der Betriebsstätte beschafft werden.

Außerdem stellt Österreich offenbar auf einen Teilkostenansatz ab, da z. B. Verwaltungs- und Vertriebskosten nicht in der Kostenbasis erfasst werden. Sodann soll ein Bruttogewinnaufschlag zur Anwendung kommen, mit dem ebenjene Kosten zzgl. eines angemessenen Nettogewinns vergütet werden sollen. Hierbei handelt es sich um die klassische Anwendung der Kostenaufschlagsmethode.

In Deutschland hingegen wird typischerweise auf die Vollkosten abgestellt. Hierauf wird eine Nettogewinnaufschlag angewendet. Dabei handelt es sich um die Anwendung der transaktionenbezogenen Nettomargenmethode mit einer kostenorientierten Gewinnkennziffer.

Für die Praxis lässt sich daher festhalten, dass der Umfang der Gewinne, die der Betriebsstätte nach Art. 7 Abs. 2 DBA Österreich zuzurechnen sind, im Einzelfall aus Sicht der beteiligten Staaten durchaus unterschiedlich gestalten kann.

6.1.3.4. Umgang mit möglichen Besteuerungskonflikten

Die österreichische Finanzverwaltung erkennt an, dass andere Staaten, insbesondere Deutschland, den AOA in nationales Recht umgesetzt haben und diesen Grundsatz für Gewinnabgrenzungszwecke auch dann anwenden, wenn dies vom gültigen DBA nicht (vollumfänglich) gedeckt ist. Dadurch entstehende Besteuerungskonflikte sind auf Antrag im Wege eines Verständigungsverfahrens zu lösen.[1]

Die deutsche Finanzverwaltung geht in den Fällen, in denen ein DBA mit einem OECD-Mitgliedsstaat besteht, davon aus, dass der andere Staat den AOA vollumfänglich anwendet, und zwar unabhängig davon, ob das DBA dem Art. 7 OECD MA i. d. F. vor oder nach 2010 entspricht.[2] Legt der andere Vertragsstaat sein Besteuerungsrecht nach dem gültigen Abkommen aus und handelt es sich um ein Abkommen mit einem Art. 7 i. d. F. vor 2010, kann eine Doppelbesteuerung nicht ausgeschlossen werden. In diesem Fall regelt § 1 Abs. 5 Satz 8 AStG den Vorrang des Abkommens, sofern der Steuerpflichtige nachweist, dass die Umsetzung des AOAs in Deutschland zu einer Doppelbesteuerung führen würde. Allerdings schließt die deutsche Finanzverwaltung in den Fällen, in dem das DBA mit einem OECD-Mitgliedsstaat geschlossen wurde, die Anwendung der Öffnungsklausel des § 1 Abs. 5 Satz 8 AStG i. d. R. aus und sieht für mögliche Besteuerungskonflikte ausschließlich den Weg des Verständigungsverfahrens vor.[3] Diese Sichtweise der deutschen Finanzverwaltung ist allerdings unschlüssig und daher kritisch zu sehen.

6.1.4. Lösungshinweise

Für Zwecke der Gewinnaufteilung ist im vorliegenden Fall zunächst die Zuordnung der Personalfunktionen, der Vermögenswerte sowie der Chancen und Risiken und das Dotationskapital zu bestimmen:

---

1 Vgl. öMBF, Richtlinie v. 7.10.2021 - 2021-0.586.616, BMF-AV Nr. 140/2021, Rz. 282.

2 Vgl. BMF, Schreiben v. 22.12.2016, BStBl 2017 I S. 182, Rz. 427.

3 Vgl. BMF, Schreiben v. 22.12.2016, BStBl 2017 I S. 182, Rz. 428.

- **Zuordnung der Personalfunktionen:** Gemäß § 2 Abs. 3 BsGaV handelt es sich bei einer Personalfunktion um eine Geschäftstätigkeit, die von eigenem Personal des Unternehmens ausgeübt wird. Der Betriebsstätte sind gem. § 4 Abs. 1 BsGaV ausschließlich die Personalfunktionen zuzuordnen, die vor Ort ausgeübt werden, d. h. die technische Bauüberwachung, die Montage der Bauteile und die schlüsselfertige Inbetriebnahme der Lagerhalle. Personal des Stammhauses, welches sich zeitweise auf der Baustelle aufhält, ist im Regelfall nicht der Betriebsstätte zuzuordnen (§ 4 Abs. 1 Satz 2, Abs. 2 BsGaV).
- **Zuordnung von materiellen Wirtschaftsgütern:** Laut Sachverhalt werden diverse technischen Geräte wie Bagger, Betonmischer und andere Geräte nach Österreich geliefert und auf der Baustelle genutzt. Dies inkludiert auch einen Lkw, der regelmäßig aufgrund der hohen Beanspruchung zurück nach Deutschland verbracht und ausgetauscht wird. Außerdem wird ein kleiner Kran vom Personal der Baustelle direkt in Österreich beschafft. Da die Personalfunktionen der Anschaffung sämtlicher Geräte mit Ausnahme des kleinen Krans im Stammhaus erfolgen, sind die Geräte gem. § 31 Abs. 1 BsGaV nicht der Betriebsstätte zuzuordnen. Daran ändert auch die Tatsache nichts, dass das Personal vor Ort dazu verpflichtet ist, die Geräte ordnungsgemäß zu warten und etwaiges neues Personal mit den Geräten vertraut zu machen. Denn diese Aufgaben überwiegen nicht in ihrer Bedeutung gegenüber den im Stammhaus ausgeübten Personalfunktionen. Auch die österreichischen Richtlinien gehen nicht von einer Zuordnung der Geräte zur Betriebsstätte aus.[1] Anders ist das für den vom Personal auf der Baustelle direkt in Österreich beschafften kleinen Kran zu sehen. Dieser ist der Betriebsstätte zuzuordnen.
- **Zuordnung des Bauauftrags:** Der Bauauftrag ist gem. § 31 Abs. 4 BsGaV dem Stammhaus zuzuordnen. Auch die österreichischen Verrechnungspreisrichtlinien sehen hierfür keine abweichenden Regelungen vor.
- **Zuordnung von Subunternehmern und Materialeinkäufen:** Sachverhaltsgemäß ist das Personal der Betriebsstätte nicht in die Auswahl der Subunternehmer eingebunden. Daher sind entsprechende Verträge und die damit zusammenhängenden Kosten nicht der Betriebsstätte zuzuordnen. Hinsichtlich der Baumaterialien werden diese sachverhaltsgemäß zwar auch vom Stammhaus beschafft (Auswahl, Preisverhandlung etc.), allerdings ist das Personal der Betriebsstätte für die fortlaufende Bestellung des Materials verantwortlich. Allerdings dürfte die laufende Bestellung gegenüber der Beschaffungsfunktion des Stammhauses nicht von größerer Bedeutung sein. Daher ist im vorliegenden Fall auch keine Zuordnung von Materialkosten zur Betriebsstätte vorzunehmen.

1 Vgl. öMBF, Richtlinie v. 7.10.2021 - 2021-0.586.616, BMF-AV Nr. 140/2021, Rz. 326.

- **Zuordnung der Chancen und Risiken:** Die Tätigkeiten der Personalfunktionen vor Ort sind im Wesentlichen auf bauausführende Tätigkeiten beschränkt. Mit Ausnahme des kleinen Krans sind keine materiellen Wirtschaftsgüter der Betriebsstätte zuzuordnen. Der Bauauftrag wird ebenfalls nicht der Betriebsstätte zugeordnet. Da Chancen und Risiken gem. § 10 Abs. 1 BsGaV, die im unmittelbaren Zusammenhang mit einem zugeordneten Vermögenswert oder einem zugeordneten Geschäftsvorfall im Zusammenhang stehen, analog zuzuordnen sind, verfügt die Betriebsstätte im vorliegenden Fall nur über begrenzte Chancen und Risiken. Allerdings muss die Betriebsstätte gem. § 10 Abs. 2 BsGaV die Chancen und Risiken tragen, die mit den Personalfunktionen der Betriebsstätte im Zusammenhang stehen. Im vorliegenden Fall entstehen Mehrkosten aufgrund einer fehlerhaften Bestellung von Baumaterial durch Personalfunktionen der Betriebsstätte. Diese Mehrkosten sind von der Betriebsstätte zu tragen.

- **Bestimmung des Dotationskapitals:** Für Bestimmung des Dotationskapitals einer österreichischen Betriebsstätte eines deutschen Unternehmens ist gem. § 13 BsGaV die Mindestkapitalausstattungsmethode anzuwenden. Diese führt im Regelfall zu einer Zuordnung eines Dotationskapitals in Höhe von null.

- **Zuordnung übriger Passiva und von Finanzierungsaufwendungen:** Gemäß § 14 BsGaV sind abschließend übrige Passiva in einem zweistufigen Verfahren zuzuordnen. In einem ersten Schritt sind Passivposten, die mit den Vermögenswerten der Betriebsstätte in unmittelbarem Zusammenhang stehen, der Betriebsstätte zuzuordnen (§ 14 Abs. 1 und 2 BsGaV). Da der Betriebsstätte im vorliegenden Fall nur ein kleiner Kran zugeordnet wurde und dieser nicht fremdfinanziert ist, können keine Passivposten direkt zugeordnet werden. Anschließend erfolgt die indirekte Zuordnung, insoweit als ein Fehlbetrag an Passivposten verbleibt (§ 14 Abs. 3 BsGaV). Hängen mit diesen Passivposten Finanzierungsaufwendungen zusammen, sind diese gem. § 15 Abs. 1 BsGaV ebenso der Betriebsstätte zuzuordnen. Aus österreichischer Sicht sind jedoch Finanzierungsaufwendungen und -erträge regelmäßig dem Stammhaus zuzuordnen.[1]

Nachdem die Zuordnungsübung abgeschlossen ist, sind in einem nächsten Schritt gem. § 1 Abs. 5 Satz 4 AStG i.V. mit §§ 32 und 33 BsGaV die anzunehmende schuldrechtliche Beziehung zwischen Stammhaus und Betriebsstätte zu bestimmen und angemessene Verrechnungspreise hierfür zu ermitteln. Im vorliegenden Fall handelt es sich bei der Tätigkeit der Betriebsstätte um bauausführende Aktivitäten mit Routinecharakter. Dies hat zur Folge, dass die anzunehmende schuldrechtliche Beziehung zwischen Stammhaus und Betriebsstätte gem. § 32 BsGaV als Dienstleistung anzusehen ist, die mithilfe

1 Vgl. öMBF, Richtlinie v. 7.10.2021 - 2021-0.586.616, BMF-AV Nr. 140/2021, Rz. 365.

einer kostenorientierten Verrechnungspreismethode zu vergüten ist. Auch aus österreichischer Sicht ergibt sich für das vorliegende Dealing keine andere Einschätzung.[1]

Aus deutscher Sicht umfasst die Kostenbasis typischerweise alle operativen Kosten, d.h. direkte und indirekte Herstellungskosten zzgl. anteilige Vertriebs- und Verwaltungskosten, sofern sie der Betriebsstätte zuzurechnen sind. Aus der obigen Zuordnungsübung ergibt sich, dass der Kostenbasis die Personalvollkosten des Betriebsstättenpersonals sowie sämtliche Aufwendungen bzgl. des kleinen Krans der Betriebsstätte zugerechnet werden können. Vertriebs- und Verwaltungskosten können der Betriebsstätte mangels Zuordnungsvorschrift nicht zugeordnet werden. Eventuelle, zugeordnete Finanzierungsaufwendungen können i.d.R. im Rahmen einer kostenorientierten Verrechnungspreisemethode nicht berücksichtigt werden. Aufwendungen im Zusammenhang mit Subunternehmern und Baumaterialien sind der Betriebsstätte im vorliegenden Fall auch nicht zuzuordnen. Mehrkosten aufgrund der fehlerhaften Bestellung sind von der Betriebsstätte zu tragen und gehören daher ebenfalls nicht in die Kostenbasis. Zur so ermittelten Volkostenbasis ist eine angemessener Routinegewinnaufschlag anzusetzen.

Aus österreichischer Sicht umfasst die Kostenbasis alle direkten und indirekten Herstellungskosten. Da im vorliegenden Fall aus deutscher Perspektive keine Vertriebs- und Verwaltungskosten zugeordnet werden und Finanzierungsaufwendungen nicht in die Kostenbasis hineingehören, dürfte sich die angemessene Kostenbasis aus österreichischer Perspektive und aus deutscher Perspektive allenfalls geringfügig unterscheiden. Auch Brutto- und Nettogewinnaufschlag dürften zu ähnlichen Ergebnissen führen, wenn keine Vertriebs- und Verwaltungskosten zugeordnet werden.

Sofern die österreichische Finanzverwaltung der Zuordnung von Aufwendungen im Zusammenhang mit Subunternehmern und Baumaterial zum Stammhaus folgt, führt die Gewinnallokation nach deutschen und österreichischen Regeln zum gleichen Ergebnis. Für diese Auslegung spricht insbesondere die öVPR 2021 (Rz. 636). Sollte die österreichische Finanzverwaltung allerdings eine anteilige oder vollständige Zuordnung entsprechender Aufwendungen zur Betriebsstätte für angemessen halten, dann dürfte die Gewinnallokation aus deutscher und österreichischer Sicht zu unterschiedlichen Ergebnissen führen. In diesem Fall kann eine Doppelbesteuerung nicht ausgeschlossen werden und wäre vermutlich nur über ein Verständigungsverfahren zu lösen.

1 Vgl. öMBF, Richtlinie v. 7.10.2021 - 2021-0.586.616, BMF-AV Nr. 140/2021, Rz. 358.

6.2. Sonderfall (Fallbeispiel 2)

6.2.1. Darstellung des Sachverhalts

Die in Deutschland ansässige Schachtbau GmbH ist auf die Errichtung von Schachtanlagen im Kohlebergbau spezialisiert. Bisher war die GmbH ausschließlich im In- und Ausland im Auftrag von Bergbauunternehmen tätig, die den Abbau von Steinkohle in großer Tiefe betrieben haben. Wesentlicher Wettbewerbsvorteil der Schachtbau GmbH ist zum einen das technische Know-how im Bau entsprechender Schachtanlagen und langjährige Erfahrung im Montanwesen. Zum anderen ist die Schachtbau GmbH in der Bergbauindustrie recht gut vernetzt und verfügt somit über einen guten Kontakt zu entsprechenden Kunden.

Bereits seit einigen Jahren versucht die Schachtbau GmbH ihr Geschäft zu diversifizieren und in andere Märkte/Bereiche vorzudringen. Bisher waren entsprechende Aktivitäten noch nicht von Erfolg gekrönt gewesen. Im Jahr 01 gelingt ein erster Erfolg. Die Schachtbau GmbH wird von dem Bergbauunternehmen Kaliplus im Land A mit der Errichtung einer Schachtanalyse beauftragt. Dieser Auftrag stellt aus verschiedenen Gründen ein besonderes Projekt für die Schachtbau GmbH dar. Zum einen ist die Kaliplus ausschließlich auf den Abbau von Kalisalz in großer Tiefe spezialisiert. Zum anderen verfügt die Kaliplus über Abbaurechte in einer problematischen Klimazone mit Dauerfrostböden und extremen Wetterbedingungen, wo u.a. besondere Spezifikationen der Schachtanlagen notwendig werden. Das Projekt ist auf fünf Jahre angelegt.

Um den Auftrag erfüllen zu können, heuert die Schachtbau GmbH vor Ort in Land A zahlreiche Maschinenbau- und Bergbauingenieure sowie andere Spezialisten an, die zum einen die notwendigen technischen Spezifikationen der Schachtanlagen entwickeln sollen. Zum anderen sollen diese Spezialisten vor Ort eng mit dem Kunden zusammenarbeiten, um jederzeit besondere Kundenwünsche entgegennehmen und technisch und kaufmännisch bewerten zu können. Daneben werden vor Ort auch technische und kaufmännische Experten tätig, die Teile des Risikomanagements für die Geschäftsbeziehung mit dem Kunden und für diverse vor Ort befindliche Anlagen übernehmen.

Im Stammhaus werden das sog. Basis-Engineering durchgeführt und die vorgefertigten Bauteile der Anlage produziert. Gemeinsam mit dem Personal der Betriebsstätte wird die Beschaffung sonstiger Baumaterialien sowie die Auswahl und die Beauftragung eventueller Subunternehmer für bestimmte Teilleistungen vorgenommen. Weitere Tätigkeiten des Stammhauses umfassen die initiale Vertragsverhandlung mit dem Auftraggeber, die juristische Umsetzung des Bauauftrags und die (gemeinsame) kaufmännische Überwachung des Bauprojekts.

Das Personal der Betriebsstätte übernimmt federführend das Detail-Engineering (insbesondere die Entwicklung der besonderen Maschinenspezifikationen), wirkt maßgeblich bei der Beschaffung sonstiger Baumaterialien und bei der Auswahl und der Beauftragung eventueller Subunternehmer mit. Weitere Tätigkeiten der Betriebsstätte sind die technische Bauüberwachung, die Montage der Bauteile und die schlüsselfertige Inbetriebnahme der Anlage. Hinzu kommen weitere Vertragsverhandlungen mit dem Kunden im Laufe des Projekts, die (gemeinsame) kaufmännische Überwachung des Projekts und das Risikomanagement vor Ort. Sämtliche Aktivitäten werden in einem vor Ort temporär aufgestellten Planungsbüro erbracht.

Aus Vereinfachungsgründen soll angenommen werden, dass Deutschland mit dem Land A ein DBA abgeschlossen hat, welches dem OECD-MA 2017 entspricht. Weiterhin soll angenommen werden, dass die Tätigkeit der Schachtbau GmbH im Land A eine Bau- und Montagebetriebsstätte begründet und das Land A die Gewinnaufteilungsgrundsätze analog zu den deutschen Vorschriften anwendet.

6.2.2. Betriebsstättengewinnabgrenzung

Für die Betriebsstättengewinnabgrenzung ist Art. 7 Abs. 2 OECD-MA heranzuziehen (AOA). Danach ist die Betriebsstätte für Zwecke der Gewinnabgrenzung wie ein fiktiv selbständiges Unternehmen zu betrachten. Dabei ist der Betriebsstätte der Gewinn zuzurechnen, den sie unter gleichen oder ähnlichen Bedingungen verdienen würde, wenn sie ein unabhängiges Unternehmen wäre, welches mit dem Stammhaus in entsprechenden Leistungsbeziehungen stehen würde (Fremdvergleichsgrundsatz).

In Deutschland wurde der AOA in § 1 Abs. 5 AStG umgesetzt. Die Betriebsstättengewinnaufteilungsverordnung (BsGaV) sieht weitere Einzelheiten zur Anwendung des Fremdvergleichsgrundsatzes vor. Gemäß § 30 BsGaV gelten für die Gewinnabgrenzung im Zusammenhang mit Bau- und Montagebetriebsstätten die allgemeinen Vorschriften in den §§ 1–17 BsGaV entsprechend, soweit in §§ 30–34 BsGaV hierzu keine abweichenden Regelungen getroffen worden sind. Aus Vereinfachungsgründen sei hier angenommen, dass Land A die Gewinnaufteilungsvorschriften analog zu den deutschen Vorschriften anwendet.

In einem ersten Schritt sind daher zunächst Personalfunktion, Vermögenswerte sowie Chancen und Risiken zuzuordnen und das Dotationskapitel zu ermitteln. Für die Zuordnung von materiellen Wirtschaftsgütern sowie für die Zuordnung des Bau- und Montageauftrags sieht § 31 BsGaV besondere Zuordnungsregelungen vor:

- **Zuordnung materieller Wirtschaftsgüter:** Grundsätzlich ist gem. § 5 BsGaV die Personalfunktion der Nutzung des materiellen Wirtschaftsguts für die Zuordnung maßgeblich. In einer Bau- und Montagebetriebsstätte kann eine Zuordnung zur Betriebsstätte bei einem dort genutzten materiellen Wirtschaftsgut jedoch nur dann erfolgen, wenn zusätzlich auch Personalfunktionen ausgeübt werden, die im

Zusammenhang mit der Anschaffung, der Herstellung, der Veräußerung oder der Verwertung des materiellen Wirtschaftsguts stehen (§ 31 Abs. 1 BsGaV). Außerdem muss die Bedeutung dieser anderen Personalfunktion der Betriebsstätte gegenüber den Personalfunktionen des Stammhauses überwiegen.

- **Zuordnung immaterieller Wirtschaftsgüter:** Für die Zuordnung immaterieller Wirtschaftsgüter bei Bau- und Montagebetriebsstätten gelten die allgemeinen Regelungen. Hiernach sind die Personalfunktionen der Anschaffung bzw. der Schaffung für die Zuordnung der immateriellen Wirtschaftsgüter maßgeblich (§ 6 BsGaV).
- **Zuordnung des Bau- und Montageauftrags:** Grundsätzlich sieht § 31 Abs. 4 BsGaV vor, dass der Bau- und Montageauftrag dem Stammhaus zuzuordnen ist. Dies ist auch denklogisch, da die Gewinnung des Auftrags typischerweise der Begründung der Bau- und Montagebetriebsstätte zeitlich vorgelagert ist. Allerdings kommt eine Zuordnungsänderung in Betracht, falls den in der Betriebsstätte ausgeübten Personalfunktionen im Zusammenhang mit dem Vertrag eindeutig die größte Bedeutung zukommt.
- **Zuordnung von sonstigen Geschäftsvorfällen:** Für die Zuordnung sonstiger Geschäftsvorfälle (z. B. Subunternehmer oder Materiallieferungen) gelten die allgemeinen Grundsätze des § 9 BsGaV, d. h., diese sind i. d. R. dort zuzuordnen, wo die Personalfunktionen verortet sind, die für das Zustandekommen der Geschäftsvorfälle verantwortlich sind.

Für alle übrigen Zuordnungsfragen gelten die allgemeinen Grundsätze. Insoweit wird auf die anderen Kapitel dieses Buches verwiesen.

Im nächsten Schritt ist die anzunehmende schuldrechtliche Beziehung zwischen Stammhaus und Betriebsstätte zu identifizieren und eine im Lichte des Fremdvergleichsgrundsatzes angemessene Vergütung festzulegen. Hierfür werden grds. zwei unterschiedliche Arten von Geschäftsbeziehungen unterschieden:

- **Standardfall gem. § 32 BsGaV:** Hier agiert die Bau- und Montagebetriebsstätte als Dienstleister für das Stammhaus. Die Vergütung ist im Regelfall über eine kostenorientierte Verrechnungspreismethode zu bestimmen (vgl. hierzu van der Ham in Kapitel 5.1.).
- **Sonderfall gem. § 33 BsGaV:** In diesem Fall agiert die Bau- und Montagebetriebsstätte nicht als Dienstleister für das Stammhaus, sondern als Co-Entrepreneur. Die Vergütung ist in diesem Fall nach einer Gewinnaufteilungsmethode festzulegen (§ 33 Abs. 1 BsGaV).

Für eine Gewinnaufteilung in besonderen Fällen müssen verschiedene Voraussetzungen vorliegen. Hierfür müssen die Personalfunktionen der Betriebsstätte entweder wesentliche unternehmerische Funktionen ausüben (§ 33 Abs. 1 Nr. 1 BsGaV) und die hiermit zusammenhängenden Risiken kontrollieren, oder einzigartige immaterielle Werte entwickelt oder erworben haben (§ 33 Abs. 1 Nr. 2 BsGaV).

Die Verrechnungspreisemethode, die in besonderen Fällen zur Anwendung kommt, ist die Gewinnaufteilungsmethode, wobei abweichend von den allgemeinen Verrechnungspreisrichtlinien keine geschäftsvorfallbezogene Vorgehensweise erforderlich ist. Abweichend hiervon wird im Zusammenhang mit der Gewinnaufteilung bei Bau- und Montagebetriebsstätten in besonderen Fällen davon ausgegangen, dass die vielfältige Interaktion zwischen Stammhaus und Betriebsstätte zu einem einzigen Geschäftsvorfall zusammengefasst werden kann. Hierfür spricht insbesondere, dass in § 33 Abs. 1 BsGaV nur von einer schuldrechtlichen Beziehung (Einzahl) gesprochen wird.

Bei der Anwendung der Gewinnaufteilungsmethode ist ein angemessener Aufteilungsschlüssel zu wählen. Sofern kein anderer Aufteilungsschlüssel erkennbar ist, der dem Fremdvergleichsgrundsatz besser entspricht, ist ein kostenbasierter Schlüssel anzuwenden (§ 33 Abs. 3 BsGaV). Hierbei sind auch angemessene (historische) Kosten für die Forschung und Entwicklung eingesetzter immaterieller Wirtschaftsgüter sowie Kosten für vergebliche Akquisemaßnahmen in sachgerechtem Umfang zu berücksichtigen.

6.2.3. Lösungshinweise

Im vorliegenden Fall kann die Tätigkeit der Personalfunktionen der Bau- und Montagebetriebsstätte nicht als Routine-Dienstleistung für das Stammhaus eingestuft werden. Vielmehr handelt es sich um einen Anwendungsfall des Sonderfalls gem. § 33 BsGaV. Dies ergibt sich aus der folgenden Zuordnung von Personalfunktionen, von materiellen und immateriellen Vermögenswerten sowie von Chancen und Risiken (vereinfachte Darstellung der wesentlichen Zuordnungsgegenstände):

Zuordnungsgegenstand	**Stammhaus**	**Betriebsstätte**	**Zuordnung**
Personalfunktion Auftragsgewinnung	Akquise, Basis-Engineering, rechtliche Umsetzung		Stammhaus
Personalfunktion Auftragsabwicklung		Detail-Engineering, Beschaffung, Risikomanagement, Kundenbetreuung, Spezifikationsentwicklung	Betriebsstätte
Materielle Wirtschaftsgüter (Bauteile)	Produktion	Spezifische Spezifikation, Einbau, Risikosteuerung	Zuordnungsänderung

Materielle Wirtschaftsgüter (Baumaschinen, Material)	Gemeinsame Beschaffung, allerdings Abnahme vor Ort	Gemeinsame Beschaffung, Abnahme vor Ort	Betriebsstätte
Produkt- und Prozesstechnologie (allgemein)	Historisch vom Stammhaus entwickelt		Stammhaus
Produkt- und Prozesstechnologie (speziell für den Auftrag)		Federführend durch Personal der Betriebsstätte entwickelt	Betriebsstätte
Kundenbeziehung	Initial vom Stammhaus entwickelt	Während des Projekts federführend vor Ort	Anteilig
Bau- und Montageauftrag	Initial durch das Stammhaus akquiriert	Federführend vor Ort betreut	Zuordnungsänderung
Sonstige Geschäftsvorfälle	Gemeinsam	Gemeinsam, Erfüllung der Verpflichtungen	Betriebsstätte

Im Ergebnis lässt sich festhalten, dass der Betriebsstätte der Schachtbau GmbH im Land A sowohl wesentliche unternehmerische Personalfunktionen als auch wesentliche immaterielle Wirtschaftsgüter zugeordnet werden können. Die Anwendungsvoraussetzungen für § 33 Abs. 1 BsGaV für eine Gewinnaufteilung in besonderen Fällen sind somit erfüllt.

Um nun die Gewinnaufteilungsmethode anzuwenden, müssen folgende Schritte unternommen werden:

- **Ermittlung der Projektkosten:** Für die Ermittlung des Projektergebnisses sind alle Kosten im Zusammenhang mit dem Projekt zu erfassen. Dabei ist es nicht relevant, wann diese Kosten entstanden sind. Typischerweise werden die Projektkosten, insbesondere die laufenden Projektkosten, über eine Projektkostenstelle erfasst. Bei größeren Projekten werden in der Praxis eigene Buchungskreise für einzelne Bauprojekte gebildet.
- **Erfassung historischer und anderer indirekter Kosten**: Eine besondere Herausforderung in der Praxis ist die Erfassung von historischen Kosten, die beispielsweise bei der Entwicklung der Produkt- und Produktionstechnologie für die Bauteile entstanden sind. Die Kosten der Ausschreibung sind ebenso zu erfassen wie die anteiligen Kosten für die vergebliche Akquise von entsprechenden Projekten in den Vorjahren. Unstrittig und meist unproblematisch ist die Erfassung der Kosten für das Basis-

Engineering, die häufig stundenbasiert auf die Projektkostenstelle bzw. in den Projektbuchungskreis verrechnet werden.

- **Ermittlung des aufzuteilenden Projektgewinns**: Ausgangspunkt für die Betriebsstättengewinnaufteilung ist das von der Schachtbau generierte Projektergebnis. Das aufzuteilende Projektergebnis bestimmt sich nach den allgemein geltenden Grundsätzen über die steuerliche Gewinnermittlung in Deutschland, während ausländische Gewinnermittlungsvorschriften oder -grundsätze für die Besteuerung in Deutschland unbeachtlich sind..[1]
- **Anzuwendender Aufteilungsschlüssel**: In der Regel sind die Projektkosten als Aufteilungsschlüssel heranzuziehen (Kostenschlüsselmethode). Allerdings sollen die Kosten hierbei als Maßstab für die erbrachten Wertschöpfungsbeiträge dienen.[2] Daher kann es in vielen Fällen notwendig sein, dass Kosten z.B. aufgrund von Kaufkraftunterschieden zwischen Deutschland und dem Betriebsstättenstaat zunächst erst einmal angepasst werden müssen, bevor sie in den Aufteilungsschlüssel einfließen können.
- **Vorabvergütung für bestimmte Leistungen**: In der Praxis wird häufig diskutiert, ob das Stammhaus eine Vorabvergütung z.B. für den Beitrag des Konzernnamens im Rahmen der Auftragsakquise oder für die Überlassung der Basistechnologie erhalten sollte. Eine solche Vorabvergütung ist nicht sachgerecht, da diese Wertbeiträge ausschließlich kostenbasiert zu berücksichtigen sind (§ 33 Abs. 2 Nr. 1 und 2 BsGaV). Hierfür sieht die Finanzverwaltung pauschale Zuschlagssätze als probates Mittel zur Abschätzung entsprechender Aufwendungen.[3]
- **Durchführung der Gewinnallokation während der verschiedenen Projektphasen:** Das Projektergebnis steht in der Praxis erst am Ende des Projekts fest. Nichtsdestotrotz ist eine laufende Aufteilung auch während der Projektjahre vorzunehmen. Diese ist im Ablauf dann entsprechend weiterzuentwickeln und am Ende entsprechend des gewählten Aufteilungsschlüssels abschließend anzupassen. So kann auch eine mögliche Änderung der Aufteilungsmethodik umgesetzt werden.[4]

1 Vgl. BMF, Schreiben v. 22.12.2016, BStBl 2017 I S. 182, Rz. 374.
2 Vgl. BMF, Schreiben v. 22.12.2016, BStBl 2017 I S. 182, Rz. 375.
3 Vgl. BMF, Schreiben v. 22.12.2016, BStBl 2017 I S. 182, Rz. 377.
4 Vgl. BMF, Schreiben v. 22.12.2016, BStBl 2017 I S. 182, Rz. 380.

7. Die Geschäftsleitungsbetriebsstätte – Viel Wind um Nichts?

von Lukas Bühl und Sascha Kley[1]

LITERATUR:

Achsnich, BeckOK Abgabenordnung, 27. Ed. 2024, § 10 AO; *Heinsen* in Gosch, Abgabenordnung. 181. Erg.-Lfg. 2024, § 12 AO; *Jacobs*, Internationale Unternehmensbesteuerung, 9. Aufl. 2023, S. 305.; *Klein/Gersch*, Abgabenordnung, 17. Aufl. 2023, § 12 AO; *Koenig/Koenig*, Abgabenordnung, 5. Aufl. 2024, § 12 AO; *Kraft*, Außensteuergesetz, 2. Aufl. 2019, § 1; *Musil* in Hübschmann/Hepp/Spitaler, Abgabenordnung, 278. Erg.-Lfg. 2024, § 12 AO; *Reimer* in Brandis/Heuermann, Ertragsteuerrecht, 170. Erg.-Lfg. 2023, § 49 EStG; *Schönfeld/Ditz*, Doppelbesteuerungsabkommen, 2. Aufl. 2019, Art. 5 OECD-MA; *Tipke/Kruse*, Abgabenordnung/Finanzgerichtsordnung, 180. Erg.-Lfg. 2024, § 12 AO; *Töben/Birk*, Practical Problems in European and International Tax Law, 2016, S. 499; *van der Ham*, Steuerplanung und Compliance, 2022, Teil 4, 6. Thema, Betriebsstättenfragestellungen im Zusammenhang mit Homeoffice, Mobile Working und Matrixorganisationen; *Görl* in Vogel/Lehner, Doppelbesteuerungsabkommen, 6. Aufl. 2015, Art. 5 OECD-MA 2014; *Wassermeyer/Andresen/Ditz*, Betriebsstätten Handbuch, 2. Aufl. 2018; *Wassermeyer/Kaeser* in Wassermeyer, Doppelbesteuerung, 164. Erg.-Lfg. 2024, Art. 5 OECD-MA 2017.

7.1. Einleitung

7.1.1. Nexus im New Normal

In diesem Kapitel wollen wir uns mit Betriebsstättenrisiken beschäftigen, die sich durch die grenzüberschreitende Tätigkeit der Geschäftsleitung im Homeoffice oder in den Räumlichkeiten einer Tochtergesellschaft ergeben können. Im deutschen Recht bewegen wir uns auf dem Terrain des § 12 AO. Auf DBA-Ebene in Art. 5 Abs. 1 und 2 OECD-MA 2017. Vor allem wollen wir uns der Form einer Betriebsstätte widmen, die Unternehmen oftmals viel Kopfzerbrechen bereitet – die Geschäftsleitungsbetriebsstätte, auch Management PE genannt –, eine Form der Betriebsstätte, so die Sorge, die durch die bloße Anwesenheit des Geschäftsführers einer ausländischen Gesellschaft im Inland ausgelöst werden soll. Gründe für das Auseinanderfallen zwischen dem Aufenthaltsort des Geschäftsführers und dem Ort des Unternehmens kann es viele geben, negative und positive. Sei es wegen des Personalmangels in vergreisenden Ökonomien oder der begrüßenswerten Integration der europäischen Staaten – die Bedeutung von Grenzen in persönlicher, physischer und geopolitischer Hinsicht nimmt zunehmend ab. Paart man diesen Gedanken mit der zunehmenden Flexibilisierung der Arbeitswelt, mag das Auseinanderfallen zwischen Wirkungsort des Geschäftsführers und des Ortes, an dem

1 Lukas Bühl, LL.M. ist Senior Manager Tax & Legal, Transfer Pricing bei PwC in Köln. Sascha Kley, LL.M. ist Manager Transfer Pricing bei PwC in Frankfurt am Main.

das Unternehmen seine Wurzeln geschlagen hat, kaum verwundern. Und so scheinen die Tage der Chefetagen mit altbackenen Büros und täglicher Anwesenheitspflicht jedenfalls gezählt. Diese Entwicklung könnte man ungefähr so zusammenfassen: Früher folgten die Menschen dem Arbeitsort – heute kommt die Arbeit dahin, wo der Mensch seine Arbeit zu verrichten gedenkt. Das ist u. E. das „New Normal". Seit COVID-19 wissen wir auch, dass diese Art der Flexibilität in der Arbeitswelt funktionieren kann. Sie kommt nicht unbedingt mit dem befürchteten Produktivitätsverlust einher. Natürlich befinden wir uns derzeit noch inmitten dieser Veränderung. Daher kann über die Langzeitfolgen dieser Entwicklung nur spekuliert werden. So wird das New Normal im Laufe der Zeit bestimmt gewisse Herausforderungen offenbaren. Herausforderungen, denen wir uns dann werden stellen müssen. Doch was hat dies nun mit Steuern zu tun? Das Thema der Geschäftsleitungsbetriebsstätte ist vor dem Hintergrund des politischen Wunsches zu betrachten, den Ort der Besteuerung mit dem Ort der Wertschöpfung eines Unternehmens zu vereinen. Es scheint noch nicht lang her, da war dies *ein* Ort – *ein* Ort in *einem* Unternehmen, in *einem* Land. Die gesamte Wertschöpfung fand in den Wänden der Unternehmen statt. Das bedeutet nicht, dass sich die Wertschöpfung eines Konzerns nicht über mehrere Unternehmen und Ländergrenzen verteilen konnte. Stellen Sie sich für die alte Welt eine saubere, horizontale Linie der Wertschöpfung vor; sagen wir von Einkauf über Produktion zu Vertrieb. Jeder Schritt der Wertschöpfung ist ein sauberer Punkt auf dieser horizontalen Linie, d. h. ein Unternehmen in einem (anderen) Land. Im New Normal verwischt diese saubere, klare horizontale Linie. Das New Normal sorgt dafür, dass Teile des jeweiligen Wertschöpfungsschritt nicht mehr ausschließlich an dem Ort des jeweiligen Unternehmens in diesem Land ausgeführt werden. Vielmehr wird zunehmend von dem Ort aus gearbeitet, wo der Mensch seine Arbeit verrichten will. Dies ist, was Betriebsstätten angeht, weniger ein Problem, wenn der vom Menschen gewählte Ort im gleichen Land wie dem Land des Unternehmens ist. Doch wenn Teile der Wertschöpfung des Unternehmens in unterschiedlichen Ländern stattfinden, könnte das Unternehmen einen steuerlichen Nexus zu dem anderen Land erschaffen. Dank der vermeintlich großartigen Flexibilität werden oftmals unbemerkt Tatsachen (Nexus) geschaffen. Mühlhausen in Kapitel 2 geht auf diese Herausforderungen bereits ein. Für die Konsequenzen, die sich aus Betriebsstättensicht für das Unternehmen durch die Aktivitäten gewöhnliche Arbeitnehmer im Ausland ergeben, verweisen wir daher auf dieses Kapitel. Doch was, wenn es sich um einen Geschäftsführer handelt? Diese Frage wollen wir in diesem Kapitel anhand folgendem positiv gestimmten Beispiel erläutern.

7.1.2. Der Fall – Wo die Liebe hinfällt

Wie oben beschrieben, wollen wir Ihnen den Fall der Geschäftsleitungsbetriebsstätte anhand eines Beispiels näherbringen. Beginnen wir daher mit folgendem hypothetischen Fall:

BEISPIEL: Sie haben es beim letzten Besuch des Supermarkets Ihres Vertrauens spätestens an der Quengelkasse gesehen – Süßigkeiten. Auf Niederländisch „snoep“ (gesprochen „snup“). Viele der süßen Leckereien kommen aus den Niederlanden, wie Sie den Beschreibungen auf der Rückseite der Verpackungen entnehmen können. Sagen wir Ihre Liebsten lieben Lakritze – Lakritze in allen Härtegraden und Geschmacksrichtungen. Eines der größten Vertriebsunternehmen für Lakritze soll für die Zwecke dieses Kapitels eine hypothetische snoep b.v. sein. Die snoep b.v. hat ihren Sitz und Verwaltungs- und Logistikgebäude im niederländischen Roermond, günstig gelegen direkt hinter der deutsch-niederländischen Grenze mit idealer Autobahnanbindung. Einer der drei Geschäftsführer der snoep b.v. ist die niederländische Willemien Netjes – eine selbstbewusste, unabhängige und geschäftstüchtige Bilderbuch-Niederländerin. Sie ist der CEO der snoep b.v. Neben ihrer Passion fürs Fahrradfahren verbringt Willemien gerne viel Zeit mit ihrer Familie im Garten und der Küche. Diese Idylle spielt sich im nordrhein-westfälischen Schwalmtal ab. Schwalmtal hatte sie mit Ihrem Mann – Friedrich Preußen – während der vorlesungsfreien Zeit ihres gemeinsamen Studiums in Utrecht kennen und lieben gelernt. Hier wohnen die beiden seit einigen Jahren. Seit COVID-19 arbeitet Willemien ca. drei Tage die Woche aus ihrem Homeoffice in Schwalmtal. Für sie macht es geschäftlich keinen Unterschied, von wo sie arbeitet. Laptop und Handy ist alles, was sie braucht, um ihrer täglichen Arbeit als Geschäftsführerin nachzugehen. Zusammen mit ihren Kindern hat sich Willemien daher ein kleines Arbeitszimmer eingerichtet. Sie mag ihre Arbeit sehr und hat keine Wechselabsicht. Eine extra Vergütung für ihr Homeoffice bekommt Willemien nicht. Da es jedoch mit all seinen Möbeln aus Bananenkisten eher der Werkstatt einer unbeholfenen Künstlerin gleicht, versprach Willemien ihren Kollegen, ihr Büro nicht für physischen Kundenverkehr und Meetings zu nutzen. Aus ihrem kleinen liebgewonnenen Arbeitszimmer macht Willemien jedenfalls das, was sie auch im Büro in Roermond machen würde. Unter anderem also Verträge verhandeln, Anleitung an Mitarbeiter geben und Entscheidungen über Personal treffen. Der Abschluss von Verträgen geht allerdings immer nur mit zwei Geschäftsführern oder einem Geschäftsführer mit mindestens einem Prokuristen. So steht es im niederländischen Handelsregister für alle Interessierten geschrieben. Die anderen zwei Arbeitstage versucht Willemien, wenn sie nicht auf Geschäftsreisen ist, ins Büro nach Roermond zu radeln. Dort bespricht sie regelmäßig das relevante Tagesgeschäft mit den anderen zwei Geschäftsführern und den sonstigen Managern und Mitarbeitern. Dort werden auch alle relevanten strategischen Entscheidungen in gemeinsamen Meetings besprochen und entsprechend verabschiedet.

Da die snoep b.v. viele Großkunden im deutschsprachigen Raum hat, ist man derzeit mit der Errichtung einer Tochtergesellschaft in Düsseldorf – der Zuckerschnute GmbH – beschäftigt. Willemien überlegt, ob sie einen Zugang zu den Düsseldorfer Büros haben möchte. Ein eigenes Büro muss es für sie nicht direkt sein, aber zumindest die Möglichkeit auf einen vernünftig ausgestatteten Arbeitsplatz. Das scheint ihr doch eine gesunde Sache. Willemien schätzt die Flexibilität und ihr Homeoffice sehr, aber das Arbeiten mit drei Kindern im Hintergrund (zwei kleinen und einem erwachsenen) entpuppt sich zunehmend als Herausforderung. Ein Tag die Woche würde ihr wahrscheinlich genügen. Daher die Überlegungen zu einer eigenen Zutrittskarte, W-Lan Zugang, Möglichkeit zum Parken und die Berücksichtigung bei der Büroplanung etc.

7.2. Deutsches Recht

Im deutschen Recht kann die Grundlage für eine Geschäftsleitungsbetriebsstätte in § 12 AO gefunden werden. Bevor wir uns dieser Norm näher widmen, sei noch auf § 13 AO zum ständigen Vertreter hingewiesen. § 13 AO ist stets neben § 12 AO zu prüfen und dürfte häufig schneller vorliegen als § 12 AO. Für Hilfestellungen zur Prüfung von § 13 AO und ggf. Art. 5 Abs. 5 OECD-MA verweisen wir an dieser Stelle auf Ott in Kapitel 3.

7.2.1. § 12 AO – Betriebsstätte dem Grunde nach

Wie eingangs erwähnt, bietet § 12 AO die Grundlage für die Geschäftsleitungsbetriebsstätte. In § 12 AO definiert der Gesetzgeber die Betriebsstätte. Dort steht, soweit für die vorliegenden Zwecke von Relevanz:

> *Betriebsstätte ist jede feste Geschäftseinrichtung oder Anlage, die der Tätigkeit eines Unternehmens dient.*
>
> *Als Betriebsstätten sind insbesondere anzusehen:*
>
> *1. die Stätte der Geschäftsleitung,*
>
> ...

Für die vorliegenden Zwecke werden wir daher unterscheiden in die Legaldefinition einer Betriebsstätte nach § 12 Satz 1 AO und den Beispielen aus § 12 Satz 2 AO, z. B. der Stätte der Geschäftsleitung. Für die einzelnen Kriterien einer Betriebsstätte nach § 12 Satz 1 AO verweisen wir auf Ott in Kapitel 3. Für die Zwecke dieses Kapitels genügt es daher darauf hinzuweisen, dass die unter in § 12 Satz 2 AO genannten Beispiele unter die Definition von § 12 Satz 1 AO fallen, ohne jedoch notwendig alle Tatbestandsmerkmale aus Satz 1 erfüllen zu müssen.[1] Umgekehrt können die Beispielsfälle des § 12 Satz 2 AO zur Interpretation des Betriebsstättenbegriffs nach Satz 1 herangezogen werden können.[2]

7.2.1.1. Rechtsgrundlage: § 12 Satz 1 AO – Feste Geschäftseinrichtung

Für das Vorliegen einer Betriebsstätte nach § 12 AO Satz 1 AO bedarf es einer festen Geschäftseinrichtung mit einer festen Beziehung zu einem bestimmten Teil der Erd-

1 Vgl. BFH, Urteil v. 28.7.1993 - 1 R 15/93, BStBl 1994 II S. 148 „Definitionserweiterung zu Satz 1"; BFH, Urteil v. 21.4.1999 - 1 R 99/97, BStBl 1999 II S. 694; BFH, Urteil v. 17.9.2003 - 1 R 12/02, BStBl 2004 II S. 396; BFH, Urteil v. 29.11.2017 - 1 R 58/15, YAAAG-80016; Musil in Hübschmann/Hepp/Spitaler, Abgabenordnung, § 12 AO Rz. 25; Jacobs, Internationale Unternehmensbesteuerung, 9. Aufl. 2023, S. 305 f.

2 Vgl. BFH, Urteil v. 28.7.1993 - 1 R 15/93, BStBl 1994 II S. 148; Heinsen in Gosch, Abgabenordnung. 181. Erg.-Lfg. 2024, § 12 AO Rz. 6.

oberfläche, die von einer gewissen Dauer ist, dem Unternehmen dient[1] und über die der Steuerpflichtige eine nicht nur vorübergehende Verfügungsmacht hat.[2]

7.2.1.1.1. Feste Geschäftseinrichtung oder Anlage

Das Vorliegen einer *festen* Geschäftseinrichtung oder Anlage ist eine der Grundvoraussetzungen für eine Betriebsstätte nach § 12 AO. Anders als in § 13 AO bedarf es also eines *festen* Ortes. Die Formulierung „Geschäftseinrichtung oder Anlage" ist etwas misslich, denn diese Begriffe unterscheiden sich, mit Ausnahme der Größe der Einrichtung, kaum.[3] Geschäftseinrichtung ist jeder körperliche Gegenstand bzw. jede Zusammenfassung körperlicher Gegenstände mit der Eignung, Grundlage für die Tätigkeit eines Unternehmens zu sein.[4]

Eine **feste** Geschäftseinrichtung hat zwei Dimensionen – eine räumliche und eine zeitliche.[5]

7.2.1.1.1.1. Räumlicher Aspekt: Festigkeit im Sinne einer Verbindung zum Boden

Beginnen wir mit der festen Verbindung zum Boden. Demnach ist eine *feste* Geschäftseinrichtung vor allem ein Gebäude, oder ein Raum/eine Wohnung in einem Gebäude.[6] Dieser Ort muss jedoch weder besondere Vorrichtungen aufweisen noch ein für den Aufenthalt von Menschen geeigneter Raum sein.[7] Auch muss der Ort nicht unbedingt *fest* mit dem Boden verbunden sein.[8] So können auch fahrbare Marktwagen mit wechselnden Standorten eine feste Geschäftseinrichtung darstellen. Eine Betriebsstätte ist ein solcher Ort aber nur dann, wenn auch das zeitliche Kriterium erfüllt ist, d. h., wenn eine gewisse wiederkehrende Dauer gegeben ist.[9] Weder die Größe noch die wirtschaftliche Bedeutung des Ortes für das Unternehmen sind von Bedeutung.[10] Dieser Ort braucht auch nicht unbedingt Personal.[11] Daher kann auch eine Pipeline eine Betriebsstätte darstellen.[12]

Ein Homeoffice ist damit zweifelsfrei *fest* i. S. von § 12 Satz 1 AO.

---

1 Vgl. BFH, Urteil v. 2.4.2014 - I R 68/12, BStBl 2014 II S. 875 .m. w. N.
2 Vgl. BFH, Urteil v. 30.10.1996 - II R 12/92, BStBl 1997 II S. 12.
3 Vgl. BFH, Urteil v. 3.2.1992 - I R 80–81/91, BStBl 1993 II S. 462.
4 Vgl. Klein/Gersch, Abgabenordnung, 17. Aufl. 2023, § 12 AO Rz. 2.
5 Vgl. Klein/Gersch, Abgabenordnung, 17. Aufl. 2023, § 12 AO Rz. 2.
6 Vgl. BFH, Urteil v. 3.2.1993 - I R 80–81/91, BStBl 1993 II S. 462.
7 Vgl. BFH, Urteil v. 8.3.1988 - VIII R 270/81 DAAAB-30242.
8 Vgl. BFH, Urteil v. 9.10.1974 - I R 128/73, BStBl 1975 II S. 203.
9 Vgl. BFH, Urteil v. 13.9.2000 - X R 174/96, BStBl 2001 II S. 734.
10 Vgl. Klein/Gersch, Abgabenordnung, 17. Aufl. 2023, § 12 AO Rz. 3.
11 Van der Ham, Steuerplanung und Compliance, 2022, Teil 4, 6. Thema, Betriebsstättenfragestellungen im Zusammenhang mit Homeoffice, Mobile Working und Matrixorganisationen, Rz. 23.
12 Vgl. BFH, Urteil v. 30.10.1996 - II R 12/92, BStBl 1997 II S. 12.

7.2.1.1.1.2. Zeitlicher Aspekt: Dauer

Nicht jede feste Geschäftseinrichtung ist eine Betriebsstätte nach § 12 Satz 1 AO. Der Ort bzw. die Unternehmenstätigkeit an diesem Ort, muss eine gewisse Dauer aufweisen. Es muss einen auf Dauer angelegten Bezug der Einrichtung zu einem bestimmten Teil der Erdoberfläche geben.[1] Der Gesetzgeber gibt mit Ausnahme des Beispiels von Bauausführungen und Montagen keine zeitliche Mindesthürde für die Betriebsstätte nach Satz 1 oder die anderen Beispiele aus Satz 2 vor. Die Rechtsprechung liefert Anhaltspunkte, aus denen sich allerdings keine konkreten Grenzen ableiten lassen.[2] Dieser Anhaltspunkt liegt bei sechs Monaten.[3] Erforderlich ist eine auf Dauer angelegte nachhaltige Betätigung.[4] An dieser indikativen Schwelle orientiert sich auch die deutsche Finanzverwaltung.[5] Es kommt jedoch auf eine ex-ante Betrachtung an. Ist von Anfang an vorgesehen, den Ort für mehr als sechs Monate zu nutzen und liegen die anderen Kriterien für eine Betriebsstätte vor, liegt von Anfang an eine Betriebsstätte vor. Diese Betriebsstätte ist innerhalb eines Monats nach Begründung der Betriebsstätte bei der Gemeinde der Betriebsstätte zu melden.[6]

Das Kriterium der Dauer dürfte bei einem Homeoffice i. d. R. an sich kein Hindernis darstellen. Ein Homeoffice wird i. d. R. eingerichtet, um auf Dauer verwendet zu werden. Diese realitätsnahe Feststellung steht übrigens im Widerspruch zu den Feststellungen der OECD. Die geht im vor der Corona-Pandemie erarbeiteten OECD-MA 2017 noch davon aus, dass die Benutzung eines Homeoffice eher inzidenteller Natur sein dürfte.[7]

7.2.1.1.2. Dienende Funktion

Ferner ist es erforderlich, dass die feste Geschäftseinrichtung dem Unternehmen gem. § 12 Satz 1 AO „dient“.[8] Es genügt, wenn die Räumlichkeiten nur einem Teil der unternehmerischen Tätigkeit des Steuerpflichtigen dienen.[9] Unerheblich ist, ob die in der Geschäftseinrichtung für das Unternehmen ausgeübte Tätigkeit mit einem gewissen Maß an Eigenständigkeit oder Eigenverantwortlichkeit ausgestattet ist, ob sie nach außen wirkt oder nur unternehmensintern (z. B. gegenüber den Arbeitnehmern).[10] Die

1 Vgl. BFH, Urteil v. 9.10.1974 - I R 128/73, BStBl II 1975 S. 203.

2 Van der Ham, Steuerplanung und Compliance, 2022, Teil 4, 6. Thema, Betriebsstättenfragestellungen im Zusammenhang mit Homeoffice, Mobile Working und Matrixorganisationen, Rz. 21.

3 Vgl. BFH, Urteil v. 30.10.1973 - I R 50/71, BStBl 1974 II S. 107.

4 Vgl. BFH, Urteil v. 3.2.1993 - I R 80-81/91, BStBl 1993 II S. 462.

5 Vgl. BMF, Schreiben v. 24.12.1999, BStBl 1999 I S. 1076 (Betriebsstätten-Verwaltungsgrundsätze 1999), Nr. 1.1.1.1. zu „Feste Geschäftseinrichtung“.

6 Vgl. § 138 Abs. 4 AO i. V. mit § 138 Abs. 1 AO.

7 Vgl. Ziff. 18 OECD-MK 2017 zu Art. 7.

8 Vgl. BFH, Urteil v. 28.8.1986 – V R 20/79, BStBl 1987 II S. 162.

9 Vgl. BFH, Urteil v. 3.2.1993 – I R 80-81/91, BStBl 1993 II S. 462.

10 Vgl. Klein/Gersch, Abgabenordnung, 17. Aufl. 2023, § 12 AO Rz. 6, m. w. N.

dienende Funktion kann auch für Hilfstätigkeiten oder unwesentliche Tätigkeiten zutreffen.[1] Gerade letzteres ist von Bedeutung. Es bekräftigt, dass das deutsche Recht keine Ausnahmen für Hilfs- und Nebentätigkeiten kennt, wie sie in DBA für gewöhnlich zu finden sind. Daher ist der Anwendungsraum für Betriebsstätten nach § 12 weiter gefasst, als dies nach DBA der Fall ist.

Die dienende Funktion der festen Geschäftseinrichtung kennt jedoch auch ihre Grenzen bzw. eine Negativangrenzung: Grundstücke, die dem Unternehmen gehören, aber lediglich vermietet oder verpachtet werden, sind keine dem Unternehmen dienende Unternehmen i.S. des § 12 Satz 1 AO. [2]

7.2.1.1.3. Verfügungsmacht

Nun zur Verfügungsmacht. Eine *feste* Geschäftseinrichtung ist nur dann eine Betriebsstätte gem. § 12 Satz 1 AO, wenn eine nicht nur vorübergehende Verfügungsmacht des Unternehmens über die Einrichtung oder Anlage besteht. Eine hinreichende Verfügungsmacht liegt vor, wenn der Unternehmer eine Rechtsposition innehat, die ohne seine Mitwirkung nicht ohne weiteres entzogen oder verändert werden kann.[3] Sie kann auf Eigentum sowie auf einer entgeltlichen oder unentgeltlichen Nutzungsüberlassung beruhen.[4]

Entscheidend für die Begründung einer Betriebsstätte ist, ob eine unternehmerische Tätigkeit in einer Geschäftseinrichtung oder Anlage mit fester örtlicher Bindung ausgeübt wird und sich in der Bindung eine gewisse „Verwurzelung" des Unternehmens mit dem Ort, an dem die unternehmerische Tätigkeit ausgeübt wird, ausdrückt.[5] Um die Frage dieser Verwurzelung hat sich eine undurchsichtige Kasuistik ergeben. Aus den folgenden Beispielen lässt sich allerdings ableiten, dass die Hürde für die erforderliche Verfügungsmacht recht hoch liegt.

Die Verfügungsmacht muss sich nicht (mehr) auf einen bestimmten Raum beziehen.[6] Es genügt, wenn der Unternehmer jeweils irgendeinen geeigneten Raum des Gebäudes oder die wechselnde Teilfläche eines Grundstücks ständig nutzen darf.[7] Eine Befugnis des Grundeigentümers, dem Unternehmer einen anderen Raum oder eine andere Teilfläche zuzuweisen, steht der Annahme einer Betriebsstätte nicht entgegen.[8] Auch eine

1 Vgl. Klein/Gersch, Abgabenordnung, 17. Aufl. 2023, § 12 AO Rz. 6, m. w. N.
2 Vgl. Klein/Gersch, Abgabenordnung, 17. Aufl. 2023, § 12 AO Rz. 6, m. w. N.
3 Vgl. BFH, Urteil v. 3.2.1993 – I R 80-81/91, BStBl 1993 II S. 462.
4 Vgl. BFH, Urteil v. 3.2.1993 – I R 80-81/91, BStBl 1993 II S. 462.
5 Vgl. BFH, Urteil v. 4.6.2008 – I R 30/07, BStBl 2008 II S. 922.
6 Vgl. BFH, Urteil v. 17.3.1982 – I R 189/79, BStBl 1982 II S. 624.
7 Vgl. BFH, Urteil v. 3.2.1993 – I R 80-81/91, BStBl 1993 II S. 462.
8 Vgl. BFH, Urteil v. 14.7.2004 – I R 106/03 ZAAAB-40241.

lediglich „allgemeine rechtliche Absicherung" oder eine ständige Nutzungsbefugnis tatsächlicher Art können ausreichen, wenn die Verfügungsmacht nicht bestritten wird.[1] Übrigens muss die Verfügungsmacht des Betriebsstätteninhabers nach außen hin nicht erkennbar werden.[2]

Die bloße Berechtigung zur Nutzung eines Raumes oder einer Grundstücksfläche im Interesse eines anderen sowie eine rein tatsächliche Nutzungsmöglichkeit begründen dagegen nicht die für eine Betriebsstätte vorauszusetzende „Verwurzelung".[3] Auch reicht die bloße tatsächliche Mitbenutzung eines Raumes nicht aus.[4] Das reine Ausführen einer Dienstleitung in den Räumen des Gläubigers begründet selbst dann keine Verfügungsmacht, wenn dem Dienstleister ein Schlüssel für den Zugang zu den Räumlichkeiten gegeben wird.[5] Gerade für unseren Fall interessant: Es mangelt auch an der Verfügungsmacht, wenn man keinen Schlüssel zu den Räumlichkeiten, keinen festen Arbeitsplatz hat und die Computer in den Büros nicht verwenden darf.[6]

Ferner muss das Unternehmen in der festen Geschäftseinrichtung seiner eigenen gewerblichen Tätigkeit nachgehen.[7] Das Homeoffice eines Arbeitnehmers stellt keine Betriebsstätte des Arbeitgebers nach § 12 Satz 1 AO dar. Dies stellt auch ein Anwendungserlass des BMF zu § 12 Satz 1 AO fest.[8] Dort heißt es, dass die Tätigkeit eines Arbeitnehmers in dessen häuslichem Homeoffice i. d. R. keine Betriebsstätte des Arbeitgebers begründet. Auch abkommensrechtlich begründet ein häusliches Homeoffice nach deutscher Anwenderstaatsperspektive i. d. R. keine Betriebsstätte (feste Einrichtung gem. Art. 5 Abs. 1 und 4 OECD-MA 2017). Ein Homeoffice soll selbst dann keine Betriebsstätte begründen, wenn der Arbeitergeber die Kosten für das Homeoffice und dessen Ausstattung übernimmt. Gleiches gilt selbst bei Abschluss eines Mietvertrages über häusliche Räume des Arbeitnehmers zwischen Arbeitgeber (Mieter) und Arbeitnehmer (Vermieter). Etwas anderes soll nur gelten, wenn der Arbeitgeber im Einzelfall tatsächlich befugt wird, die Räume anderweitig zu nutzen (etwa durch ein Recht zum Entsenden anderer Arbeitnehmer in die Räume oder ein Recht zum Betreten der Räume außerhalb von Prüfungen zur Arbeitssicherheit). Außerdem soll auch dann keine

1 Vgl. BFH, Urteil v. 3.2.1993 – I R 80-81/91, BStBl 1993 II S. 462; BFH, Urteil v. 23.5.2002 – III R 8/00, BStBl 2002 II S. 512; BFH, Beschluss v.10.11.1998 – I B 80/97 VAAAA-63012.

2 Vgl. RFH, Urteil v. 4.3.1927 – I 1/27, RStBl 1927 S. 112.

3 Vgl. BFH, Urteil v. 11.10.1989 – I R 77/88, BStBl 1990 II S. 166, betr. Besprechungsstunden eines Unternehmensberaters; BFH, Urteil v. 16.5.1990 – I R 113/87, BStBl 1990 II S. 983, betr. Schweiß- und Montagearbeiten an Waggons; BFH, Urteil v. 4.6.2008 – I R 30/07, BStBl 2008 II S. 922, betr. Reinigungsarbeiten an Militärflugzeugen.

4 Vgl. BFH, Urteil v. 11.10.1989 – I R 77–88, BStBl 1990 II S. 166.

5 Vgl. BFH, Urteil v. 4.6.2008 – I R 30/07, BStBl 2008 II S. 922.

6 Vgl. Klein/Gersch, Abgabenordnung, 17. Aufl. 2023, § 12 AO Rz. 5, m. w. N.

7 Vgl. BFH, Urteil v. 10.2.1988 - VIII R 169/84, BStBl 1988 II S. 653.

8 Vgl. Anwendungserlass zur Abgabenordnung 2014 (AEAO) v. 31.1.2014 (BStBl 2014 I S. 290), zuletzt geändert durch BMF, Schreiben v. 22.3.2024, BStBl 2024 I S. 694, zu § 12 AO Rz. 4.

Betriebsstätte begründet werden, wenn dem Arbeitnehmer kein anderer Arbeitsplatz durch den Arbeitgeber zur Verfügung gestellt wird. Grund hierfür ist, so der Anwendungserlass, dass der Arbeitgeber typischerweise nicht über eine ausreichende Verfügungsmacht über die häuslichen Räumlichkeiten des Arbeitnehmers verfügt. Der Hinweis im Anwendungserlass zu § 10 AO spricht jedoch nicht ohne Grund von der deutschen Anwenderperspektive, denn andere Staaten – so z. B. Österreich – schließen das Vorliegen einer Betriebsstätte des Arbeitgebers jedenfalls dann nicht aus, wenn der Arbeitgeber die Ausstattung des Homeoffice mit der notwendigen Kommunikationstechnik vergütet.[1]

Etwas anderes *kann* gelten, so der deutsche Anwendungserlass, wenn ein Arbeitnehmer Leitungsfunktionen ausübt und diese Verfügungsmacht des Unternehmens vermitteln. Unseres Erachtens dürfte dies im Regelfall nicht vorliegen. Daher dürften auch die privaten Räumlichkeiten eines Geschäftsleiters keine Betriebsstätte nach § 12 Satz 1 AO begründen. Etwas anderes dürfte nur bei besonderen Fallkonstellationen vorliegen. So gab es z. B. einen Fall, in dem die privaten Räumlichkeiten teilweise für Publikumsverkehr genutzt wurden.[2] In diesem Fall kann eine gewisse Verfügung des Unternehmens über die Räumlichkeiten des Geschäftsleiters angenommen werden. Abgesehen von diesen speziellen Situationen, bleibt es jedoch u. E. auch für Geschäftsleiter bei der Aussage, dass ein Homeoffice eines Geschäftsleiters keine Betriebsstätte i. S. von § 12 Satz 1 AO begründet. Es fehlt regelmäßig die erforderliche Verfügungsmacht.

7.2.1.2. Anwendung: § 12 Satz 1 AO – Feste Geschäftseinrichtung

Lassen Sie uns die oben erläuterten Rechtsgrundlagen zu § 12 Satz 1 AO auf unseren Fall anwenden.

7.2.1.2.1. Willemien Netjes Homoffice

Das Homeoffice von Willemien in Schwalmtal begründet keine Betriebsstätte der snoep b.v. nach § 12 Satz 1 AO. Das Homeoffice mag zwar in geographischer Hinsicht *fest*, zweifelsfrei auf Dauer angelegt sein und der Tätigkeit der snoep b.v. unmittelbar dienen, doch es fehlt an der erforderlichen Verfügungsmacht. Die snoep bv. hat keinerlei Verfügungsmacht über die privaten Räumlichkeiten. Eine Betriebsstätte würde nur dann begründet werden, wenn eine hinreichende Verfügungsmacht vorliegt, d. h., wenn die snoep b.v. eine Rechtsposition innehätte, die der snoep b.v. ohne ihre Mitwirkung nicht ohne Weiteres entzogen oder verändert werden könnte.[3] Es gibt keinerlei

1 Vgl. AEAO, zu § 12 AO, Rz. 4.

2 Vgl. BFH, Beschluss v. 9.5.2017 - X B 23/17 GAAAG-51387.

3 Vgl. BFH, Urteil v. 3.2.1992 - I R 80–81/91, BStBl 1993 II S. 462.

Rechtsposition der snoep b.v. hinsichtlich Willemien's Homeoffices. Es gibt auch keine unentgeltlichen Nutzungsüberlassung.[1]

7.2.1.2.2. Mögliches Büro in Düsseldorf

Willemien überlegt, Zugang zum Büro der Tochtergesellschaft, der Zuckerschnute GmbH, in Düsseldorf, zu erhalten. Im Gegensatz zum Homeoffice könnte dies, unter gewissen Voraussetzungen, eine Betriebsstätte der snoep b.v. nach § 12 Satz 1 AO in den Räumen der Zuckerschnute GmbH auslösen.

Die Büros der Zuckerschnute GmbH sind sicherlich *fest* in geographischer Hinsicht. Auch scheint ihre Tätigkeit dort auf Dauer ausgelegt sein. Wir erinnern uns: Erforderlich ist eine auf Dauer angelegte, nachhaltige Betätigung.[2] Die besagten sechs Monate sind nur ein Anhaltspunkt.[3] Willemien hat derzeit keine Absicht, sich einer neuen Herausforderung bei einem anderen Unternehmen zu stellen. Die Arbeit im Düsseldorfer Büro dürfte daher als nachhaltig angelegte Betätigung gelten. Doch was ist mit dem Umstand, dass sie nur ein bis zwei Tage die Woche aus Düsseldorf arbeiten möchte? Dieser Umstand dürfte nichts ändern, wie ein Vergleich aus der Rechtsprechung zeigt. Ein Markstand, der regelmäßig nur an Wochenenden bewirtet wird, gilt als nachhaltig im Sinne der Vorschrift.[4] Etwas anderes dürfte nur gelten, wenn sie nur einmal im Jahr aus dem Büro arbeiten würde.[5] An dem zeitlichen Element der festen Geschäftseinrichtung dürfte es daher nicht scheitern.

Doch wie steht es um die Verfügungsmacht? Wie beschrieben, braucht Willemien keinen fest zugewiesenen und ausgestatteten Arbeitsplatz oder Parkplatz. Sie würde nehmen, was jeweils verfügbar ist. Dies würde eine ausreichende Verfügungsmacht der snoep b.v. über die Räumlichkeiten der Zuckerschnute GmbH bedeuten. Immerhin kann von einer gewissen „Verwurzelung" der snoep b.v. in den Räumlichkeiten der Zuckerschnute GmbH gesprochen werden. Denn hier findet eine unternehmerische Tätigkeit der snoep b.v statt.[6] Dies trifft insbesondere vor dem Hintergrund der obigen Ausführungen zu: Die Verfügungsmacht muss sich nicht (mehr) auf einen bestimmten Raum beziehen.[7] Es genügt, wenn der Unternehmer jeweils irgendeinen geeigneten Raum des Gebäudes oder die wechselnde Teilfläche eines Grundstücks ständig nutzen darf.[8] Eine Befugnis des Grundeigentümers, dem Unternehmer einen anderen Raum

1 Vgl. BFH, Urteil v. 3.2.1992 - I R 80–81/91, BStBl 1993 II S. 462.
2 Vgl. BFH, Urteil v. 3.2.1992 - I R 80–81/91, BStBl 1993 II S. 462.
3 Vgl. BFH, Urteil v. 30.10.1973 - I R 50/71, BStBl 1974 II S. 107.
4 Vgl. BFH, Urteil v. 17.9.2003 - I R 12/02, BStBl 2004 II S. 396.
5 Vgl. BFH, Urteil v. 17.9.2003 - I R 12/02, BStBl 2004 II S. 396.
6 Vgl. BFH, Urteil v. 4.6.2008 - I R 30/07, BStBl 2008 II S. 922.
7 Vgl. BFH, Urteil v. 17.3.1982 - I R 189/79, BStBl 1982 II S. 624.
8 Vgl. BFH, Urteil v. 3.2.1992 - I R 80–81/91, BStBl 1993 II S. 462.

oder eine andere Teilfläche zuzuweisen, steht der Annahme einer Betriebsstätte nicht entgegen.[1] Dies trifft auch auf Willemien's Wünsche zu. Auch die Tatsache, dass Willemien eine Zutrittskarte erhält, spricht eher für die Verfügungsmacht. Der Schlüssel an sich wäre allerdings unerheblich. In Kombination mit einem festen W-LAN Zugang spricht jedoch Einiges für eine Verwurzelung der snoep b.v. in Düsseldorf.

Auch kann davon ausgegangen werden, dass die Benutzung der Räumlichkeiten der snoep b.v. dienlich ist. Die Räumlichkeiten stellen einen Moment der organisatorischen Verfestigung von zeitlicher Dauer dar.[2] Da es auch genügt, wenn Willemien nur einem Teil der unternehmerischen Tätigkeit der snoep b.v. in diesen Räumlichkeiten ausübt, kann auch von der erforderlichen Dienlichkeit der Räume ausgegangen werden.[3]

Im Ergebnis würde Willemien mit ihrem Vorhaben eine Betriebsstätte nach § 12 Satz 1 AO für die snoep b.v. in den Düsseldorfer Räumlichkeiten begründen.

Die Konsequenz: da die Voraussetzungen des § 12 Satz 1 AO vorliegen, unterliegt die ausländische Gesellschaft der beschränkten Körperschaftsteuerpflicht nach § 2 Nr. 1 KStG i. V. mit § 8 Abs. 1 KStG i. V. mit § 49 Abs. 1 Nr. 2 Buchst. a EStG. Dies hat zur Folge, dass sich die snoep b.v. bei den deutschen Behörden zu registrieren hat (§ 138 Abs. 4 AO) und eine jährliche Steuererklärung einzureichen hat (§ 31 Abs. 1 KStG i. V. mit § 25 Abs. 1 EStG). Dies übrigens auch dann, wenn ein DBA Deutschlands Besteuerungsrechte einschränkt, da ggf. keine Betriebsstätte nach dem DBA vorliegt.

7.2.1.3. Rechtsgrundlage: § 12 Satz 2 Nr. 1 – Stätte der Geschäftsleitung

§ 12 Satz 2 AO gibt Beispiele für eine Betriebsstätte i. S. von § 12 AO. Dazu gehört die *„Stätte der Geschäftsleitung“*. Wie oben erwähnt, sind die in § 12 Satz 2 AO genannten Fälle Beispiele, die unter die Definition von § 12 Satz 1 AO fallen. Allerdings müssen diese Beispiele nicht alle Tatbestandsmerkmale aus Satz 1 erfüllen.[4] [5] Eine „Stätte der Geschäftsleitung“ muss daher nicht die gleichen strengen Kriterien zur Verfügungsmacht erfüllen, wie dies für eine feste Geschäftseinrichtungsbetriebsstätte nach § 12 Satz 1 AO der Fall ist.[6] Es bedarf daher keiner gewissen räumlichen und zeitlichen „Verwurzelung“ des Unternehmens vor Ort.[7]

1 Vgl. BFH, Urteil v. 14.7.2004 - I R 106/03 ZAAAB-40241.

2 Vgl. Klein/Gersch, Abgabenordnung, 17. Aufl. 2023, § 12 AO Rz. 6

3 Vgl. BFH, Urteil v. 3.2.1992 - I R 80–81/91, BStBl 1993 II S. 462.

4 Vgl. BFH, Urteil v. 28.7.1993 - 1 R 15/93, BStBl 1994 II S. 148 „Definitionserweiterung zu Satz 1“; BFH, Urteil v. 21.4.1999 - 1 R 99/97, BStBl 1999 II S. 694; BFH, Urteil v. 17.9.2003 - 1 R 12/02, BStBl 2004 II S. 396; BFH v. 29.11.2017 - 1 R 58/15 YAAAG-80016; Musil in Hübschmann/Hepp/Spitaler, Abgabenordnung, § 12 AO Rz. 25; Jacobs, Internationale Unternehmensbesteuerung, 9. Aufl. 2023, S. 305 f.

5 Vgl. Tipke/Kruse, AO/FGO, 180. Erg.-Lfg. 2024, I. Allgemeines, Rz. 23.

6 Vgl. Tipke/Kruse, AO/FGO, 180. Erg.-Lfg. 2024, I. Allgemeines, Rz. 23.

7 Vgl. Tipke/Kruse, AO/FGO, 180. Erg.-Lfg. 2024, 1. Stätte der Geschäftsleitung, Rz. 24.

Die Stätte der Geschäftsleitung ist stets eine Betriebsstätte.[1] Diese muss keine feste Geschäftseinrichtung oder Anlage sein, denn es handelt sich bei der Stätte der Geschäftsleitung im Sinne dieses normativen Beispiels um eine Erweiterung des Betriebsstättengrundtatbestands.[2] Dies kann die Wohnung, gar Arbeitsecke im Wohnzimmer eines Gewerbetreibenden sein, wenn sich dort der Mittelpunkt der beruflichen Tätigkeit befindet und dort die geschäftlichen Planungen erfolgen.[3] Die Dauerhaftigkeit muss allerdings gegeben sein, d.h., die leitende Tätigkeit muss mit einer gewissen Regelmäßigkeit von diesem Ort ausgeübt werden.[4] Unseres Erachtens kann für das zeitliche Kriterium per Analogie auf die Grundsätze aus § 12 Satz 1 AO zurückgegriffen werden. Für „reisende" Gewerbetreibende, die ihr Gewerbe an wechselnden Orten ausüben, ohne dort Betriebsstätten zu begründen, wird in der Literatur erklärt, dass hier – mangels einer anderen festen Geschäftseinrichtung – regelmäßig die Wohnung des Geschäftsleiters als Geschäftsleitungsbetriebsstätte anzusehen ist, wenn dort die geschäftliche Planung vorgenommen wird.[5]

Es kann mehrere Orte der Leitung bzw. Stätten der Geschäftsleitung i.S. des § 12 Satz 2 AO geben.[6]

Die Abgrenzung zwischen einer Stätte der Geschäftsleitung nach § 12 Satz 2 AO zum Ort der Geschäftsleitung, d.h. dem Ort der geschäftlichen Oberleitung i.S. des § 10 AO, ist bedeutsam. Sie trennt die beschränkte Steuerpflicht durch eine Betriebsstätte (§ 2 Satz 1 KStG i.V. mit § 12 AO) von der unbeschränkten Steuerpflicht des Unternehmens nach deutschem Recht (§ 1 Abs. 1 KStG i.V. mit § 10 AO). Nach § 10 AO ist die Geschäftsleitung der Mittelpunkt der geschäftlichen Oberleitung.[7] Es kann bereits begrifflich nur einen Mittelpunkt geben,[8] auch wenn Teile der Literatur dies anders sehen.[9] Dies ist der Ort, an dem der für die Geschäftsleitung maßgebliche Wille gebildet wird und die für die Geschäftsführung notwendigen Maßnahmen von einiger Wichtigkeit angeordnet werden.[10] Dies ist auch die Definition, die die Finanzverwaltung heranzieht.[11] Dies ist der Ort, wo sich die nach dem Gesamtbild der Verhältnisse in organisatorischer und wirtschaftlicher Hinsicht bedeutungsvollste Stelle befindet. Dort, wo dauernd die für

1 Vgl. BFH, Beschluss v. 7.9.1993 - VII B 169/93 XAAAB-34048.
2 Van der Ham, Steuerplanung und Compliance, 2022, Teil 4, 6. Thema, Betriebsstättenfragestellungen im Zusammenhang mit Homeoffice, Mobile Working und Matrixorganisationen, Rz. 83.
3 Vgl. Klein/Gersch, Abgabenordnung, 17. Aufl. 2023, § 12 AO Rz. 10, m. w. N.
4 Vgl. Klein/Gersch, Abgabenordnung, 17. Aufl. 2023, § 12 AO Rz. 10, m. w. N.
5 Vgl. Tipke/Kruse, AO/FGO, 180. Erg.-Lfg. 2024, 1. Stätte der Geschäftsleitung, Rz. 24.
6 Vgl. BFH, Urteil v. 23.1.1991 - I R 22/90, BStBl 1991 I S. 554, m. w. N.
7 Vgl. BFH, Urteil v. 23.1.1991 - I R 22/90, BStBl 1991 I S. 554, m. w. N.
8 Vgl. Töben/Birk in Practical Problems in European and International Tax Law, IFBD 2016, S. 499 ff.
9 Vgl. Achsnich in BeckOK AO, 27. Ed. 2024, § 10 AO Rz. 68.
10 Vgl. BFH, Urteil v. 3.7.1997 - IV R 58/95, BStBl 1998 II S. 86.
11 Vgl. AEAO, zu § 10 AO, Rz. 1.

die Geschäftsführung nötigen Maßnahmen von einiger Wichtigkeit angeordnet werden und wo sich das kaufmännische Büro, ggf. auch der Wohnsitz des leitenden Geschäftsführers befindet.[1] Hiermit sind die Tagesgeschäfte des Unternehmens gemeint, nicht die, die die Grundlagen des Unternehmens betreffen.[2]

7.2.1.4. Anwendung: § 12 Satz 2 Nr. 1 – Stätte der Geschäftsleitung

7.2.1.4.1. (Un-)beschränkte Steuerpflicht

Die unbeschränkte Steuerpflicht der snoep b.v. dürfte in unserem Fall ausscheiden. Denn der Mittelpunkt der geschäftlichen Oberleitung ist zweifelsfrei in Roermond. Dort wird der maßgebliche Wille des Unternehmens gebildet,[3] da sich Willemien, die anderen Geschäftsführer und die sonstige Führungsebene hier zur Besprechung des relevanten Tagesgeschäftes und der strategischen Ausrichtung des Unternehmens mehrmals die Woche treffen. Hier liegt nach dem Gesamtbild der Verhältnisse in organisatorischer und wirtschaftlicher Hinsicht die bedeutungsvollste Stelle, wo dauernd die für die Geschäftsführung nötigen Maßnahmen von einiger Wichtigkeit angeordnet werden und wo sich das kaufmännische Büro befindet.[4] Die unbeschränkte Steuerpflicht der snoep b.v. scheidet damit aus.

Doch könnte sich in dem Homeoffice oder dem Büro der Tochtergesellschaft Zuckerschnute GmbH eine Geschäftsleitungsbetriebsstätte nach § 12 Satz 2 Nr.1 AO ergeben? Dazu müsste einer dieser Orte, oder beide Orte, eine *Stätte der Geschäftsleitung* sein. Hierzu bedarf es nicht der Erfüllung der oben genannten Kriterien der festen Geschäftseinrichtungsbetriebsstätte. Daher ist insoweit auch die Frage nach der Verfügungsmacht obsolet. Allerdings muss die Dauerhaftigkeit gegeben sein, d. h., die leitende Tätigkeit muss mit einer gewissen Regelmäßigkeit von diesem Ort ausgeübt werden.[5]

7.2.1.4.2. Willemien Netjes Homoffice

In unserem Fall ist Willemien regelmäßig ca. drei Tage die Woche in ihrem Homeoffice. Bei analoger Anwendung der Kriterien aus § 12 Satz 1 AO dürfte von der erforderlichen Regelmäßigkeit auszugehen sein. Das Homeoffice von Willemien in Schwalmtal begründet daher eine Stätte der Geschäftsleitung und damit eine Betriebsstätte nach § 12 AO.

1 Vgl. AEAO, zu § 10 AO, Rz. 1 und 4.
2 Vgl. AEAO, zu § 10 AO, Rz. 2 f.
3 Vgl. BFH, Urteil v. 3.7.1997 - IV R 58/95, BStBl 1998 II S. 86.
4 Vgl. BFH, Urteil v. 3.7.1997 - IV R 58/95, BStBl 1998 II S. 86; siehe auch Koenig/Koenig, Abgabenordnung, 5. Aufl. 2024, § 12 AO Rz. 24
5 Vgl. Koenig/Koenig, Abgabenordnung, 5. Aufl. 2024, § 12 AO Rz. 24.

7.2.1.4.3. Mögliches Büro in Düsseldorf

Die Nutzung der Räumlichkeiten der Zuckerschnute GmbH birgt hinsichtlich der Frage der Betriebsstätte für die snoep b.v. neben der oben bereits festgestellten Betriebsstätte nach § 12 Satz 1 AO unabhängig davon die Gefahr, eine Geschäftsleitungsbetriebsstätte nach § 12 Satz 2 Nr. 1 AO zu begründen.

Maßgeblich für die Begründung einer „gewöhnlichen" Betriebsstätte nach § 12 Satz 1 AO war vor allem das Kriterium der Verfügungsmacht. Könnte die Betriebsstättenbegründung durch eine Einschränkung der Verfügungsmacht, d. h. Nutzbarkeit des Büros, vermieden werden? Wäre es nicht möglich, Willemien's Zugang zu den Büros so einschränken, dass sie lediglich als reiner Gast einzuordnen wäre? Hierzu wäre es erforderlich, dass sie tatsächlich nur wie ein Gast behandelt würde, d. h. keine eigene Zugangskarte, kein Zugang zum W-Lan, keinen festen Schreibtisch, keinen eigenen Spind, keinen vergünstigten Zugang zur Cafeteria etc. Ob dies in der Praxis praktikabel wäre, müssen Sie entscheiden. Ein reiner Gast dürfte jedenfalls u. E. nicht über die erforderliche Verfügungsmacht verfügen. Sprächen wir von einem gewöhnlichen Mitarbeiter, könnte dies eine Option sein. Willemien ist jedoch Geschäftsführerin der snoep b.v.

Da Willemien Geschäftsführerin der snoep b.v. ist, müssen wir uns die Frage stellen, ob das Düsseldorfer Büro auch eine Geschäftsleitungsbetriebsstätte nach § 12 Satz 2. Nr. 1 AO begründen könnte. Wir erinnern uns: für die Geschäftsleitungsbetriebsstätte braucht es eben keine Verfügungsmacht. In Willemien's Fall wären durch die wöchentliche Nutzung Voraussetzungen der Geschäftsleitungsbetriebsstätte nach § 12 Satz 2 Nr. 1 AO erfüllt. Selbst wenn man Willemien nur wie einen Gast behandeln würde, würde sie trotzdem eine Betriebsstätte der snoep b.v. in den Düsseldorfer Büros begründen. Effektiv würde Willemien dies nur vermeiden, wenn sie weitaus weniger als jede Woche und auch weniger als sechs Monate im Jahr aus dem Büro für die snoep b.v. arbeitet. Hier zeigt sich, dass unsere Gesetzgebung weder geschäftsfreundlich noch realitätsnah denkt.

Hinsichtlich der Konsequenzen, die sich aus einer Betriebsstätte – egal welcher Couleur – ergeben, kann auf die obigen Ausführungen bezüglich der Pflicht zur Meldung und der Einreichung einer Steuererklärung sowie dem DBA-Vorbehalt hingewiesen werden.

7.2.1.5. Mehrgemeindliche Betriebsstätten

In gewissen Fällen begründet eine Gesellschaft mehrere Betriebsstätten nach §12 AO in Deutschland. In unserem Beispiel könnte Willemien eine beschränkte Steuerpflicht der snoep b.v. in den Büros der Zuckerschnute nach § 12 Satz 1 oder Satz 2 Nr. 1 AO begründen und eine Geschäftsleitungsbetriebsstätte in ihrem Homeoffice in Schwalmtal nach § 12 Satz 2 Nr. 1 AO.

Es stellt sich die Frage, ob die Betriebsstätte in Düsseldorf und Schwalmtal als eine oder als zwei getrennte Betriebsstätten der snoep b.v. für deutsche Zwecke anzusehen ist. Eine einheitliche Betriebsstätte liegt nur dann vor, wenn ein einheitliches Ganzes besteht.[1] Hierzu bedarf es einer räumlichen, organisatorischen, technischen und wirtschaftlichen Einheit. Ist eines dieser vier Kriterien nicht erfüllt, kann nicht von einer einheitlichen Betriebsstätte ausgegangen werden.[2] Vielmehr bestehen dann selbständige Betriebsstätten. Für weitere Erklärungen zu den vier Kriterien wird auf das Schrifttum und die dort genannten Quellen verwiesen.

In unserem Beispielfall kann nicht von einer mehrgemeindlichen Betriebsstätte ausgegangen werden. Es fehlt die räumliche Einheit – immerhin sind die beiden Gebäude räumlich nicht nah beieinander. Vielmehr liegen zwischen Schwalmtal und Düsseldorf einige Kilometer.

7.2.2. Betriebsstätte der Höhe nach

7.2.2.1. Rechtsgrundlage: Betriebsstättengewinnermittlung nach nationalem Recht

Die Regeln zur Gewinnermittlung für eine Geschäftsleitungsbetriebsstätte finden sich in § 1 Abs. 5 AStG i. V. mit der Betriebsstättengewinnaufteilungsverordnung („BsGaV") wieder, welche im Wesentlichen den Prinzipien des AOA folgt, wie Saliger in Kapitel 4 für alle übrigen Betriebsstätten erläutert. Daraus ergibt sich grds. eine zweistufige Herangehensweise bei der Gewinnermittlung von Betriebsstätten: 1) Gewinnermittlung dem Grunde nach, und 2) Gewinnermittlung der Höhe nach.[3]

Bei der Anwendung der nationalen Gewinnermittlungsvorschriften ist der grundsätzliche Vorrang völkerrechtlicher Vereinbarungen (DBA) nach § 2 AO zu beachten, siehe konkrete auch § 1 Abs. 5 Satz 8 AStG. Es kann sein, dass Deutschland als Vertragspartner in DBA-Fällen lediglich ein beschränktes Besteuerungsrecht für inländische Betriebsstätten zugesprochen wird, deren Gewinn durch die einschlägigen Vorschriften des DBA abgegrenzt wurde (AOA oder andere Methoden). Durch die Anlehnung der innerstaatlichen Gewinnermittlungsvorschriften an die Abgrenzungsregeln des AOA erreicht Deutschland in solchen Fällen eine größtmögliche Ausfüllung der durch die DBA eingeschränkten Besteuerungsrechte, sofern das DBA selbst auch bereits eine den AOA umsetzende Norm enthält. In anderen Fällen erfolgt die Gewinnabgrenzung für Betriebsstätten den jeweiligen Normen des DBA und Deutschland hat durch § 1 Abs. 5 AStG offenbar eine konsensfähige Grundlage zur Gewinnermittlung geschaffen, muss aber ggf. das Schrankenrecht der DBA beachten.

1 Vgl. Tipke/Kruse, AO/FGO, 180. Erg.-Lfg. 2024, C. Mehrgemeindliche Betriebsstätten, Rz. 39.
2 Vgl. Tipke/Kruse, AO/FGO, 180. Erg.-Lfg. 2024, C. Mehrgemeindliche Betriebsstätten, Rz. 39.
3 Vgl. Kraft in Kraft, Außensteuergesetz, 2. Aufl. 2019, § 1 AStG Rz. 593.

Eine entsprechend des Schemas in § 1 Abs. 2 BsGaV durchgeführte Analyse führt einen wesentlichen Schritt näher zu der Gewinnermittlung einer Betriebsstätte und mündet schlussendlich, nach der fremdüblichen Bepreisung von anzunehmenden schuldrechtlichen Beziehungen, in der Erstellung einer Hilfs- und Nebenrechnung nach Maßgabe des § 3 BsGaV sowie ggf. in der Erstellung von Verrechnungspreis-Dokumentationen nach der Maßgabe des § 90 Abs. 3 AO.

Nun zur Geschäftsleitungsbetriebsstätte. Wann auch immer es um Geschäftsleitungsaktivitäten geht, stellen sich ganz besondere Problemstellungen hinsichtlich der diversen Zuordnungsfragen, die im Gewinnermittlungs-Schema der BsGaV aufgeworfen werden. Insgesamt steht die Frage im Raum, ob einer Geschäftsleitungsbetriebsstätte nicht immer sehr wesentliche Teile (sprich: Personalfunktionen und damit verbundene Vermögensgegenstände, Chancen und Risiken etc.) eines Unternehmens zugeordnet werden müssten, denn die Geschäftsleitung ist ja ein sehr wesentlicher und naturgemäß zentraler Aspekt eines Unternehmens.

Der Verordnungsgeber stellt in § 2 Abs. 5 Satz 2 Nr. 1 BsGaV eine entscheidende Klarstellung bereit, denn demnach können für die Zuordnung von Vermögensgegenständen, Chancen und Risiken und Geschäftsvorfällen lediglich solche Personalfunktionen maßgeblich sein, die *„nicht ... ausschließlich die allgemeine Geschäftspolitik des Unternehmens betreffen"*. Also kommt der Geschäftsleitung zwar objektiv eine gewichtige Rolle innerhalb eines Unternehmens zu, allerdings entfaltet diese Rolle keine Sogwirkung, etwa mit Bezug auf die Zuordnung materieller oder immaterieller Vermögensgegenstände oder Chancen und Risiken. Die Personalfunktion der Geschäftsleitung kann lediglich zu einer differenzierten Zuordnung entsprechend des gängigen BsGaV-Schemas führen, insofern kommt dieser Personalfunktion keine andere Beurteilung zu als anderen Personalfunktionen.

Im Folgenden werden einige klassische Realsachverhalte betreffend Geschäftsleitungsaktivitäten im Kontext des Zuordnungschemas der BsGaV erläutert.

Personalfunktionen: Diverse zuzuordnende Personalfunktionen kommen infrage, wenn ein Geschäftsleiter im Ausland tätig wird. Natürlicherweise wird einer Geschäftsleitungsbetriebsstätte die Personalfunktion der Geschäftsleitung zugeordnet, die naturgemäß eine strategische und leitende Funktion ist. Nicht selten aber sind Geschäftsleiter auch z. B. in Vertragsverhandlungen (Einkauf, Vertrieb, Beschäftigung) involviert oder beeinflussen diese wesentlich. Industrie- oder sektorspezifische Alltäglichkeiten sind besonders zu beachten, so wird z. B. der in Medizin promovierte Geschäftsleiter einer Pharma-Gesellschaft, der im Ausland tätig ist und eine Betriebsstätte begründet, ggf. eine Forschungsfunktion anziehen, oder der Manager eines Fonds in einer Geschäftsleitungsfunktion wird bei Auslandstätigkeit ggf. eine Investmententscheidungs-Funktion anziehen. In größeren Unternehmen sind solche Personalfunktionen häufig aber viel fragmentierter und es ist unwahrscheinlicher, dass eine einzige Person (der Geschäftsleiter) solche Personalfunktionen vereint. Eine detaillierte Betrachtung der tatsächlichen täglichen Aktivitäten des Geschäftsleiters wird hervorbringen müssen, welche Funktionen der Geschäftsleiter tatsächlich innerhalb einer Betriebsstätte ausübt. Zusätzlich ist zu beachten, wenn ein Geschäftsleiter z. B. zwischen Stammhaus und Betriebsstätte pendelt und Funktionen an unterschiedlichen Orten wahrnimmt. Jedenfalls bestimmen die der Geschäftsleitungsbetriebsstätte zugeordneten Personalfunktionen wesentlich, wie die übrigen Zuordnungen auszulegen sind.

Vermögensgegenstände: Bei Geschäftsleitungsaktivitäten wird es regelmäßig der Fall sein, dass materielle Vermögensgegenstände und ihre Zuordnung weniger relevant sind, jedenfalls werden regelmäßig bürobezogene Vermögensgegenstände der Geschäftsleitungsbetriebsstätte zugeordnet werden, so denn die Nutzung innerhalb der Geschäftsleitungsbetriebsstätte geschieht. Hinsichtlich immaterieller Vermögensgegenstände wird die detaillierte Identifizierung der Personalfunktionen, die einer Geschäftsleitungsbetriebsstätte zuzuordnen sind, wieder relevanter. Die Zuordnung von Kundenstämmen, technischen Wirtschaftsgütern wie Patente oder Marken erfolgt entsprechend der BsGaV der Personalfunktionen der Schaffung oder des Erwerbs solcher immateriellen Vermögensgegenstände. Zwar dürften diese regelmäßig dem übrigen Unternehmen zuzuordnen sein, allerdings kann in Einzelfällen auch eine (anteilige) Zuordnung zur Geschäftsleitungsbetriebsstätte infrage kommen.

Geschäftsvorfälle: Entsprechend des § 9 Abs. 1 Satz 1 BsGaV werden Geschäftsvorfälle derjenigen Betriebsstätte zugeordnet, die die maßgebliche Personalfunktion *beheimatet*, auf der das Zustandekommen eines Geschäftsvorfalls beruht. Die Personalfunktion der Geschäftsleitung wird naturgemäß an vielerlei Geschäftsvorfällen beteiligt sein, und sei es nur in einer zeichnenden Funktion. Das bedeutet allerdings nicht automatisch, dass jeder Geschäftsvorfall (sprich Vertrag), der von einem Geschäftsleiter gezeichnet wurde, auch der entsprechenden Betriebsstätte zugeordnet werden sollte. Vielmehr sind andere Personalfunktionen, die am Zustandekommen beteiligt waren, mit einzubeziehen und es sind entsprechende Gewichtungen nach den Grundsätzen des § 9 BsGaV vorzunehmen. So kann es sein, dass ein Geschäftsleiter mit entsprechender Vertretungsberechtigung Verträge in einer Geschäftsleitungsbetriebsstätte zeichnet, diese aber wegen anderer – gewichtigerer – Ausübung von relevanten Personalfunktionen im Stammhaus nicht der Betriebsstätte zugeordnet werden. Die klare Identifikation der tatsächlichen täglichen Aktivitäten des Geschäftsleiters, ggf. nebst der klassischen alltäglichen strategischen Arbeit, ist von äußerster Wichtigkeit.

Chancen und Risiken: Die Zuordnung von materiellen und immateriellen Vermögensgegenständen, Kapitalanlagen, sonstigen Vermögensgegenständen und Geschäftsvorfällen zieht nach sich, dass unmittelbar mit diesen in Zusammenhang stehenden Chancen und Risiken der jeweiligen Betriebsstätte zuzuordnen sind. Naturgemäß ist die „bloße" Geschäftsleitung ein Unterfangen, das Chancen und Risiken nach sich zieht. Allerdings, wie bereits erläutert, bedeutet das nicht, dass die Geschäftsleitungsbetriebsstätte wegen der dort getroffenen strategischen Entscheidungen schlussendlich immer „magnetisch" auf jegliche Chancen und Risiken wirkt. Bei zugeordneten Vermögensgegenständen oder Geschäftsvorfällen kommt es darauf an, ob eine Chance oder ein Risiko damit im Zusammenhang steht. Diese Zuordnung wird regelmäßig unkritischer sein. Allerdings gibt es auch Chancen und Risiken, die nicht so zuordenbar sind, die aber ggf. direkt auf dieser Personalfunktion beruhen, vgl. § 10 Abs. 2 Satz 1 BsGaV. Denkbar ist es z. B., dass ein Geschäftsleiter wesentliche Entscheidungen hinsichtlich der Ausweitung oder Einstellung eines Geschäfts in einem Markt oder für bestimmte Investitionen ohne wesentliche Mitwirkung anderer Personen trägt, was mit Chancen und Risiken einhergeht. Es könnte sein, dass dieser Geschäftsleitungsbetriebsstätte sodann ein spezifisches Markt- oder Investitionsrisiko (teilweise) zugeordnet würde, da diese Chancen und Risiken auf der Personalfunktion des Geschäftsleiters beruhen. Klassischerweise werden z. B. Marktrisiken aber mit Marketing- oder Vertriebsfunktionen in Verbindung gebracht, insofern ist wie auch vorher zu beachten, ob es vielleicht Gegenpole in anderen Personalfunktionen z. B. im Stammhaus gibt, die zu einer anderen (gewichteten) Zuordnung führen können.

Anzunehmende schuldrechtliche Beziehungen: Die anzunehmenden schuldrechtlichen Beziehungen bei Geschäftsleitungsaktivitäten können mannigfaltig sein, werden sich zumeist aber auf geschäftsleitungsbezogene Tätigkeiten beschränken, sofern der Geschäftsleiter nicht, wie oben beschrieben, noch weitere Personalfunktionen in sich vereint. Solche Tätigkeiten werden im Sprachgebrauch häufig als Management Dienstleistungen zusammengefasst und sind in der Welt der Verrechnungspreise ein gängiger Geschäftsvorfall, der zwischen Betriebsstätte und Stammhaus eine anzunehmende schuldrechtliche Beziehung darstellen kann. Gerade solche Dienstleistungen sollen im Folgenden näher beleuchtet werden. Hinsichtlich der detaillierten Einordnung der Management Dienstleistung vor dem Hintergrund der Gewinnabgrenzung (Verrechnungspreise) wird auf Bühl/Kley in Kapitel 7.3.2.2. verwiesen, in dem die Grundsätze des AOA in Bezug auf diese Management Dienstleistung weiter ausgeleuchtet werden. In Deutschland gelten insoweit keine anderen Grundsätze.

7.2.2.2. Anwendung: Betriebsstättengewinnermittlung nach nationalem Recht

Da Willemien durch ihre Aktivitäten eine Betriebsstätte nach nationalem Recht begründet, wird durch diese zumindest eine beschränkte Steuerpflicht ausgelöst, sofern der deutschen Betriebsstätte inländische Einkünfte zugeordnet werden und somit die Tatbestände des § 1 Abs. 4 EStG bzw. § 2 Nr. 1 KStG i. V. mit § 49 Abs. 1 Nr. 2 Buchst. a EStG erfüllt werden. Da es sich um eine Betriebsstätte handelt, findet die GewSt, wie bei rein inländischen Sachverhalten, nach Maßgabe des § 2 Abs. 1 GewStG Anwendung,

§ 2 Abs. 6 GewStG ist zu beachten. Damit ergibt es sich im Fall von Willemien die Notwendigkeit einer Gewinnermittlung für die Betriebsstätte der snoep b.v. in Deutschland.

Die Gewinnermittlung für eine solche Betriebsstätte hat prinzipiell den nationalen steuerlichen Gewinnermittlungsvorschriften zu folgen, also sind die in einer deutschen Steuererklärung üblichen Fragen zu klären. Also finden die Gewinnermittlungsvorschriften der §§ 4–7k EStG i.V. mit § 8 Abs. 1 Satz 1 KStG grds. Anwendung und § 50 Abs. 1 Satz 1 EStG muss reflektiert werden.[1] Zusätzlich sind ggf. die handels- und steuerrechtlichen Buchführungspflichten zu beachten.[2]

Um die inländischen Einkünfte der Betriebsstätte der snoep b.v. in Deutschland ermitteln zu können, ist es notwendig, dass eine den Grundsätzen des § 1 Abs. 5 AStG und der BsGaV entsprechende Gewinnermittlung nach den zuvor erläuterten Prinzipien durchgeführt wird.

Die wesentlichste Frage nach der Personalfunktion kann im Fall von Willemien recht einfach beantwortet werden. Sie tut, was eine Geschäftsleiterin tut: Unter anderem Verträge verhandeln, Anleitung an Mitarbeiter geben und Entscheidungen über Personal treffen. Jedenfalls wird sie in Deutschland nicht eigenständig wesentliche Geschäftsentscheidungen treffen oder andere Funktionen, wie z. B. die Forschung- und Entwicklung, die Produktion oder den Vertrieb, in der Art beeinflussen, dass angenommen werden könnte, dass sie eine solche Personalfunktion (teilweise) übernimmt. Ihre Tätigkeiten beschränken sich auf strategische und leitende Tätigkeiten.

Mit dieser der Betriebsstätte zugeordneten Personalfunktion kann nunmehr die Zuordnung von materiellen und immateriellen Vermögensgegenständen, Geschäftsvorfällen und Chancen und Risiken vorgenommen werden. Hinsichtlich materieller Vermögensgegenstände kommt lediglich die IT-Ausstattung von Willemien infrage, da die deutsche Betriebsstätte der snoep b.v. vornehmlich in einem Homeoffice begründet wird und somit in den seltensten Fällen Vermögensgegenstände aus dem Betriebsvermögen der snoep b.v. in dieser Betriebsstätte genutzt werden.

Aufgrund der klassischen Tätigkeiten von Willemien ist es auch wenig fraglich, ob der deutschen Betriebsstätte immaterielle Vermögensgegenstände zugeordnet werden sollten. Es gibt keine Anhaltspunkte dafür, dass Willemien gegenwärtig eine Personalfunktion ausübt, die mit der Schaffung oder dem Erwerb solcher Vermögensgegenstände zu tun hätte. Es wäre aber denkbar, dass dies in der Zukunft der Fall sein wird, wenn Willemien z. B. hinsichtlich des Erwerbs eines neuen Rezepts für eine Süßigkeit oder einer neuen Marke, *während sie in Deutschland arbeitet*, so involviert wird, dass sie eine gewichtige Personalfunktion ausübt, die der deutschen Betriebsstätte zuzuordnen

1 Vgl. Kraft in Kraft, Außensteuergesetz, 2. Aufl. 2019, § 1 AStG Rz. 593.
2 Vgl. Andresen in Wassermeyer/Andresen/Ditz, Betriebsstätten Handbuch, 2. Aufl. 2018, Rz. 4.10.

wäre. Da Willemien allerdings nicht allein vertretungsberechtigt ist und relevante strategische Entscheidungen ohnehin in Roermond getroffen werden, erscheint dieses Szenario wenig realistisch.

Zuletzt sind der Betriebsstätte auch Chancen und Risiken zuzuordnen. Der Laptop und das Handy von Willemien werden regelmäßig wenig chancen- und risikobehaftet sein, so dass sich daraus keine direkte Zuordnung von Chancen und Risiken zur Betriebsstätte ergibt. Aus der Personalfunktion der Geschäftsleitung, welche Willemien ausübt, ergeben sich ggf. Fragen der Zuordnung von unternehmerischen Risiken, wie z.B. Marktrisiken. Die strategischen Entscheidungen, die Willemien mit beeinflussen kann, haben immer zur Folge, dass diese Zuordnungsfrage aufkommt. Es ist allerdings anzunehmen, dass die strategische Einflussnahme von Willemien einen untergeordneten Einfluss auf die Annahme und Entwicklung eines solchen Risikos hat, im Vergleich zu den übrigen Einflussfaktoren wie übrige Geschäftsleiter in Roermond und Personal in Fachabteilungen. Jedenfalls wäre Willemien wohl nicht in der Lage, allein über die Einführung eines neuen Produkts zu entscheiden oder den Markteintritt in einen neuen geografischen Markt zu wagen, so dass eine Zuordnung von solchen unternehmerischen Risiken nach Deutschland zumindest fraglich ist und daher eher nicht zur Zuordnung solcher Risiken zur deutschen Betriebsstätte der snoep b.v. führt.

Mit dieser Zuordnung von Personalfunktionen, Vermögensgegenständen und Chancen und Risiken sowie übrigen Aspekten, kann nunmehr die Ableitung der anzunehmenden schuldrechtlichen Beziehungen vorgenommen werden, wobei dies im Falle von Willemien lediglich die Annahme einer Management Dienstleistung zugunsten des Stammhauses betrifft. Diesbezüglich wird auf die nachfolgenden Ausführungen von Saliger in Kapitel 4 verwiesen, welche die Bepreisung einer solchen Dienstleistung behandeln, da das Fremdvergleichen nach den Grundsätzen des § 1 AStG im Vergleich zu Art. 9 in den DBA betreffend solche Management Dienstleistungen keine anderen Grundsätze bereithält.

Schlussendlich hat die snoep b.v. über all diese Aspekte der Gewinnermittlung eine Hilfs- und Nebenrechnung nach Maßgabe des § 3 Abs. 2 BsGaV zu erstellen und darüber hinaus ggf. für die anzunehmenden schuldrechtlichen Beziehungen die einschlägigen Dokumentationspflichten des § 90 Abs. 3 AO zu erfüllen. Je nach der Höhe des Gehalts von Willemien, kann es sein, dass die zu verrechnenden Kosten inkl. Gewinnaufschlag niedriger als 600.000 € sind, so dass die Dokumentationserleichterung nach § 6 Abs. 2 GAufzV gilt.

7.3. OECD-Musterabkommen 2017/DBA Niederlande

Nun folgt der zweite Streich – die Analyse des DBA. Wenngleich viele unmittelbar ins DBA springen, sollte eine Analyse stets mit dem nationalen Recht beginnen. Dies ist dem Umstand geschuldet, dass Besteuerungsrechte nur aus dem nationalen Recht erwachsen können. Aufgabe von DBA ist die Einschränkung bzw. Zuweisung nationaler Besteuerungsrechte zur Vermeidung der sonst drohenden Doppelbesteuerung. Für unseren Fall ist das DBA Niederlande zu Rate zu ziehen. Dieses folgt für unsere Zwecke dem OECD-MA 2014.

Wie üblich sieht auch Art. 7 Abs. 1 DBA Niederlande ein ausschließliches Besteuerungsrecht des Ansässigkeitsstaates für Gewinne des Unternehmens vor, außer das Unternehmen hat im anderen Staat eine Betriebsstätte. Die Gewinne der snoep b.v. aus Deutschland dürfen also nur in den Niederlanden (und nicht von Deutschland) besteuert werden, außer die snoep b.v begründet eine Betriebsstätte nach DBA in Deutschland. Dann dürfte Deutschland den Teil der Gewinne der snoep b.v. besteuern, die der Betriebsstätte zugerechnet werden können.

Hierdurch wird sichergestellt, dass der Fiskus eines anderen Staates nicht jede wirtschaftliche Tätigkeit eines ausländischen Unternehmens in seinem Staat besteuern darf. Vielmehr müssen sich die wirtschaftlichen Aktivitäten auf dem Territorium derart intensiviert haben, dass ein gerechtfertigter steuerlicher Nexus zu diesem Land besteht.[1] Für wirtschaftliche Tätigkeiten eines Unternehmens bedarf es des Bezuges zu einem festen Ort, einem *situs*[2] in diesem Land, d. h. der Betriebsstätte nach DBA. Dies verdeutlichen auch die englischen oder französischen Begrifflichkeiten *permanent establishment* bzw. *établissement stable*. Das englische *permanent* und das französische *stable* sagen schon mehr zu der erforderten Verbindung zwischen Unternehmen und Betriebsstättenstaat aus als das deutsche „Betriebsstätte".[3] Kurzgesagt – für eine Betriebsstätte nach Art. 5 Abs. 1 OECD-MA 2017 brauchen wir einen Ort. Die reine Erbringung einer Dienstleistung reicht nicht, siehe auch Ott in Kapitel 3.

Auch in diesem Abschnitt folgt das bekannte Schema: Zuerst klären wir die Frage zum Vorliegen einer Betriebsstätte dem Grunde, d. h. eine Analyse des Art. 5 OECD-MA 2017. Daraufhin folgt die Frage der Gewinnabgrenzung zwischen Betriebsstätte und dem Stammhaus, d. h. die Frage der Betriebsstätte der Höhe nach i. S. von Art. 7 OECD-MA 2017. An dieser Stelle darf bereits verraten werden, dass diese Abgrenzung im Falle der Niederlande grds. anhand des AOA erfolgt. Beiden Themen widmen wir uns in den folgenden Unterkapiteln.

7.3.1. Betriebsstätte dem Grunde nach

Vorab an dieser Stelle nochmal der Hinweis, dass wir uns in diesem Kapitel mit der Betriebsstätte nach AO und OECD-MA beschäftigen. Für den ständigen Vertreter nach

1 Vgl. Görl in Vogel/Lehner, DBA, 6. Aufl. 2015, Art. 5 OECD-MA 2014 Rz. 2.

2 Vgl. Ziff. 6 OECD-MK 2017 zu Art. 5.

3 Vgl. Görl in Vogel/Lehner, DBA, 6. Aufl. 2015, Art. 5 OECD-MA 2014 Rz. 11.

AO bzw. die Vertreterbetriebsstätte nach OECD-MA verweisen wir Sie auf Tiede in Kapitel 5. Die Lektüre der dortigen Ausführungen empfehlen wir aus Praxissicht in jedem Fall. Sie sollten sie allerdings zumindest dann zu Rate ziehen, wenn Sie zu dem Schluss kommen, dass keine feste Geschäftseinrichtungsbetriebsstätte vorliegt. Denn das Verneinen einer festen Geschäftseinrichtungsbetriebsstätte gibt keinen Aufschluss über das Vorliegen einer Vertreterbetriebsstätte. Warum erzählen wir Ihnen das? Weil es Stimmen in der Literatur gibt, die den umgekehrten Fall theoretisch verneinen.[1] Sie argumentieren, dass es keine Vertreterbetriebsstätte mehr geben kann, wenn bereits eine feste Geschäftseinrichtungsbetriebsstätte vorliegt. Dieser Ausschluss wird auf die Reihenfolge der Absätze in Art. 5 OECD-MA zurückgeführt. Die theoretische Debatte ersparen wir Ihnen an dieser Stelle, da die Betriebsprüfungspraxis etwas anderes lehrt. Lassen Sie uns festhalten, dass die Untersuchung eines Falls hinsichtlich aller „Arten" von Betriebsstätten aus Vorsorge nicht schaden kann. Better safe than sorry.

In den folgenden Abschnitten gehen wir zuerst auf die allgemeine Definition im OECD-MA für Betriebsstätten ein, d.h. Art. 5 Abs. 1 OECD-MA. Diese Grundlage wenden wir sodann auf unseren hypothetischen Fall an. Daraufhin widmen wir uns den in Art. 5 Abs. 2 OECD-MA genannten Regelbeispielen zu der Betriebsstätte nach Art. 5 Abs. 1 OECD-MA. Dies ist vor allem hinsichtlich der in diesem Kapitel thematisieren Geschäftsleitungsbetriebsstätte von Belang. Denn in Art. 5 Abs. 2 OECD-MA findet sich das Regelbeispiel „Ort der Leitung". Auch diese Regelungen wenden wir auf unseren Fall an und schauen, ob die Geschäftsführerin der niederländischen snoep b.v. in ihrem Homeoffice oder den Räumlichkeiten der Tochtergesellschaft einen Ort der Leitung und damit eine Betriebsstätte der niederländischen Gesellschaft in Deutschland begründet.

Noch eines vorab: Einer der großen Unterschiede zwischen der AO und DBA liegt in Art. 5 Abs. 4 OECD-MA – dem Negativkatalog und sogenannten Hilfs- und Nebentätigkeiten. Sind die Voraussetzungen dieses Artikels erfüllt, greift die Rechtsfiktion, dass die Betriebsstätte nicht als Betriebsstätte gilt. Für die Regelungen zu diesem Artikel verweisen wir auf die Ausführungen von van der Ham in Kapitel 13.

7.3.1.1. Rechtsgrundlage: Art. 5 Abs. 1 OECD-MA – Feste Geschäftseinrichtung

Zuerst die Definition der Betriebsstätte in Art. 5 Abs. 1 OECD-MA 2017:

> *Eine Betriebsstätte ist eine feste Geschäftseinrichtung, durch die die Tätigkeit eines Unternehmens ganz oder teilweise ausgeübt wird.*

Das Vorhandensein einer Definition im OECD-MA 2017 ist bedeutsam. Denn für die Auslegung von Begriffen, die im OECD-MA 2017 definiert sind, darf nur unter gewissen

1 Vgl. Görl in Vogel/Lehner, DBA, 6. Aufl. 2015, Art. 5 OECD-MA 2014 Rz. 6.

Voraussetzungen auf innerstaatliches Recht zurückgegriffen werden, vgl. Art. 3 Abs. 2 OECD-MA 2017. Die Betriebsstätte nach OECD-MA 2017 ist daher nicht die Betriebsstätte nach AO, auch wenn die Wörter identisch sind.[1] Die Auslegung von DBA hat dem teleologischen Ansatz zu folgen. Es ist also nach dem Sinn und Zweck der Norm zu suchen.[2] Dies wird in Art. 3 Abs. 2 OECD-MA 2017 vorgeben.

Sezieren wir Art. 5 Abs. 1 OECD-MA 2017. Zuerst benötigen wir ein „Unternehmen". Dieses muss eine „Geschäftseinrichtung" haben, die sowohl in räumlicher und zeitlicher Hinsicht „fest" ist. Außerdem bedarf es der zumindest teilweisen „Ausübung einer Unternehmenstätigkeit" durch diesen Ort. Ferner verlangt die herrschende Meinung eine Verfügungsmacht des Unternehmens über die feste Geschäftseinrichtung. Diese Kriterien dürften Ihnen aus der AO bekannt vorkommen, müssen jedoch für die Zwecke des DBA autonom ausgelegt werden.

7.3.1.1.1. Unternehmen

Für die Begründung einer Betriebsstätte nach DBA, bedarf es eines *Unternehmens* nach DBA. Das klingt logisch, kann in gewissen Konstellationen allerdings kompliziert werden. Allgemein kann man jedoch festhalten, dass der Unternehmens-Begriff im OECD-MA 2017 für die meisten gängigen opaken (d. h. nicht-transparenten) Rechtsformen i. d. R. kein Hindernis darstellt.

Doch wo könnten Schwierigkeiten bei dem Begriff *Unternehmen* liegen? Dies liegt an der Auslegung des Begriffs „Unternehmen" selbst. Der Versuch der Auslegung wird Sie zu Art. 3 und 4 OECD-MA 2017 führen. Kurzgesagt muss das *Unternehmen* eine *Person* i. S. von Art. 3 OECD-MA 2017 und in dem anderen Staat i. S. von Art. 4 OECD-MA 2017 *ansässig* sein. Diese Prüfung wird Sie in das nationale Recht des Staates verweisen. Denn nach Art. 4 Abs. 1 OECD-MA ist eine ansässige *Person* eine *Person, die nach dem Recht dieses Staates dort aufgrund ihres Wohnsitzes, ihres ständigen Aufenthalts, des Ortes ihrer Geschäftsleitung, des Ortes ihrer Gründung oder eines anderen ähnlichen Merkmals steuerpflichtig ist.* Im Zweifel entscheidet so Art. 4 Abs. 3 OECD-MA 2017 den *Ort ihrer tatsächlichen Geschäftsleitung*. Dieser Begriff findet keine eigene Definition in nach OECD-MA 2017 gestrickten DBA. Was der Ort der tatsächlichen Geschäftsleitung ist, muss daher autonom im Sinn und Zweck des DBA ausgelegt werden.

7.3.1.1.2. Feste Geschäftseinrichtung

Ferner verlangt der Wortlaut, dass das Unternehmen seine Tätigkeit zumindest teilweise durch eine *feste Geschäftseinrichtung* ausübt. Wir benötigen also eine *Geschäfts-*

1 Görl in Vogel/Lehner, DBA, 6. Aufl. 2015, Art. 5 OECD-MA 2014 Rz. 8.
2 Görl in Vogel/Lehner, DBA, 6. Aufl. 2015, Art. 5 OECD-MA 2014 Rz. 8.

einrichtung und diese muss *fest* sein. Fest lässt sich wiederum in eine räumliche und eine zeitliche Komponente eingliedern.

7.3.1.1.2.1. Räumlicher Aspekt

Der Begriff Geschäftseinrichtung ist im OECD-MA 2017 nicht definiert. In § 12 AO ist von *fester Geschäftseinrichtung* oder *Anlage* die Sprache. Zwischen diesen Begriffen soll kein sachlicher Unterschied bestehen. Anlagen sollen eine Unterart von Geschäftseinrichtungen darstellen.[1] Für die Auslegung des Begriffs im OECD-MA 2107 wird in der Literatur auf schöne Umschreibungen wie *„eine Sachgesamtheit von dem Unternehmen dienenden körperlichen Gegenständen (Sachen)“* verwiesen.[2] Tatsächlich kann es sich dabei um *“any premises, facilities or installations”* handeln.[3] Was zählt, ist, dass dort die Tätigkeit des Unternehmens zumindest teilweise ausgeübt wird.[4] Hinsichtlich dieses Ortes kommt es nur darauf an, dass dem Unternehmen dieser Ort für seine Geschäftstätigkeit zur Verfügung steht.[5] Zum Kriterium der Verfügungsmacht unten mehr. In der Regel dürfte es sich um normale Räumlichkeiten handeln. An dieser Stelle wollen wir es dabei belassen, auf folgende Abgrenzung hinzuweisen: Eine Geschäftseinrichtung ist (noch) ein materieller Ort. Immaterielle Wirtschaftsgüter, z. B. Webseiten sind keine Geschäftseinrichtung.[6] Rechte, Forderungen oder Immaterialgüterrechte wie Patente, Software usw. begründen keine Betriebsstätte.[7] Man darf u. E. allerdings gespannt sein, wie sich dies vor dem Hintergrund der Entwicklung virtueller Räumlichkeiten wie dem Multiverse verhält.

Erlauben Sie uns noch einen kleinen Exkurs zu der Frage der Festigkeit eines Ortes. Hier haben sich in der Praxis nämlich spannende Fragen gestellt. Ausreichend für die geforderte Festigkeit ist eine Beziehung zwischen der Geschäftseinrichtung und einem *spezifischen geographischen Punkt*.[8] Bei einem normalen Gebäude ergeben sich hier keine Besonderheiten. Doch wie steht es mit einem (dauerhaft anliegendem) Schiff, einem mobilen Hafenkran, einem Marktstand, einer Bohrinsel oder dem Ausstrahlungsgebiet eines Satelliten? Der interessierte Leser sei auf die einschlägige Literatur verwiesen.[9]

1 Vgl. Wassermeyer/Kaeser in Wassermeyer, DBA, 164. Erg.-Lfg. 2024, Art. 5 OECD-MA 2017 Rz. 31.
2 Vgl. Wassermeyer/Kaeser in Wassermeyer, DBA, 164. Erg.-Lfg. 2024, Art. 5 OECD-MA 2017 Rz. 30.
3 Vgl. Ziff. 10 OECD-MK 2017 zu Art. 5.
4 Vgl. Ziff. 10 OECD-MK 2017 zu Art. 5.
5 Vgl. Ziff. 11 OECD-MK 2017 zu Art. 5.
6 Vgl. Wassermeyer/Kaeser in Wassermeyer, DBA, 164. Erg.-Lfg. 2024, Art. 5 OECD-MA 2017 Rz. 30.
7 Vgl. Görl in Vogel/Lehner, DBA, 6. Aufl. 2015, Art. 5 OECD-MA 2014 Rz. 13.
8 Vgl. Ziff. 21 OECD-MK 2017 zu Art. 5.
9 Vgl. Görl in Vogel/Lehner, 6. Aufl. 2015, Art. 5 OECD-MA 2014 Rz. 15.

7.3.1.1.2.2. Zeitlicher Aspekt

Art. 5 OECD-MA 2017 gibt mit Ausnahme von Bau- oder Montagetätigkeiten nicht vor, ab wann eine Betriebsstätte nach DBA vorliegt. Aus dem Begriff *fest* lässt sich allerdings ableiten, dass es einer gewissen Dauer bedarf. Es braucht mehr als einen nur vorrübergehenden Charakter. Anderenfalls würde die allgemeine Verkehrsauffassung bei einem Ort wohl nicht davon ausgehen, dass dieser Ort *fest* ist. Der Ort muss dem *Unternehmen mit einer gewissen Beständigkeit zu dienen bestimmt sein,*[1] so die Literatur. Dies soll sich nach *branchentypischen Gegebenheiten* richten.[2] Es kommt also auf den Einzelfall an. In der Praxis hat sich jedoch herausgestellt, dass viele Staaten ab einer Dauer von sechs Monaten von einer Betriebsstätte ausgehen.[3] Dem schließt sich auch die deutsche Finanzverwaltung an.[4] Für die Berechnung der Zeit ist auf die Absicht des Unternehmens abzustellen. Wurde eine Tätigkeit in der Absicht begonnen, sie dauerhaft durchzuführen, wäre das zeitliche Element ab Anfang der Tätigkeit erfüllt.[5] Allerdings kann ein Ort auch rückwirkend zur Betriebsstätte werden. Dies nämlich dann, wenn ein Ort länger genutzt wurde, als dies anfänglich gedacht war.[6] Eine Betriebsstätte endet entweder durch die Aufgabe der Unternehmenstätigkeit an diesem Ort oder durch den Verlust der Verfügungsmacht.[7] Wie steht es um Unterbrechungen? Die Zeit hört nur auf zu laufen, wenn die Existenz der Betriebsstätte verloren geht – eine reine Unterbrechung der unternehmerischen Tätigkeit stoppt die Uhr hingegen nicht.[8] Auch bei dem zeitlichen Element ergeben sich spannende Fälle, für deren Lektüre wir Sie auf die Literatur verweisen.

7.3.1.1.3. Unternehmenstätigkeit

Wie von der Legaldefinition gefordert, muss das Unternehmen seine *Unternehmenstätigkeit* zumindest teilweise durch die feste Geschäftseinrichtung ausüben. Zu diesem Kriterium lässt sich recht wenig sagen, weswegen es auch in der Literatur wenig Aufmerksamkeit genießt. Es scheint bislang ein unproblematisches Kriterium zu sein. Es ist auch in nach OECD-MA 2017 modellierten DBA selbst definiert. So heißt es in Art. 3 OECD-MA 2017, dass sich der Ausdruck „Unternehmen" auf die Ausübung einer Geschäftstätigkeit bezieht und der Ausdruck „Geschäftstätigkeit" die Ausübung einer frei-

1 Vgl. Görl in Vogel/Lehner, 6. Aufl. 2015, Art. 5 OECD-MA 2014 Rz. 19.
2 Vgl. Görl in Vogel/Lehner, 6. Aufl. 2015, Art. 5 OECD-MA 2014 Rz. 19, m. w. N.
3 Vgl. Ziff. 6 OECD-MK 2017 zu Art. 5; siehe auch Görl in Vogel/Lehner, DBA, 6. Aufl. 2015, Art. 5 OECD-MA 2014 Rz. 19, m. w. N.
4 Vgl. VWG Betriebsstätten Tz. 1.2.1.1.
5 Vgl. Ziff. 53 OECD-MK 2017 zu Art. 5.
6 Vgl. Ziff. 53 OECD-MK 2017 zu Art. 5.
7 Vgl. Ziff. 10 und 56 OECD-MK 2017 zu Art. 5.
8 Vgl. Görl in Vogel/Lehner, DBA, 6. Aufl. 2015, Art. 5 OECD-MA 2014 Rz. 58.

beruflichen oder sonstigen selbständigen Tätigkeit miteinschließt. Im Ergebnis ist dies also ein sehr weit gefasster Ausdruck.

7.3.1.1.4. Verfügungsmacht

Nun zum ungeschriebenen Tatbestandsmerkmal der Betriebsstätte nach Art. 5 Abs. 1 OECD-MA 2017 – der Verfügungsmacht. Es ist ungeschrieben, da es dem Wortlaut des Absatzes nicht entnommen werden kann. Doch wie bei § 12 AO ist dies einer der wesentlichen konstitutiven Dreh- und Angelpunkte der Betriebsstätte. Bevor wir auf die Auslegung der Verfügungsmacht nach OECD-MA eingehen, wollen wir Sie darauf hinweisen, dass dieses Kriterium nicht per se unbestritten ist. In *Wassermeyer* wird folgende Meinung zum konstitutiven Kriterium der Verfügungsmacht vertreten. Eine (Minder-)Meinung, die wir Ihnen nicht vorenthalten wollen:[1]

> *Diese Auffassung [zum Erfordernis der Verfügungsmacht] löst jedoch Widersprüche aus. Sie lässt sich weder aus dem Wortlaut noch aus dem Sinn des Art. 5 ableiten (so schon Zitzlaff StuW 1940 Sp. 88). Nach ihrem Wortlaut verlangt die Vorschrift nur, dass die Tätigkeit eines Unternehmens mit Ständigkeit zumindest teilweise in einer festen Geschäftseinrichtung ausgeübt wird. Daraus kann nicht geschlossen werden, dass der Unternehmer oder das Unternehmen Verfügungsmacht über die Geschäftseinrichtung haben muss. Die Tätigkeit muss sich ledigl. als eine solche des Unternehmens darstellen. Es ist auch unklar, welcher Art die Verfügungsmacht sein soll.*

Wassermeyer et al erkennen jedoch auch an, dass sie nicht die h. M. vertreten. Diese setzt voraus, dass das Unternehmen *eine nicht nur vorübergehende Verfügungsmacht des Unternehmers über die Geschäftseinrichtung hat.*[2] Hierbei muss es sich nicht um eine alleinige Verfügungsmacht handeln. Das bloße Tätigwerden in fremden Räumen soll noch keine Betriebsstätte begründen, so der BFH in einer Reihe von Urteilen.[3] Die Regelmäßigkeit der Benutzung macht den Unterschied. Die Verfügungsmacht über den Ort muss auch nicht auf einem Recht, z. B. Miete oder Eigentum, beruhen – auch ein illegal besetzter Ort kann eine feste Geschäftseinrichtung i. S. von Art. 5 Abs. 1 OECD-MA begründen.[4] Für die Annahme einer festen Geschäftseinrichtung genügt es, wenn das Unternehmen einen bestimmten Ort für seine Geschäftsaktivitäten zur Verfügung hat.[5] Dies bedeutet jedoch nicht, dass die bloße Präsenz an einem Ort genügt, um eine Verfügungsmacht anzunehmen.[6] Es bleibt eine Einzelfallanalyse, aber im Kern kommt es

1 Vgl. Wassermeyer/Kaeser in Wassermeyer, DBA, 164. Erg.-Lfg. 2024, Art. 5 OECD-MA 2017 Rz. 42.
2 Vgl. Wassermeyer/Kaeser in Wassermeyer, DBA, 164. Erg.-Lfg. 2024, Art. 5 OECD-MA 2017 Rz. 42, m. w. N.
3 Vgl. Wassermeyer/Kaeser in Wassermeyer, DBA, 164. Erg.-Lfg. 2024, Art. 5 OECD-MA 2017 Rz. 43.
4 Vgl. Ziff. 11 OECD-MK 2017 zu Art. 5.
5 Vgl. Ziff. 11 OECD-MK 2017 zu Art. 5.
6 Vgl. Ziff. 12 OECD-MK 2017 zu Art. 5.

der OECD hinsichtlich der Verfügungsmacht auf die *tatsächliche Macht* des Unternehmens zur Benutzung des Ortes an.[1] Es bedarf übrigens keiner alleinigen Verfügungsmacht – es können mehrere allein oder gemeinsam die Verfügungsmacht haben.[2] Hierzu ist allerdings erforderlich, dass die Räumlichkeiten jedem, auch während seiner Abwesenheit, zur Verfügung stehen.[3]

Der Fall eines von mehreren Taxiunternehmern gemeinsam genutzten Büros, mit eigenen abschließbaren Rollcontainer, fasst die derzeitige deutsche Auslegung zum Thema Verfügungsmacht nach OECD-MA 2017 gut zusammen. So schreibt das FG:[4]

> *...Das Büro der [u.a. deutschen] Taxiunternehmer [in der Schweiz] steht dem [deutschen] Kläger [in der Schweiz] auch dauerhaft zur Verfügung. Unschädlich ist, dass ihm von den in dem Büroraum der Taxiunternehmer befindlichen drei Schreibtischen keiner zur alleinigen und ausschließlichen Nutzung zugewiesen ist, sondern es theoretisch möglich ist, dass an dem mit einem PC, Bildschirmen und einem Telefon ausgestatteten Schreibtisch, den der Kläger regelmäßig nutzt, während seiner Abwesenheit auch ein anderer der zwei weiteren mit Geschäftsadresse unter der Taxi-Genossenschaft gemeldeten Taxiunternehmer dort seinen administrativen Tätigkeiten nachgehen könnte (wobei dies nach den Schilderungen des Klägers allerdings tatsächlich nicht vorkommt, weil die anderen Taxiunternehmer Schweizer sind und ihre Verwaltungsaufgaben zu Hause erledigen). Denn die hier vorliegende Mitnutzungsmöglichkeit des Arbeitsplatzes begründet im Falle des Klägers deshalb eine ausreichende dauerhafte Verfügungsmacht,* ***weil sie sich durch den ausschließlich dem Kläger überlassenen Standcontainer, der mit dem Firmenschild des Klägers beschriftet ist und zu dem nur der Kläger Schlüsselgewalt hat,*** *besonders manifestiert... In diesem Standcontainer bewahrt der Kläger betriebliche Unterlagen wie Kundenkarten, Kreditabrechnungen der Großkunden, Tachoscheiben und Kontrollkarten, die der Überprüfung von Fahrtzeiten und Ruhepausen der Fahrer dienen und zunächst im Fahrzeug mitzuführen sind....*

7.3.1.1.5. Exkurs: Homeoffice als feste Geschäftseinrichtungsbetriebsstätte nach Art. 5 Abs. 1 OECD-MA 2017

Wie oben für die Zwecke von § 12 Satz 1 AO festgestellt, verneinen die deutsche Rechtsprechung und die Finanzverwaltung die Verfügungsmacht eines Unternehmens über das Homeoffice eines normalen Angestellten. Doch wie verhält es sich auf DBA-Ebene? Zu der Frage, ob ein Homeoffice eine Betriebsstätte nach Art. 5 Abs. 1 OECD-MA begrün-

1 Vgl. Ziff. 12 OECD-MK 2017 zu Art. 5.

2 Vgl. Görl in Vogel/Lehner, DBA, 6. Aufl. 2015, Art. 5 OECD-MA 2014 Rz. 18.

3 Vgl. Görl in Vogel/Lehner, DBA, 6. Aufl. 2015, Art. 5 OECD-MA Rz. 27.

4 Vgl. FG Baden-Württemberg, Urteil v. 14.10.2021 - 3 K 589/19 JAAAH-96945, Rz. 70.

den kann, hat die OECD im Rahmen der Erneuerung des OECD-MK 2017 in Tz. 18 eine eigene Passage aufgenommen. Anders als die deutsche Auslegung für die Zwecke von § 12 AO lassen die OECD-Staaten hier verlautbaren, dass ein Homeoffice, wenngleich zögerlich, unter gewissen Voraussetzungen eine Betriebsstätte begründen kann. So schreibt man zuerst, dass die Benutzung des Homeoffice nicht automatisch zur Annahme der erforderlichen Verfügungsmacht seitens des Unternehmens über das Homeoffice führen kann. Ferner geht man davon aus, dass ein Homeoffice i. d. R. nur inzidentell und gelegentlich benutzt werden würde und daher keine Betriebsstätte begründen sollte. Diese Annahme gilt es spätestens seit COVID-19 zu hinterfragen. Die nächste Version des OECD-MK dürfte an dieser Stelle mit einer realitätsnäheren Formulierung aufwarten. Die OECD stellte jedoch bereits 2017 explizit folgende Kriterien für die Annahme einer Betriebsstätte auf: Sie zielt zum einen auf das Zeitkriterium, d. h. die Regelmäßigkeit der Nutzung, und zum anderen auf den Grund der Nutzung ab. Für Letzteres ist für die OECD relevant, ob das Unternehmen seinen Mitarbeiter zur Nutzung des Homeoffice instruiert (englisch: *instructed*) hat. Eine Verpflichtung in diesem Sinne wird angenommen, wenn das Unternehmen dem Mitarbeiter keinen geeigneten Arbeitsplatz (mehr) zur Verfügung stellt. Bedauerlicherweise erklärt die OECD (noch) nicht, ob der Wunsch des Mitarbeiters bei der Beurteilung der Verfügungsmacht eine Rolle zu spielen hat. Dies wäre jedoch wünschenswert, um das Auseinanderklaffen der Ansichten zu vermeiden, vgl. Halbacher/Ruhmer in Kapitel 8. So sieht Österreich in dem Homeoffice beispielsweise eine Betriebsstätte, sobald mehr als 20 % der Arbeitszeit von dort erbracht werden. Deutschland verneint die Verfügungsmacht für gewöhnliche Angestellte generell. Schweden stellt teilweise auf den persönlichen Wunsch des Mitarbeiters ab.

Erwähnenswert ist jedoch, dass Deutschland keine Bemerkung zu besagtem Abschnitt zum Homeoffice im OECD-MK gemacht hat. In der Wilhelmstraße scheint man daher mit der Auslegung – und der Konsequenz der pro-Betriebsstätten Auslegung – leben zu können. Konkret bedeutet dies, dass sich Deutschland nicht gegen die Annahme einer Betriebsstätte im Ausland zu sperren scheint. Allerdings wird die Zukunft zeigen, ob man sich tatsächlich auf die im OECD-MA vorgesehene Methode zur Vermeidung der Doppelbesteuerung wird berufen können oder Deutschland seine Auslegung auch auf ausländische Sachverhalte projizieren wird. Zu befürchten ist derzeit jedenfalls, dass Deutschland auch auf dem Gebiet der Homeoffice-als-Betriebsstätte-Frage einen fraglichen „German way“ geht.

7.3.1.2. Anwendung: Art. 5 Abs. 1 OECD-MA

7.3.1.2.1. Willemien Netjes Homoffice

Das Homeoffice von Willemien in Schwalmtal begründet bereits nach nationalem Recht mangels Verfügungsmacht keine Betriebsstätte der snoep b.v. in Deutschland, siehe Halbacher/Ruhmer in Kapitel 8. Daher muss der Sachverhalt nicht nach OECD-MA gewürdigt werden.

Würde man den Fall in ein ausländisches Homeoffice verlagern und hypothetisch das OECD-MA 2017 zu Rate ziehen, dürfte der Fall ähnlich ausfallen, d.h., das Homeoffice sollte keine Betriebsstätte begründen. Wir erinnern uns: Die OECD fragt nach der Regelmäßigkeit und nach dem Grund für die Nutzung (englisch: *instructed*). Willemien arbeitet drei Tage die Woche aus dem Homeoffice. Dies ist sicherlich regelmäßig. Nun die Frage nach dem Grund. Willemien arbeitet aus vollkommen freien Stücken aus dem Homeoffice. Es kann nicht davon gesprochen werden, dass Willemien dazu instruiert wurde, aus dem Homeoffice – und nicht aus dem Büro in Roermond – zu arbeiten. In Ihrem Fall spräche auch das Regelbeispiel zur Klärung der Instruktionsfrage gegen eine Betriebsstätte. Immerhin hat Willemien auch in den Niederlanden ein Büro, was sie für die Geschäftstätigkeiten nutzen kann.

Wie eingehend erwähnt, gehen wir in diesem Kapitel nicht auf den Negativkatalog von Art. 5 Abs. 4 OECD-MA ein. Hierzu verweisen wir auf die Ausführungen von van der Ham in Kapitel 13. Es dürfte jedoch für sich sprechen, dass Willemien's Arbeit im Homeoffice weder Tätigkeiten von vorbereitender Art noch Hilfstätigkeiten sind. Daher erübrigt sich diese Prüfung.

7.3.1.2.2. Mögliches Büro in Düsseldorf

Willemien überlegt Zugang zum Büro der Tochtergesellschaft, der Zuckerschnute GmbH, in Düsseldorf zu erhalten. Hier würde sie ca. einen Tag die Woche arbeiten. Wie oben beschrieben würde dies eine Betriebsstätte der snoep b.v. nach § 12 Satz 1 AO in den Räumen der Zuckerschnute GmbH auslösen. Daher die Frage nach der DBA-Position bzw. einer Prüfung von Art. 5 Abs. 1 OECD-MA 2017, dem für unsere Zwecke auch das DBA Niederlande folgt. Bei der snoep b.v. handelt es sich um ein Unternehmen i. S. des DBA Niederlande, da die b.v. eine ansässige Person in einem Vertragsstaat (Niederlande) i. S. der Art. 3 und 4 DBA Niederlande ist. Ferner ist das Büro in Düsseldorf eine Geschäftseinrichtung. Immerhin ist es eine *Sachgesamtheit von dem Unternehmen dienenden körperlichen Gegenständen*. Diese Geschäftseinrichtung ist auch fest – fest in räumlicher und zeitlicher Hinsicht. Immerhin sind die Räume fest mit dem Boden verbunden und werden voraussichtlich nicht nur kurzfristig für die Geschäftstätigkeiten genutzt. Auch würden die Unternehmenstätigkeiten der snoep b.v. durch Willemien durch diesen Ort zumindest teilweise (aber regelmäßig) ausgeübt. Bleibt die Frage nach der Verfügungsmacht. Auch dies kann bejaht werden, wenn Willemien die *tatsächliche Macht* bekommen wird, das Düsseldorfer Büro für ihre Zwecke – d.h. die Geschäftstätigkeit der snoep b.v. – zu nutzen. Immerhin wird sie tatsächlichen Zutritt zu den Räumen bekommen. Sie wird dort alles nutzen können, um ihren Geschäften nachzugehen. Sie wird nicht wie ein Gast behandelt werden – denn ein Gast wird eingeladen. Einem Gast ist auch bewusst, dass er sich nicht nach Lust und Laune an allem bedienen darf. Ein Gast ist anfangs eben nicht zuhause. Die Situation von Willemien in Düsseldorf wäre von Anfang an anders – sie könnte sich wie zuhause fühlen. Es dürfte auch keinen Unterschied machen, ob man ihr einen eigenen festen Schreibtisch zuweist oder nicht. Denn der Geschäftsort (die Büros) bliebe auch während Willemien's Abwesenheit bestehen. Willemien würde lediglich ihre Geschäftstätigkeit in dem Düsseldorfer Büro für die anderen vier Arbeitstage unterbrechen. Solche Unterbrechungen, wie oben dargelegt, durchbrechen die Verfügungsmacht nicht.

Für Ausführungen zum Negativkatalog von Art. 5 Abs. 4 OECD-MA 2017 verweisen wir wiederum auf van der Ham in Kapitel 13. Willemien's Arbeiten im Düsseldorfer Büro dürften jedoch weder Tätigkeiten von vorbereitender Art noch Hilfstätigkeiten darstellen. Daher erübrigt sich diese Prüfung.

7.3.1.3. Rechtsgrundlage: Art. 5 Abs. 2 OECD-MA 2017 – Fiktionen

Art. 5 Abs. 2 OECD-MA 2017[1] besagt, soweit für unsere Zwecke von Relevanz:

Der Ausdruck „Betriebsstätte" umfasst insbesondere

- *einen Ort der Leitung;*
- ...

Bei den in Art. 5 Abs. 2 OECD-MA 2017 genannten Beispielen handelt es sich um sogenannte Regelbeispiele für Betriebsstätten i. S. von Art. 5 Abs. 1 OECD-MA 2017. Die Aufzählung ist nicht abschließend, wie aus dem Ausdruck „insbesondere" folgt.[2]

Im Vergleich zu § 12 Satz 2 AO muss der *Ort der Leitung* daher die Voraussetzungen von Art. 5 Abs. 1 OECD-MA 2017 erfüllen. Insbesondere muss daher für den *Ort der Leitung* auch das Kriterium der Verfügungsmacht erfüllt sein.[3]

Doch was ist nun ein *Ort der Leitung*? Der Begriff ist im OECD-MA nicht definiert. Er bedarf also wiederum einer autonomen Auslegung.

1 Hinweis: tatsächlich ist diese Formulierung schon in der ersten Fassung von 1963 zu finden, vgl. https://read.oecd-ilibrary.org/taxation/draft-double-taxation-convention-on-income-and-capital_9789264073241-en#page34.

2 Vgl. Ziff. 45 OECD-MK 2017 zu Art. 5.

3 Vgl. Tipke/Kruse, AO/FGO, 180. Erg.-Lfg. 2024, I. Allgemeines, Rz. 23, m. w. N.; Ziff. 12 OECD-MK 2017 zu Art. 5; Schönfeld/Ditz, DBA, 2. Aufl. 2019, Art. 5 OECD-MA Rz. 72.

Zuerst gilt es, den *Ort der Leitung* i.S. des Art. 5 Abs. 2 OECD-MA 2017 von dem *Ort der Geschäftsleitung* i.S. des Art. 4 Abs. 1 OECD-MA 2017 und von dem *Ort der tatsächlichen Geschäftsleitung* i.S. des Art. 4 Abs. 3 OECD-MA 2017 abgegrenzt werden. Letztere, d.h. der Ort der Geschäftsleitung und der Ort der tatsächlichen Geschäftsleitung, finden sich in Art. 4 OECD-MA 2017 und regeln Fragen der Ansässigkeit. Dies ist wiederum relevant für die Bestimmung der Zuweisung des Ansässigkeitsstaates. Wir erinnern uns: Art. 7 OECD-MA 2017 weist das exklusive Besteuerungsrecht dem Ansässigkeitsstaat einer Person zu – außer, es liegt eine Betriebsstätte im anderen Staat vor. Art. 4 Abs. 1 OECD-MA 2017, der *Ort der Geschäftsleitung*, verweist auf das nationale Recht. Dies wäre in Deutschland wohl § 10 AO.[1] Der *Ort der tatsächlichen Geschäftsleitung* i.S. des Art. 4 Abs. 3 OECD-MA 2017 ist autonom nach den DBA auszulegen. Dieser Begriff soll von der Vorstellung geprägt sein, dass jedes Unternehmen höchstens und mindestens *einen* Ort ihrer Geschäftsleitung hat. Wie gesagt sind die Begriffe relevant für die Definition eines Ansässigkeitsstaates. Diesen gilt es stets zuerst zu bestimmen. Bei dem *Ort der Leitung* geht es um eine Betriebsstätte, die es geben kann, aber nicht muss. Dieser *Ort der Leitung* kann sich, als Betriebsstätte, qua Definition nicht im Ansässigkeitsstaat befinden. Doch was ist nun der *Ort der Leitung* i.S. von Art. 5 Abs. 2 OECD-MA 2017 und wie unterscheiden sich *Geschäftsleitung* i.S. von Art. 4 OECD-MA 2017 von dem *Ort der Leitung* i.S. von Art. 5 Abs. 2 OECD-MA 2017? Grundsätzlich ist der Ort der Leitung breiter und umfasst mehr als die Geschäftsleitung.[2] Ein Ort der Leitung kann sich auch nur auf einen Teilbereich des Unternehmens erstrecken, z.B. hinsichtlich der technischen, personellen, finanziellen oder sonstigen Leitung.[3] Quasi für jedes „C" in Chief Officer könnte es einen Ort der Leitung geben. Dadurch wird auch klar, dass es mehrere Orte der Leitung im Sinne des Betriebsstättenbegriffs geben kann. Jeder Ort, von dem ständig Leitungsaufgaben für ein Unternehmen erledigt werden, kann dessen Betriebsstätte sein.[4] Doch dies gilt nicht für jeden Mitarbeiter – es muss um einen Ort zur Erfüllung der Leitungsaufgaben gehen. Aufgaben, die die Unternehmensspitze (besagte C-Level) betreffen.[5] Es geht also nur um die Personen, die das Unternehmen leiten. Manager, Head-of etc. sind Personen, die hinter der Unternehmensleitung stehen. Sie sind im Verhältnis zur Unternehmensspitze nachgelagert. Nachgelagerte Mitarbeiter können daher keinen *Ort der Leitung* begründen. Der Ort der Leitung ist der Ort, wo die leitende Person Entscheidungen von einigem Gewicht trifft.[6] Der Umfang der Aktivitäten ist unbeachtlich. Wenngleich die Geschäftsaktivitäten und Administration eines

1 Vgl. Wassermeyer/Kaeser in Wassermeyer, DBA, 164. Erg.-Lfg. 2024, Art. 5 OECD-MA 2017 Rz. 64.

2 Görl in Vogel/Lehner, DBA, 6. Aufl. 2015, Art. 5 OECD-MA 2014 Rz. 18.

3 Vgl. Ziff. 24 OECD-MK 2017 zu Art. 5.

4 Vgl. Schönfeld/Ditz, DBA, 2. Aufl. 2019, Art. 5 OECD-MA Rz. 75.

5 Vgl. Wassermeyer/Wassermeyer/Kaeser OECD-MA 2017 Art. 5 Rn. 67.

6 Vgl. RFH, Urteil v. 3.7.1936 - I A 150/36, RStBl 1936 S. 804; RFH, Urteil v. 23.6.38 - III 40/38, RStBl 1938 S. 949.

niederländischen Unternehmens fast vollständig durch einen deutschen Steuerberater ausgeübt werden, wird das Büro des deutschen Steuerberaters zumindest nicht zum *Ort der Leitung* der niederländischen Gesellschaft.[1]

7.3.1.4. Anwendung: Art. 5 Abs. 2 OECD-MA

Klären wir zuerst die Frage nach Ansässigkeit der snoep b.v. nach Art. 4 Abs. 1 DBA Niederlande. Eine in einem Vertragsstaat ansässige Person ist eine Person, die nach dem Recht dieses Staates dort aufgrund ihres Wohnsitzes, ihres ständigen Aufenthalts, des Ortes ihrer Geschäftsleitung, des Ortes ihrer Gründung oder eines anderen ähnlichen Merkmals steuerpflichtig ist. In den Niederlanden ist die snoep b.v. steuerplichtig aufgrund des Ortes der Gründung, Art.1, 2(1)a *wet vbp* 1969[2] (NL-KStG).

Doch was wäre, wenn Deutschland ebenfalls eine unbeschränkte oder beschränkte Steuerpflicht nach deutschem Recht annehmen würde? Könnte Deutschland sich dann für die Zwecke der Frage der Ansässigkeit auf den „*Ort der Geschäftsleitung*" nach Art. 4 Abs.1 DBA Niederlande[3] berufen? Wie gesagt, wäre dieser Ort der Geschäftsleitung nach nationalem Recht, hier also § 10 AO, zu klären. Dieser fragt nach dem *Mittelpunkt der geschäftlichen Oberleitung*. Es kann denklogisch nur einen Mittelpunkt geben. Dieser liegt im vorliegenden Fall in den Niederlanden. Denn mit Ausnahme von Willemiens Beiträgen ist dies der Ort, wo sich nach dem Gesamtbild der tatsächlichen Verhältnisse, in organisatorischer und wirtschaftlicher Hinsicht die wichtigste Stelle befindet, an der dauernd die für die laufende Geschäftsführung nötigen Maßnahmen von einiger Wichtigkeit angeordnet werden.[4] Dort werden nicht nur alle strategischen Entscheidungen getroffen, sondern auch, mit Ausnahme von Willemiens Beträgen, die der laufenden Geschäftsführung. Sollte dies noch unklar sein und Deutschland und die Niederlande eine Ansässigkeit nach Art. 4 Abs. 1 DBA Niederlande für sich beanspruchen, käme Art. 4 Abs. 3 DBA Niederlande klärend zur Hilfe. Hier wäre nach dem *Ort der tatsächlichen Geschäftsleitung* zu schauen. Dieser ist autonom nach DBA auszulegen. Wie gesagt ist dieser Begriff von der Vorstellung geprägt, dass jedes Unternehmen höchstens und mindestens *einen* Ort seiner Geschäftsleitung hat. Betrachtet man die Gesamtumstände unseres Falls, ist der stärkste Bezug der snoep b.v. in den Niederlanden zu finden. Willemien ist nur Co-CEO und es gibt noch weitere leitende Funktionen. Bis auf Willemien wird die snoep b.v. aus den Niederlanden geleitet. Die snoep b.v. ist daher eine ansässige Person der Niederlande.

1 Vgl. Hoge Raad, 17.12.1975, nr. 17 776 (BNB 1976/33); 26.01. 2000, nr. 33 434 (BNB 2000/159).

2 Vgl. https://wetten.overheid.nl/BWBR0002672/2024-01-01.

3 DBA Niederlande v. 12.4.2014, BGBl 2012 II S. 1415.

4 Vgl. BFH, Urteil 16.12.1998 - I R 138/97, BStBl 1999 II S. 437; BFH, Beschluss v. 7.9.1993 – VII B 169/93 XAAAB-34048.

7.3.1.4.1. Willemien Netjes Homoffice

Doch wie steht es um eine Betriebsstätte im deutschen Homeoffice nach Art. 5 Abs. 2 DBA Niederlande? Kann das Homeoffice einen Ort der Leitung und damit eine Betriebsstätte nach Art. 5 Abs.1 DBA Niederlande darstellen? Wie oben beschrieben, muss auch der Ort der Leitung die Kriterien von Art. 5 Abs.1 DBA Niederlande erfüllen, u. a. die Verfügungsmacht. Wenn Deutschland seine Haltung zur Verfügungsmacht an einem Homeoffice im DBA-Fall analog zum innerstaatlichen Recht anwendet, müsste eine Betriebsstätte nach Art. 5 Abs. 1 DBA Niederlande zu verneinen sein. In der AO ist die Geschäftsleitungsbetriebsstätte, wie oben beschrieben, getrennt von der Betriebsstätte in § 12 Satz 1 AO. Für die Geschäftsleitungsbetriebsstätte nach nationalem Recht bedarf es keiner Verfügungsmacht. Hinsichtlich der grundsätzlichen Frage nach der Verfügungsmacht über ein Homeoffice ist Deutschland jedoch deutlich – diese besteht nicht. Für die Zwecke des DBA – und im Hinblick auf die Frage nach dem Vorliegen eines Orts der Leitung müssen nun jedoch alle Voraussetzungen von Art. 5(1) DBA vorliegen, damit auch die Verfügungsmacht. Wenn Deutschland diese bei einer Betriebsstätte im innerstaatlichen Recht verneint, wäre es folgerichtig, dies auch im DBA-Fall zu tun. Daher kann ein Homeoffice (wie das von Willemien in Schwalmtal) auch keinen Ort der Leitung und damit keine Betriebsstätte nach Art. 5 Abs. 1 DBA Niederlande begründen.

Vorsorglich weisen wir darauf hin, dass andere Staaten ein Homeoffice grds. und unter gewissen Voraussetzungen auch im Einklang mit der OECD als Betriebsstätte sehen können. Daher könnte im Outbound-Fall auch das Homeoffice eines Geschäftsführers einen Ort der Leitung und damit eine Betriebsstätte begründen.

7.3.1.4.2. Mögliches Büro in Düsseldorf

An dieser Stelle kann die Prüfung über einen möglichen Ort der Leitung und damit einer Betriebsstätte nach Art. 5 Abs. 1 DBA Niederlande der snoep b.v. in Deutschland kürzer ausfallen. Wie oben beschrieben dürfte das Büro in Düsseldorf eine Betriebsstätte nach Art. 5 Abs. 1 DBA Niederlande begründen. Auch hier erinnern wir uns wieder: Der Ort der Leitung aus Art. 5 Abs. 2 ist nur ein Beispiel für eine Betriebsstätte nach Art. 5 Abs. 1 DBA Niederlande. Alle Kriterien aus Art. 5 Abs. 1 DBA Niederlande müssen auch bei den Beispielen aus Art. 5 Abs. 2 DBA Niederlande erfüllt sein – also auch die Verfügungsmacht. Da dieses Kriterium aus deutscher Sicht bei einem normalen Büro keine Schwierigkeiten verursacht, wäre das Büro in Düsseldorf eine Betriebsstätte der snoep b.v.

7.3.2. Betriebsstätte der Höhe nach

7.3.2.1. Rechtsgrundlage: Betriebsstättengewinnabgrenzung nach Art. 7 OECD-MA 2017

Sie erinnern sich: die Analyse von Betriebsstätten folgt dem bekannten zweistufigem Schema. Zuerst stellen wir fest, ob eine Betriebsstätte dem Grunde nach vorliegt. Liegt eine Betriebsstätte vor, folgt der zweite Schritt, d. h. die Frage der Betriebsstätte der Höhe nach – die Gewinnabgrenzung. Hier stellen wir uns der Herausforderung, welchen Gewinn wir der Betriebsstätte zuordnen können.

Der Authorized OECD Approach (AOA) ist inzwischen der Standard für die Gewinnabgrenzung, siehe Saliger in Kapitel 4. Für eine allgemeine Beschreibung des AOA verweisen wir Sie daher auf die dortigen Ausführungen. Der Vollständigkeit halber wollen wir an dieser Stelle nur nochmal darauf hinweisen, dass ältere DBA auch noch den Relevant Business Activity-Ansatz verfolgen. Zumindest auf Ebene der DBA ist der AOA also noch nicht überall normiert. Dennoch wenden die meisten Ländern, so auch Deutschland, den AOA i. d. R. für die Zwecke der Gewinnermittlung an. Daher wollen wir uns mit diesen Feinheiten an dieser Stelle nicht nochmal bemühen. Denn sowohl Art. 7 OECD-MA enthält seit 2010 den AOA als auch das für unseren Fall relevante DBA Niederlande.

Lassen Sie uns lieber *in medias res* gehen und uns der wesentlichen Frage stellen: Was bedeutet der AOA für die Geschäftsleitungsbetriebsstätte? Wie kann der Gewinn einer Geschäftsleitungsbetriebsstätte nach AOA ermittelt werden?

Da Sie es bis hier geschafft haben, wollen wir Ihnen den in der Praxis am meisten gewählten, technisch jedoch nicht unumstrittenen Ansatz, zuerst vorstellen. In der Regel wird eine Geschäftsleitungsbetriebsstätte im ersten Schritt des AOA als Dienstleister für Managementleitungen fingiert und im zweiten Schritt des AOA, unter analoger Anwendung der OECD-Verrechnungspreisleitlinien, mittels der Kostenaufschlagsmethode vergütet. Die Kostenbasis bilden für gewöhnlich die Gehalts- und sonstigen Kosten des Geschäftsleiters. Diese werden pro rata auf die Tage runtergebrochen, die der Geschäftsleiter in der Betriebsstätte ist. Der Kostenaufschlag wird meistens anhand von Benchmarks für die Gewinne strategischer Beraterfirmen ermittelt. Diese zeigen zumindest hinsichtlich des Knowhows und der wertschöpfenden Tätigkeit eine gewisse Vergleichbarkeit auf. Aus diesen Ausführungen dürfte deutlich werden, dass nicht der „Cost+5%"-Klassiker, sondern ein höherer Aufschlag anzuwenden ist, d. h. jenseits der 10 %. Wenn eine guter Stundenaufschrieb vorliegt, könnte auch über eine Verrechnung der Stunden mit den Stundensätzen vergleichbar wertschöpfender Beratungsleistungen in Erwägung gezogen werden. Tatsächlich dürften sich hinter solchen Stundensätzen jedoch wiederum eine Kostenaufschlagsmethode verbergen. Daher kann in der Praxis zumeist der erste Ansatz beobachtet werden. Zumeist wird der Stundensatz-Ansatz nur gewählt, wenn die Transparenz der Kostenbasis ein Thema ist.

Doch warum ist dieser Ansatz (Kostenaufschlagsmethode) nicht unumstritten? Kritiker dieses Ansatzes sehen u.a. die folgenden Schwachstellen: Zum einen wird die Fiktion der Betriebsstätte als Dienstleister kritisiert. Zum anderen wird die Anwendung der Kostenaufschlagsmethode infrage gestellt. Diese Kritiken sind aus theoretischer Sicht nicht unbegründet, wie wir gleich zeigen werden. Sie ändern jedoch nichts an der Anwendung dieser Methodik in der Praxis.

Die Fiktion der Geschäftsleitungsbetriebsstätte als Erbringer einer wertvollen Dienstleistung setzt eine Dienstleistung voraus. Was macht denn eine Dienstleistung aus, fragen Sie sich? Vergleichen Sie es mit einem Angestelltenverhältnis. Der Angestellte bekommt seine Arbeits- und Abwesenheitszeiten vorgeschrieben. Der Dienstleister kann diese hingegen frei bestimmen. Der Dienstleister kann selbst bestimmen, ob er eine Arbeit annimmt, er kann aber auch nein sagen. Das Nein muss er Ihnen nicht mal begründen. Bereits dieser kurze Vergleich macht deutlich, dass es einen großen Unterschied zwischen Dienstleister und einem normalen innerbetrieblichen Verhältnis gibt. Die Fiktion eines normalen Angestellten als Dienstleister steht daher theoretisch gesehen auf wackligen Beinen. Das dürfte ohne Weiteres einleuchten. Doch auch bei einem Geschäftsleiter hinkt die Fiktion. Denn auch dieser ist gewissen Gremien Rechenschaft schuldig. Auch ein Geschäftsleiter hat innerbetriebliche Verpflichtungen, die er nicht einfach ablehnen kann. Auch ein Geschäftsleiter wird sich, zumindest theoretisch, mit der Personalabteilung über das tatsächliche Nehmen seiner Urlaubstage unterhalten müssen. Daraus wird deutlich, dass die Fiktion eines Angestellten oder Geschäftsleiter als Dienstleister zumindest dem Grunde nach nicht unumstritten ist. Sie hat jedoch den Charme, dass sie die Anwendung der Kostenaufschlagsmethode eröffnet. Diese ist gerade bei Dienstleistungen eine geeignete Methode, wie die OECD erklärt.[1] Außerdem hat die Kostenaufschlagsmethode den gefühlten Vorteil, dass sie den durch die Person für das Unternehmen geschaffenen Wert aus ertragsteuerlicher Sicht – mit einem hohen Kostenaufschlag – angemessenen widerspiegelt. Zu guter Letzt scheint sie auch aus rein praktischen Erwägungen alternativlos.

Denn für die Anwendung einer umsatzbasierten Methode (z.B. Kommission) müsste man die durch die Person abgeschlossenen Verkaufsverträge ermitteln können. Dies ist bei einem Geschäftsleiter i.d. R. nicht möglich, da der operative Vertrieb nicht sein tägliches Brot ist – seine Aufgaben gehen weiter und tiefer. Daher wäre eine umsatzbasierte Methode weder hantierbar, noch würde sie angemessene Ergebnisse liefern.

1 Vgl. OECD-Verrechnungspreisleitlinien 2022, Tz. 2.45.

Doch was wäre angesichts der tiefgreifenden Funktionen eines Geschäftsleiters mit der Anwendung der Gewinnaufteilungsmethode (Profit Split)? In den meisten Fallkonstellationen dürfte diese Methode zum einen zu weit führen. Zum anderen dürfte sie aus rein praktischen Gründen für die meisten Unternehmen eher einem administrativen Albtraum, denn Wunsch gleichkommen. Letzteres zuerst: Für die Anwendung eines Profit Splits bedarfs es einer ordentlichen Planungsphase – der Profit Split muss konstruiert und aufgesetzt werden. Hier müssen geeignete quantifizierbare Aufteilungsmaßstäbe für den konkreten Fall ermittelt werden. Dies Maßstäbe müssen jedes Jahr hinsichtlich ihrer Richtigkeit dem Grunde nach überprüft werden. Vor allem ändern sich diese quantifizierten Aufteilungsmaßstäbe jedes Jahr. Dies erschwert auch die Vorhersage des durch den Profit Split verursachten Ergebnisses. Daher ist die Anwendung des Profit Splits in diesen Fällen für Unternehmen ein administrativer und unvorhersehbarer Albtraum – der Profit Split wäre also ärgerlich. Aber wäre er zumindest theoretisch richtig? In der Regel eher nicht. Denn der Profit Split kann grds. nur zur Anwendung kommen, wenn ein stark integriertes Geschäft vorliegt und beide Seiten an diesem Geschäft durch den signifikanten Einsatz immaterieller Vermögenswerte beteiligt sind und beide Seiten entsprechende Risiken tragen. Wir sprechen also von engen Verflechtungen der Leistungsbeziehungen, die nicht isoliert voneinander betrachtet werden können, oder die Übernahme von signifikanten oder eng verbundenen Risiken. Hiervon kann bei der reinen Erbringung einer Dienstleistung nicht ausgegangen werden. Doch bei näherer Betrachtung des Verhältnisses eines Geschäftsleiters zu dem Rest seines Unternehmens dürften die Voraussetzungen des Profit Splits normalerweise nicht gegeben sein. Zugegeben – so mancher Geschäftsleiter dürfte nach eigenen Aussagen über unbeschreiblich wichtiges und begehrliches Wissen verfügen und dieses mit einem brillanten Außenauftritt zum Vorteil des Unternehmens zu verbinden wissen. Doch reicht dies für die Annahme eines Profit Splits? Eher nicht. In den meisten Fällen dürfte das Verhältnis zwischen Unternehmen und Geschäftsleiter vor dem Hintergrund des von dem Unternehmen betriebenen Geschäfts doch eher gewöhnlich aussehen. Der geschäftliche Erfolg eines Unternehmens dürfte sich für gewöhnlich aus dem Zusammenspiel vieler Faktoren ergeben. Hierzu mag das Wissen, Talent und die Beziehungen des Geschäftsleiters einen Beitrag leisten. In den meisten Fällen dürfte dieser Beitrag allerdings gerade noch austauschbar und nicht einzigartig sein. Theoretisch könnte ein Profit Split zur Betriebsstätte in solchen Fällen vorliegen, wenn eine Geschäftschance im Außenverhältnis nur durch den einzigartigen Beitrag des Geschäftsleiters zustande kommt, wenn er also über solch einzigartiges Wissen verfügt, dass am Markt nicht ohne weiteres erworben oder entwickelt werden könnte. Aber lassen Sie sich nicht täuschen – die Frage der Anwendung des Profit Splits wird regelmäßig diskutiert. Je nach Fallkonstellation und auf welcher Seite Sie sich befinden, dürfte Ihnen diese Thematik daher einige spannende Debatten bescheren.

Im Ergebnis werden Sie nun jedoch nachvollziehen können, warum die Kostenaufschlagsmethode in der Praxis, trotz ihrer theoretischen Mängel, die wohl gängigste Methode zur Gewinnabgrenzung zur Geschäftsleitungsbetriebsstätte ist.

7.3.2.2. Anwendung: Betriebsstättengewinnabgrenzung nach Art. 7 OECD-MA 2017 – AOA

Wir erinnern uns – Willemien begründet nach nationalem Recht eine Geschäftsleitungsbetriebsstätte i. S. des § 12 Satz 2 Nr. 1 AO sowohl in ihrem Homeoffice in Schwalmtal als auch in den Räumlichkeiten der Zuckerschnute GmbH. Außerdem begründet sie bereits nach nationalem Recht bereits eine gewöhnliche Betriebsstätte nach § 12 Satz 1 AO in den Räumlichkeiten der Zuckerschnute GmbH. Ungeachtet der DBA-Frage muss sich die snoep b.v. registrieren und jährliche Steuererklärungen abgeben. Auch eine Hilfs- und Nebenrechnung nach § 3 BsGaV muss erstellt werden. Lohnsteuer, Sozialversicherung und Arbeitsrecht sollten auch überprüft werden.

Nach DBA liegt hingegen nur noch eine Betriebsstätte der snoep b.v. nach Art. 5 Abs. 1 und 2 DBA Niederlande in den Räumlichkeiten der Zuckerschnute GmbH vor. Dieser gilt es nun einen Gewinn nach Art. 7 Abs. 2 DBA Niederlande zuzuordnen.

Wie oben beschrieben, dürfte die Kostenaufschlagsmethode dem Grunde nach die geeignetste Methode für die Gewinnabgrenzung zwischen snoep b.v. und ihrer Betriebsstätte in den Räumlichkeiten der Zuckerschnute GmbH darstellen. Hierzu müssten die Gehaltskosten für die Tage ermittelt werden, die Willemien in dem Office der Zuckerschnute GmbH ist. Diese Tage würden in die Kostenbasis einfließen. Ferner sind Gemeinkosten hinzuzurechnen, um eine Vollkostenbasis zu erhalten. Außerdem müsste die Zuckerschnute eine angemessene Nutzungsgebühr für die Räumlichkeiten ermitteln und der snoep b.v. in Rechnung stellen. Diese Kosten würden dann ebenfalls in die Kostenbasis der Betriebsstätte einfließen. Die so ermittelte Vollkostenbasis müsste mit einem fremdüblichen (hohen) Aufschlag versehen werden. Dies wäre, vorbehaltlich etwaiger Kürzungen, das zvE der deutschen Betriebsstätte.

Die Anwendung eines Profit Splits wäre im vorliegenden Fall nicht angemessen. Es gibt keinen Anlass, an Willemiens Qualifikation als Geschäftsleiterin zu zweifeln. Dies reicht jedoch für die Anwendung des Profit Splits nicht aus. Sie müsste einzigartiges Wissen mitbringen, ohne das die snoep b.v. ihren Geschäften nicht nachgehen könnte. Dies ist nicht der Fall. Das Geschäftsmodell der snoep b.v. besteht aus dem Verkauf von Süßigkeiten – sei es Eigengefertigten oder Beigekauften. Dies ist ein klassisches Retail-Geschäft im B2B-Bereich. Egal welchen Beitrag Willemien leistet, ein Ersatz wäre am Markt für den passenden Preis zu finden. Ein Profit-Split wäre unangemessen.

Auch eine Kommission wäre nicht sachgerecht, da sie nicht die wesentliche Rolle bei Verträgen spielt. Ihre Rolle als Geschäftsleiterin ist eine andere – eine breitere und tiefere. Der Zusammenhang bzw. die Nähe zu Vertragsabschlüssen ist jedenfalls wirtschaftlich nicht gegeben. Daher wäre eine umsatzbezogene Vergütung schwierig zu ermitteln und würde Willemiens Beitrag nicht richtig widerspiegeln.

7.4. Fazit

Das New Normal stellt uns gesellschaftlich und steuerrechtlich vor neue Herausforderungen. Sie zu überkommen ist nicht immer trivial, aber ein wertvoller Beitrag für die gesellschaftliche Weiterentwicklung der Arbeitswelt. Gerade die Frage nach dem Vorliegen einer Betriebsstätte dem Grunde und der Höhe nach verdeutlicht die fehlende Harmonisierung – und damit das Konfliktpotential – auf diesem Gebiet. Bislang gab es wenig Bestrebungen zur Angleichung der gesetzlichen Regelungen – sei es durch Änderungen des Wortlautes von Art. 5 OECD-MA auf DBA-Ebene oder Gedanken zu einer angleichenden Richtlinie auf EU-Ebene. Lediglich auf Ebene des OECD-MK sehen wir Versuche, verschiedene Interpretationen zu begrenzen, allerdings ohne Erfolg. Vielmehr zeigt die Realität, dass es nicht einmal in der EU eine einheitliche Antwort auf die Frage gibt, ob ein Homeoffice eine Betriebsstätte begründen kann. Die meisten Staaten haben sich der Realität und dem OECD-MA 2017 angepasst und halten es zumindest grds. für möglich. Der Teufel steckt hier allerdings im Detail, so dass jeder Fall einzeln zu prüfen ist. In Deutschland weht noch ein anderer, ein alter Wind – auf eine Zeitenwende wird man auch hier nur hoffen können. Deutschland sollte sich für eine realitätsnahe und anwenderfreundliche Gesetzgebung im Inland, der EU und der OECD einsetzen. Zumindest Teile der politischen Elite sind sich der Notwendigkeit der Deregulierung bewusst. Jeder der bislang daran gezweifelt hat, dürfte durch dieses Kapitel eines Besseren belehrt sein. Eine simple Thematik – jemand arbeitet aus einem Homeoffice für ein ausländisches Unternehmen – hat Sie nun durch einen Wirrwarr zwischen AO, DBA und OECD-MA geführt. Wenngleich wir Freude an dem Thema haben, bedauern wir, dass Sie die Zeit überhaut aufbringen mussten. Ob aus dem Homeoffice Ihrer Wahl oder dem klassischen Office – wir danken für Ihre Zeit.

8. New Work-Homeoffice, Remote Work & Matrix-Strukturen

von Gerrit Halbach und Dr. Isabel Ruhmer[1]

LITERATUR:

OECD, Updated guidance on tax treaties and the impact of the COVID-19 pandemic, 2021; *OECD*, Commentary on article 5 concerning the definition of permanent establishment, 2017; *PwC Deutschland*, Workation zwischen Wunsch und Wirklichkeit, 2023.

8.1. Entwicklung und Kategorisierung von New Work

Die moderne Arbeitslandschaft erfährt spätestens seit dem Ausbruch der Covid-19-Pandemie im Frühjahr 2020 eine tiefgreifende Veränderung, aufgrund derer Homeoffice und Remote Work nun fest in zahlreichen Unternehmen etabliert sind. Mit steigender Beliebtheit bei Mitarbeitenden und aufgrund eines verstärkten Fokus auf die Zufriedenheit der Mitarbeiter gibt es einen wachsenden Trend, Arbeitsmodelle zu entwerfen, die den Mitarbeitenden die Möglichkeit bieten, im Homeoffice oder Remote im Ausland zu arbeiten, sei es für temporäre oder langfristige Einsätze. An dieser Stelle ist begriffsdefinitorisch festzustellen, dass verschiedene Bezeichnungen und damit verbunden unterschiedliche Konstellationen verwendet werden. Dabei wird regelmäßig auf den englischen Begriff „Remote Work" zurückgegriffen. Zu Deutsch handelt es sich dabei um „Fernarbeit". Im Unterschied zum Begriff „Homeoffice" ist das zugrundeliegende Arbeitsmodell ortsunabhängig, so dass nicht nur von zuhause, sondern auch global auf der ganzen Welt die Tätigkeit ausgeübt werden kann. Die Relevanz von New Work aus Betriebsstättensicht rührt genau aus dieser örtlichen Flexibilität und der damit verbundenen Auslandsdimension.

Bemerkenswert ist, dass die Beliebtheit solcher Regelungen nicht nur auf die Arbeitnehmenden beschränkt ist; auch Arbeitgeber können erheblich davon profitieren, ihrer Belegschaft Remote Work zu ermöglichen. Nach unserer Erfahrung und gestützt durch erhobene Umfragen[2] zeigt sich, dass „Remote Work"-Arbeitsmodelle und entsprechende Angebote bei zunehmend mehr Unternehmen zum unverzichtbaren Repertoire der Personalabteilung zur Anziehung neuer Talente gehören und auch von Arbeitnehmenden erwartet werden. Demnach ist beispielsweise für etwa acht von zehn Beschäftigten unter 40 Jahren mobiles Arbeiten bei der Arbeitgeberwahl ein

1 Gerrit Halbach ist Partner Transfer Pricing bei PwC in Berlin. Dr. Isabel Ruhmer ist Partnerin Transfer Pricing bei PwC in Stuttgart.

2 PwC Deutschland, Workation zwischen Wunsch und Wirklichkeit, 2023, unter https://pages.pwc.de/studie-workation-zwischen-wunsch-und-wirklichkeit.

wichtiges Kriterium. Entsprechend bietet bereits jetzt über die Hälfte aller Arbeitgeber die Möglichkeit, im Ausland zu arbeiten.

Im Hinblick auf Betriebsstättenrelevanz sind Remote Work-Konstellationen im Ausland der Schwerpunkt dieses Kapitels. Vereinbarungen für Remote Work im Ausland können dabei vielfältige Formen annehmen. Entlang der beiden Dimensionen „Privater Anlass durch Arbeitnehmende vs. beruflicher Anlass durch Arbeitgeber" und „Kurzfristig vs. langfristige Dauer" können diese Formen in vier Kategorien zwecks Abgrenzung des weiten Themas „Remote Work" differenziert werden (vgl. dazu auch Abb. 1):

„International Business Travel" bezieht sich auf kurzfristige Auslandseinsätze, die vom Arbeitgeber initiiert werden und bei denen die Mitarbeitenden für eine bestimmte Dauer vor Ort arbeiten müssen.

„International Assignments" hingegen umfassen langfristige oder sogar dauerhafte Platzierungen im Ausland, um beispielsweise Beziehungen zu lokalen Kunden aufzubauen (regelmäßig auf Basis von Entsendungsverträgen zwischen rechtlichen Einheiten).

„International Remote Work" bedeutet für Zwecke dieses Kapitels, dass Mitarbeitende kürzere Zeiträume im Ausland remote arbeiten, oft aus persönlichen Gründen wie z. B. Familienbesuchen und aus Urlaubsdestinationen heraus.

„International Remote Hire" meint Fälle, in denen ein Mitarbeiter auf eigenen Wunsch eine Versetzung in ein anderes Land anstrebt oder direkt aus dem Ausland angestellt wird (mit daraus regelmäßig entstehenden Matrix-Strukturen einschließlich grenzüberschreitenden funktionalen Berichtslinien).

ABB 1: Typisierte Kategorisierung von Remote Work-Konstellationen im Ausland

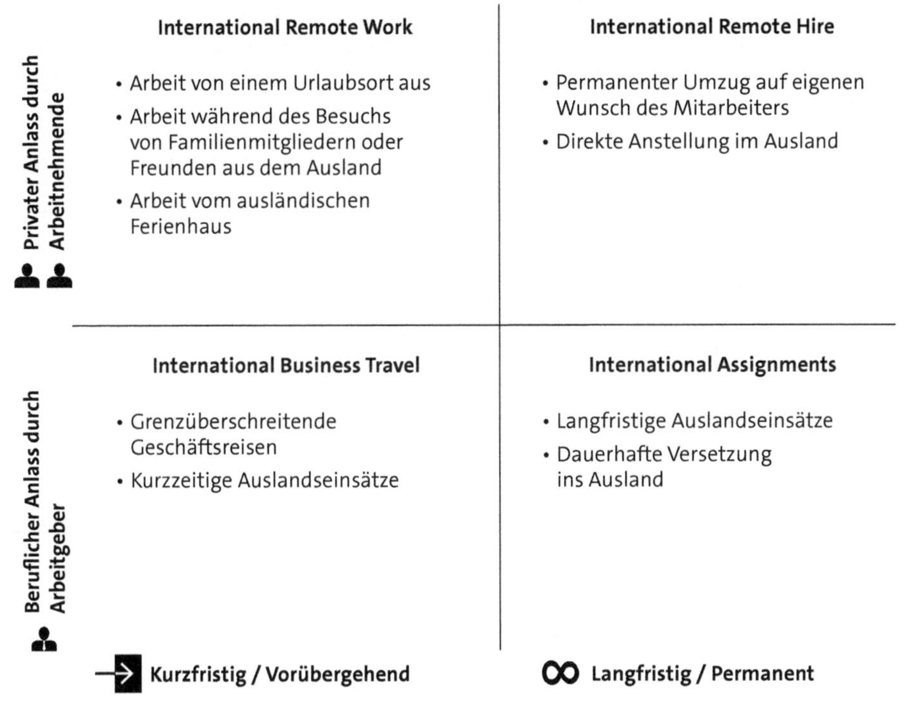

Während Führungskräfte und Personalabteilungen den Weg für diese Entwicklungen ebnen bzw. diese in Anbetracht der entstehenden Vorteile mit Blick auf die Arbeitgeberattraktivität forcieren, sehen sich interne Steuer- und Rechtsabteilungen mit Herausforderungen konfrontiert, um die Einhaltung relevanter Vorschriften sicherzustellen.

Die regulatorischen Compliance-Anforderungen umfassen dabei regelmäßig folgende Dimensionen:

1. Unternehmenssteuern/Ertragsteuern
2. Steuerpflicht des Mitarbeitenden
3. Arbeitgeberpflichten
4. Aufenthalts-/Arbeitsrecht
5. Sozialversicherung

Neben der Bewältigung dieser regulatorischen Compliance-Anforderungen besteht angesichts vergleichsweise neu etablierter Remote Work-Richtlinien (sog. Policies) für viele Unternehmen ein dringender Bedarf, zuverlässige und effiziente Prozesse zur Vereinfachung der Abwicklung von Anfragen und Genehmigungen einzurichten. Regelmäßig sind solche Remote Work Policies der erste Schritt, um diesen Neulandthemen einen Rahmen zu geben. Zusätzlich zu den inhaltlichen Herausforderungen zeigt sich durch die verschiedenen betroffenen Dimensionen, dass die Einbindung diverser Stakeholder und Teams für die Etablierung von rechtssicheren sowie operationalisierbaren Remote Work-Lösungen erfolgsentscheidend ist.

In Ergänzung zu den regulatorischen sowie den prozessualen Anforderungen sind auch branchen- und industriespezifische sowie unternehmenskulturell bedingte Aspekte von bedeutender Relevanz. Dabei geht es beispielsweise um die Fragestellung, ob Arbeiten in anderen Zeitzonen per se ausgeschlossen werden sollten, um den gewohnten Arbeitsablauf sicherzustellen. Auch wird überlegt, im Hinblick auf Lernkurven gewisse Mitarbeitendengruppen (z.B. Praktikanten oder Auszubildende) von der Nutzung von Remote Work-Modellen auszunehmen.

Vor diesem Hintergrund werden im Folgenden ausführlich verschiedene Aspekte der Implikationen von Remote Work im Ausland mit Bezug auf „Unternehmenssteuern/Ertragsteuern" beleuchtet.[1]

8.2. Betriebsstättenrisiko dem Grunde nach

Die Gemeinsamkeit der vier skizzierten Remote Work-Konstellationen im Ausland liegt darin, dass sich der Mitarbeitende eines im Inland gelegenen Unternehmens (Arbeitgeber) für eine bestimmte Zeit im Ausland aufhält und aus dem Ausland heraus für das inländische Unternehmen tätig wird.

Hieraus kann sich eine Betriebsstättenbegründung mit der Folge der Registrierung einer steuerlichen Präsenz einschließlich sämtlicher steuerlicher Erklärungspflichten ergeben. Dies kann im Ergebnis dazu führen, dass eine Vergütung für die Zeit der Auslandstätigkeit der Mitarbeitenden auf die ausländische Betriebsstätte entfällt. Infolgedessen können Doppelbesteuerung und Strafen entstehen, wenn eine entsprechende Erklärung einer Betriebsstätte unterbleibt. Daher ist es unerlässlich, eine ertragsteuerrechtliche Prüfung entsprechend der individuellen Fallkonstellation durchzuführen.

Für die Zeit der Covid-19-Pandemie galten der Einschätzung als höhere Gewalt folgend insbesondere für das Arbeiten aus dem sog. Homeoffice noch diverse Ausnahmen im Einklang mit dem OECD-Leitfaden vom 21.1.2021 zu den Auswirkungen der Covid-19-

1 Etwaige andere steuerliche Implikationen werden im Folgenden nicht betrachtet.

Pandemie auf DBA.[1] Diese Ausnahmen wurden teilweise durch entsprechende Verlautbarungen der Finanzverwaltungen formell unterstützt. Spätestens mit der Beendigung von Covid-19-Maßnahmen zur Einschränkung der Mobilität sind jedoch nun strukturell entstehende (oder weitergeführte) Remote Work-Sachverhalte im Fokus der internationalen Finanzverwaltungen.

Für alle vier Remote Work-Konstellationen im Ausland gelten daher die allgemeinen, in den vorherigen Kapiteln dargestellten Grundsätze zur Begründung einer Betriebsstätte mit den etablierten Tatbestandsmerkmalen, d. h. insbesondere via „feste Geschäftseinrichtung als Betriebsstätte“ sowie „Vertreterbetriebsstätte“. Aufgrund der unterschiedlichen Auslandsrelevanz und Ausprägung des Einzelfalls kann grds. nicht auf ein vollkommen aus dem OECD-MA sowie -MK abgeleitetes Regelwerk zurückgegriffen werden. Stattdessen müssen die länderspezifischen Betriebsstättenregeln den Ausgangspunkt für die Frage der Betriebsstättenbegründung bilden. In Anbetracht der in den vorherigen Kapiteln ausführlich dargestellten Grundsätze zur Begründung einer Betriebsstätte werden im Folgenden die Besonderheiten hervorgehoben; darüber hinaus sei auf die vorherigen Ausführungen verwiesen.

8.2.1. Betriebsstättenbegründung via „fester Geschäftseinrichtung“

8.2.1.1. Verfügungsmacht

Eine zentrale Fragestellung für die Begründung einer „festen Geschäftseinrichtung“ ist die Verfügungsmacht des ausländischen Unternehmens über die Örtlichkeit der Tätigkeitsausübung. Im Kontext von Remote Work werden dies regelmäßig private Örtlichkeiten sein, so dass analog die Vorschriften für ein „Homeoffice“ anzuwenden sein sollten (z. B. das Arbeitszimmer im ausländischen Urlaubsort).

Bei Abstellen auf den OECD-MK 2017[2] zur (unverbindlichen) Auslegung von DBA kann eine „Homeoffice-Betriebsstätte" in Form einer festen Geschäftseinrichtung vorliegen, wenn das Homeoffice vom Arbeitnehmer regelmäßig und dauerhaft für die Unternehmenstätigkeit genutzt wird. Darüber hinaus muss als zusätzliches Kriterium die Tätigkeit auf Verlangen des Arbeitgebers im Homeoffice ausgeübt werden. Bei kumulativer Erfüllung dieser Tatbestandsvoraussetzungen steht das Homeoffice dem Unternehmen zur Verfügung und eine Verfügungsmacht ist gegeben. Im Umkehrschluss bedeutet dies aber auch, dass bei möglicher Nutzung eines (strukturell verfügbaren) Arbeitsplatzes im Unternehmen durch den Mitarbeitenden keine Verfügungsmacht des Arbeitgebers über das Homeoffice besteht. Der zugrundeliegende Gedanke ist, dass die Nutzung des Homeoffice durch den Arbeitgeber veranlasst ist bzw. verlangt wird.

1 Vgl. OECD, Updated guidance on tax treaties and the impact of the COVID-19 pandemic, 2021, Rz. 14 ff.

2 Vgl. OECD, Commentary on article 5 concerning the definition of permanent establishment, 2017, Rz. 18 f.

Während die OECD somit versucht, das für die Betriebsstättenbegründung erforderliche Kriterium der Verfügungsmacht regelbasiert und dabei prinzipiell sehr faktenbasiert zu evaluieren und nur eingeschränkt als bestehend zu werten, zeigt sich in der Praxis leider ein sehr unterschiedliches Verständnis dieser Fragestellung. Letztlich ist festzustellen, dass das Bestehen der Verfügungsmacht von Staat zu Staat unterschiedlich ausgelegt wird. Beispielhaft sei die sehr restriktive deutsche Sichtweise, die durch die ständige BFH-Rechtsprechung[1] mit sehr enger Auslegung des Kriteriums der Verfügungsmacht im Fall einer Privatwohnung eines Arbeitsnehmers geprägt ist, genannt. Demgegenüber legt Österreich die Verfügungsmacht sehr weit aus, so dass das Bestehen einer faktischen Verfügungsmacht bei einem Tätigkeitsausmaß im Homeoffice von 50% und mehr sowie bei Geltendmachung von Ausgaben im Zusammenhang mit der Nutzung des österreichischen Wohnsitzes durch den Arbeitnehmer angenommen wird.[2]

8.2.1.2. Regelmäßigkeit und Dauerhaftigkeit

Über das Kriterium der Verfügungsmacht hinaus ist entsprechend des Wortlautes des OECD-MK eine regelmäßige und dauerhafte Nutzung des Homeoffice für die Unternehmenstätigkeit erforderlich.

Wenngleich der Wortlaut des Abkommens keine explizite Zeitgrenze nennt, verlangen diverse Staaten für das Vorliegen einer Betriebsstätte doch eine gewisse Dauerhaftigkeit. Dies muss nicht die vom OECD-MK als grobe Orientierung postulierte 183-Tage-Frist (innerhalb eines rollierenden Zwölf-Monatszeitraums) sein,[3] wobei dies einerseits schon als gewisser Regelfall einzuschätzen ist, aber im Einzelfall lokale Regelungen hiervon teilweise signifikant abweichen, d.h. bereits die Annahme einer Regelmäßigkeit schon bei wenigen Tagen einer Vor-Ort-Präsenz treffen. Letztlich bieten diese Ausführungen keine harmonisierte Grundlage für die Bemessung bzw. Berechnung der Präsenz vor Ort von individuellen Arbeitnehmern im Ausland. Somit wird der praktische Umgang mit Homeoffice-Betriebsstätten auch von dieser Warte heraus deutlich erschwert.

Zudem sind noch zwei weitere Herausforderungen zu betrachten:

Einerseits stellt sich die Frage, auf wen der Staat zur Berechnung der dortigen Zeitschwelle schaut – auf jede Person individuell oder kumuliert auf den „Fußabdruck" eines Unternehmens. Gemäß des OECD-MK ist hierfür ein örtliches und zeitliches Element maßgeblich.

---

1 Vgl. u.a. BFH, Urteil v.4.6.2008 - I R 30/07, BStBl 2008 II S.922.

2 Vgl. österreichisches BMF, Richtlinie v.7.10.2021 - 2021-0.586.616 („Verrechnungspreisrichtlinien 2021"), BMF-AV Nr.140/2021, Tz.262.

3 Vgl. OECD, Commentary on article 5 concerning the definition of permanent establishment, 2017.

Für den geografischen Anknüpfungspunkt sollten in der Praxis verschiedene Orte in einem Land als nicht ausreichend für eine Betriebsstättenbegründung im Sinne einer kumulativen Betrachtung sein. Vielmehr steht bei den entsprechenden Ausführungen des OECD-MK[1] die Frage der Anzahl von möglichen Betriebsstätten im Vordergrund. Allerdings könnte gemäß OECD-MK anhand des sog. „Painter Examples"[2] die Ansicht vertreten werden, dass im Fall von „International Remote Work" auch das gleiche Hotelzimmer betroffen sein müsste.

Für das zeitliche Element führt der OECD-MK aus, dass wenn mehrere/verschiedene Mitarbeitenden eines Unternehmens an ein und derselben festen Geschäftseinrichtung im anderen Vertragsstaat entsprechende Geschäftstätigkeiten ausüben und dies nachhaltig (d.h. regelmäßig über einen langen Zeitraum hinweg) tun, dies eine Betriebsstätte begründen kann.[3] Dies vorausgeschickt ist insbesondere fraglich, ob die Aufenthaltstage kumuliert werden, wenn a) die Personen zeitgleich am gleichen Ort sind oder b) nacheinander. Mit Analogie zur Berechnungsweise bei Bau- und Montage-Betriebsstätten scheint es gute Argumente für eine kumulierte Zählweise nur bei nacheinander vor Ort tätigen Mitarbeitern zu geben.

Der Vollständigkeit halber sei erwähnt, dass es auch Staaten gibt, die eine andere Sicht vertreten, indem eine aggregierte Betrachtung von Mitarbeitenden auf Projektbasis erfolgt. Im Ergebnis erfordert dies eine Art wirtschaftliche Verknüpfung, die wiederum unternehmens- oder projektbezogen erfolgen kann.

Andererseits könnten weitere Remote Work-Konstellationen, wie insbesondere Dienstreisen in den entsprechenden Staat innerhalb eines Zeitraums von zwölf Monaten zur Berechnung der gewählten Zeitschwelle mit einbezogen werden.

8.2.1.3. Hilfs- und Nebentätigkeiten

Entgegen der Betriebsstättendefinition des OECD-MA sind Tätigkeiten vorbereitender Art oder Hilfstätigkeiten i.S. des Art. 5 Abs. 4 OECD-MA nicht als Ausübung der Unternehmenstätigkeit anzusehen und führen folglich nicht zur Begründung einer Betriebsstätte.

Gemäß des OECD-MK[4] ist das entscheidende Kriterium, ob die Tätigkeit der festen Geschäftseinrichtung an sich einen wesentlichen und bedeutenden Teil der Tätigkeit des Unternehmens als Ganzes darstellt.

1 Vgl. OECD, Commentary on article 5 concerning the definition of permanent establishment, 2017, Rz. 22.
2 Vgl. OECD, Commentary on article 5 concerning the definition of permanent establishment, 2017, Rz. 24.
3 Vgl. OECD, Commentary on article 5 concerning the definition of permanent establishment, 2017, Rz. 32 f.
4 Vgl. OECD, Commentary on article 5 concerning the definition of permanent establishment, 2017, Rz. 59.

Demnach grenzen sich Hilfs- und Nebentätigkeiten zur Kernaktivität des jeweiligen betroffenen Unternehmens ab. In Bezug auf die vorgenommene, stereotypische Klassifizierung von vier Remote Work-Konstellationen lassen sich somit keine allgemein gültigen Prinzipien ableiten. Stattdessen hat hier eine unternehmensspezifische und auf den betroffenen Mitarbeitenden (und dessen Funktion/Aktivität) abstellende Analyse zu erfolgen.

8.2.1.4. Besonderheiten bei aus „International Remote Hire" resultierenden Matrixstrukturen

Im Kontext von Matrixstrukturen in international operierenden Gruppen ist regelmäßig bei der Evaluierung von festen Geschäftseinrichtungen im Kontext der vorgenannten Kriterien zusätzlich der Aspekt bestehender funktionaler sowie disziplinarischer Berichtslinien maßgeblich. Dies ist jedoch stark abhängig vom individuellen Sachverhalt, wie z. B. der Einbettung und Interaktion in eine etwaig bestehende lokale rechtliche Einheit (z. B. disziplinarische Berichtslinie an eine Führungskraft der lokalen Tochtergesellschaft der ausländischen Muttergesellschaft als Arbeitgeber).

Zudem ist die in diesen Konstellationen oftmals stärker ausgeprägte Relevanz von Geschäftsleitungsbetriebsstätten bemerkenswert. Für eine Geschäftsleitungsbetriebsstätte ist es regelmäßig entscheidend, welche Person aus dem Ausland heraus für den inländischen Arbeitgeber tätig wird. An diese Stelle sei auf die allgemeinen Ausführungen zur Geschäftsleitungsbetriebsstätte in Bühl/Kley in Kapitel 7 verwiesen.

TAB. 1: Feste Geschäftseinrichtung-Betriebsstätte: *Zusammenfassung und schematisch indikative Anwendung auf die vier Fallkonstellationen*

	International Business Travel	**International Assignment**	**International Remote Work**	**International Remote Hire**
Verfügungsmacht	Berufliche Veranlassung	Berufliche Veranlassung	Private Veranlassung	Private Veranlassung
Regelmäßig- und Dauerhaftigkeit	Kurzfristig	Langfristig	Kurz- bis mittelfristig	Langfristig
Hilfs- und Nebentätigkeiten	Breites Spektrum möglich	Breites Spektrum möglich	Breites Spektrum möglich	Breites Spektrum möglich

Im Ergebnis sollten insbesondere die Fälle „International Remote Work" sowie „International Remote Hire" eine hohe Relevanz, auch im Sinne einer Praxisrelevanz, für Betriebsstättensachverhalte haben. Dies liegt insbesondere in der Kombination aus der privaten Veranlassung (damit hohe Relevanz von Homeoffice-Örtlichkeiten) und einer sich häufig regelmäßig wiederholenden (International Remote Work) oder langfristig angelegten Tätigkeit (International Remote Hire). Dies geschieht zudem im internationalen Kontext mit unterschiedlichen Interpretationen des Überschreitens von Betriebsstättenschwellen.

Im Gegensatz dazu sind die „International Business Travel“-Konstellationen seit langem etabliert und lösen aufgrund eines hohen Grades an Kurzfristigkeit regelmäßig keine Betriebsstättenfolgen aus. Für „International Assignment“ wechselt regelmäßig der rechtliche Arbeitgeber, so dass die Tätigkeit (tendenziell) für das aufnehmende ausländische Unternehmen ausgeübt wird und somit aus Betriebsstättensicht eher wenig konfliktbehaftet ist. Das Kriterium der Hilfs- und Nebentätigkeiten eignet sich nicht als Differenzierungskriterium und kann in allen Fällen das volle Spektrum annehmen.

8.2.2. Betriebsstättenbegründung via „Vertreterbetriebsstätte“

8.2.2.1 Aktivitätsanforderung – Abschlussvollmacht bzw. tragende Rolle beim Abschluss von Verträgen

Je nach betroffenem Land und etwaig bestehendem Doppelbesteuerungsabkommen gilt ein unterschiedlicher Vertreterbegriff. Im Wesentlichen ist zu prüfen, ob (i) entweder nach dem Vor-BEPS-Wortlaut von Art. 5 Abs. 5 und 6 OECD-MA der Mitarbeitende eine „Vollmacht besitzt, im Namen des Unternehmens Verträge abzuschließen“ und dieser während seines Remote Work-Aufenthalts „diese Vollmacht gewöhnlich in dem anderen Staat ausübt“ oder (ii) nach dem neuen BEPS-Wortlaut von Art. 5 Abs. 5 OECD-MA, der Mitarbeitende „gewöhnlich Verträge schließt oder gewöhnlich eine tragende Rolle beim Abschluss von Verträgen spielt, die vorwiegend ohne wesentliche Änderungen durch das Unternehmen geschlossen werden“.

An dieser Stelle sei auf die allgemeinen Ausführungen zur Vertreterbetriebsstätte und deren Entwicklung von Thiede in Kapitel 5 verwiesen.

Aus dieser Begriffsentwicklung und den international vorherrschenden unterschiedlichen Sichtweisen resultiert die Notwendigkeit, die Tatbestandsvoraussetzungen einer Vertreterbetriebsstätte im Kontext von Remote Work-Konstellationen qualitativ anhand des Einzelfalls zu prüfen. Darüber hinaus gehende Besonderheiten bestehen grds. für die Frage der Begründung einer Vertreterbetriebsstätte nicht.

8.2.2.2. Unabhängig vs. abhängig

Für die hier einschlägigen „Remote Work-Konstellationen“ sollte aufgrund des Agierens als Mitarbeitender für das ausländische Unternehmen regelmäßig das Szenario eines abhängigen Vertreters einschlägig sein, so dass ein Escape über das Kriterium der Unabhängigkeit eine geringe Praxisrelevanz haben sollte.

8.2.2.3. Regelmäßigkeit und Dauerhaftigkeit

In Ergänzung zu den ebenfalls für Vertreterbetriebsstätten geltenden Ausführungen zu dem Aspekt der „Regelmäßigkeit und Dauerhaftigkeit" bei „festen Geschäftseinrichtungen" sei noch erwähnt, dass sich bei Vertreterbetriebsstätten begründenden Tätigkeiten eine Regelmäßigkeit und Dauerhaftigkeit nicht nur durch die reine Vor-Ort-Präsenz ergeben kann. Stattdessen ist bei solchen Tätigkeiten für den Tatbestand der Vertreterbetriebsstätte verstärkt die tatsächliche Aktivität des jeweilig betroffenen Mitarbeitenden zu analysieren. Dies gilt umso mehr in Anbetracht der in vielen Ländern anzutreffenden, rein wirtschaftlichen Interpretation etwaig einschlägiger Aktivitäten (z. B. mehrere und wiederkehrende Vertragsabschlüsse während kurzer Vor-Ort-Präsenz).

8.2.2.4. Hilfs- und Nebentätigkeiten

Die Ausführungen zu dem Aspekt der „Hilfs- und Nebentätigkeiten" bei „festen Geschäftseinrichtungen" gelten in analoger Weise.

Dem Grundsatz „Hilfs- und Nebentätigkeiten grenzen sich zur Kernaktivität des jeweiligen betroffenen Unternehmens ab" folgend, ist die während der Auslandstätigkeit tatsächlich ausgeübte Tätigkeit des betroffenen Mitarbeitenden entscheidend. Eine Indizwirkung kann sich aus der Funktionszuordnung des betroffenen Mitarbeitenden ergeben, wobei letztlich die tatsächlich ausgeübte Tätigkeit ausschlaggebend ist.

TAB. 2: Vertreterbetriebsstätte: *Zusammenfassung und schematisch indikative Anwendung auf die vier Fallkonstellationen*

	International Business Travel	**International Assignment**	**International Remote Work**	**International Remote Hire**
Aktivitätsanforderung	Allgemeine Regeln	Allgemeine Regeln	Allgemeine Regeln	Allgemeine Regeln
Regelmäßig- und Dauerhaftigkeit	Kurzfristig, daher stark wirtschaftlich geprägte Sichtweise	Langfristig	Kurzfristig, daher stark wirtschaftlich geprägte Sichtweise	Langfristig
Hilfs- und Nebentätigkeiten	Breites Spektrum möglich	Breites Spektrum möglich	Breites Spektrum möglich	Breites Spektrum möglich

Im Ergebnis ist der tatsächlich realisierte Einzelfall für eine Beurteilung einer Vertreterbetriebsstätte maßgeblich. Eine strukturelle Unterscheidung entlang der vier abgegrenzten Remote Work-Konstellationen ist nicht möglich, da die wirtschaftliche Sichtweise auf die Aktivität an sich (auch bei Abgrenzung zu Hilfs- und Nebentätigkeiten) im Vordergrund steht. Aufgrund der zeitlich unterschiedlichen Ausprägungen lässt sich indikativ schlussfolgern, dass die eher kurzfristig ausgeprägten „International Business Travel" sowie „International Remote Work" tendenziell weniger Relevanz für Vertreterbetriebsstätten haben (bei gebotener Vorsicht aufgrund von länderspezifisch teilweise sehr niedrigen Auffangtatbeständen für eine „nachhaltige Vertretertätigkeit"). Darüber hinaus zeigt sich in der Praxis in der Tendenz ein geringeres Vertreterbetriebsstättenrisiko bei rein unternehmensinternen Funktionen ohne Präsenz gegenüber Kunden und/oder Lieferanten, z.B. bei Tätigkeiten in der Forschungs- und Entwicklungsabteilung oder in der IT-Abteilung. Besonders kritisch im Hinblick auf das Risiko einer Vertreterbetriebsstättenbegründung sind dagegen sämtliche Vertriebs- und Einkaufstätigkeiten mit direkter Einbindung in Vertragsverhandlungen sowie Tätigkeiten von leitenden Angestellten/Geschäftsführern mit Prokura, Handlungs- oder Vertretungsvollmachten zu sehen.

8.3. Betriebsstättenvergütung der Höhe nach

Für die Frage einer Betriebsstättenvergütung greifen die allgemein gültigen Verrechnungspreisgrundsätze entlang des „Authorized OECD Approach", soweit dieser aus rechtlicher Sicht mit entsprechenden DBA einschlägig ist.

Dies bedeutet im Regelfall, dass auf Basis einer Funktions- und Risikoanalyse der Grad der Wertschöpfung für die begründete Betriebsstätte zu analysieren ist.

Erfahrungsgemäß wird der Gewinnanteil von Homeoffice-Betriebsstätten (d.h. feste Geschäftseinrichtung) regelmäßig im Wege der Kostenaufschlagsmethode zu ermitteln sein. Dies steht unter der Prämisse, dass die zugrundeliegende Funktion als eine Art dienstleistungserbringende Tätigkeit einzustufen ist. Im Falle von „International Remote Work" deutet auch die typischerweise inhärente Kurzfristigkeit und der damit verbundene „überschaubare" Aktivitätsgrad während der Vor-Ort-Präsenz auch auf eine solche Vergütungsmethodik hin. Dennoch kann je nach Ausprägung der Vor-Ort-Tätigkeit und damit verbundenen Remote Work-Konstellation (z.B. C-Level verantwortlich im Kontext von „International Remote Hire") von dieser Grundbeobachtung deutlich abgewichen werden. In solchen extremen Fällen ist bis hin zur Anwendung der Gewinnaufteilungsmethode das gesamte Spektrum der möglichen Verrechnungspreismethoden denkbar.

Der Gewinnanteil von Vertreterbetriebsstätten folgt regelmäßig den typischen Anwendungsfällen, das heißt provisions- und kommissionsähnliche Vergütungsformen zeigen sich als häufigste Ausprägung.

8.4. Praxiseinblick mit Herausforderungen

Viele Unternehmen beschäftigen sich – insbesondere auch infolge der virtuellen Arbeitserfahrungen aus der Covid-19-Pandemie – mit Remote Work-Konstellationen. Wie eingangs erwähnt steht dabei die Positionierung und Wahrnehmung als attraktiver Arbeitgeber bzw. die kongruente Erwartungshaltung von Mitarbeitenden im Fokus. Neben den bereits etablierten Formen „International Business Travel" sowie „International Assignment" stellen insbesondere die neuen Formen „International Remote Work" sowie „International Remote Hire" die Unternehmen vor Herausforderungen.

Über die (ertrag-)steuerlichen und weiteren rechtlichen Herausforderungen hinaus entfalten die beiden neuen Formen schnell eine hohe Relevanz in Unternehmen. Diese Relevanz äußert sich regelmäßig auch in bereits nach kurzer Zeit vielen zu bewältigenden Einzelfällen.

Um dennoch diese Remote Work-Formen rechtssicher zu ermöglichen, agieren viele Unternehmen in einem ersten Schritt mit einer Richtlinienlösung. Ziel einer solchen Remote Work-Richtlinie ist die Schaffung von Leitplanken entlang von bedeutenden Parametern. Dabei geht es in erster Linie nicht um die Ausreizung von maximalen Werten entlang dieser Parameter (wie beispielsweise erlaubte Tage und Aktivitäten), sondern vielmehr um ein rahmengebendes Werk, dass Compliance sowie Business-Anforderungen berücksichtigt.

In einem nachfolgenden Schritt ist dann die Einhaltung einer Remote Work-Richtlinie sicherzustellen, wofür sich ein automatisierter Antrags- und Genehmigungsprozess anbietet. Aufgrund der über die Compliance hinausgehenden Anforderungen, gewinnt sodann auch eine prozesseffiziente Vorgehensweise an Bedeutung. Für eine valide Analyse bedarf es insbesondere konkreter Vorabinformationen zu dem funktionalen Vorhaben des Arbeitnehmers und dessen bisherigen (berufsbedingten) Aufenthalten im Staat. Diese individuell zu erhebenden Daten sind anhand der regulatorischen – im Bereich der ertragsteuerlichen Betriebsstättenbegründung länderspezifischen – Vorschriften zu prüfen.

Entsprechende Einzelfallprüfungen binden viele Ressourcen, so dass viele Unternehmen zur rechtssicheren Realisierung von Remote Work-Konstellationen IT-gestützte Lösungen entwickeln oder erwerben. Ziel dieser Lösungen ist es, in den weit überwiegenden Fällen aller Remote Work-Konstellationen die Begründung von Betriebsstätten im Vorhinein zu vermeiden und kritische Fälle an die entsprechende steuerliche Fachabteilung im Unternehmen zu eskalieren, so dass eine Betriebsstättenbegründung in jedem Fall als eine bewusste Entscheidung in Kauf genommen und die entsprechenden Compliance-Anforderungen umgesetzt werden.

9. Personallose Betriebsstätten

von Daniel Retzer und Alisa König[1]

LITERATUR:

Andresen in Wassermeyer/Andresen/Ditz, Betriebsstätten-Handbuch, 2. Aufl. 2018; *Blumers*, DB 2023 S. 1121; *Blumers*, ISR 2023 S. 205; *Ditz/Tcherveniachki*, ISR 2020 S. 145; *Görl/Gradl* in *Vogel/Lehner*, DBA, 7. Aufl. 2021, Art. 5 OECD-MA; *Haase/Nürnberg*, Ubg 2022 S. 130 (Teil I), S. 169 (Teil II), S. 229 (Teil III); *Leonhardt/Tcherveniachki* in Flick/Wassermeyer/Baumhoff/Schönfeld, Außensteuerrecht, 89. Erg.-Lfg. 2019, § 1 AStG; *Melhem/Dombrowski*, IStR 2015 S. 912; *Retzer* in Vögele/Borstell/van der Ham, Verrechnungspreise, 6. Aufl. 2023, Kapitel 2; *van der Ham/Lieber* in GKGK, DBA (Online-Stand März 2023), Art. 7 OECD MA; van der *Ham/Retzer*, IWB 3/2020 S. 86; *van der Ham/Retzer*, IStR 2023 S. 213; *Wassermeyer/Kaeser* in *Wassermeyer*, DBA, 158. Aufl. 2022, Art. 5 OECD-MA.

9.1. Definition

9.1.1. Nationales Recht (§ 12 AO)

Gemäß § 12 AO ist eine Betriebsstätte „jede feste Geschäftseinrichtung oder Anlage, die der Tätigkeit eines Unternehmens dient“. Die Begriffsbestimmung fordert demnach nicht zwingend den Einsatz von Personal an oder in einer Geschäftseinrichtung. Vielmehr sind die Voraussetzungen für das Vorliegen einer Betriebsstätte, dass die Geschäftseinrichtung oder Anlage eine feste Beziehung zur Erdoberfläche hat, von gewisser Dauer ist, der Unternehmenstätigkeit dient und der Steuerpflichtige nicht nur vorübergehend darüber verfügen kann. Einrichtungen, die vollautomatisch arbeiten, wie z. B. Pipelines, Windkraftanlagen und Satellitenanlagen, können daher ebenfalls eine Betriebsstätte begründen, wie es beispielsweise der BFH mit Urteil vom 30.10.1996 für den Fall einer unterirdisch verlaufenden Rohrleitung entschieden hat.[2]

9.1.2. Abkommensrecht (Art. 5 Abs. 1 OECD-MA)

Art. 5 Abs. 1 des OECD-MA 2017 definiert die Betriebsstätte als „eine feste Geschäftseinrichtung, durch die die Geschäftstätigkeit eines Unternehmens ganz oder teilweise ausgeübt wird“. Im Wesentlichen stimmen die Tatbestandsvoraussetzungen des Grundtatbestands nach Art. 5 Abs. 1 OECD-MA mit denen nach § 12 AO überein, auch wenn das Abkommensrecht in Art. 5 Abs. 4 OECD-MA bestimmte Aktivitäten als nicht betriebsstättenbegründend ansieht (sog. „Negativkatalog“)[3].

1 Daniel Retzer ist Steuerberater und Director bei PwC in Düsseldorf. Alisa König ist Senior Associate bei PwC in Stuttgart.

2 Vgl. BFH, Urteil v. 30.10.1996 - II R 12/92 HAAAA-95733.

3 Siehe Ausführungen hierzu van der Ham in Kapitel 13. (Art. 5 Abs. 4 und 4.1 OECD-MA).

Insbesondere ist auch aus abkommensrechtlicher Sicht der Einsatz von Personal keine Voraussetzung für das Vorliegen einer Betriebsstätte. So hat der BFH im zuvor dargestellten Beschluss vom 30.10.1996 ausgeführt, dass der Betriebsstättenbegriff in Art. 2 Abs. 1 Nr. 2 des DBA mit den Niederlanden vom 16.6.1959[1] vor allem an die feste Geschäftseinrichtung anknüpfe und insoweit mit dem entsprechenden Begriff des § 12 Satz 1 AO identisch sei.[2] Zwar würden in Art. 2 Abs. 1 Nr. 2b DBA Niederlande vom 16.6.1959 gewisse Hilfstätigkeiten nicht als betriebsstättenbegründend angesehen werden, im Streitfall lägen aber die einschränkenden Voraussetzungen des Art. 2 Abs. 1 Nr. 2b DBA Niederlande nicht vor, insbesondere da die Klägerin die Ölleitung nicht zur Auslieferung ihr gehörender Güter oder Waren benutzte, sondern ausschließlich fremdes Öl transportierte.[3]

Weiterhin hat das FG Saarland mit Beschluss vom 30.3.2021 entschieden, dass auch ein Computer-Server, der lediglich eine automatisierte Funktion ausführt, eine Betriebsstätte i. S. des Art. 5 Abs. 1 OECD-MA sein kann (sog. „Serverbetriebsstätte").[4]

Im Übrigen wird auch in Tz. 64 der OECD-Kommentierung von Art. 5 Abs. 1 OECD-MA ausgeführt, dass eine Betriebsstätte (unter bestimmten Umständen) bereits durch den Einsatz eines bestimmten Wirtschaftsguts (z. B. Kabel oder Pipelines, die das Hoheitsgebiet eines Landes durchqueren) begründet werden kann, selbst wenn keine Personalfunktionen im Quellenstaat ausgeübt werden.[5] Die feste Geschäftseinrichtung muss jedoch aktiv an den Geschäftsaktivitäten beteiligt sein, so dass Pipelines oder Server eine Betriebsstätte darstellen können, wenn der Zweck des Unternehmens darin besteht, die Pipelines/Server zu betreiben und nicht nur zu vermieten.[6] Weiterhin können auch vollautomatische Pumpstationen und ähnliche Einrichtungen als Betriebsstätten angesehen werden, wenn sich Personen zumindest zeitweise am Standort der Einrichtung aufhalten. Verkaufsautomaten und ähnliche Maschinen können also Betriebsstätten sein, wenn das Unternehmen eine Geschäftstätigkeit ausübt, die über die bloße Aufstellung der Maschinen hinausgeht.[7]

1 Ab dem 1.1.2016 findet das neue DBA zwischen Deutschland und den Niederlanden v. 5.12.2012 Anwendung, vgl. Art. 33 Abs. 2. Der Betriebsstättenbegriff ist darin – im Einklang mit dem OECD-MA – in Art. 5 definiert.

2 Vgl. BFH, Urteil v. 30.10.1996 - II R 12/92 HAAAA-95733.

3 Vgl. BFH, Urteil v. 30.10.1996 - II R 12/92 HAAAA-95733.

4 Vgl. FG Saarland, Beschluss v. 30.3.2021 - 1 V 1374/20 HAAAH-82126.

5 Vgl. Wassermeyer/Kaeser in Wassermeyer, DBA, 158. Aufl. 2022, Art. 5 OECD-MA Tz. 51.

6 Vgl. Wassermeyer/Kaeser in Wassermeyer, DBA, 158. Aufl. 2022, Art. 5 OECD-MA Tz. 51.

7 Vgl. Görl/Gradl in Vogel/Lehner, DBA, 7. Aufl. 2021, Art. 5 OECD-MA Tz. 41.

9.1.3. Fazit

Es ist somit festzuhalten, dass sowohl nach nationalem Recht als auch nach Abkommensrecht bereits durch ein im Ausland belegenes Wirtschaftsgut unter bestimmten Voraussetzungen eine Betriebsstätte begründet werden kann, selbst wenn kein Personal des Unternehmens vor Ort tätig ist. Über das Wirtschaftsgut muss jedoch die Geschäftsaktivität des Unternehmens ganz oder teilweise betrieben werden, so dass reine Vermietungstätigkeiten im Regelfall nicht ausreichend sein sollten (zumindest, wenn die Vermietung des Wirtschaftsguts nicht der Zweck des Unternehmens ist). Nach Abkommensrecht ist zudem zusätzlich zu prüfen, ob eine Hilfs- und Nebentätigkeit i.S.des Art.5 Abs.4 OECD-MA im Quellenstaat ausgeübt wird, da diese (im Gegensatz zum nationalen Recht) als nicht betriebsstättenbegründend angesehen werden.

Im Ergebnis können somit neben Pipelines auch weitere vollautomatisch arbeitende Einrichtungen oder Anlagen potenziell zur Begründung einer Betriebsstätte führen; beispielhaft zu nennen seien hierbei Server, Windparks und Solarkraftanlagen, die gleichfalls häufig keinen (signifikanten) Einsatz von Personal vor Ort erfordern.[1]

9.2. Gewinnabgrenzung

9.2.1. Nationales Recht (§1 Abs.5 AStG)

Durch die Neufassung des §1 AStG mit Beschluss des Amtshilferichtlinie-Umsetzungsgesetz („AmtshilfeRLUmsG") am 26.6.2013 wurde der sog. Authorized OECD Approach („AOA") für nach dem 31.12.2012 beginnende Wirtschaftsjahre[2] in nationales Recht implementiert.

Konkret erfolgte eine Erweiterung von §1 AStG um zwei neue Absätze 5 und 6 sowie eine Ergänzung des Abs.4, die im Wesentlichen die Grundsätze des AOA beinhalten.[3] Ergänzende Anwendungsvorschriften finden sich in der Betriebsstättengewinnaufteilungsverordnung („BsGaV") vom 13.10.2014 und in den Verwaltungsgrundsätzen Betriebsstättengewinnaufteilung („VWG BsGa") vom 22.12.2016. Mit der BsGaV wendet die Finanzverwaltung die AOA-Grundsätze sowohl für die Bestimmung der Verrechnungspreise als auch auf die Wirtschaftsgüterzuordnung zu einer Betriebsstätte an.[4]

Nach dem AOA sollen Betriebsstätten für Zwecke der ertragsteuerlichen Gewinnabgrenzung fiktiv weitgehend wie rechtlich eigenständige Unternehmen behandelt

1 Vgl. van der Ham/Retzer, IWB 3/2020 S.86, 87 FAAAH-41634.

2 Vgl. §21 Abs.20 Satz 3 AStG.

3 Vgl. Retzer in Vögele/Borstell/van der Ham, Verrechnungspreise, 6.Aufl. 2023, Kapitel 2, Tz.70.

4 Vgl. Rebekka Rein zu BFH, Urteil v.24.11.2021 - I B 44/21 YAAAI-05464.

werden,[1] d. h., dass grds. sämtliche anzunehmenden schuldrechtlichen Beziehungen innerhalb des Einheitsunternehmens (sog. „dealings") unter Beachtung der allgemeinen Verrechnungspreisgrundsätze fremdvergleichskonform zu vergüten sind (wobei es hier im Bereich der Finanzierung Ausnahmen gibt).[2] Ausgangspunkt sollen dabei die „maßgeblichen" Personalfunktionen darstellen, auf deren Basis nach § 1 Abs. 2 BsGaV der Betriebsstätte Vermögenswerte, Chancen und Risiken, ein fremdübliches Dotationskapital und sonstige Passiva sowie interne und externe Geschäftsvorfälle zuzuordnen sind.

Vor diesem Hintergrund stellt sich die Frage, wie die Gewinnabgrenzung bei personallosen Betriebsstätten erfolgen soll.

Zunächst ist fraglich, ob die Selbständigkeitsfiktion der Betriebsstätte unter dem AOA hier ihre Grenzen findet. § 1 Abs. 5 Satz 2 Halbsatz 2 AStG sieht diese Möglichkeit zumindest für Fälle vor, in denen die Zugehörigkeit der Betriebsstätte zum Unternehmen eine andere Behandlung erfordere. In der Literatur wird teilweise die Ansicht vertreten, dass personallose Betriebsstätten einen entsprechenden Anwendungsfall darstellen, da eine andere Behandlung schon allein dadurch gerechtfertigt sei, dass selbständige Unternehmen ohne Personal gar nicht existieren würden.[3] Eine solche andere Behandlung könnte beispielsweise auf Basis der Grundsätze des vor Einführung des AOA einschlägigen „Relevant Business Activity Approach" erfolgen, nach dem Erträge und Aufwendungen des Unternehmens verursachungsgerecht (nach dem Veranlassungsprinzip) zwischen Stammhaus und Betriebsstätte aufzuteilen waren.[4]

Weiterhin ist rechtlich noch nicht abschließend geklärt, ob auch Fremdleistungen „Personalfunktionen" i. S. von § 1 Abs. 5 AStG sein können. Der BFH hat dies in seinem AdV-Beschluss vom 24.11.2021[5] zumindest als grds. denkbar angesehen, da der Gesetzeswortlaut des § 1 Abs. 5 AStG (im Gegensatz zu § 2 Abs. 3 BsGaV) keine explizite Einschränkung auf „eigenes" Personal vorsehe. Somit sei es nicht auszuschließen, dass auch über einen Dienstleistungsvertrag tätiges Personal als Personalfunktion der Betriebsstätte angesehen werden könne.[6] Nach unserer Auffassung lässt sich aus § 1 Abs. 5 Satz 3 AStG aber durchaus die gesetzgeberische Intention einer Beschränkung auf „eigenes" Personal herauslesen, da von „Funktionen des Unternehmens, die durch ihr [Anm.: gemeint ist hier die Betriebsstätte] Personal ausgeübt werden" gesprochen

1 Vgl. § 1 Abs. 5 Satz 2 AStG.

2 Vgl. Retzer in Vögele/Borstell/van der Ham, Verrechnungspreise, 6. Aufl. 2023, Kapitel 2, Tz. 89.

3 Vgl. Leonhardt/Tcherveniachki in Flick/Wassermeyer/Baumhoff/Schönfeld, Außensteuerrecht, 89. Erg.-Lfg. 2019, § 1 AStG Tz. 2883 sowie van der Ham/Retzer, IWB 3/2020 S. 86, 89 FAAAH-41634.

4 Vgl. Leonhardt/Tcherveniachki in Flick/Wassermeyer/Baumhoff/Schönfeld, Außensteuerrecht, 89. Erg.-Lfg. 2019, § 1 AStG Tz. 2870 f., 2883; van der Ham/Retzer, IWB 3/2020 S. 86, 89 FAAAH-41634; Retzer in Vögele/Borstell/van der Ham, Verrechnungspreise, 6. Aufl. 2023, Kapitel 2, Tz. 67.

5 Vgl. BFH, Urteil v. 24.11.2021 - I B 44/21 YAAAI-05464.

6 Vgl. van der Ham/Retzer, IStR 2023 S. 214.

wird. Auch nach § 2 Abs. 3 Satz 1 BsGaV ist eine Personalfunktion „eine Geschäftstätigkeit, die von eigenem Personal des Unternehmens für das Unternehmen ausgeübt wird." Ein genereller Einbezug externer Personalfunktionen wäre jedenfalls in der Praxis sehr weitreichend und nicht sachgerecht, weshalb u. E. die Grenze zwischen Personalüberlassung (= Personalfunktion) und Dienstleistung (= keine Personalfunktion) gezogen werden sollte.[1]

In diese Richtung geht auch das Urteil des FG München[2], nach dem die von (externen) Dienstleistern aufgrund von Dienstleistungs- bzw. Werkverträgen ausgeübten Tätigkeiten dem Unternehmen nicht als eigene Funktion zugerechnet werden können, da es sich um kein eigenes Personal des Unternehmens (vgl. § 1 Abs. 5 Satz 3 Nr. 1 AStG, § 2 Abs. 3 Satz 1 BsGaV) handele. Schließlich würden die Firmen nicht nach § 2 Abs. 4 BsGaV aufgrund einer gesellschaftsvertraglichen oder arbeitsvertraglichen Vereinbarung mit dem Unternehmen für das Unternehmen tätig, sondern aufgrund eines Dienstleistungs- bzw. Werkvertrages.

Im Übrigen ist festzuhalten, dass sich aus dem Gesetzeswortlaut des § 1 Abs. 5 Satz 3 AStG im Gegensatz zu § 1 Abs. 2 BsGaV keine vorrangige Zuordnung von Personalfunktionen herauslesen lässt, sondern vielmehr eine gleichrangige Zuordnung von Personalfunktionen, Vermögenswerten, Chancen und Risiken sowie Dotationskapital konstituiert ist, so dass u. E. insoweit die Verordnung über den Gesetzeswortlaut hinausgeht und mithin nicht mehr von der Verordnungsermächtigung abgedeckt ist.[3]

Zur Bedeutung der Personalfunktionen bei (personallosen) Betriebsstätten hat sich auch der BFH mit Beschluss vom 24.11.2021[4] geäußert. Demnach stehe § 1 Abs. 5 AStG im unmittelbaren Kontext zu dessen Abs. 1 und knüpfe damit tatbestandlich an eine Einkünfteminderung an, die durch eine Vereinbarung nicht fremdvergleichsgerechter Bedingungen entstehe.[5] Dem Wortlaut des § 1 Abs. 5 AStG und insbesondere dessen Satz 3 lasse sich nicht entnehmen, dass außerhalb des Anwendungsbereichs des § 1 AStG und insbesondere für die allgemeine Gewinnermittlung nach §§ 4 ff. EStG eine Veranlassungsprüfung (allein) nach den in den jeweiligen Unternehmensteilen ausgeübten Personalfunktionen vorzunehmen wäre. Eine entsprechende „Ausstrahlwirkung" könne in § 1 Abs. 5 AStG auch nicht hineingelesen werden. Hierfür spreche auch

1 Vgl. van der Ham/Retzer, IStR 2023 S. 214.

2 FG München, Urteil v. 10.7.2023 - 7 K 1938/22 KAAAJ-48112.

3 Vgl. van der Ham/Retzer, IStR 2023 S. 214; van der Ham/Retzer, IWB 3/2020 S. 86, 90 FAAAH-41634; Blumers, DB 2023 S. 1122; Haase/Nürnberg, Ubg 2022 S. 130 (Teil I), S. 169 (Teil II), S. 229, 230 (Teil III).

4 Vgl. BFH, Urteil v. 24.11.2021 - I B 44/21 YAAAI-05464.

5 Ebenso FG Düsseldorf, Urteil v. 12.5.2023 - 3 K 70/18 F (Revision beim BFH anhängig).

die systematische Stellung der Vorschrift im AStG. Folglich sollte u. E. die Personalfunktion allein nicht der maßgebliche Zuordnungsparameter sein.[1] Vielmehr müsse für Zwecke der Betriebsstättengewinnaufteilung stets der Fremdvergleich und das zugrundeliegende Geschäftsmodell der zentrale Maßstab sein. Allein die Tatsache, dass in einer Betriebsstätte kein eigenes Personal des Unternehmens tätig ist, sollte u. E. somit auch nach neuer Rechtslage nicht pauschal eine Berichtigung des Betriebsstättengewinns auf eine kleine Routinemarge rechtfertigen, da § 1 Abs. 5 AStG eine Einkünftekorrekturvorschrift darstellt, die im Kontext des § 1 Abs. 1 AStG zu lesen ist und somit tatbestandlich einen Verstoß gegen Fremdvergleichsgrundsätze erfordert. Daher sollte auch bei personallosen Betriebsstätten stets analysiert werden, welche Bedeutung den Personalfunktionen im Verhältnis zu den eingesetzten (die Betriebsstätte begründenden) Wirtschaftsgütern zukommt.

Folglich sollten u. E. personallosen Betriebsstätten durchaus Vermögenswerte zuordenbar sein, sofern der Fremdvergleichsgrundsatz dies erfordert,[2] was in derartigen Konstellationen regelmäßig der Fall sein sollte. Denn andernfalls würde das paradoxe Ergebnis eintreten, dass gerade Betriebsstätten, die erst durch die Belegenheit eines bestimmten Wirtschaftsguts im Quellenstaat begründet werden, eben dieses Wirtschaftsgut nicht zugerechnet werden könnte (was unter Umständen auch zu einer „passiven Entstrickung" führen könnte, da vor Einführung des AOA das Veranlassungsprinzip anwendbar war, wonach im Regelfall die betreffenden Wirtschaftsgüter der (personallosen) Betriebsstätte zurechenbar waren[3]). Da es aber sehr wohl Unternehmen gibt, die einen Großteil ihrer Erträge allein aufgrund der Existenz eines bestimmten Wirtschaftsguts (z. B. Rohr- und Stromleitungen, Windparks, Solarkraftanlagen, etc.) ohne signifikanten Personaleinsatz erwirtschaften, würde eine Nichtzurechnung des betreffenden Wirtschaftsguts zur Betriebsstätte (trotz Belegenheit im Quellenstaat) u. E. gegen den Fremdvergleichsgrundsatz sowie die Fiktion der Betriebsstätte als rechtlich eigenständiges Unternehmen verstoßen.

Im Übrigen sollte sich eine Zurechnung von Wirtschaftsgütern (und folgerichtig Gewinnen) zu personallosen Betriebsstätten auch nach dem BMF-Schreiben vom 17.12.2019[4] rechtfertigen lassen. Nach diesem wurden die VWG BsGa um eine neue Tz. 6a ergänzt,

---

1 Vgl. van der Ham/Lieber in GKGK, DBA (Online Stand März 2023), Art. 7 OECD MA Rz. 318. In eine ähnliche Richtung scheint auch die Begründung des FG Düsseldorf im Urteil v. 12.5.2023 (3 K 70/18 F; Revision beim BFH anhängig) zu gehen.

2 Vgl. van der Ham/Retzer, IWB 3/2020 S. 86, 90 FAAAH-41634.

3 Vgl. BFH, Urteil v. 24.11.2021 - I B 44/21 YAAAI-05464. Allerdings hat das FG Münster mit Urteil v. 10.8.2022 (Az. 13 K 559/19; aktuell anhängig beim BFH unter dem Az. I R 41/22) entschieden, dass die Änderung eines DBA nicht zu einer Entstrickung nach § 4 Abs. 1 Satz 3 EStG führen könne, u. a. da die Änderung eines DBA nicht dem Steuerpflichtigen zurechenbar sei. Gleiches sollte u. E. auch bei Änderungen im nationalen Recht gelten.

4 Vgl. BMF, Schreiben v. 17.12.2019, BStBl 2020 I S. 84.

welche ausführt, dass im Falle einer Betriebsstätte ohne maßgebliche Personalfunktion die Zugehörigkeit der Betriebsstätte zum Unternehmen eine andere Behandlung erfordern könne und dass für die Frage der Zuordnung von Wirtschaftsgütern und der Gewinnaufteilung die Grundsätze der Tz. 66 und 75 des OECD-Betriebsstättenberichts vom 22.7.2010 anzuwenden sind. Aus Tz. 75 des OECD-Betriebsstättenberichts ergibt sich explizit, dass insbesondere bei Betriebsstätten, die erst durch die Belegenheit eines bestimmten Wirtschaftsguts im Quellenstaat begründet werden, eine Zuordnung eben jenes Wirtschaftsguts zur Betriebsstätte möglich sein soll (beispielsweise anhand des Ortes der Nutzung als maßgebliches Zuordnungskriterium).[1] Im Ergebnis scheint sich die Finanzverwaltung somit der OECD-Auffassung anzuschließen, was grds. als positiv anzusehen ist, da es das Risiko einer Doppelbesteuerung aufgrund abweichender Anwendung der AOA-Grundsätze tendenziell reduziert. Offen bleibt jedoch, welche Schlussfolgerungen sich aus der Zuordnung eines Wirtschaftsguts zur (personallosen) Betriebsstätte im Hinblick auf die Gewinnabgrenzung ziehen lassen. Nach unserer Auffassung ist dies aufgrund des expliziten Verweises im BMF-Schreiben vom 17.12.2019 anhand der einschlägigen OECD-Regelungen zu beantworten, die im nachfolgenden Kapitel näher dargestellt werden.

9.2.2. Abkommensrecht (Art. 7 OECD-MA)

Auf OECD-Ebene erfolgte die Implementierung des AOA im Jahr 2010, konkret durch die Neufassung von Art. 7 Abs. 2 des OECD-MA. Davor war der sog. „Relevant Business Activity Approach" anzuwenden, der eine eingeschränkte Selbständigkeitsfiktion der Betriebsstätte unterstellte und nach dem im Wesentlichen eine Zuordnung von Aufwendungen und Erträgen anhand des Verursachungsprinzips erfolgte.

Da Art. 7 Abs. 2 OECD-MA in der Fassung vor 2010 in der Vergangenheit oftmals sehr uneinheitlich ausgelegt wurde, erfolgte im Jahr 2008 die Veröffentlichung des „Report on the Attribution of Profits to Permanent Establishments", der bereits die Grundsätze des AOA enthielt. Da sich dieser Bericht noch auf den Wortlaut des Art. 7 OECD-MA 2008 bezog, wurde am 22.7.2010 eine modifizierte Fassung des OECD-Betriebsstättenberichts publiziert, die zur Auslegung von Art. 7 Abs. 2 OECD-MA herangezogen werden kann.[2]

Auch von der OECD wird den (wesentlichen) Personalfunktionen (sog. „significant people functions") im Rahmen der Betriebsstättengewinnabgrenzung eine große Bedeutung beigemessen, allerdings nicht die einzig relevante, wie beispielsweise Tz. 62 im OECD-Betriebsstättenbericht deutlich macht. Demnach soll die funktionale und faktische Analyse die Funktionen berücksichtigen, die von den Mitarbeitern des Unterneh-

1 Vgl. van der Ham/Retzer, IWB 3/2020 S. 86, 90 FAAAH-41634.

2 Vgl. Retzer in Vögele/Borstell/van der Ham, Verrechnungspreise, 6. Aufl. 2023, Kapitel 2, Tz. 69.

mens als Ganzes, einschließlich der Betriebsstätte, ausgeübt werden und bewerten, welche Bedeutung sie ggf. für die Erzielung der Gewinne des Unternehmens haben. Von den Aktivitäten des Gesamtunternehmens werden somit die Aufgaben der Betriebsstätte abgeleitet, so dass auch die Aufgaben von Betriebsstätten festzustellen sind, die über kein Personal verfügen.[1] Anhand der so erfolgten Aufgabenspezifikation ist anschließend festzustellen, welchen Beitrag die (personallose) Betriebsstätte auf den Gesamterfolg des Unternehmens hat.[2]

Für Zwecke der Gewinnabgrenzung setzt sich die OECD mit personallosen Betriebsstätten konkret in den Tz. 66 und 75 des OECD-Betriebsstättenberichts auseinander:

- In Tz. 66 wird der Fall beschrieben, dass im Rahmen eines eCommerce-Geschäfts durch einen im Ausland belegenen Server eine Betriebsstätte begründet wird. Diesbezüglich wird seitens der OECD klargestellt, dass auch hier die gleichen Grundsätze und die Funktionsanalyse bestimmen, welche automatisierten Funktionen von der Server-Betriebsstätte ausgeführt, welche Vermögenswerte bei der Ausführung dieser Funktionen verwendet und welche Risiken übernommen werden. Aus der automatisierten Natur der Funktionen solle sich jedoch ableiten lassen, dass die Vermögenswerte oder Risiken, die der Betriebsstätte zugerechnet werden, wahrscheinlich nur diejenigen sind, die direkt mit der Server-Hardware verbunden sind. Folglich könne einer solchen Betriebsstätte nach dem AOA nur ein geringer oder gar kein Gewinn zugerechnet werden. Daraus sollte sich jedoch nicht die Schlussfolgerung ziehen lassen, dass dies für jede personallose Betriebsstätte gleichermaßen gilt, da unter Berücksichtigung der Grundsätze in Tz. 62 stets einzelfallbezogen zu prüfen ist, welchen Beitrag die Betriebsstätte im Hinblick auf das Gesamtergebnis des Unternehmens leistet.[3]
- In Tz. 75 wird ausgeführt, dass seitens der OECD-Mitgliedsstaaten diskutiert wurde, ob die Zuordnung von materiellen Wirtschaftsgütern auf Grundlage der „significant people functions" erfolgen solle (in diese Richtung scheint die oben dargestellte Tz. 66 tendenziell zu gehen) oder ob stattdessen auf den Ort der Nutzung abzustellen sei, insbesondere in den Fällen, in denen eine Betriebsstätte gerade erst aufgrund der Belegenheit des betreffenden Vermögenswertes im Quellenstaat begründet wird. Nach Erörterung beider Optionen kamen die OECD-Mitgliedstaaten zu dem Schluss, dass sie in der Praxis in den meisten Fällen zu den gleichen oder zu nicht wesentlich unterschiedlichen Ergebnissen führen dürften. Dies wird damit begründet, dass die Betriebsstätte als wirtschaftlicher Eigentümer des Vermögenswertes Abschreibungen (und ggf. sonstige Aufwendungen, beispielsweise für die Finanzie-

1 Vgl. Blumers, DB 2023 S. 1122.
2 Vgl. Blumers, ISR 2023 S. 206.
3 Vgl. van der Ham/Retzer, IWB 3/2020 S. 86, 91 FAAAH-41634; Retzer in Vögele/Borstell/van der Ham, Verrechnungspreise, 6. Aufl. 2023, Kapitel 2, Tz. 484; Blumers, DB 2023 S. 1125.

rung) in Abzug bringen könnte und im Falle einer Zuordnung zum Stammhaus bei einer Nutzung durch die Betriebsstätte im Wege eines „dealings" ein fiktives Mietentgelt zu verrechnen wäre. Über die betriebsgewöhnliche Nutzungsdauer des Vermögenswertes sollte es daher zu keinen signifikanten Unterschieden bei der Gewinnzuordnung kommen, wenngleich temporäre Differenzen denkbar sind. Vor diesem Hintergrund gab es einen klaren Konsens innerhalb der Staatengemeinschaft, dass die Zuordnung von materiellen Wirtschaftsgütern anhand des Ortes der Nutzung stattfinden solle, sofern im konkreten Einzelfall nicht ein anderes Zuordnungskriterium zu einem angemesseneren Ergebnis führt.[1]

9.2.3. Fazit

Zusammenfassend kann somit gesagt werden, dass u. E. personallosen Betriebsstätten grds. sowohl nach nationalem Recht als auch nach Abkommensrecht Vermögenswerte zugerechnet werden können sollten, insbesondere jene, durch die die Betriebsstätte erst begründet wird.

Die Frage, welcher Gewinnanteil einer personallosen Betriebsstätte zugerechnet werden sollte, ist u. E. abhängig vom Beitrag der Betriebsstätte zum Gesamterfolg des Unternehmens zu bestimmen. Insbesondere sollte anhand einer Wertschöpfungsbeitragsanalyse bestimmt werden, welche Bedeutung die Nutzung bzw. Verwertung der (die Betriebsstätte begründenden) Wirtschaftsgüter im Gesamtkontext hat, insbesondere, ob die (im Stammhaus ausgeübten) Personalfunktionen oder eher das (die Betriebsstätte begründende) Wirtschaftsgut als wesentlicher Werttreiber für den Gesamterfolg des Unternehmens anzusehen ist. In letzterem Fall dürfte der Betriebsstätte auch ein Anteil am Residualgewinn des Unternehmens zurechenbar sein, in ersterem Fall sollte sich die Vergütung dagegen eher auf eine kleine Routinemarge (z. B. einen Aufschlag auf die Kosten der Betriebsstätte oder auf das eingesetzte Kapital) beschränken.[2]

9.3. Beispielsfälle

9.3.1. Beispiel 1a

Das in Deutschland ansässige Unternehmen A ist im Bereich der petrochemischen Industrie tätig. Für die Herstellung bestimmter Zwischenprodukte benötigt Unternehmen A den Rohstoff Öl. Hierfür betreibt das Unternehmen eine Pipeline, welche das Öl von der Raffinerie in Frankreich zum Produktionsstandort in Deutschland transportiert. Die Pipeline verläuft demnach durch zwei Staaten (Deutschland und Frankreich).

1 Vgl. van der Ham/Lieber in GKGK, DBA (Online Stand März 2023), Art. 7 OECD MA Rz. 317.

2 Vgl. van der Ham/Retzer, IWB 3/2020 S. 86, 91 FAAAH-41634.

Lösung:

Nach dem BFH-Urteil vom 30.10.1996 begründet eine Pipeline, die der bloßen Durchleitung von Rohöl dient, eine ertragsteuerliche Betriebsstätte, zumindest sofern es sich hierbei um fremdes Öl handelt. Da im vorliegenden Fall das Öl annahmegemäß im Eigentum von Unternehmen A ist, erscheint es bereits fraglich, ob durch die Pipeline bereits eine Betriebsstätte dem Grunde nach begründet wird, da gem. Art. 5 Abs. 4 Buchst. a OECD-MA „Einrichtungen, die ausschließlich zur Lagerung, Ausstellung oder Auslieferung von Gütern oder Waren des Unternehmens benutzt werden" nicht als Betriebsstätten gelten. Dies ist jedoch nach dem im OECD-MA infolge des BEPS-Projekts neugefassten Wortlaut nur dann der Fall, wenn diese Tätigkeiten vorbereitender Art sind oder eine Hilfstätigkeit darstellen. Nach dem alten Wortlaut (der noch in vielen DBA mit Deutschland enthalten ist, so beispielsweise auch im Abkommen mit Frankreich[1]) wurde dagegen pauschal unterstellt, dass die in Art. 5 Abs. 4 OECD-MA genannten Tätigkeiten nicht betriebsstättenbegründend sind, d. h. unabhängig davon, ob diese Aktivitäten tatsächlich vorbereitender Art sind bzw. Hilfstätigkeiten darstellen. Zwar wäre grds. auch nach dem neuen Wortlaut denkbar, dass im vorliegenden Fall keine Betriebsstätte begründet wird, da der Transport des Öls über die Pipeline einerseits nicht Teil der Haupttätigkeit des Unternehmens ist und andererseits der Produktion vorangeht, also als vorbereitend angesehen werden kann. Allerdings verfügt das Unternehmen A in Frankreich mittels der Raffinerie über eine weitere feste Geschäftseinrichtung, so dass die Pipeline zusammen mit dieser betrachtet werden muss und in einer Gesamtschau voraussichtlich nicht mehr nur als bloße Hilfstätigkeit angesehen werden kann (vgl. Art. 5 Abs. 4.1 OECD-MA).

Sofern man somit davon ausgeht, dass das Unternehmen A in Frankreich über die Pipeline eine (personallose) Betriebsstätte begründet, ist dieser in einem nächsten Schritt ein angemessener Gewinnanteil zuzuordnen. Hier lässt sich u. E. argumentieren, dass die Pipeline-Betriebsstätte lediglich Routinedienstleistungen an das Stammhaus erbringt, da die Kernaktivität des Unternehmens A und wesentliche Wertschöpfung in der Herstellung von Zwischenprodukten in Deutschland besteht. Mit dem nachgelagerten Verkauf der Zwischenprodukte an seine Kunden erzielt das Unternehmen A seine Einkünfte. Demnach ist die Pipeline nicht als wesentlicher Werttreiber anzusehen und lediglich mit einem Routinegewinn (der z. B. mittels der Kostenaufschlagsmethode oder auf Basis einer angemessenen Kapitalverzinsung ermittelt werden könnte) zu vergüten.

9.3.2. Beispiel 1b

Das in Deutschland ansässige Unternehmen A betreibt eine Pipeline, mit der Rohöl für fremde Dritte transportiert wird und die von Frankreich nach Deutschland verläuft. Die

1 Vgl. Art. 2 Abs. 1 Nr. 7 Buchst. b DBA Frankreich v. 14.4.1961.

Konditionen für den Transport des Rohöls sind tariflich reguliert und können nicht vom Unternehmen A beeinflusst werden. Die Kundenstruktur ist durch den Sitz der an die Pipeline angeschlossenen Unternehmen fest definiert, so dass das Unternehmen de facto über eine Monopolstellung verfügt und keine Akquise betreiben muss. Die Personalfunktionen von Unternehmen A in Deutschland haben rein administrativen Charakter (z.B. Accounting, Buchführung, Steuern, etc.). Die technische Wartung der Pipeline ist an fremde Dienstleister ausgelagert.

Lösung:

Nach dem BFH-Urteil vom 30.10.1996 begründet eine Pipeline, die der bloßen Durchleitung von Rohöl dient, eine ertragsteuerliche Betriebsstätte, sofern es sich hierbei um fremdes Öl handelt. Das ist hier annahmegemäß der Fall, so dass der über die Pipeline in Frankreich begründeten (personallosen) Betriebsstätte von Unternehmen A ein angemessener Gewinnanteil zuzuordnen ist.

Da das Unternehmen A seine gesamten Einkünfte aus dem Transport von Rohöl über die Pipeline erzielt und diese dem Unternehmen A aufgrund ihrer Lage bzw. ihrem Streckenverlauf eine monopolistische Stellung verleiht, ist die Pipeline als wesentlicher Werttreiber anzusehen. Die Personalfunktionen von Unternehmen A treten demgegenüber in den Hintergrund und haben lediglich administrativen Charakter. Die an einen fremden Dritten ausgelagerten Funktionen im Zusammenhang mit der Wartung der Pipeline sind u.E. für Gewinnabgrenzungszwecke nicht mit zu berücksichtigen, da es sich dabei nicht um „eigene Funktionen" des Unternehmens handelt. Folglich kann den Personalfunktionen im vorliegenden Fall nur ein kleines Dienstleistungsentgelt zugerechnet werden, wohingegen der Residualgewinn vollständig der Pipeline zuzuordnen ist und angemessen zwischen den Streckenabschnitten in Deutschland und Frankreich aufgeteilt werden muss.

Diese Auffassung vertrat in einem ähnlich gelagerten Fall auch das FG Düsseldorf in seinen Urteilen vom 12.5.2023[1], in denen es um die Aufteilung des Gewinns aus dem Betrieb eines Rohrleitungsnetztes zwischen Deutschland, Belgien und den Niederlanden ging, und zwar einerseits nach alter Rechtslage vor Implementierung der AOA-Grundsätze im § 1 Abs. 5 AStG (Streitjahr 2011) und andererseits nach neuer Rechtslage (Streitjahr 2015).

Im Streitfall wurden nach der Gewinnaufteilung der Klägerin die Erlöse aus Durchleitungsgebühren nach der Strecke der transportierten Güter auf die drei Länder allokiert. Kosten wurden soweit möglich direkt zugeordnet und andernfalls nach dem Schlüssel „kumulierte Investitionen" (bzw. im Falle der von einem fremden Dritten vorgenommenen operativen Steuerung der Rohrleitung durch eine in den Niederlanden belegene Betriebszentrale nach „Leitungskilometern") auf die Länder verteilt. Die Kosten aus der Verwaltung der eigenen und von fremden Rohrleitungen (die Klägerin erzielte ca. 1%

1 Vgl. FG Düsseldorf, Urteil v. 12.5.2023 - 3 K 1940/17 F und 3 K 70/18 F (Revision beim BFH jeweils anhängig).

ihres Gesamtumsatzes durch die Betreuung der Rohrfernleitungen fremder Dritter, wobei dieser Tätigkeitsbereich größtenteils der Verwaltung des eigenen Rohrleitungsnetzes entsprach) wurden in voller Höhe dem deutschen Stammhaus zugeordnet. Korrespondierend wurden Vergütungen aus der Verwaltung der fremden Leitungsnetze allein Deutschland zugerechnet und zudem für die Verwaltung der eigenen Rohrleitung in Anlehnung an das von fremden Dritten erhaltene Entgelt Deutschland vorab ein fiktiver Gewinnanteil zugerechnet.

Das beklagte Finanzamt wollte hingegen den ausländischen (personallosen) Betriebsstätten nur eine kleine Routinevergütung zuordnen und den gesamten Residualgewinn nach Deutschland allokieren, da eigene Mitarbeiter lediglich in Deutschland tätig wurden. Dem schloss sich jedoch der entscheidende Senat für beide Jahre (2011 und 2015) nicht an, da er die Gewinnaufteilung der Klägerin im konkreten Fall als geeignet und angemessen ansah und somit keinen Verstoß gegen Fremdvergleichsgrundsätze erkennen konnte. Zwecks Fortbildung des Rechts wurde jedoch für beide Jahre die Revision nach § 115 Abs. 2 Nr. 2 FGO zugelassen.

9.3.3. Beispiel 2

Die Kerntätigkeit des in Deutschland ansässigen IT-Start-ups A besteht in der Bereitstellung von Speicherkapazitäten, woraus A demzufolge auch einen Großteil seiner Umsätze erzielt. Die Speicherkapazitäten werden über Server (Hardware) im Ausland bereitgestellt, wodurch das Start-up dort eine ertragsteuerliche Betriebsstätte begründet. Denn nach dem Beschluss des FG Saarland vom 30.3.2021 kann auch ein Computer-Server, der lediglich eine automatisierte Funktion ausführt, eine Betriebsstätte i. S. des Art. 5 Abs. 1 OECD-MA (sog. „Serverbetriebsstätte") sein. Die Software, mit der die Server betrieben werden, wurde im Inland entwickelt. Darüber hinaus werden sämtliche Kunden des Start-ups A durch Personal in Deutschland akquiriert und auch die Vertragsverhandlungen und -abschlüsse finden vollständig in Deutschland statt. Im Ausland werden die Mitarbeiter nicht tätig; hin und wieder notwendige Wartungsarbeiten an den Servern wurden an einen unabhängigen Dienstleister vor Ort übertragen.

Lösung:

Fraglich ist, ob im vorliegenden Fall die Server als maßgebliche Werttreiber des Start-ups angesehen werden können, da durch diese ein Großteil der Umsätze erwirtschaftet wird. Dagegen vorgebracht werden könnte jedoch einerseits, dass die Software in Deutschland entwickelt wurde und die Server ohne diese nicht funktionsfähig sind. Dem Server im Ausland kann demnach lediglich die Hardware, aber nicht die wohl bedeutendere und wertvollere Software für die Gewinnzurechnung zugeordnet werden.[1] Zudem

1 Vgl. Blumers, DB 2023 S. 1121.

erfolgt die komplette Kundenakquisition und Verhandlung von Vertragskonditionen in Deutschland.

Nach unserer Auffassung sollten daher die Personalfunktionen in Deutschland wesentlich bedeutsamer für das IT-Start-up sein als die im Ausland befindliche (Server-)Hardware, zumal letztere ohne Weiteres auch extern bezogen werden könnte und somit für sich gesehen kein einzigartiges IP beinhaltet (allenfalls der Software könnte eine solche Eigenschaft unter Umständen zugeschrieben werden, diese wurde jedoch komplett in Deutschland entwickelt).

Diese Auffassung ist auch im Einklang mit Tz. 66 des OECD-Betriebsstättenberichts, in welcher explizit der Fall einer Server-Betriebsstätte beschrieben wird. Demnach können der Server-Betriebsstätte i. d. R. nur solche Vermögenswerte oder Risiken zugerechnet werden, die direkt mit der Server-Hardware verbunden sind. Mangels tätigem Personal innerhalb der Betriebsstätte folgt daraus, dass der Server-Betriebsstätte entweder kein oder lediglich ein geringer Routinegewinn zuzurechnen ist. Denkbar wäre dabei, diesen Routinegewinn anhand der Kostenaufschlagsmethode oder auf Basis einer angemessenen Kapitalverzinsung zu berechnen. Zu beachten ist hierbei, dass sich der in Tz. 66 beschriebene Fall explizit auf durch Server-Hardware begründete Betriebsstätten bezieht und daraus keine allgemeingültigen Schlussfolgerungen für sämtliche (personallosen) Betriebsstätten gezogen werden können. Entscheidend für die Ermittlung einer fremdüblichen Gewinnabgrenzung sind neben den Personalfunktionen stets u. a. auch das Geschäftsmodell, die Branche und die Wettbewerbssituation des Unternehmens.

Im Folgenden soll kurz anhand von zwei Beispielen aufgezeigt werden, wie die Ermittlung eines Routinegewinns für die Server-Betriebsstätte grds. erfolgen könnte.

Annahmen:

Anschaffungs- und Herstellungskosten der Server	10.000.000 €
Jährliche Betriebskosten der Server (z. B. Strom, Gebühren an Dienstleister für Wartung, etc.)	500.000 €
Betriebsgewöhnliche Nutzungsdauer der Server	10 Jahre
Angenommener fremdüblicher Kostenaufschlag	5,00 %
Angenommene fremdübliche Rendite auf die Investitionskosten	6,00 %

Kostenaufschlagsmethode:

- Jährliche Abschreibung der Server = 10.000.000 € / 10 = 1.000.000 €
- Jährliche Betriebskosten der Server = 500.000 €

- Gesamtkosten pro Jahr = 1.500.000 €
- Gewinn pro Jahr = 5 % von 1.500.000 € = 75.000 €

b) **Kapitalverzinsung:**

- Investitionssumme = 10.000.000 €
- Jährliche Verzinsung auf Investition = 6 % von 10.000.000 € = 600.000 €
- Jährliche Betriebskosten der Server = 500.000 €
- Gewinn pro Jahr = 100.000 €

Der erwartete Gewinn pro Jahr ist annahmegemäß im zweiten Fall (Kapitalverzinsung) etwas höher, da die tatsächlichen jährlichen Betriebskosten von den erwarteten jährlichen Betriebskosten abweichen können und somit im Vergleich zum ersten Fall mehr Risiken bestehen, die bei Anwendung des Fremdvergleichs durch eine Risikoprämie zusätzlich zu vergüten sind. Im ersten Fall würde sich der jährliche Gewinn nach den tatsächlich angefallenen Kosten (Abschreibungen + Betriebskosten) richten, so dass de facto keine Risiken existieren.

9.3.4. Beispiel 3

Unternehmen A betreibt seit 2010 eine Solarkraftanlage in Deutschland und erzielt damit einen Großteil seiner Umsätze. Über die Solarkraftanlage begründet das Unternehmen A in Deutschland eine ertragsteuerliche Betriebsstätte. Die Geschäftsleitungsbetriebsstätte hat ihren Sitz in den Niederlanden. Über eigenes Personal verfügt das Unternehmen A nur in den Niederlanden, nicht allerdings in Deutschland. Die technische Wartung der Solarkraftanlagen in Deutschland wurde an fremde Dienstleister ausgelagert. Die Solarkraftanlage ist als ein wesentlicher Werttreiber für das Unternehmen A anzusehen, weshalb der (personallosen) Betriebsstätte in Deutschland seither auch ein Anteil am Residualgewinn zugeordnet wurde. Im Zuge der Änderung und Ergänzungen des § 1 Abs. 4–6 AStG durch Einführung des AOA mit Wirkung ab dem 1.1.2013 wurden die Steuerbescheide vom zuständigen Finanzamt geändert und damit, abweichend von den Vorjahren, die Solarkraftanlage nicht mehr länger nach dem Veranlassungsprinzip der deutschen Betriebsstätte, sondern der Geschäftsleitungsbetriebsstätte in den Niederlanden aufgrund der dort befindlichen Personalfunktionen zugeordnet. Dies hat nach Auffassung des veranlagenden Finanzamtes einen fiktiven Verkauf der Solarkraftanlage von der (personallosen) Betriebsstätte in Deutschland an die Geschäftsleitungsbetriebsstätte in den Niederlanden zum Marktwert zur Folge, so dass zum Überführungszeitpunkt sämtliche darin enthaltenen stillen Reserven der sofortigen Besteuerung zu unterwerfen sind (die Bildung eines Ausgleichspostens nach § 4g EStG zur Streckung der Steuerschuld über fünf Jahre scheidet hier mangels unbeschränkter Steuerpflicht des Unternehmens A in Deutschland aus). Fraglich ist jedoch, ob die Korrektur der Bescheide aufgrund der hier angenommenen sog. „passiven Entstrickung“ (d. h. abweichende Zuordnung der Solarkraftanlage wegen Änderung der nationalen Vorschriften zur Betriebsstättengewinnabgrenzung) rechtmäßig erfolgt ist.

Lösung:

Vor Einführung des AOA wurde die Solarkraftanlage der deutschen Betriebsstätte nach dem Verursachungs- und Veranlassungsprinzip zugeordnet. Maßstab hierfür war die wirtschaftliche Zugehörigkeit der Wirtschaftsgüter zu der betrieblichen Tätigkeit, die in der Betriebsstätte entfaltet wurde.

Ob sich diese Zuordnung durch die Einführung des AOA geändert hat, ist zweifelhaft. Die Finanzverwaltung geht im vorliegenden Fall offenbar davon aus, dass gem. § 1 Abs. 2 Nr. 2 BsGaV die in einer Betriebsstätte ausgeübten Personalfunktionen maßgeblich für die Bestimmung der Vermögenswerte des Unternehmens seien, die der Betriebsstätte zuzuordnen sind. Der personallosen Betriebsstätte in Deutschland sei somit nach Einführung des AOA die Solarkraftanlage nicht mehr zurechenbar, da dort keine (eigenen) Personalfunktionen ausgeübt werden, was zu einem fiktiven Verkauf an die Geschäftsleitungsbetriebsstätte in den Niederlanden führe.

Zu beachten ist jedoch, dass § 1 Abs. 5 AStG lediglich eine Einkünftekorrekturvorschrift darstellt, wohingegen die Gewinnermittlung auf Grundlage von § 12 KStG bzw. § 4 Abs. 1 Satz 3 EStG vorzunehmen ist. Nach Ansicht des BFH in seinem AdV-Beschluss vom 24.11.2021[1] lasse sich dem Wortlaut des § 1 Abs. 5 AStG und insbesondere dessen Satz 3 jedoch nicht entnehmen, dass außerhalb des Anwendungsbereichs des § 1 AStG und insbesondere für die allgemeine Gewinnermittlung nach §§ 4 ff. EStG eine Veranlassungsprüfung (allein) nach den in den jeweiligen Unternehmensteilen ausgeübten Personalfunktionen vorzunehmen wäre. Eine entsprechende „Ausstrahlwirkung“ könne in § 1 Abs. 5 AStG auch nicht hineingelesen werden. Mangels Verstoßes gegen die allgemeinen Gewinnermittlungsvorschriften in § 12 KStG bzw. § 4 Abs. 1 Satz 3 EStG dürfte somit der Anwendungsbereich von § 1 Abs. 5 AStG bereits dem Grunde nach nicht eröffnet sein.[2]

Überdies ist fraglich, ob die Personalfunktion allein nach § 1 Abs. 5 AStG den maßgebenden Zuordnungsparameter darstellt. Jedenfalls lässt sich aus dem Gesetzeswortlaut des § 1 Abs. 5 Satz 3 AStG keine vorrangige Zuordnung anhand von Personalfunktionen herauslesen. Auch sollte nach dem BMF-Schreiben vom 17.12.2019[3], welches auf die Tz. 75 des OECD-Betriebsstättenberichts vom 22.7.2010 verweist, eine Zuordnung der Solar-

1 Vgl. BFH, Beschluss v. 24.11.2021 - I B 44/21 YAAAI-05464.

2 In diese Richtung geht auch die Begründung des FG Düsseldorf im Beschluss v. 12.5.2023 - 3 K 70/18 F (aktuell anhängig beim BFH).

3 Vgl. BMF, Schreiben v. 17.12.2019, BStBl 2020 I S. 84.

kraftanlage zur (personallosen) Betriebsstätte in Deutschland weiterhin möglich sein (siehe hierzu Retzer/König in Kapitel 9.2.1.). Es erscheint somit fraglich, ob die im Beispielsfall seitens des Finanzamts avisierte Einkünftekorrektur nach § 1 Abs. 5 AStG rechtmäßig ist. Das Prinzip der Wirtschaftsgüterzuordnung nach den Personalfunktionen bei personallosen Betriebsstätten würde jedenfalls dazu führen, dass ausgerechnet die Wirtschaftsgüter, welche derartige Betriebsstätten erst begründen, stets der Geschäftsleitungsbetriebsstätte zuzuordnen wären.[1] Demnach ist es notwendig, dass personallosen Betriebsstätten wenigstens die Wirtschaftsgüter zugerechnet werden, welche sie begründen und welche letztendlich der dort ausgeübten Unternehmensfunktion dienen.[2] Sofern man dennoch ausschließlich auf die Personalfunktionen abstellen würde, ist zudem fraglich, ob in die Beurteilung auch an fremde Dritte ausgelagerte Funktionen (im Beispielsfall die technische Wartung der Solarkraftanlage) einzubeziehen sind. Der BFH hat dies in seinem AdV-Beschluss vom 24.11.2021[3] zumindest als grds. denkbar angesehen, da der Gesetzeswortlaut des § 1 Abs. 5 AStG (im Gegensatz zu § 2 Abs. 3 BsGaV) keine explizite Einschränkung auf „eigenes" Personal vorsehe. Nach unserer Auffassung ist dies jedoch abzulehnen (siehe hierzu Retzer/König in Kapitel 9.2.1.). Im Übrigen hat sich auch das FG München[4] gegen eine Einbeziehung von seitens unabhängigen Dienstleistern ausgeübten Funktionen ausgesprochen.

Darüber hinaus erscheint fraglich, ob selbst bei einer unterstellten Anwendbarkeit von § 1 Abs. 5 AStG die Auslösung einer Entstrickungsbesteuerung aufgrund einer reinen Änderung der Gesetzeslage rechtmäßig ist. Das FG Münster hat mit Urteil vom 10.8.2022 jedenfalls in einem ähnlich gelagerten Fall entschieden, dass die Änderung eines DBA nicht zu einer Auslösung einer Entstrickungsbesteuerung nach § 4 Abs. 1 Satz 3 EStG führen dürfe, u. a. da die Änderung eines DBA nicht dem Steuerpflichtigen zurechenbar sei. Gleiches sollte u. E. auch für Änderungen im nationalen Recht gelten, da diese gleichermaßen nicht vom Steuerpflichtigen beeinflusst werden können. Auch i. S. von § 38 AO sollte somit u. E. für die Auslösung einer Steuerpflicht eine aktive Handlung des Steuerpflichtigen erforderlich sein. Eine höchstrichterliche Entscheidung liegt zu der Fragestellung aber noch nicht vor. Das vorgenannte Urteil des FG Münster ist aktuell anhängig beim BFH unter dem Az. I R 41/22.

1 Vgl. Leonhardt/Tcherveniachki in Flick/Wassermeyer/Baumhoff/Schönfeld, Außensteuerrecht, 104. Erg.-Lfg. 2023, § 1 AStG Rz. 2939.7; Ditz/Tcherveniachki, ISR 2020 S. 145.

2 Vgl. Ditz/Tcherveniachki, ISR 2020 S. 145; Andresen in Wassermeyer/Andresen/Ditz, Betriebsstätten-Handbuch, 2. Aufl. 2018, Rz. 11.33; Melhem/Dombrowski, IStR 2015 S. 912.

3 Vgl. BFH, Beschluss v. 24.11.2021 - I B 44/21 YAAAI-05464.

4 FG München, Urteil v. 10.7.2023 - 7 K 1938/22 KAAAJ-48112.

10. Die Dienstleistungsbetriebsstätte: Ein Exot unter dem Radar?

von Lukas Bühl und Yunbing Chen[1]

LITERATUR:

Becker/van der Ham, Doppelbesteuerungsrisiken bei Dienstleistungserbringung im Ausland und mögliche Gegenmaßnahmen, IStR 2014 S. 581; *Bobbett/Avery Jones*, IBFD, The Proposed Redraft of Article 7 of the OECD Model Bulleting for International Taxation "BIT", 64/ 2010, Nr. 1 S. 25; *Hemmelrath*, OECD-MA 2017 Art. 7 Unternehmensgewinne in Vogel/Lehner, Doppelbesteuerungsabkommen der Bundesrepublik Deutschland auf dem Gebiet der Steuern vom Einkommen und Vermögen, Kommentar auf der Grundlage der Musterabkommen, 7. Aufl. 2021; *Ley/Richter*, Neues DBA mit China unterzeichnet: Überblick und Praxishinweise, DB 2014 S. 1221; *Pfaar/Hackemann*, DBA China 2014 in Wassermeyer, Doppelbesteuerung, Kommentar zu allen deutschen Doppelbesteuerungsabkommen; *Pfaar/Vocke*, China und Hongkong unterzeichnen erweiterte Vereinbarung gegen Doppelbesteuerung, IStR 2007 S. 510; *Schiessl*, Das neue DBA-China 2014, ISR 2014 S. 235; *Stradler/Zhang*, Verrechnungspreise in China, in Vögele/Borstell/van der Ham, Verrechnungspreise, 6. Aufl. 2024; Schreiben der chinesischen Steuerverwaltung („SAT - State Administration of Taxation"), 2007, Nr. 403, Notice of the State Administration of Taxation on the Interpretations and Implementation of Some Clauses in the Arrangement between the Mainland of China and Hong Kong Special Administrative Region on the Avoidance of Double Taxation and Prevention of Fiscal Evasion with Respect to Taxes on Income; Schreiben des SAT, 2009, Nr. 19, Interim Measures for the Tax Administration of Contracting Projects and Provision of Services by non-resident Enterprise; Schreiben des SAT, 2010, Nr. 19, Notice of State Administration of Taxation on Issuing the Administrative Measures for the Assessment and Levy of Enterprise Income Tax on Non-resident Enterprises; Schreiben des SAT, 2010, Nr. 75, Notice of the State Administration of Taxation on Issuing the Interpretation of the Articles of the Agreement between the Government of the People's Republic of China and the Government of the Republic of Singapore for the Avoidance of Double Taxation and the Prevention of Fiscal Evasion with respect to Taxes on Income and the Protocol Thereof; Schreiben des SAT, 2016, Nr. 28, Notice of the State Administration of Taxation on the Modification of the Formula for Calculating the Taxable Income of Non-resident Enterprises Based on Expenditure-to-Income Conversion Method; *Shiye Yuan*, Han Kun Law Offices, Practice Note w-039-, 7919, S. 8; *Sixdorf*, Besteuerung von Dienstleistungen im UN-Musterabkommen, IWB 12/2018 S. 474; *van der Ham/Ley*, Die Dienstleistungsbetriebsstätte in China als Folge einer gescheiterten Arbeitnehmerentsendung, IWB 20/2016 S.765; *Wang*, Steuereffiziente Gestaltung deutscher Investitionen in China unter Berücksichtigung der chinesischen Unternehmenssteuerreform IStR 2008 S. 242; *Wang/Shou*, Das neue Doppelbesteuerungsabkommen mit China - Weiterer Schub für deutsche Direktinvestitionen, IWB 13/2014 S. 500.

1 Lukas Bühl, LL.M. ist Senior Manager Tax & Legal, Transfer Pricing bei PwC in Köln. Yunbing Chen ist Associate bei PwC in Düsseldorf.

10.1. Einleitung

Die Dienstleistungsbetriebsstätte – für deutsche Praktiker oftmals ein ausländischer Exot, der kaum einen müden Gedanken wert ist. Wir verbinden sie mit dem steuerlichen Gedankengut von Entwicklungsländern, die ihren Ausfluss ausschließlich in nach UN-Modelvertrag modellierten DBA – nicht aber unseren DBA – findet. Immerhin folgt die deutsche DBA-Verhandlungsgrundlage dem OECD-MA. Hier die Grundlage für eine Dienstleistungsbetriebsstätte zu vermuten, scheint eher abwegig – so die Annahme. Dabei lassen sich echte Dienstleistungsbetriebsstätten auch in deutschen DBA finden, derzeit in den DBA mit China, der Türkei, Taiwan, Liberia und den Philippinen. Manche verweisen auch auf den Vorrang völkerrechtlicher Verträge. So werden Sorgen um das Vorliegen einer (Dienstleistungs-)Betriebsstätte nach nationalem Recht (zu) schnell ad acta gelegt. Das Phänomen der Dienstleistungsbetriebsstätte zeigt eindrucksvoll, dass das internationale Steuerrecht kaum harmonisiert ist. Es verdeutlicht, dass jede Analyse im ersten Schritt mit dem nationalen Recht beginnen muss. Denn nur das nationale Recht kann Besteuerungsrechte ins Leben rufen. Im nationalen Recht können sich steuerliche Anknüpfungspunkte und Konsequenzen für ausländische Unternehmen ergeben – so z.B. auch für im Inland ausgeübte Dienstleistungen. Die Analyse möglicher Einschränkungen des nationalen Steuerrechts durch DBA steht erst an zweiter Stelle. Eine Einschränkung des nationalen Steuerrechts durch das DBA bedeutet allerdings nicht – und das wird oftmals vergessen –, dass auch das bloße Vorliegen einer Betriebsstätte nach nationalem Recht mit Registrierungs- und anderen Pflichten verbunden sein kann.

Mit diesem Kapital wollen wir den Zweiklang aus nationalem Recht und DBA bei der Dienstleistungsbetriebsstätte anhand eines Beispiels verdeutlichen und aufzeigen, dass gewisse nationale Gesetze auch in der Erbringung von Dienstleistungen eine Betriebsstätte und damit eine (beschränkte) Steuerpflicht und Konsequenzen für das ausländische Unternehmen sehen. Dabei wollen wir die wesentlichen Merkmale einer Dienstleistungsbetriebsstätte nach dem DBA China dem Grunde und der Höhe nach näher beleuchten.

10.2. Das Beispiel – PlaneHunter GmbH

Vielleicht haben Sie es schon gesehen – kleine und größere Möbelstücke oder Accessoires, gefertigt aus Teilen von ausgemusterten Flugzeugen. Eine kleine Heimbar aus einem Flugzeugtrolley, ein Wohnzimmerspiegel aus einem Flugzeugfenster oder ein Schlüsselanhänger aus einem kleinen Stück Flugzeugtür. Herrliche Blickfänge für die vier Wände flugaffiner Menschen. Stellen wir uns nun einen hypothetischen Kollegen, einen Juristen, und seinen langjährigen Freund, einen Ingenieur mit langjähriger Erfahrung in der Flugindustrie, vor. Beide besessen von diesem „Trend“ der Inneneinrichtung. Nach einigen Gesprächen und überzeugenden Flaschen Wein später, fassen sie einen

Entschluss: Sie beschließen das wirtschaftliche Risiko einzugehen und zwei GmbHs zu gründen. Der Jurist gründet die FlugzeugMöbel GmbH. Diese soll mit Ausnahme des Ausbaus der Flugzeugteile sämtliche Aufgaben übernehmen. Dazu mietet sie ein kleines Büro und eine große Garage an. Mit ein paar begabten (studentischen) Aushilfskräften übernimmt sie die Verwaltung, den online Vertrieb, das Marketing sowie die kleinen technischen Änderungen an den Flugzeugteilen. Der Ingenieur gründet die für diesen Fall relevante PlaneHunter GmbH. Diese soll alte Flugzeuge ausfindig machen und den Kontakt zu den Betreibern der Flugzeugfriedhöfe bzw. zu den Eigentümern der ausgemusterten Flugzeuge herstellen. Die Aufgabe der PlaneHunter GmbH ist lediglich das Auffinden geeigneter Flugzeuge und das Vermitteln von Kontakten für die FlugzeugMöbel GmbH. Hierzu schließt die PlaneHunter GmbH des Ingenieurs einen Dienstleistungsvertrag mit der FlugzeugMöbel GmbH des Juristen ab. Die PlaneHunter GmbH soll weder Teile aus den Flugzeugen ausbauen, noch soll sie mit den Eigentümern der Flugzeuge Vorverhandlungen führen. Verhandlungen führt die FlugzeugMöbel GmbH mit den Eigentümern ausschließlich über online-Calls. Den eigentlichen Ausbau der Teile und den Versand nach Deutschland übernehmen unverbundene lokale Firmen oder der Betreiber des Flugzeugfriedhofs. Dort werden die Teile weiterverarbeitet und über die Internetseite der FlugzeugMöbel GmbH vertrieben. Aus seinem alten Berufsleben hat der Ingenieur noch einige Kontakte zu Flugzeugmechanikern. Diese genießen zwar inzwischen ihre Rente, haben jedoch ihrer Vorliebe fürs Fliegen und für Flugzeuge nie abgeschworen. Diese werden bei der PlaneHunter GmbH mit einem Festgehalt angestellt. Da sie lediglich die operativen Aufgaben übernehmen, bekommen sie keine erfolgsabhängige Vergütung. Die Planung ihrer Arbeiten wird aus Deutschland vom Ingenieur durchgeführt. Alle Reisen werden von Deutschland aus geplant und bezahlt. Auch für Versicherungsleistungen für den Notfall steht Deutschland bereit – quasi ein Rundum-sorglos-Paket für die alten Mechaniker. Aus seinem alten Leben erinnert sich der Ingenieur, dass es eine Reihe von Flugzeugfriedhöfen für Flugzeuge aller Art in Asien – vor allem in China – geben soll. Nach Unterzeichnung der Arbeitsverträge beginnt das Abenteuer der Mechaniker. Jeweils im Team von zwei Mann reisen sie mit dem aus Deutschland erstellten Reiseplan nach China. Dort geht es mit dem Auto von Stadt zu Dorf – immer auf der Suche nach kleinen und großen Flugzeugleichen. Abends schlafen die Hunter-Teams in Hotels und Unterkünften, die sich auf dem Weg befinden. Dort wird jedoch nur noch geschlafen – nach getaner Arbeit denkt keiner der in die Jahre gekommenen Mechaniker an Arbeit. Diese Reisen dauern jeweils mehrere Wochen. Gerechnet über das Jahr hat die PlaneHunter GmbH an fast allen Monaten des Jahrs jemanden in China.

10.3. Betriebsstätte nach chinesischem Recht

10.3.1. Rechtsgrundlage: Betriebsstätte nach chinesischem Recht dem Grunde nach

Es stellt sich die Frage, ob unsere Ausbau GmbH durch ihre Aktivitäten in China steuerpflichtig werden könnte.

Gemäß dem chinesischem Körperschaftssteuergesetz (CN-KStG)[1] ist ein Unternehmen nicht in China ansässig, wenn es gemäß den Gesetzen eines anderen Staates gegründet wurde und sich deren tatsächliche Verwaltung nicht in China befindet.[2] Dies trifft zweifelsfrei auf unsere PlaneHunter GmbH zu, denn diese ist nach den Vorschriften des deutschen GmbHG gegründet und hat ihre Verwaltung in Deutschland. Unsere fiktive Gesellschaft ist daher keine in China ansässige Person.

Die Nichtansässigkeit der PlaneHunter GmbH in China bedeutet jedoch nicht automatisch, dass kein Anknüpfungspunkt für eine Besteuerung in China besteht. Denn auch Unternehmen, die in China nicht ansässig sind, können in China steuerpflichtig werden, wenn sie dort eine Betriebsstätte haben.[3] Der chinesische Gesetzgeber spricht in diesem Zusammengang von dem Verfügen über eine *Einrichtung* oder einen *Ort* („Institutions or Establishment"), Kapitel I Art. 3 Satz 2 CN-KStG.[4] Die Legaldefinition der Betriebsstätte nach nationalem chinesischem Recht ist in Kapitel 1 Art. 5 der Durchführungsverordnung zum chinesischen KStG zu finden (CN-KStGVO).[5]

> *Die in Artikel 2 Absatz 3 des Unternehmenseinkommensteuergesetzes genannten Einrichtungen und Orte beziehen sich auf Einrichtungen und Orte, die Produktions- und Geschäftstätigkeiten auf dem Territorium Chinas ausüben, einschließlich:*
>
> (1) *Verwaltungsagenturen, Wirtschaftsagenturen und Büros;*
>
> (2) *Fabriken, Bauernhöfe und Orte, an denen natürliche Ressourcen ausgebeutet werden;*
>
> (3) *Orte, an denen Arbeitsdienstleistungen erbracht werden;*

1 Chinesisches KStG (CN-KStG) im Original, abrufbar unter https://fgk.chinatax.gov.cn/zcfgk/c100009/c5193018/content.html. Inoffizielle Übersetzung abrufbar unter: http://www.npc.gov.cn/zgrdw/englishnpc/Law/2009-02/20/content_1471133.htm.

2 Vgl. Kapitel I Art. 2 Satz 3 CN-KStG.

3 Vgl. Kapitel I Art. 3 Satz 2 CN-KStG.

4 Vgl. Kapitel I Art. 3 Satz 2 CN-KStG.

5 Kapitel I Art. 5 der Durchführungsverordnung zum chinesischen KStG (CN-KStGVO), abrufbar unter: https://www.gov.cn/gongbao/content/2019/content_5468940.htm.

(4) *Orte, an denen Bau-, Installations-, Montage-, Reparatur-, Erkundungs- und andere technische Arbeiten durchgeführt werden;*

(5) *Andere Einrichtungen und Orte, in denen die Produktions- und Geschäftstätigkeiten ausgeübt werden.*

Wenn ein nichtansässiges Unternehmen einen Handelsvertreter damit beauftragt, Produktions- und Geschäftsaktivitäten in China durchzuführen, einschließlich der Beauftragung von Einrichtung oder Einzelpersonen, in seinem Namen regelmäßig Verträge zu unterzeichnen oder Waren zu lagern und zu liefern, gilt der Handelsvertreter als niedergelassene Einrichtung oder ein Ort durch das nicht in China ansässige Unternehmen.

Soweit für den Fall der Dienstleistungsbetriebsstätte von Relevanz, wird eine Betriebsstätte auch als ein Ort definiert, an dem *Arbeitsdienstleistungen* (vgl. Nr. 3) *erbracht* oder *Geschäftsaktivitäten ausgeübt werden* (vgl. Nr. 5). Ähnlich den deutschen Normen, d. h. §§ 12 und 13 AO, kennt auch die chinesische Vorschrift weder einen zeitlichen Mindestrahmen noch Hilfs- und Nebentätigkeiten. Sie ist daher sehr breit aufgestellt.

10.3.2. Anwendung: Betriebsstätte der PlaneHunter GmbH nach chinesischem Recht dem Grunde nach

Als nächstes stellt sich die Frage, ob das chinesische Steuerrecht in dem oben beschriebenen Sachverhalt einen steuerlichen Anknüpfungspunkt, d. h. eine Betriebsstätte der PlaneHunter GmbH, sieht. Für die FlugzeugMöbel GmbH erübrigt sich diese Prüfung, da diese keinen eigenen Nexus zu China hat.

Die Aktivitäten der Mechaniker der deutschen PlaneHunter GmbH auf chinesischem Grund und Boden dürften von der chinesischen Norm erfasst werden. Es gibt zwar nicht den einen festen Ort, an dem dauerhaft eine Tätigkeit ausgeübt wird. Im Gegensatz zu §12 AO wird dies vom Wortlaut der chinesischen Norm auch nicht gefordert. Auch das Kriterium der uns bekannten Verfügungsmacht über diesen Ort ist dem chinesischen Recht für nationale Zwecke fremd. Vielmehr stellt die die chinesische Norm auf „Orte“ ab, an denen eine gewisse Tätigkeit ausgeübt wird. In unserem Fall gibt es eine Vielzahl von Orten, an denen die Mechaniker ihre Arbeitsdienstleistungen für das deutsche Unternehmen erbringen. Zu denken ist an die Vielzahl von Orten, an denen sie Flugzeuge entdecken und Informationen einsammeln. In einer weiten Auslegung könnte man auch auf jeden Ort abstellen, an dem die Mechaniker mit den Gedanken bei der Arbeit sind. Jeder Ort, an dem sie arbeiten, d. h., im vorliegenden Fall verwertbare Flugzeugteile suchen, könnte ein Ort im Sinne der Vorschrift sein. Damit sind die Voraussetzungen gem. Kapitel 1 Art. 3 CN-KStG i. V. mit Kapitel 1 Art. 5 Nr. 3 CN-KStGVO erfüllt. Für die Zwecke der Registrierung der Betriebsstätte wird man einen Ort benötigen. In unserem

Fall könnte es mehrere Orte geben, die eine Betriebsstätte nach nationalem Recht begründen. Da eine Registrierung an mehreren Orten unpraktisch wäre, kann eine Einigung mit den chinesischen Behörden dahingehend getroffen werden, die Betriebsstätte nur an einem Ort zu registrieren.[1]

Da die chinesische Vorschrift keine zeitlichen Mindestanforderungen enthält, dürfte eine Betriebsstätte nach chinesischem Recht dem Grunde nach vorliegen. Ungeachtet der folgenden Analyse des DBA, muss sich die deutsche Gesellschaft daher in China registrieren und Steuererklärungen abgeben.[2] Wenn ein nichtansässiges Unternehmen in China Dienstleistungen erbringt, muss es innerhalb von 30 Tagen nach Vertragsabschluss eine Registrierung beim lokalen Finanzamt vornehmen und sich 15 Tage nach der Fertigstellung/Übergabe des Projekts abmelden.[3]

10.3.3. Rechtsgrundlage: Betriebsstättenbesteuerung nach chinesischem Recht

Liegt eine Betriebsstätte nach chinesischem Recht dem Grunde nach vor, sieht das chinesische Steuerrecht die Besteuerung der Einkünfte der Betriebsstätte vor.[4] Dies sind zum einen alle Einkünfte, die die Betriebsstätte innerhalb oder außerhalb Chinas erzielt. Zum anderen werden aber auch die Einkünfte erfasst, die außerhalb Chinas erzielt werden, wenn diese für die Betriebsstätte relevant sind.[5]

Ferner kennt das chinesische Recht eine Quellensteuer für aus China stammende Einkünfte, auf die in diesem Zusammenhang hingewiesen werden sollte. So schreibt Kapitel 1 Art. 3 Satz 3 CN-KStG verkürzt ausgedrückt:

> *Wenn ein nicht ansässiges Unternehmen keine Betriebsstätte in China hat oder die Einkünfte, die es erzielt, für diese Betriebsstätte nicht relevant sind, muss es Steuern auf den Teil seiner Einkünfte zahlen, die es innerhalb Chinas erwirtschaftet.*

Wann Einkünfte für eine Betriebsstätte relevant sind, wird in diesem Gesetz nicht weiter erläutert. Es bleibt jedoch festzuhalten, dass China eine Besteuerung für aus China stammende Einkünfte vorsieht – selbst, wenn keine Betriebsstätte nach nationalem Recht vorliegt. Die Gewinnabgrenzung nach rein chinesischem Recht soll an dieser Stelle jedoch nicht weiter thematisiert werden, da ein DBA zwischen China und Deutschland vorliegt.

1 Vgl. § 51 CN-KStG.

2 Vgl. Schreiben des SAT (Staatliche Steuerverwaltung Chinas „State Administration Taxation"), 2009 Nr. 19, Kapitel III, Abs. 1.

3 Vgl. Schreiben des SAT (Staatliche Steuerverwaltung Chinas „State Administration Taxation"), 2009 Nr. 19, Kapitel III, Abs. 5 und 6.

4 Vgl. Kapitel I Art. 3 Satz 2 CN-KStG.

5 Vgl. Kapitel I Art. 3 Satz 2 CN-KStG.

10.4. Betriebsstätte nach DBA

10.4.1. Allgemeines zu Dienstleistungsbetriebsstätten in DBA

Eins sollte bei der Betrachtung von Dienstleistungsbetriebsstätten immer vorangestellt werden. Es geht immer nur um die Erbringung von Dienstleistungen eines in einem Vertragsstaat ansässigen Unternehmens im anderen Vertragsstaat an einen verbundenen oder unverbundenen Dienstleistungsempfänger.[1] In unserem Beispiel geht es also um die Dienstleistung der PlaneHunter GmbH, die diese der FlugzeugMöbel GmbH gemäß des Dienstleistungsvertrages zwischen den beiden Gesellschaften schuldet. Würde die FlugzeugMöbel GmbH eigenes Personal für diese Arbeiten entsenden, fehlt es an der Dienstleistungserbringung des deutschen Unternehmens in China. Es bedarf also eines Unternehmens, das Dienstleistungen erbringt. Ansonsten läuft die Dienstleistungsbetriebsstätte ins Leere.

Ott in Kapitel 3 hat die feste Geschäftseinrichtungsbetriebsstätte nach DBA näher beleuchtet. Der Ausdruck „Betriebsstätte" bedeutet eine feste Geschäftseinrichtung, durch die die Geschäftstätigkeit eines Unternehmens ganz oder teilweise ausgeübt wird, vgl. Art. 5 Abs. 1 OECD-MA. Dem folgt auch Art. 5 Abs. 1 DBA China.

Die OECD hat im OECD-MK, Art. 5 Ziff. 137 jedoch die Ansicht einiger Länder festgehalten, dass die Erbringung von Dienstleistungen auch dann besteuert werden sollte, wenn keine Betriebsstätte im klassischen Sinne vorliegt.[2] Der OECD war es jedoch ein Anliegen, die Umstände, die eine Quellenbesteuerung für das Erbringen von Dienstleistungen auslösen können, klar festzuhalten.[3] Der OECD-MK 2017 eröffnet dementsprechend die Möglichkeit einen Dienstleistungsbetriebsstättentatbestand im DBA zu verankern.[4] Hierdurch soll vermieden werden, dass eine Dienstleistungsbetriebsstätte anderweitig in Art. 5 OECD-MA hineininterpretiert wird. Bei diesen „echten" Dienstleistungsbetriebsstätten wird demnach „durch eine isolierte Betriebsstättendefinition im Abkommenstext selbst fingiert, dass alleine durch das Tätigwerden im Quellenstaat über eine bestimmte Mindestzeitspanne hinaus eine Betriebsstätte begründet wird".[5] Einer festen Geschäftseinrichtung bedarf es in diesem Fall nicht. Im OECD-MK wurde eine Definition für Dienstleistungsbetriebsstätten aufgenommen.[6] Es ist daher nicht so, als kenne die OECD keine Dienstleistungsbetriebsstätten. Jedenfalls ist die Dienstleistungsbetriebsstätte nicht nur in nach UN[7] modellierten DBA beheimatet. Inhaltlich

1 Vgl. OECD-MK, Art. 5 Ziff. 151.
2 Vgl. OECD-MK, Art. 5 Ziff. 137.
3 Vgl. OECD-MK, Art. 5 Ziff. 142.
4 Vgl. OECD-MK, Art. 5 Ziff. 145.
5 Vgl. OECD-MK, Art. 5 Ziff. 145.
6 Vgl. OECD-MK, Art. 5 Ziff. 144.
7 Dort bereits im Musterabkommen von 1979 und 2001 in Art. 5 Abs. 3 Buchst. b zu finden.

unterscheiden sich die Vorschläge der UN und der OECD zur Dienstleistungsbetriebsstätte übrigens kaum. Sie sind lediglich an unterschiedlichen Orten zu finden. Für die UN ist sie Teil des Musterabkommens,[1] für die OECD nur Teil des Kommentars und als mögliche Ergänzung gedacht.

Es sei darauf hingewiesen, dass die Rückausnahme des Art. 5 Abs. 4 OECD/UN-MA für Hilfstätigkeiten und Tätigkeiten vorbereitender Art auch bei Dienstleistungsbetriebsstätten greift. In diesem Fall würde trotz des Vorliegens der Tatbestandsvoraussetzungen für die Dienstleistungsbetriebsstätte keine Betriebsstätte des Unternehmens nach DBA begründet.

Lenken wir den Blick auf das deutsche Verhältnis zu Dienstleistungsbetriebsstätten. Dienstleistungsbetriebsstätten sind nicht Teil der deutschen DBA-Verhandlungsgrundlage.[2] Dennoch finden sich echte Dienstleistungsbetriebsstätten in den folgenden deutschen DBA wieder:

- DBA mit China[3]
- DBA Türkei[4]
- DBA Philippinen[5]
- DBA Taiwan[6]
- DBA Liberia[7]

Die DBA mit Taiwan und den Philippinen sollen übrigens auf Basis des UN-MA abgeschlossen worden sein.[8] In diesen DBA ist die Dienstleistungsbetriebsstätte jeweils in Art. 5 Abs. 3 Buchst. b zu finden. Der Wortlaut ist mit Ausnahme des zeitlichen Elements der Definition überwiegend identisch.

Allerdings haben auch diese DBA eine Rückausnahme für Hilfstätigkeiten und Tätigkeiten vorbereitender Art aufgenommen. Sollte eine Betriebsstätte vorliegen, gilt der Ort

1 Dort bereits im Musterabkommen von 1979 und 2001 in Art. 5 Abs. 3 Buchst. b zu finden.

2 Vgl. Verhandlungsgrundlage DBA des BMF in der Version v. 22.8.2013, abrufbar unter: https://www.bundesfinanzministerium.de/Content/DE/Standardartikel/Themen/Steuern/Internationales_Steuerrecht/Allgemeine_Informationen/2013-08-22-Verhandlungsgrundlage-DBA-deutsch.pdf?__blob=publicationFile&v=5.

3 Vgl. DBA China, BGBl 2015 II Nr. 35, S. 1647.

4 Vgl. DBA Türkei, BGBl 2012 II Nr. 17, S. 526.

5 Vgl. DBA Philippinen, BGBl 2014 II Nr. 25, S. 822.

6 Vgl. DBA Taiwan, BGBl 2012 I Nr. 46, S. 2079.

7 Vgl. DBA Liberia, BGBl 1973 II Nr. 48, S. 1285.

8 Vgl. Wissenschaftlicher Dienst, Deutscher Bundestag, Doppelbesteuerungsabkommen mit Entwicklungs- und Schwellenländern Abkommenspraxis und Auswirkungen auf Steueraufkommen und Investitionen, S. 7, abrufbar unter: https://www.bundestag.de/resource/blob/499146/75bd533c5717fa3bad00fd68add51704/WD-4-140-16-pdf-data.pdf.

bzw. die Tätigkeit nicht als Betriebsstätte, wenn es sich um solche Tätigkeiten i.S. des Art. 5 Abs. 4 DBA handelt.

10.4.2. Dienstleistungsbetriebsstätte im DBA China dem Grunde nach

Das DBA China beinhaltet eine echte Dienstleistungsbetriebsstätte. Nach Art. 5 Abs. 3 Buchst. b DBA China umfasst der Begriff Betriebsstätten ebenso:

> *„die Erbringung von Dienstleistungen, einschließlich Beratungsleistungen, durch ein Unternehmen mithilfe von Angestellten oder sonstigem für diesen Zweck verpflichteten Personal, jedoch nur, wenn diese Tätigkeiten (für dasselbe oder ein damit verbundenes Vorhaben) in einem Vertragsstaat innerhalb eines Zeitraums von zwölf Monaten insgesamt mehr als 183 Tage andauern."*

Diese Definition entspricht im Wesentlichen der Definition des UN-MA sowie einer der zwei vom OECD-MK vorgeschlagenen Varianten.[1]

Wir hatten eingehend erwähnt, dass die verschiedenen DBA-Definitionen mit Ausnahme der zeitlichen Regelung nahezu identisch sind. Das DBA mit China spricht von 183 Tagen und andere DBA von sechs Monaten innerhalb eines rollierenden Zeitraums von zwölf Monaten.[2] Wie die genaue Zählweise des Zeitkriteriums ausgelegt wird, liegt im Ermessen der einzelnen Staaten. Die relevanten Termini sind in den DBA nicht definiert, so dass für die Auslegung auf nationales Recht zurückgegriffen wird.[3] Dies verkompliziert die Beurteilung über das Vorliegen einer Betriebsstätte. Im Idealfall sollte das Zeitkriterium daher nicht der letzte Anker bei der Geschäftsplanung bzw. der Vermeidung von Betriebsstätten sein. Lassen Sie uns den Unterschied zwischen der Zählweise „183 Tage" versus „sechs Monate" einem rollierenden Zeitraum von zwölf Monaten verdeutlichen, denn die Formulierungen erscheinen auf den ersten Blick recht ähnlich. Es gibt jedoch einen feinen Unterschied in der Zählweise, der zu gravierenden Konsequenzen führt: Die Sechs-Monate-Regelung zählt jeden angefangenen Monat als vollen Monat bei der Fristberechnung.[4] Die 183-Tage Regelung zählt, ob es tatsächlich

1 Da sich die deutschen DBA einheitlich diesen Wortlaut zu eigen machen, sei der interessierte Leser für die Lektüre des anderen Vorschlags der OECD auf Tz. 144 (Option a) des OECD-MK zum OECD-MA 2017 verwiesen. Im Wesentlichen baut diese Option noch eine zusätzliche Hürde für die Dienstleistungsbetriebsstätte ein. Demnach würde diese nur dann einschlägig sein, wenn das Unternehmen mindestens 50% seiner Bruttoumsätze auf die Dienstleistung im Quellenstaat zurückführen könnte. Wenig überraschend findet sich diese Variante in keinem deutschen DBA wieder. Der Anwendungsbereich wäre sicherlich überschaubar.

2 Eine ähnliche Regelung findet sich auch im DBA zwischen China und Hongkong. Die 183-Tage-Regelung ist für Einkünfte aus nichtselbständiger Tätigkeit anzuwenden und hat die bisherige Sechsmonatsregel ersetzt. Bei den rollierenden zwölf Monaten ist nicht auf das Kalenderjahr abzustellen. Vgl. Schreiben des SAT 2007, Nr. 403; Pfaar/Vocke, IStR 2007 S. 510.

3 Vgl. z.B. Art.3 Abs.2 DBA China.

4 Vgl. van der Ham/Ley, IWB 20/2016 S. 765 WAAAF-84577.

183 Tage innerhalb von zwölf Monaten vorliegen.[1] Dies ist u. E. nach die freundlichere Regelung. Sie können die 183 Tage vor Ihrem inneren Auge auf einem gedachten Wandkalender wild über zwölf Monate verteilen. Sie hätten also 183 Tage in Ihrem Kalender markiert. Weniger als 183 Tage und Sie könnten das Vorliegen einer Betriebsstätte u. E. verneinen. Bei der alternativen Regelung von sechs Monaten innerhalb von zwölf Monaten ist dies anders. Sie ist um einiges strikter. Hier bedarf es nämlich nicht der Ausübung der Tätigkeit an jedem Tag innerhalb der sechs Monate.[2] Sechs Monate sind kein Pseudonym für falsch gezählte 183 Tage. Vielmehr reicht es bei der „sechs Monate"-Regel, wenn die Tätigkeit beispielsweise an zwei Tagen innerhalb von zwölf Monaten ausgeübt wird und diese zwei Tage mehr als sechs Monate auseinander liegen. Denn bei dieser Rechnung entspricht ein Tag in einem Monat bereits einem Monat. Manche würden jetzt zwei Tage, d. h. zwei Monate sehen. Dies ist jedoch nicht unsere Erfahrung. Vielmehr sehen wir in der Praxis, dass ein Zeitraum erfasst werden soll. Daher entsprechen diese zwei Tage nicht zwei Monaten, sondern markieren einen Start und Endpunkt für einen Zeitstrahl. Ist dieser Zeitstrahl länger als sechs Monate, liegt eine Betriebsstätte vor. Dies ist zweifelsfrei eine maximal konservative Auslegung. Fassen wir unsere Auslegung zusammen:

- In der 183-Tage-Regel müssen Sie lediglich unter den 183 Tagen innerhalb von zwölf Monaten bleiben. Wie Sie diese Tage innerhalb der zwölf Monate verteilen, ist unerheblich. Bleiben Sie unter 183 Tagen, liegt keine Betriebsstätte vor.
- In der Sechs-Monate-Regel hätten Sie eine Betriebsstätte, wenn die Tätigkeiten am 1.1. und nochmal am 1.7. durchgeführt würden. Dann läge zwischen dem ersten und dem letzten Tätigkeitstag ein Zeitstrahl von mehr als sechs Monaten. Damit würde eine Betriebsstätte begründet werden, zumindest wenn die anderen Kriterien auch erfüllt wären.

Abschließend sei noch einmal darauf hingewiesen, dass die nationale Auslegung im Betriebsstättenstaat entscheidend ist.

10.4.3. Anwendung: Dienstleistungsbetriebsstätte der PlaneHunter GmbH im DBA China dem Grunde nach

In unserem hypothetischen Fall der PlaneHunter GmbH sind die Kriterien der echten Dienstleistungsbetriebsstätte erfüllt. Denn die Mechaniker der PlaneHunter GmbH erbringen eine Dienstleistung auf chinesischem Boden, d. h. das Ausfindigmachen von verwertbaren Flugzeugenteilen im Auftrag eines anderen deutschen Unternehmens. Dies ist die Dienstleistung, die die PlaneHunter GmbH der FlugzeugMöbel GmbH schul-

1 Vgl. Schreiben des SAT 2010, Nr. 75, Art. 5 Abs. 3 Unterabsatz 2 Nr. 4.

2 Vgl. Schreiben des SAT 2010, Nr. 75, Art. 5 Abs. 3 Unterabsatz 2 Nr. 4.

det. Die Mechaniker sind auch Angestellte der deutschen PlaneHunter GmbH. Außerdem sind Mechaniker der PlaneHunter GmbH mehr als 183 Tage innerhalb eines rollierenden Zeitraums von zwölf Monaten vor Ort. Ferner handelt es sich bei den Arbeiten um das gleiche Vorhaben. Im Ergebnis liegt eine Dienstleistungsbetriebsstätte nach DBA dem Grunde nach vor.

Zur Vermeidung dieser Konsequenz wird mancher den Fall vor dem inneren Auge abgewandelt haben. Was wenn die FlugzeugMöbel GmbH pro Flugzeug einen eigenen Dienstleistungsvertrag abgeschlossen hätte? Was wenn es verschiedene Teams gäbe, die jeweils eine andere Region in China durchforsten würden? Was wenn es Unterschiede in Flugzeugen gäbe, die die PlaneHunter GmbH finden soll? Würde es sich in diesen Fällen noch um das gleiche *Vorhaben* im Sinne der Vorschrift handeln? Die chinesische Finanzverwaltung hat zur Klärung dieser Frage eine Prüfschema veröffentlicht.[1] Es handelt sich nach Ansicht der chinesischen Finanzverwaltung bei unterschiedlichen Aktivitäten grds. um *ein* Vorhaben, wenn diese alle in demselben Vertrag enthalten sind und dort als Ganzes im Rahmen des Leistungsbündels für den Auftraggeber erbracht werden. Wenn die PlaneHunter GmbH ihre Dienstleistung auf Basis *eines* Dienstleistungsvertrages an die FlugzeugMöbel GmbH erbringt, kann von einem Vorhaben und damit einer Dienstleistungsbetriebsstätte ausgegangen werden.

Allerdings wäre auch eine Zerstückelung des Vertrages zwischen der PlaneHunter GmbH und der FlugzeugMöbel GmbH wenig erfolgversprechend,[2] denn auch verbundene Vorhaben wären schädlich. Verbundene Vorhaben liegen dann vor, wenn[3]

- Der Vertrag mit dem gleichen Kunden abgeschlossen wurde, oder
- das Erstprojekt für die Durchführung des Folgeprojektes erforderlich ist, oder
- die Art der Projekte gleich ist und lediglich mit unterschiedlichen Arbeitern durchgeführt wird.

Im Ergebnis wird auch bei Zerstückelung der Orte eine Dienstleistungsbetriebsstätte nach DBA vorliegen. Denn es bleibt bei der Erbringung von Dienstleistungen für *ein* anderes Unternehmen über einen Zeitraum von mehr als 183 Tagen in einem rollierenden Zeitraum von zwölf Monaten mit einem wirtschaftlichen Zusammenhang.

---

1 Vgl. Schreiben des SAT, 2010, Nr. 75, abrufbar unter: https://fgk.chinatax.gov.cn/zcfgk/c100012/c5194181/content.html. Inoffizielle Übersetzung abrufbar unter: https://www.lawinfochina.com/display.aspx?lib=law&id=8267&CGid=. Dieses Schreiben enthält die Bestimmungen zur Auslegung der Artikel des Abkommens zwischen China und Singapur. Es soll auch auf die Auslegung und Umsetzung der relevanten Artikel der DBA China angewendet werden, sofern diese mit den Artikeln des Abkommens zwischen China und Singapur übereinstimmen. Es gibt keinen Unterschied bezüglich der festen Geschäftseinrichtungsbetriebsstätte in beiden DBA und der einzige Unterschied zwischen diesen beiden DBA bezüglich der Dienstleistungs-Betriebsstätte ist, dass die Firstgrenze für Singapur sechs Monate anstatt 183 Tage beträgt.

2 Vgl. Stradler/Zhang in Vögele/Borstell/van der Ham, Verrechnungspreise, 6. Aufl. 2024, Kapitel 46 Rz. 22.

3 Vgl. Schreiben des SAT, 2010, Nr. 75, Art. 5, Abs. 3 Buchst. b Ziffer iii.

10.4.4. Dienstleistungsbetriebsstätte im DBA China der Höhe nach

Art. 7 DBA China klärt die Zuweisung des Besteuerungsrecht von Unternehmensgewinnen und räumt dem Ansässigkeitsstaat des Unternehmens das ausschließliche Besteuerungsrecht ein, außer es hat eine Betriebsstätte in dem anderen Staat. Dies folgt aus dem Wortlaut von Art. 7 Abs. 1 DBA China.

> *Gewinne eines Unternehmens eines Vertragsstaats können nur in diesem Staat besteuert werden, es sei denn, das Unternehmen übt seine Geschäftstätigkeit im anderen Vertragsstaat durch eine dort gelegene Betriebsstätte aus.*

Nun stellt sich die Frage, welche Unternehmensgewinne im Betriebsstättenstaat besteuert werden können. Wie dem Wortlaut entnommen werden kann, bezieht sich der Artikel nicht (mehr) auf „die Gewinne des Unternehmens", sondern nur auf diese, die der Betriebsstätte zugerechnet werden können.[1] So sagt das DBA China:

> *Übt das Unternehmen seine Geschäftstätigkeit auf diese Weise aus, so können seine Gewinne im anderen Staat besteuert werden, jedoch nur insoweit, als sie dieser Betriebsstätte zugerechnet werden können.*

Es kommt dem Wortlaut nach also nicht auf die Gewinnsituation des gesamten Unternehmens an, sondern auf die fremdvergleichskonforme Gewinnabgrenzung der Betriebsstätte.[2] Diese Auslegung wird auch durch Art. 7 Abs. 2 DBA China bzw. OECD-MA unterstützt. Dort heißt es:

> *Übt ein Unternehmen eines Vertragsstaats seine Geschäftstätigkeit im anderen Vertragsstaat durch eine dort gelegene Betriebsstätte aus, so werden dieser Betriebsstätte ... in jedem Vertragsstaat die Gewinne zugerechnet, die sie hätte erzielen können, wenn sie eine gleiche oder ähnliche Tätigkeit unter gleichen oder ähnlichen Bedingungen als selbständiges Unternehmen ausgeübt hätte und im Verkehr mit dem Unternehmen, dessen Betriebsstätte sie ist, völlig unabhängig gewesen wäre.*

Art. 7 Abs. 3 DBA China führt zudem aus:

> *Bei der Ermittlung der Gewinne einer Betriebsstätte werden die für diese Betriebsstätte entstandenen Aufwendungen, einschließlich der Geschäftsführungs- und allgemeinen Verwaltungskosten, zum Abzug zugelassen, gleichgültig, ob sie in dem Staat, in dem die Betriebsstätte liegt, oder anderswo entstanden sind.*

1 Vgl. Hemmelrath in Vogel/Lehner, DBA, 7. Aufl. 2021, Art. 7 OECD-MA 2017 Rz. 42 ff.

2 Hemmelrath in Vogel/Lehner, DBA, 7. Aufl. 2021, Art. 7 OECD-MA 2017 Rz. 42 ff., vgl. auch dort genannte Quellen. Insbesondere: Bobbett/Avery Jones, IBFD, The Proposed Redraft of Article 7 of the OECD Model Bulleting for International Taxation "BIT", 64/2010, Nr. 1 S. 25.

Diese Absätze entsprechen der Fassung des OECD-Musterabkommens aus 2008. Sie enthalten die Musterformulierung für die Anwendung des sogenannten „relevant business activity approach" zur Bestimmung der Gewinne einer Betriebsstätte. Dieser Ansatz steht im Widerspruch zum *Authorized OECD Approach* (AOA). Der große Unterschied besteht in dem Gewinndeckel, den der „relevant business activity approach" der Betriebsstätte auferlegt.[1] Denn diese Gewinne können nicht höher ausfallen als die Gewinne, die das Unternehmen mit dieser Unternehmung – diesem *relevant business* – mit verbundenen und unverbundenen Unternehmen erzielt. Der Gewinn oder Verlust des Unternehmens mit der relevanten Geschäftsaktivität stellt den Bezug zu den Gewinnen oder Verlusten dar, die der Betriebsstätte zuzuordnen sind.[2] Dies steht im Wiederspruch zum Ansatz des AOA, der von der Fiktion eines funktional eigenständigen Unternehmens ausgeht, d.h. dem sogenannten „functionally seperate entity" Ansatz.[3] Salinger in Kapitel 4 geht auf den AOA näher ein. Für die Zwecke dieses Kapitels wollen wir die Unterschiede zwischen den beiden Ansätzen hervorheben: Anders als im „relevant business activity"-Ansatz, kann der Betriebsstätte bei Anwendung des AOA ein Gewinn zuzuordnen sein, auch wenn das Gesamtgeschäft verlustig ausfällt. Dies wäre beispielsweise der Fall, wenn die Betriebsstätte eine Routinefunktion ausübt, die mit einem geringen, aber stabilen Gewinn zu vergüten wäre. Dieser Ertrag wäre der Betriebsstätte zuzuordnen, auch wenn das Unternehmen verlustig ist.

Deutschland zieht grds. den AOA zur Gewinnabgrenzung heran – selbst dann, wenn die Anwendung des AOA zur Gewinnabgrenzung i.S. von Art. 7 OECD MA 2014 und später – wie im Fall von China – nicht im DBA oder einem Zusatzabkommen verankert ist.

Gemäß öffentlich verfügbaren Informationen der OECD, wendet China den AOA nicht an.[4] Dies mag im Widerspruch zu lokalen Beiträgen aus China stehen,[5] entspricht aber auch unserer Erfahrung aus der Praxis. AOA hin oder her, die Auslegung des Fremdvergleichsgrundsatzes bleibt nationale Angelegenheit. Derselbe Sachverhalt kann daher von China anders als von Deutschland gewürdigt werden. Diese Unklarheit ist für den Steuerpflichtigen ungünstig. Denn unterschiedliche Auslegung zur Angemessenheit der

1 Vgl. OECD, Report on the Attribution of Profits to permanent Establishments, 2008, Rz. 61 f.

2 Vgl. OECD, Report on the Attribution of Profits to permanent Establishments, 2008, Rz. 61 f.

3 Vgl. OECD, Report on the Attribution of Profits to permanent Establishments, 2008, Rz. 69.

4 Vgl. OECD Transfer Pricing Country Profile – China. Abrufbar unter: https://www.oecd.org/tax/transfer-pricing/transfer-pricing-country-profile-china.pdf.

5 Vgl. Shiye Yuan, Han Kun Law Offices, Practice Note w-039-, 7919, S. 8. Abrufbar unter: https://www.hankunlaw.com/upload/portal/20230728/0f4286dc05aa0ff322e7e293089d033c.pdf. Aus dem Schreiben vom SAT 2010, Nr. 19 kann entnommen werden, dass bestimmte Elemente der AOA in nationales Gesetz eingeführt wurden: „Nichtansässige Unternehmen sind verpflichtet, gemäß dem Steuerverwaltungsgesetz und anderen relevanten Gesetzen und Vorschriften Buchführung zu betreiben, Buchungen auf der Grundlage legitimer und gültiger Belege vorzunehmen und die Buchführung entsprechend durchzuführen. Sie sollen ihren steuerpflichtigen Einkünften präzise berechnen, dass die ausgeübten Funktionen und die übernommenen Risiken übereinstimmen"; vgl. Schiessl, ISR 2014 S. 235; Ley/Richter, DB 2014 S. 1221.

Gewinnabgrenzung führen unweigerlich zur Doppelbesteuerung. Es empfiehlt sich daher, geschäftliche Vorhaben vorab steuerlich prüfen zu lassen.

10.4.5. Anwendung: Betriebsstättengewinnabgrenzung im DBA China der Höhe nach

Wie oben herausgearbeitet, begründet die PlaneHunter GmbH durch ihre Aktivitäten in China nach nationalem chinesischem Recht sowie DBA eine Dienstleistungsbetriebsstätte in China. Da diese dem Grunde nach vorliegt, stellt sich nun die Frage nach der Gewinnabgrenzung.

Ginge man von der Anwendung des AOA aus, wäre die Betriebsstätte der PlaneHunter GmbH im ersten Schritt als eigenständiges Unternehmen zu fingieren. Sie wäre wohl ein Dienstleister, ein Dienstleister für die PlaneHunter GmbH. In einem zweiten Schritt käme die analoge Anwendung der OECD-Verrechnungspreisleitlinien 2022 zur Anwendung. Bedenkt man die oben geschilderten Umstände, wäre die hypothetisch verselbstständigte Betriebsstätte wohl ein Routineunternehmen für die Erbringung von Informationsbeschaffungsleistungen, d.h. das Ausfindig machen von alten, brauchbaren Flugzeugen. Für diese Funktion trägt die Betriebsstätte kaum Risiken, da sie keinerlei Kosten trägt. Auch bringt sie keine nennenswerten immateriellen Wirtschaftsgüter ein, lediglich das Wissen zum Erkennen von brauchbaren Flugzeugen. Im Ergebnis dürfte eine Routinefunktion vorliegen – eine routinemäßige Dienstleistung. Hierfür wäre die Kostenaufschlagsmethode wohl die am besten geeignete Methode. Ein entsprechender Kostenaufschlag auf die direkten und indirekt zuzuordnenden Kosten wäre noch zu ermitteln. Er dürfte wohl zwischen 5 und 10% ausfallen.[1] Dies wäre die deutsche Interpretation des Fremvergleichgrundsatzes in Art. 7 DBA China nach Lesart des AOA.

In China kommt der AOA jedoch nach unseren Informationen nicht zur Anwendung. Wahrscheinlicher ist dort die Anwendung der sog. „Deemed Profit"-Methode.[2] Diese Methode wird insbesondere dann herangezogen, wenn die Betriebsstätte ihre steuerpflichtigen Einkünfte durch ihre Finanzbuchhaltung nicht richtig oder vollständig ermitteln kann.[3] Sie ist effektiv eine Schätzungsmethode,[4] die vom chinesischen Finanzamt aufgrund ihrer Simplizität bevorzugt wird.[5] In der „Deemed Profit"-Methode wird der Gewinn, der der Betriebsstätte zuzuordnen ist, im Verhältnis zu den Einnahmen oder den entstandenen Kosten der Betriebsstätte geschätzt.[6]

1 Vgl. Wassermeyer in Wassermeyer, DBA, 164. Erg.-Lfg. 2024, Art. 7 OECD-MA 2017 Rz. 286.
2 Vgl. Pfaar/Hackemann in Wassermeyer, DBA, 164. Erg.-Lfg. 2024, Art. 7 DBA China 2014 Art. 7 Rz. 27.
3 Vgl. Schreiben des SAT 2010, Nr. 19, Abs. 4.
4 Vgl. Wang, IStR 2008 S. 242.
5 Vgl. Van der Ham/Ley, IWB 20/2016 S. 765 WAAAF-84577.
6 Vgl. Schreiben des SAT, 2010, Nr. 19 i.V. mit Schreiben des SAT 2016, Nr. 28.

Wenn der beschränkt Steuerpflichtige seine Einnahmen, nicht jedoch seine Kosten, richtig ermitteln und nachweisen kann, berechnet sich das zu versteuerndes Einkommen (zvE) wie folgt:[1]

- zvE = Gesamteinnahmen × Deemed Profit Rate

Wenn der beschränkt Steuerpflichtige seine tatsächlichen Kosten, nicht jedoch seine Einnahmen, richtig ermitteln und nachweisen kann, berechnet sich das zvE wie folgt:

- zvE = Tatsächliche Kosten / (1 - Deemed Profit Rate) × Deemed Profit Rate

Wenn der beschränkt Steuerpflichtige seine Gesamtaufwendungen richtig ermitteln und nachweisen kann, berechnet sich das zVE wie folgt:

- zvE = Gesamtaufwendungen / (1 - Deemed Profit Rate) x Deemed Profit Rate

Die Deemed Profit Rate variiert je nach Branche zwischen 15 und 50 %. Für Bauprojekte, Design- und Beratungsdienstleistungen liegt die Deemed Profit Rate zwischen 15 und 30 %. Für Managementdienstleistungen liegt die Deemed Profit Rate zwischen 30 und 50 %. Für andere Dienstleistungen oder Geschäftsaktivitäten, die keine Dienstleistungen darstellen, liegt die Deemed Profit Rate nicht unter 15 %.[2] Bei Ausübung verschiedener Geschäftsaktivitäten, für die unterschiedliche Deemed Profit Rates gelten, müssen die Einkünfte für jede Aktivität separat ermittelt werden. Sollte eine separate Ermittlung nicht möglich, kommt die höhere Deemed Profit Rate zur Anwendung.[3]

Das zvE ist mit dem einschlägigen chinesischen Steuersatz zu versteuern. Diese Art der pauschalen Besteuerung in China führt i. d. R. zu einem höheren Einkommen, als man in Deutschland gemäß den deutschen (AOA) Grundsätzen der BsGaV veranschlagen würde. In der Konsequenz bleibt eine teilweise juristische Doppelbesteuerung. Theoretisch ließe sich diese durch ein Verständigungsverfahren nach Art. 25 DBA China lösen. In der Praxis gibt es hier bislang nur wenig Erfahrung. Hier empfiehlt sich ein proaktiver Austausch mit der Betriebsprüfung in Deutschland.

Für unsere PlaneHunter GmbH dürfte die Deemed Profit-Methode anhand der Kosten zur Anwendung kommen. Während wir aus deutscher Sicht unter Anwendung des AOA eine Routineleistung sehen würden, die mit einen Kostenaufschlag von schätzungsweise 5–10 % zu vergüten wäre, sieht China eine Deemed Profit Rate nicht unter 15 % vor. Wie oben erklärt, droht hier Doppelbesteuerung, die sich nur schwierig beseitigen lässt.

1 Vgl. Susann van der Ham/Dr. Karsten Ley, IWB 20/2016 S. 765 WAAAF-84577.

2 Vgl. Schreiben des SAT 2010, Nr. 19 Abs. 5.

3 Vgl. Schreiben des SAT 2010, Nr. 19, Abs. 8.

10.5. Zusammenfassung

Sie gehört zur Prüfung einer jeden Auslandsaktivität – die Dienstleistungsbetriebsstätte. Zum einen, weil sich bereits auf Basis nationalen Rechts ein steuerlicher Nexus durch eine entsprechende Vorschrift ergeben kann. Dies ist dann auch die erste Lektion: Ungeachtet des DBA können sich im Ausland Compliance-Pflichten ergeben, wenn Betriebsstättendefinitionen nach nationalem Recht erfüllt sind. Hierbei wäre es unvorsichtig, davon auszugehen, dass nationale Normen immer dem DBA folgen. Wie das Beispiel von China oder ein Blick in § 13 AO verdeutlicht, können Betriebsstätten nach nationalem Recht schnell vorliegen. Im zweiten Schritt folgt die DBA-Analyse. Hier haben wir aufgezeigt, dass Dienstleistungsbetriebsstätten nicht nur fremdes Gedankengut von Entwicklungsländern sind. Vielmehr wird sie bereits intensiv im OECD-MK erörtert. Sie ist zwar nicht Teil der deutschen DBA-Verhandlungsgrundlage, dennoch hat sie Einzug in gewisse deutsche DBA gehalten, d. h. China, Türkei, Taiwan und Philippinen und Liberia. Bedenkt man nun die neue multipolare Realität und relative Wirtschaftsstärke gewisser Regionen, dürften weitere Dienstleistungsbetriebsstätten in deutschen DBA in der Zukunft kaum verwundern. Auch bei Fragen der Gewinnabgrenzung trügt der Schein des Wortlauts. Das DBA China erweckt den Eindruck einer AOA-konformen Gewinnabgrenzung. Die Praxis lehrt jedoch eher die Anwendung einer Schätzungsmethode, der *Deemed Profit*-Methode. Unterschiedliche Methoden können zu unterschiedlichen Ergebnissen und damit unweigerlich zu Doppelbesteuerung führen. Diese lässt sich mit gewissen Ländern teilweise schwierig lösen. Daher: Augen auf bei Auslandsaktivitäten.

11. Bankbetriebsstätte

von Jaime Fiscal und Fritz Schröter[1]

LITERATUR:

BMF, Verwaltungsgrundsätze Betriebsstättengewinnaufteilung, BMF-Schreiben v. 22.12.2016, BStBl 2017 I S. 182; *Busch/Tenberge* in Vögele/Borstell/Bernhardt, Verrechnungspreise, 5. Aufl. 2020, Bankbetriebsstätte; *OECD*, Bericht über die Zurechnung von Gewinnen zu Betriebsstätten, 2010.

11.1. Einleitung

Das Geschäftsmodell von Banken unterscheidet sich in seiner Natur fundamental von Geschäftsaktivitäten anderer Wirtschaftszweige. Insbesondere die Ermittlung, Bewertung und die Annahme von Risiken spielt in traditionellen Bankgeschäften eine große Rolle. Darüber hinaus machen im traditionellen Kreditgeschäft Zinserträge und Zinsaufwendungen (Refinanzierungskosten) einen wesentlichen Teil der Gesamteinnahmen und -ausgaben aus.

Des Weiteren sind Bankunternehmen im internationalen Kontext in hohem Maße in Form von Betriebsstätten tätig, weshalb der Frage der Betriebsstättengewinnaufteilung in der Praxis eine hohe Bedeutung zukommt. Dies gilt insbesondere innerhalb der EU, wo eine Bank aufgrund des freien Dienstleistungsverkehrs und der Niederlassungsfreiheit für gegenseitig anerkannte Tätigkeiten nur eine einzige Zulassung benötigt. In allen anderen EU-Ländern kann die Bank über Betriebsstätten tätig sein, ohne dass diese auch eine lokale Zulassung der jeweiligen Aufsichtsbehörde benötigen.

In diesem Zusammenhang stellt sich die Frage, wie Zinserträge und Aufwendungen allokiert werden können. Diese Problematik wurde bereits 1979 beim OECD-Ausschuss für Steuersachen zum Thema „Verrechnungspreise und multinationale Unternehmen" in den Rz. 181 und 198 erkannt. Es war aber erst im Jahr 1984, als die OECD spezifische Regeln für Verrechnungspreise für Bankengeschäfte entwickelt hat. Diese wurden erneut im OECD-Betriebsstättenreport 2010 konkretisiert.

In Deutschland wurde die Betriebsstättengewinnaufteilungsverordnung („BsGaV"), die Implementierung des OECD-Betriebsstättenreports 2010 in nationales Steuerrecht, im Jahr 2014 verkündet und ist für Wirtschaftsjahre, die nach dem 31.12.2014 beginnen, anwendbar. Spezifisch für Banken gelten die §§ 18–21 BsGaV.

1 Jaime Fiscal ist Steuerberater und hat mehrjährige Erfahrung im Bereich Financial Services Transfer Pricing. Er ist in der Steuerabteilung eines großen deutschen Unternehmens tätig. Fritz Schröter ist Steuerberater und Senior Manager bei PwC in Frankfurt am Main.

Um Klarheit in Bezug auf die Betriebsstättengewinnaufteilungsverordnung (BsGaV) zu schaffen, hat das BMF die Verwaltungsgrundsätze zur Betriebsstättengewinnaufteilung („VWG BsGa") im Jahr 2016 veröffentlicht. Für Bankgeschäfte sind insbesondere die Rz. 192–271 relevant.

11.2. Beispielfälle

1. Fall (Outbound): Die D-AG mit Hauptsitz in Deutschland (Stammhaus D-DE) ist eine global agierende Bank, die traditionelle Bankgeschäfte weltweit betreibt. Die D-AG hat die Bedeutung ausländischer Märkte erkannt und mehrere ausländische Betriebsstätten gegründet. Unter diesen Betriebsstätten befindet sich auch eine Betriebsstätte in Spanien (D-ES seit 2015), die Kredite an spanische Kunden, u. a. Privatpersonen und Unternehmen, vergibt. Die Betriebsstätte D-ES ist nicht nur für Vertrieb und Marketing verantwortlich, sondern übernimmt auch das Risikomanagement, K-Y-C (Know Your Client), und unterzeichnet unter Berücksichtigung der Risikorichtlinien der Bank Verträge mit lokalen Kunden. Alle anderen Funktionen wie IT, HR, Rechnungswesen werden zentral in dem Stammhaus (D-DE) ausgeübt.

2. Fall (Inbound): Die L-S.A. mit Hauptsitz in Luxemburg (L-LUX) ist eine Bank, die in Europa Kredite zur Immobilienfinanzierung anbietet. Zu diesem Zweck unterhält die L-SA seit mehreren Jahren eine Betriebsstätte in Deutschland (L-DE), die für den Vertrieb, das Marketing und die Gewinnung neuer Kunden in Deutschland verantwortlich ist. Das Personal der Betriebsstätte baute in der Vergangenheit Kundenbeziehungen in Deutschland auf und bietet diesen die Finanzierungsprodukte der L-S.A. an. Das Team der L-DE ist maßgeblich an den Verhandlungen der Kreditverträge beteiligt. Dennoch überprüft das Risikomanagement des Stammhauses die einzelnen Verträge, wobei die Risikorichtlinien der Bank berücksichtigt werden. Darüber hinaus unterhält die L-DE eine eigene IT sowie HR-Abteilung. Alle anderen Funktionen werden in dem Stammhaus (L-LUX) ausgeübt.

11.3. Hintergrund: Besonderheit des Bankgeschäfts

Um den Besonderheiten von Bankgeschäften Rechnung zu tragen, haben Banken in Bezug auf ihre Betriebsstätten gesonderte Zuordnungsregelungen zu beachten. In Deutschland sind dies die Regelungen in den §§ 18 ff. BsGaV, welche durch die VWG BsGa konkretisiert werden. Um darüber hinaus Doppelbesteuerung zu vermeiden und eine einheitliche Rechtsanwendung sicherzustellen sind die Regelungen des OECD-Betriebsstättenreports zu beachten, soweit sie von den Regelungen in der BsGaV und den VWG BsGa abweichen.

Steuerliche Besonderheiten in Bezug auf Betriebsstätten von Banken resultieren aus den spezifischen Merkmalen und Risiken des Bankwesens. Die steuerlichen Besonderheiten im Bankgeschäft, die sowohl im OECD-Betriebsstättenreport als auch in der BsGaV behandelt werden, betreffen die folgenden Punkte:

- Zuordnung von Vermögenswerten, die Gegenstand von Bankgeschäften sind (§ 19 BsGaV).
- Identifizierung anzunehmender schuldrechtlicher Beziehungen i. S. des § 1 Abs. 4 Satz 1 Nr. 2 AStG (§19 Abs. 5 i. V. mit § 16 BsGaV).
- Zuordnung von Eigenkapital, d. h. Dotationskapital (§§ 20 oder 21 BsGaV).
- Zuordnung sonstiger Passivposten und den damit zusammenhängenden Aufwendungen (§§ 14 und 19 Abs. 6 BsGaV i. V. mit 16 Abs. 3 BsGaV).

Soweit in den §§ 19 ff. BsGaV keine abweichenden Regelungen für Bankbetriebsstätten zu finden sind, gelten die allgemeinen Regelungen der §§ 1–17 BsGaV.

Hier ist zu beachten, dass die §§ 18–21 BsGaV speziell für Betriebsstätten gelten, die Bankgeschäfte betreiben (siehe auch den OECD-Betriebsstättenbericht 2010, Teil II Abschnitt 1). Wenn eine Betriebsstätte Teil eines Kreditinstituts ist, jedoch keine Bankgeschäfte ausübt (z. B. Betriebsstätten, die lediglich unterstützende Funktionen erfüllen und daher keine risikogewichteten Aktiva in ihrer Bilanz ausweisen), finden §§ 18–21 BsGaV keine Anwendung. Für diese Betriebsstätten gelten die allgemeinen Bestimmungen der §§ 1–17 BsGaV.

11.4. Vorliegen einer Bankbetriebsstätte (§ 18 BsGaV)

11.4.1. Definition

Ausgangspunkt der Analyse ist zunächst die Frage, ob überhaupt eine Bankbetriebsstätte vorliegt.[1] Nur wenn dies zu bejahen ist, sind die besonderen Zuordnungsregelungen der §§ 19–21 BsGaV anzuwenden. In allen anderen Fällen gelten die allgemeinen Regelungen der BsGaV.

Bankbetriebsstätte i. S. des § 18 BsGaV ist eine Betriebsstätte nur, wenn sie

(i) Teil ist

a) eines Kreditinstituts i. S. des § 1 Abs. 1 des Kreditwesengesetzes (KWG),

b) eines Finanzdienstleistungsinstituts i. S. des § 1 Abs. 1a KWG,

1 Zur Vereinfachung wird angenommen, dass eine Betriebsstätte i. S. des § 12 AO vorliegt.

c) eines Wertpapierinstituts i. S. des § 1 Abs. 2 KWG, oder
d) eines vergleichbaren Unternehmens im Sinne des ausländischen Bankenaufsichtsrechts

und

(ii) ihrerseits Bankgeschäfte betreibt.

Teil II des OECD-Betriebsstättenberichts enthält selbst keine klare Definition der Bankgeschäfte oder Begriffsabgrenzung, die klärt, welche Tätigkeiten unter die besonderen Zuordnungsregeln fallen.

§ 1 Abs. 1 Satz 2 KWG bietet jedoch einen Katalog an Tätigkeiten, die als Bankgeschäfte zu qualifizieren sind und ist hier entsprechend maßgebend.

1. **Das Einlagegeschäft:** die Annahme fremder Gelder als Einlagen oder anderer unbedingt rückzahlbarer Gelder des Publikums, sofern der Rückzahlungsanspruch nicht in Inhaber- oder Orderschuldverschreibungen verbrieft wird, ohne Rücksicht darauf, ob Zinsen vergütet werden.
2. **Das Pfandbriefgeschäft:** die Ausgabe gedeckter Schuldverschreibungen aufgrund erworbener Hypothekenpfandbriefe, Öffentlicher Pfandbriefe, Schiffspfandbriefe oder Flugzeugpfandbriefe, wie sie in § 1 Abs. 1 Satz 2 des Pfandbriefgesetzes bezeichnet sind.
3. **Das Kreditgeschäft:** die Gewährung von Gelddarlehen und Akzeptkrediten.
4. **Das Diskontgeschäft:** der Ankauf von Wechseln und Schecks.
5. **Das Finanzkommissionsgeschäft:** die Anschaffung und die Veräußerung von Finanzinstrumenten im eigenen Namen für fremde Rechnung.
6. **Das Depotgeschäft:** die Verwahrung und die Verwaltung von Wertpapieren für andere.
7. Die Tätigkeit als **Zentralverwahrer**: die Hauptfunktion eines Zentralverwahrers besteht darin, die physische und buchmäßige Verwahrung von Wertpapieren, wie Aktien, Anleihen und andere Finanzinstrumente, zu erleichtern. Dies umfasst die Registrierung und Abwicklung von Transaktionen, die Verwahrung der Wertpapiere im Namen der Eigentümer, die Verwaltung von Depotkonten und die Abwicklung von Dividenden- und Zinszahlungen.
8. **Das Darlehensrückkaufgeschäft:** die Eingehung der Verpflichtung, zuvor veräußerte Darlehensforderungen vor Fälligkeit zurückzuerwerben.
9. **Das Garantiegeschäft:** die Übernahme von Bürgschaften, Garantien und sonstigen Gewährleistungen für andere.
10. **Das Scheckeinzugsgeschäft:** die Durchführung des bargeldlosen Scheckeinzugs.

11. Das **Wechseleinzugsgeschäft:** die Durchführung des autorisierten Einzugs von Geldern von einem Bankkonto, um wiederkehrende Zahlungen oder variable Beträge gemäß einer Vereinbarung zwischen Zahlungsempfänger und Zahlungspflichtigem zu begleichen.
12. **Das Reisescheckgeschäft:** die Ausgabe von Reiseschecks.
13. **Das Emissionsgeschäft:** die Übernahme von Finanzinstrumenten für eigenes Risiko zur Platzierung oder die Übernahme gleichwertiger Garantien.
14. Die Tätigkeit als **zentrale Gegenpartei**: ein Unternehmen i.S.des Art.2 Nr.1 der Verordnung (EU) Nr.648/2012 des Europäischen Parlaments und des Rates vom 4.7.2012 über OTC-Derivate, zentrale Gegenparteien und Transaktionsregister[1] in der jeweils geltenden Fassung.

Die maßgeblichen Kriterien für das Vorliegen einer Bankbetriebsstätte sind gem. § 18 BsGaV entsprechend, dass

1. die Betriebsstätte Teil eines Kreditinstituts, eines Finanzdienstleistungsinstituts, eines Wertpapierinstituts oder eines vergleichbaren Unternehmens sein muss; und
2. das Betriebsstätte selbst zudem Bankengeschäfte ausübt.

In diesem Zusammenhang ist zu beachten, dass im § 18 BsGaV auch Finanzdienstleistungsinstitute aufgeführt sind. Es ist jedoch von Bedeutung, zu wissen, dass diese Institute von den rechtlichen Eigenkapitalanforderungen der Bankenaufsicht befreit sind, was bedeutet, dass sie grds. keine Bankgeschäfte betreiben. Daher finden grds. gem. Rz.192 und 256 der VWG BsGa die entsprechenden Regelungen der §§ 19–21 BsGaV keine Anwendung, soweit auch die Bestriebsstätte des Finanzdienstleistungsinstituts keine Bankgeschäfte betreibt.

11.4.2. Subsumtion anhand der Beispielsfälle

Um zu prüfen, ob die maßgeblichen Kriterien für das Vorliegen einer Bankbetriebsstätte gem. § 18 BsGaV erfüllt sind, müssen die folgenden Fragen bejahend beantwortet werden:

1. Fall:

1. Ist die D-AG ein Unternehmen i.S. des § 18 Abs.1 BsGaV?

► Die D–AG betreibt Kreditgeschäfte i.S.des § 1 Abs.1 Satz 2 Nr.2 KWG, durch die Gewährung von Gelddarlehen und Akzeptkrediten und ist somit als Kreditinstitut nach § 1 Abs.1 KWG zu klassifizieren.

1 ABl EU Nr.L 2012/201, 27.7.2012.

2. Betreibt die Betriebsstätte in Spanien (D-ES) Bankgeschäfte?

- Die D-ES ist im Bankgeschäft tätig, da sie Kredite an spanische Kunden vergibt. Besonders wichtig ist, dass die Betriebsstätte nicht nur unterstützende Funktionen wie die IT oder HR übernimmt, sondern auch eine wesentliche Rolle innerhalb der Wertschöpfungskette der Bank spielt. Weitere Informationen zur Identifizierung der wesentlichen Funktionen einer Bank werden im folgenden Kapitel beschrieben.

Entsprechend lässt sich festhalten, dass die D-ES gem. § 18 BsGaV als eine Bankbetriebsstätte der D-AG anzusehen ist.

2. Fall:

1. Ist die L-S.A. ein Unternehmen i.S. des § 18 Abs. 1 BsGaV?

- Die L-S.A. betreibt Kreditgeschäfte durch die Gewährung von Gelddarlehen und Akzeptkrediten und ist somit als vergleichbares Unternehmen im Sinne des Luxemburger Bankenaufsichtsrechts anzusehen.

2. Betreibt die Betriebsstätte in Deutschland (L-DE) Bankgeschäfte?

- Die L-DE ist im Bankgeschäft tätig, da sie deutschen Kunden Kredite anbietet. In diesem Fall ist maßgebend für die Entscheidung, dass die L-DE an der Verhandlung von Kreditverträgen wesentlich beteiligt ist.

Weitere Informationen zur Identifizierung der wesentlichen Funktionen einer Bank werden im folgenden Kapitel beschrieben.

Folglich lässt sich ableiten, dass die L-DE gem. § 18 BsGaV als eine Bankbetriebsstätte betrachtet werden kann.

11.5. Zuordnung eines finanziellen Vermögenswerts (§ 19 BsGaV)

11.5.1. Grundlegendes Vorgehen (§ 19 Abs. 1–3 BsGaV)

Grundlage für die Zuordnung von finanziellen Vermögenswerten ist eine Funktions- und Risikoanalyse. Dementsprechend müssen zuerst die Funktionen innerhalb der Wertschöpfungskette des Unternehmens identifiziert und gem. § 4 BsGaV zugeordnet werden. Vor allem relevant für das Kreditgeschäft ist die Identifizierung der Key entrepeneurial risktaking function (sog. KERT-Funktion), die der Verordnungsgeber wortgetreu mit „unternehmerischer Risikoübernahmefunktion“ ins Deutsche übersetzt hat. In anderen Worten sollte die Frage gestellt werden: Wer trifft innerhalb der Bank die strategischen Entscheidungen, die sich auf die Übernahme von Chancen und Risiken auswirken und sich in den Bilanzen der Bank niederschlagen?

Der OECD-Betriebsstättenbericht[1] und die VWG BsGa[2] stellen grundlegende Informationen bereit, um die wesentlichen sowie unterstützenden Funktionen für das traditionelle Bankgeschäft (Kreditgeschäft) zu identifizieren. Diese lassen sich wie folgt zusammenfassen:

1. Funktionen, die für die Schaffung eines neuen finanziellen Vermögenswerts von Bedeutung sind:

	Personalfunktion	**Kurzerläuterung**
1	Sales/Marketing	Die Akquisition von Neukunden, die Betreuung von bestehenden Kundenbeziehungen, die Erörterung des Finanzierungsbedarfs des Kunden und der Finanzierungsprodukte der Bank.
2	Sales/Trading	Das Aushandeln der Vertragsbedingungen, die Bewertung der Risiken (Kreditausfall-, Währungs-, Markt- und andere Risiken), die Entscheidung über die Kreditvergabe und über deren Bedingungen (z. B. Preisbestimmung).
3	Treasury	Die Beschaffung von Refinanzierungsmitteln und die Liquiditätssteuerung.
4	Sales/Support	Die Überprüfung von Vertragsentwürfen und der vom Kunden angebotenen Sicherheiten, der formelle Abschluss des Vertrags, die Auszahlung des Kredits und seine Verbuchung.

1 OECD-Betriebsstättenbericht, 2010, Teil II Tz. 6f.

2 BMF, Schreiben v. 22.12.2016, BStBl 2017 I S. 92, Rz. 194f.

2. Folgende Personalfunktionen sind im Regelfall im Kreditgeschäft für die Verwaltung eines existierenden finanziellen Vermögenswerts von Bedeutung:

	Personalfunktion	**Kurzerläuterung**
1	Loan Support	Die Kreditverwaltung und die Überwachung von Zins- und Tilgungszahlungen.
2	Monitoring Risk	Die Bonitätsüberwachung und die Kontrolle der Risiko- und Zinspositionen.
3	Managing Risk	Die Entscheidung über die Absicherung bestehender Risiken (z. B. Hedging), über den Verkauf und über die Verbriefung von Krediten bzw. von Kreditausfallrisiken.
4	Treasury	Die Liquiditätssteuerung für das Kreditinstitut.
5	Sales/Trading	Die Entscheidungen über die Prolongation von Krediten und die Durchführung von Verbriefungsprozessen.

Laut der VWG BsGa, Rz. 205 ist Sales/Trading für neue Kreditvergaben im Regelfall die unternehmerische Risikoübernahmefunktion. Weitere Personalfunktionen, die nach Entstehung des finanziellen Vermögenswerts ausgeübt werden, sollen hingegen grds. keinen Einfluss auf eine zutreffend gemachte Erstzuordnung haben.

Die nachfolgende Tabelle bietet einen Überblick über den Regelungsinhalt des § 19 BsGa:

	Zuordnungsregel der § 19 BsGaV	**Kurzerläuterung**
1	Abs. 1: Zuordnung wo die KERT-Funktion ausgeübt wird.	Wenn die Sales- und Trading-Funktion (KERT-Funktion) ausschließlich in einem Land, sei es im Stammhaus oder in einer Betriebsstätte, ausgeübt wird, sind die finanziellen Vermögenswerte diesem Land zuzuordnen.
2	Abs. 2: Zuordnung in dem Fall, dass mehrere Betriebsstätten KERT-Funktionen ausüben.	Wenn die KERT-Funktionen in verschiedenen Betriebsstätten ausgeübt werden, ist der finanzielle Vermögenswert derjenigen Betriebsstätte zuzuordnen, bei der die Personalfunktion die größte Bedeutung hat.

3	Abs. 3 Satz 1: Zuordnung in dem Fall, dass keine eindeutige KERT-Funktionen Zuordnung möglich ist.	Wenn die Zuordnung laut der Gewichtung und Zuordnung der KERT-Funktionen nicht eindeutig ist, sollten die finanziellen Vermögenswerte dort allokiert werden, wo die Kundenbeziehung vorliegt.
4	Abs. 3 Satz 2: Öffnungsklausel	Von den oben genannten Regeln darf nur abgewichen werden, wenn dies im Einzelfall zu einem Ergebnis führt, das den Grundsätzen des Fremdvergleichs besser entspricht. Gemäß der Meinung des Autors und aufgrund mangelnder Klarheit seitens der Finanzverwaltung kann dies nur dann der Fall sein, wenn die Zuordnung gemäß dem OECD-Betriebsstättenbericht erfolgt und dabei auch die Management-Risikofunktion als KERT-Funktion berücksichtigt wird.

Es ist wichtig zu beachten, dass die Beurteilung, welche Betriebsstätte den größeren Teil der relevanten Personalfunktionen (Sales/Trading) ausübt, i.d.R. qualitativ erfolgt. Dabei werden die Personalfunktionen zunächst nach ihrer Bedeutung für den gesamten Zeichnungsprozess gewichtet. Anschließend wird ermittelt, in welchem Umfang diese Funktionen in den beteiligten Betriebsstätten ausgeübt werden.

Der OECD-Betriebsstättenbericht[1] betrachtet auch die „Managing Risk"-Funktion als eine KERT-Funktion, die bei der Verwaltung bestehender finanzieller Vermögenswerte eine zentrale Rolle spielt. Laut der OECD sind sowohl das Sales & Trading als auch Managing Risk maßgebliche Funktionen (KERT) bei der Zuordnung von finanziellen Vermögenswerten und sollten gemeinsam betrachtet werden. Da dies im Widerspruch zu den Regelungen der VWG BsGa steht, wonach lediglich die Sales/Trading-Funktion maßgeblich für die Zuordnung eines finanziellen Vermögenswerts sein sollte, ist in Zweifelsfällen die Anwendung von § 19 Abs. 4 BsGaV zu prüfen, um eine einheitliche Rechtsanwendung sicherzustellen und eine mögliche Doppelbesteuerung zu vermeiden.

1 OECD-Betriebsstättenbericht, 2010, Teil II Tz. 9.

11.5.2. Subsumtion anhand der Beispielsfälle – § 19 Abs. 1–3 BsGaV

1. Fall:

In Fall 1 werden im Rahmen der Funktion- und Risikoanalyse folgende relevanten Funktionen innerhalb des Sales & Tradings identifiziert:

1. **Aufnahme der Kreditdaten:** Die Mitarbeiter in der Betriebsstätte D-ES haben den Kundenkontakt und sind für die Aufnahme der Daten sowie die Einhaltung der KYC-Prozesse (Know-Your-Client) verantwortlich.
2. **Kreditwürdigkeitsprüfung:** Die Kreditwürdigkeit der Kunden wird zuerst von den Mitarbeitern der D-ES ermittelt. In einem zweiten Schritt überprüfen die Mitarbeiter des Stammhauses in Deutschland die Daten und ermitteln eine finale Bonität und das Ausfallrisiko.
3. **Vertragsverhandlungen:** Unter Berücksichtigung der durch das Stammhaus festgesetzten Preisbandbreiten und unter Berücksichtigung der ermittelten Kreditwürdigkeit verhandeln die Mitarbeiter der DE-ES die finalen Konditionen.
4. **Kreditvergabeentscheidung:** Am Ende des Prozesses und nach Überprüfung durch das Stammhaus entscheidet die Betriebsstätte D-ES, ob der Kredit gewährt wird.

In diesem Fall ist sowohl die Betriebsstätte als auch das Stammhaus an der Ausübung der Sales/Trading-Funktion (KERT-Funktion) beteiligt. Daher ist § 19 Abs. 2 BsGaV maßgeblich für die Zuordnung der finanziellen Vermögenswerte.

Eine qualitative Analyse der Sales/Trading-Funktion zur Zuordnung der Kreditforderungen könnte wie folgt aussehen:

Personalfunktion	Gewichtung	D-DE	D-ES
Aufnahme der Kreditdaten	1	0	1
Kreditwürdigkeitsprüfung	4	2	2
Vertragsverhandlungen	3	1	2
Kreditvergabeentscheidung	2	0	2
Summe	10	3	7

In dem oben beschriebenen Beispiel sind die finanziellen Vermögenswerte aus dem Kreditgeschäft der D-AG in Spanien gem. § 19 Abs. 2 BsGaV der Betriebsstätte D-ES zuzuordnen, da die Beiträge der D-ES im Rahmen der Sales/Trading-Funktion eindeutig von größter Bedeutung sind.

2. Fall:

In Fall 2 werden im Rahmen der Funktion- und Risikoanalyse folgende relevanten Funktionen innerhalb des Sales & Tradings identifiziert:

- **Aufnahme der Kreditdaten:** Die Mitarbeiter in der Betriebsstätte in Deutschland haben den Kundenkontakt und sind für die Einhaltung der KYC-Prozesse (Know-Your-Client) zuständig.
- **Kreditwürdigkeitsprüfung:** Die Kreditwürdigkeit der Kunden wird von den Mitarbeitern des Stammhauses ermittelt.
- **Vertragsverhandlungen:** Unter Einbeziehung der Mitarbeiter im Stammhaus und unter Berücksichtigung der ermittelten Kreditwürdigkeit verhandeln die Mitarbeiter der L-DE die finalen Konditionen.
- **Kreditvergabeentscheidung:** Am Ende des Prozesses und nach Überprüfung durch das Stammhaus entscheidet die Betriebsstätte, ob der Kredit gewährt wird.

Da auch in diesem Fall die Betriebsstätte und das Stammhaus an der Ausübung der Sales/Trading-Funktion beteiligt sind, ist § 19 Abs. 2 BsGaV maßgeblich für die Zuordnung der finanziellen Vermögenswerte.

Hieraus ergibt sich das folgende Bild:

Personalfunktion	Gewichtung	L-LUX	L-DE
Aufnahme der Kreditdaten	1	0	1
Kreditwürdigkeitsprüfung	4	4	0
Preisverhandlungen	3	1	2
Kreditvergabeentscheidung	2	0	2
Summe	10	5	5

In diesem Beispiel kommt die qualitative Analyse zu keinem eindeutigen Ergebnis, da L-LUX und L-DE ähnliche Wertschöpfungsbeiträge leisten und beide Einheiten an den Vertragsverhandlungen beteiligt sind. Entsprchend kommt hier die Auffangklausel des § 19 Abs. 3 BsGaV zur Anwendung, mit der Folge, dass die Kreditforderungen der L-DE zuzuordnen sind, da die lokale Betriebsstätte den Kundenkontakt hält.

11.5.3. Änderung einer sachgerechten Zuordnung (§ 19 Abs. 4 BsGaV)

Gemäß der OECD ist die Übertragung eines Kreditportfolios innerhalb eines Unternehmens nur möglich, wenn die Zuordnungsänderung durch ein „konkretes und identifizierbares Ereignis" begleitet wird, wie beispielsweise eine Änderung in den Personalverantwortlichkeiten. Ein bloßer Buchungseintrag reicht hierfür nicht aus.

Gemäß der deutschen Rechtsauffassung ist eine Änderung der ursprünglichen sachgerechten Zuordnung eines finanziellen Vermögenswerts nach § 19 Abs. 4 BsGaV nur in den folgenden Ausnahmefällen möglich:

1. Die Kreditforderung kann einer anderen Betriebsstätte zugeordnet werden, wenn diese die Kundenbeziehung hält und in der Betriebsstätte der Erstzuordnung keine Personalfunktionen in Bezug auf diese Kreditforderung mehr ausgeübt wird; oder
2. Die Zuordnung führt im Einzelfall zu einem Ergebnis der Bankbetriebsstätte, das dem Fremdvergleichsgrundsatz besser entspricht.

Eine Zuordnungsänderung nach § 19 Abs. 4 Nr. 2 BsGaV ist entsprechend nur möglich, wenn die laufende Risikomanagementfunktion von einer anderen Betriebsstätte ausgeübt wird und diese Funktion in ihrer Bedeutung die Sales/Trading-Funktion überwiegt.

In den Ausnahmefällen gem. § 19 Abs. 4 BsGaV, in denen es zu einer Änderung der Zuordnung eines finanziellen Vermögenswerts kommt, ist gem. § 16 Abs. 2 BsGaV eine entsprechende Vergütung gemäß des Fremdvergleichsgrundsatzes vorzunehmen.

Zu beachten ist auch, dass eine Änderung der Zuordnung nach § 19 Abs. 4 BsGaV als außergewöhnlicher Geschäftsvorfall gelten kann, und gem. § 90 Abs. 3 Satz 3 AO zeitnah aufzuzeichnen ist.

11.5.4. Subsumtion anhand der Beispielsfälle – § 19 Abs. 4 BsGaV

Aufgrund der Tatsache, dass die Kundenbeziehung sowohl im Fall 1 als auch im Fall 2 in den jeweiligen Betriebsstätten besteht, ist eine Änderung der Zuordnung gem. § 19 Abs. 4 Nr. 1 BsGaV nicht möglich, solange die Betriebsstätten den Kundenkontakt halten oder weiter Personalfunktionen in Bezug auf die bestehenden Kreditforderungen ausüben.

Denkbar wäre eine Änderung gem. § 19 Abs. 4 Nr. 2 BsGaV i. V. mit Rz. 224 BsGaV, wenn folgende Bedingungen erfüllt sind:

- Die verbleibende Risikoübernahmefunktion, insbesondere das konkrete Risikomanagement in Bezug auf den finanziellen Vermögenswert, wird zu einem bestimmten Zeitpunkt nicht mehr von der Bankbetriebsstätte durchgeführt, der der finanzielle Vermögenswert ursprünglich zugeordnet war, sondern von einer anderen Bankbetriebsstätte; und
- das konkrete Risikomanagement in der anderen Betriebsstätte hat eine wesentlich größere Bedeutung als die Personalfunktion, die zur ursprünglichen Zuordnung geführt hat, z. B. in Fällen von Leistungsstörungen.

Die Leistungsstörung ist ein Begriff aus dem Bereich des Vertragsrechts und bezieht sich auf die Nichterfüllung oder mangelhafte Erfüllung einer vertraglichen Vereinbarung. In diesem Kontext könnte eine solche Änderung in Betracht gezogen werden, wenn ein Darlehensnehmer beispielsweise nicht in der Lage wäre, einen Kredit gemäß den vertraglichen Bedingungen zu bedienen. In einem solchen Fall könnte eine Neuzuordnung gerechtfertigt sein, wenn das laufende Risikomanagement zuerst in der Betriebsstätte ausgeübt wurde und nach Eintritt der Leistungsstörung von dem Stammhaus übernommen wird.etriebsstätte

11.5.5. Anzunehmende schuldrechtliche Beziehungen (§ 19 Abs. 5 BsGaV)

Für alle Personalfunktionen, die nach einer Funktions- und Risikoanalyse keine unternehmerische Risikoübernahmefunktion darstellen oder Teil der KERT-Funktionen sind, aber aufgrund von § 19 Abs. 2, 3 oder 4 BsGaV nicht zu der Zuordnung des finanziellen Vermögenswerts führen, sollte eine angemessene und marktübliche Vergütung festgelegt werden. Diese fiktiven Dienstleistungen zwischen Betriebsstätten werden nach § 1 Abs 4 Nr. 2 AStG als „anzunehmende schuldrechtliche Beziehungen" definiert.

Die Gegenpartei dieser anzunehmenden schuldrechtlichen Beziehung wird in den meisten Fällen der Unternehmensteil sein, der die unternehmerische Risikoübernahmefunktion ausübt und dem folglich der Kreditvertrag, wie auch alle Erträge und Aufwendungen aus diesem zuzuordnen sind.

Dies erfasst z. B.:

- die sonstigen Tätigkeiten des Zeichnungsprozesses bei der Betriebsstätte, die nicht der unternehmerischen Risikoübernahmefunktion zugeordnet werden;
- andere Personalfunktionen, die bei der Anbahnung des Kreditvertrags relevant sind (z. B. Vertriebstätigkeiten);
- alle anderen Tätigkeiten, die in Kapitel 11.5.1. zusammengefasst wurden;
- sowie alle anderen unterstützenden Funktionen (z. B. IT, Accounting, Finance, HR).

Für die Ermittlung eines fremdüblichen Preises stehen alle Verrechnungspreismethoden offen und die geeignete Methode ist im Einklang mit den regulären Verrechnungspreisgrundsätzen zu identifizieren. In den meisten Fällen dürften die Tätigkeiten außerhalb des Sales/Trading als Routinetätigkeiten zu klassifizieren sein, für die regelmäßig kostenorientiere Verrechnungspreise unter Anwendung der transaktionsbezogenen Nettomargenmethode infrage kommen.

Für die Tätigkeiten der KERT-Funktionen kommen in der Praxis verschiedene Methoden zur Anwendung. Die geeignete Methode wird sich hierbei regelmäßig an den folgenden Fragen orientieren:

- Welche Bedeutung haben die Funktionen für den Zeichnungsprozess (d.h., wie „knapp" war die Entscheidung der Zuordnung der unternehmerischen Risikoübernahmefunktion), sowie
- wie integriert sind diese Tätigkeiten mit denen der unternehmerischen Risikoübernahmefunktion?

Übernimmt eine Betriebsstätte nur zu einem geringeren Ausmaß Personalfunktionen im Zeichnungsprozess, wird auch in dieser Konstellation in der Praxis vielfach eine kostenorientierte Vergütung verwendet (analog zu den sonstigen Funktionen), insbesondere wenn die Tätigkeiten klar vom übergreifenden Prozess trennbar sind (z.B., wenn ein Unternehmensteil nur für Treasury verantwortlich ist).

Je stärker sich die Funktionen, die im Zusammenhang mit dem Zeichnungsprozess (Sales & Trading) stehen, ausprägen, und je integrierter diese im Gesamtprozess erscheinen, umso stärker wird sich die Vergütung regelmäßig von einer reinen Kostenorientierung entfernen.

Die Anwendung der Gewinnaufteilungsmethode kommt insbesondere infrage, wenn beide (oder mehrere) Unternehmensteile vergleichbar bedeutende Beiträge zum Zeichnungsprozess beisteuern, die zudem derart integriert sind, dass die Abgrenzung von einzelnen Dienstleistungspaketen ausscheidet.

Bei der Prüfung, ob die Gewinnaufteilungsmethode geeignet ist, sollte immer bedacht werden, dass im Rahmen der Methode allen beteiligten Unternehmensteilen tatsächliche Verlustrisiken aus dem Kreditgeschäft zugeordnet werden. Dies kann nur sachgerecht sein, wenn die beteiligten Unternehmensteile auch tatsächlich gemeinsam über die Annahme der Risiken entscheiden.

11.5.6. Subsumtion anhand der Beispielfälle – § 19 Abs. 5 BsGaV

1. Fall:

In diesem Szenario befinden sich in der Betriebsstätte D-ES lediglich die Abteilungen für Sales/Trading sowie Sales/Marketing. Alle übrigen Funktionen sind im Stammhaus angesiedelt.

Der erste Schritt besteht darin, jede einzelne Funktion oder Funktionsgruppe zu identifizieren. Im Rahmen dieser Identifizierung müssen diese Funktionen als Routine- oder Nicht-Routine-Funktionen eingestuft werden.

TAB. 1: Funktionen für die Verschaffung der finanziellen Vermögenswerte		
Personalfunktion	**Klassifizierung**	**Ort**
Sales & Marketing	Routine	D-ES
Sales/Trading	Nicht Routine	D-DE & D-ES
Treasury	Nicht Routine	D-DE
Sales/Support	Routine	D-DE

TAB. 2: Funktionen für die Verwaltung der finanziellen Vermögenswerte		
Personalfunktion	**Klassifizierung**	**Ort**
Loan Support	Routine	D-DE
Monitoring Risk	Routine	D-DE
Managing Risk	Routine[1]	D-DE
Treasury	Nicht Routine[2]	D-DE

Als zweiter Schritt sollten alle Routinefunktionen angemessen vergütet werden. In diesem Zusammenhang sollte zunächst für jede Routine-Funktion die geeignete Verrechnungspreismethode identifiziert werden.

TAB. 3: Funktionen für die Verschaffung der finanziellen Vermögenswerte:		
Personalfunktion	**Methode**	**Ratio/Vergütung**
Sales/Marketing	CUP	Brokerage Fee[3]
Treasury	CUP	Angemessene Zinsen (siehe nächstes Kapitel)
Loan Support	TNMM	kostenorientiert

1 Obwohl diese Funktion gemäß der OECD als KERT-Funktion identifiziert wird, wird sie in diesem Beispiel als Routine klassifiziert. Dennoch sollte die Bedeutung dieser Funktion bei der Vergütung berücksichtigt werden (d. h. eine höhere Marge im Vergleich zu anderen Funktionen).

2 Bitte beachten Sie, dass die Treasury-Funktion innerhalb einer Bank je nach Situation auch als routinemäßig identifiziert werden kann. Hierbei wird unterstellt, dass es sich um eine nicht-Routine Treasury-Aktivität handelt.

3 Die Tätigkeit als Broker ist vergleichbar mit Sales & Marketing. Daher können Brokerage-Gebührenvereinbarungen zwischen unabhängigen Dritten in einer Benchmark-Analyse untersucht werden, um eine angemessene Interquartilsbandbreite zu identifizieren.

TAB. 4: Funktionen für die Verwaltung der finanziellen Vermögenswerte.

Personalfunktion	Methode	Ratio/Vergütung
Loan Support	CUP	kostenorientiert
Monitoring Risk	TNMM	kostenorientiert
Managing Risk	TNMM	kostenorientiert
Treasury	CUP	Angemessene Zinsen (siehe nächstes Kapitel)

Da D-DE das Stammhaus der D-AG bildet, sind hier ein Großteil der Hilfsfunktionen angesiedelt. Diese werden, mit Ausnahme der Treasury Funktion, kostenorientiert vergütet. Die Höhe des Kostenaufschlags wird durch eine Datenbankstudie im Rahmen der transaktionsbezogenen Nettomargenmethode verprobt.

Alle anderen unterstützenden Funktionen, wie z. B. HR, Rechnungswesen, Revision, Buchhaltung oder IT, müssen ebenfalls vergütet werden. Für diese Funktionen kann die kostenorientierte Methode (d. h. TNMM) angewendet werden. Die Verwaltungsgrundsätze Verrechnungspreise 2023 definieren diese Funktionen als Routinedienstleistungen mit geringer Wertschöpfung.[1]

Routinedienstleistungen mit geringer Wertschöpfung sind Funktionen, die

a) einen unterstützenden Charakter aufweisen,

b) nicht Gegenstand der Haupttätigkeit der multinationalen Unternehmensgruppe im Außenverhältnis zu Dritten sind,

c) zu deren Erbringung weder einzigartige noch wertvolle immaterielle Werte verwendet oder geschaffen werden,

d) die für den Leistenden weder mit der Übernahme oder der Kontrolle wesentlicher Risiken verbunden sind noch die Entstehung wesentlicher Risiken zur Folge haben.

Für diese Funktion kann für Zwecke der Vereinfachung ein Kostenaufschlag von 5 % angesetzt werden.[2]

Zuletzt sollte der Gewinn oder Verlust zwischen den nicht Routine-Funktionen verteilt werden. In diesem Zusammenhang könnte für die Sales/Trading-Funktion die Gewinnaufteilungsmethode geeignet sein. Dabei ist es wichtig, die Gewichtung der Funktionen innerhalb der Wertschöpfungskette zu berücksichtigen.

1 Verwaltungsgrundsätze Verrechnungspreise 2023, G.2.2 Tz. 3.75.

2 Verwaltungsgrundsätze Verrechnungspreise 2023, G.2.2 Tz. 3.74.

Die folgende Tabelle stellt die Zusammenfassung dar:

Personalfunktion	Gewichtung	D-DE	D-ES
Aufnahme der Kreditdaten	1	0	1
Kreditwürdigkeitsprüfung	4	2	2
Preisverhandlungen	3	1	2
Kreditvergabeentscheidung	2	0	2
Summe	10	3	7

In diesem Fall sollte der Gewinn oder Verlust des Kreditgeschäfts zu 70 % an D-ES und zu 30 % an D-DE aufgeteilt werden.

2. Fall:

Ähnlich wie im ersten Fall ist zuerst die Identifizierung der Routine- und Nicht-Routine-Funktionen sowie ihre Zuordnung erforderlich. Anschließend sollte die geeignetste Methode für die einzelnen Funktionen identifiziert und die entsprechende Vergütung festgelegt werden.

Im Folgenden eine vereinfachte Version der Schritte eins und zwei:

Personalfunktion	Klassifizierung	Ort	Methode	Ratio/Vergütung
Sales & Marketing	Routine	L-DE	TNMM	kostenorientiert
Treasury	Routine	L-LUX	TNMM	kostenorientiert (siehe nächstes Kapitel)
Sales/Support	Routine	L-DE	TNMM	kostenorientiert

TAB. 5: Funktionen für die Verwaltung der finanziellen Vermögenswerte

Personalfunktion	Klassifizierung	Ort	Methode	Ratio/Vergütung
Loan Support	Routine	L-LUX/L-DE	TNMM	kostenorientiert
Monitoring Risk	Routine	L-LUX	TNMM	kostenorientiert
Managing Risk	Routine	L-LUX	TNMM	kostenorientiert
Treasury	Routine	L-LUX	TNMM	Kostenorientiert (siehe nächstes Kapitel)

TAB. 6: Routinedienstleistungen mit geringer Wertschöpfung

Personalfunktion	Klassifizierung	Ort	Methode	Ratio/Vergütung
HR	Routine	L-DE	TNMM	Kostenaufschlag 5 %
IT	Routine	L-DE	TNMM	Kostenaufschlag 5 %
Buchhaltung	Routine	L-LUX	TNMM	Kostenaufschlag 5 %
Rechnungswesen	Routine	L-LUX	TNMM	Kostenaufschlag 5 %

Darüber hinaus sollten die nicht Routine Funktionen wie folgt vergütet werden:

Personalfunktion	Gewichtung	L-LUX	L-DE
Aufnahme der Kreditdaten	1	0	1
Kreditwürdigkeitsprüfung	4	4	0
Preisverhandlungen	3	1	2
Kreditvergabeentscheidung	2	0	2
Summe	10	5	5

In diesem Fall sollte der Gewinn oder Verlust des Kreditgeschäfts zu 50 % an L-DE und zu 50% an L-Lux aufgeteilt werden.

11.5.7. Zurverfügungstellung finanzieller Mittel (§ 19 Abs. 6 BsGaV)

Die Bereitstellung finanzieller Mittel zwischen einem Unternehmen und seinen Betriebsstätten wird gem. §§ 16 Abs. 3, 17 Abs. 2 und 4 BsGaV grds. nicht als Schuldenverhältnis betrachtet. Dies bedeutet, dass konzerninterne finanzielle Verbindlichkeiten oder Forderungen innerhalb eines Unternehmens (d. h. zwischen dem Stammhaus und seinen Betriebsstätten) grds. nicht anerkannt werden sollten. Gemäß der BsGaV wird in einem solchen Fall die Tätigkeit als Dienstleistung (d. h. Liquiditätssteuerung) betrachtet. Die Vergütung für diese Finanzdienstleistung sollte gem. § 16 Abs. 2 Satz 2 BsGaV anhand einer kostenorientierten Verrechnungspreismethode festgelegt werden.

Allerdings spielen, wie in der Einleitung erläutert, Zinserträge und die damit verbundenen Refinanzierungskosten (also Zinsaufwendungen) eine bedeutende Rolle in den Aktivitäten einer Bank. Darüber hinaus ist die erfolgreiche Steuerung der Liquidität entscheidend für den Erfolg einer Bank. Eine ineffektive Liquiditätssteuerung (Refinanzierungskosten) kann im Ernstfall zu niedrigeren Margen oder sogar Verlusten führen. Deswegen ist grds. eine kostenbasierte Verrechnungsmethode für die Liquiditätssteuerung einer Bank nicht geeignet, da sie den Wert einer effektiven Liquiditätssteuerung nicht angemessen berücksichtigt.

In diesem Kontext erlaubt die BsGaV für Bankbetriebsstätten die Anerkennung von Verbindlichkeiten/Forderungen, die über das Ende des Wirtschaftsjahres hinaus eine längere Laufzeit haben, wenn:

- das Kreditinstitut nachweisen kann, dass diese Verbindlichkeiten und Forderungen im Zusammenhang mit der Geschäftspolitik des Kreditinstituts stehen und Personalfunktionen, die in Verbindung mit der Verbindlichkeit/Forderung stehen, ausgeübt werden; und
- die Laufzeit der Verbindlichkeit/Forderung dem Fremdvergleichsgrundsatz entspricht.

Hiervon abzugrenzen sind die sog. Einlagesammelstellen, das sind Betriebsstätten, deren alleiniger Zweck es ist, Einlagen von Kunden zu sammeln, um sie dann an andere Bereiche des Unternehmens weiterzuleiten (z.B. an eine andere Betriebsstätte der Bank), damit diese die Einlagen für ihre eigenen Bankgeschäfte nutzen können. Dies stellt eine fiktive Dienstleistung dar (eine anzunehmende schuldrechtliche Beziehung gem. § 16 Abs. 1 Nr. 2 BsGaV), die angemessen vergütet werden muss.

11.5.8. Subsumtion anhand der Beispielsfälle – § 19 Abs. 6 BsGaV

1. Fall

In Fall 1 gewährt die spanische Betriebsstätte D-ES einen Kredit i.H. von 100 Mio. €. Zur Refinanzierung des Kredits bekommt die spanische Bankbetriebsstätte D-ES Spareinlagen von der Treasury Abteilung des Stammhauses i.H. von 90 Mio. €. Diesen Vorgang kann die Bank gemäß Rz. 232 der VWG BsGa nachweisen. Die Refinanzierung erfolgt gemäß der Geschäftspolitik der Bank und unter Berücksichtigung klar definierter Laufzeiten gemäß den Richtlinien der Bank. Das Stammhaus ist für die Entscheidungen bezüglich der Refinanzierung zuständig und steuert diesen Prozess mithilfe des eigenen Personals.

Die Betriebsstätte D-ES muss in der Hilfs- und Nebenrechnung folgende Buchungen vornehmen:

Forderung gegenüber Kunden 100	Verbindlichkeit gegenüber Stammhaus 90 Dotationskapital 10[1]

Korrespondierend ist beim Stammhaus eine fiktive Forderung mit der spanischen Betriebsstätte zu „bilanzieren".

Forderung gegenüber Betriebsstätte 90	Verbindlichkeiten gegenüber Kunden 90

Die Betriebsstätte D-ES muss für die Verbindlichkeit angemessene Zinsen zahlen, die im Einklang mit der Laufzeit und dem Fremdvergleichsgrundsatz stehen.

2. Fall

Im Szenario 2 sei nun angenommen, das Stammhaus L-LUX gemäß der Rz. 231 der VWG BsGa ausschließlich als Einlagensammelstelle fungiert und der Betriebsstätte L-DE eine fiktive Dienstleistung (Kapitalbeschaffung) erbringt. Diese Dienstleistung ist fremdüblich zu vergüten und stellt eine anzunehmende schuldrechtliche Beziehung dar. In diesem Zusammenhang erhält die Betriebsstätte L-DE die notwendigen 90 Mio. € vor der Einlagensammelstelle des Stammhauses.

In diesem Szenario ist keine Verbindlichkeit gegenüber dem Stammhaus zu verbuchen. Stattdessen sollten die Finanzdienstleistungen des Stammhauses mit einer kostenbasierten Vergütung berücksichtigt werden.

Die Betriebsstätte L-DE muss in der Hilfs- und Nebenrechnung folgenden Buchung vornehmen:

Forderung gegenüber Kunden 100	Dotationskapital 100

11.6. Dotationskapital im Inbound-Fall (§ 20 BsGaV)

11.6.1. Grundlegende Erwägungen zum Dotationskapital

Der Bestimmung und Zuordnung des Dotationskapitals innerhalb Bankbetriebsstätten werden in der BsGaV gleich zwei Paragrafen gewidmet, einmal für den Inbound-Fall (§ 20 BsGaV), und einmal für den Outbound-Fall (§ 21 BsGaV). Dies folgt der Systematik der §§ 12 und 13 BsGaV bzw. §§ 25 und 26 BsGaV.

1 Angenommen, gemäß den Bankaufsichtsrichtlinien ist ein Eigenkapital i. H. . von 10 % erforderlich.

Die Zuordnung des Dotationskapitals folgt ebenfalls der Systematik der BsGaV, wobei zuerst die Vermögenswerte, dann das Dotationskapital und schließlich die übrigen Passiva zugewiesen werden können. Aufgrund dieser Reihenfolge stellt das Dotationskapital eine Beschränkung der Finanzierungsfreiheit dar.

Das Ziel des Gesetzgebers besteht darin, zu verhindern, dass Bankbetriebsstätten ausschließlich mit Fremdkapital ausgestattet sind. Aus fiskalischer Sicht ist es daher im Interesse einer inländischen Betriebsstätte ein möglichst hohes und einer ausländischen Betriebsstätte ein möglichst niedriges Dotationskapital zuzuweisen.

Ausführliche Berechnungsbeispiele zur Bestimmung des Dotationskapitals sind in VWG BsGa[1] zu finden. Im Weiteren sollen die Berechnungen lediglich schematisch skizziert werden, um sie zu veranschaulichen.

Es ist wichtig anzumerken, dass diese unterschiedliche Behandlung von In- und Outbound-Sachverhalten offensichtlich nicht mit den Ausführungen im OECD-Betriebsstättenbericht übereinstimmt.

11.6.2. Kapitalaufteilungsmethode, Inbound-Fälle (§ 20 Abs. 1 BsGaV)

11.6.2.1. Definition

Eine Besonderheit im Bankgeschäft ist, dass für die Risikogewichtung von finanziellen Vermögenswerten von Kreditinstituten, die für die Zuordnung des Dotationskapitals einer inländischen Bankbetriebsstätte von Bedeutung sind, bankenaufsichtsrechtliche Vorschriften gelten. Diese Vorschriften dienen auch steuerlichen Zwecken, um dem Grundsatz des Fremdvergleichs zu entsprechen sowie aus Gründen der Vereinfachung, Transparenz und Gleichbehandlung. Diese Risikoermittlung resultiert in den sog. Risikogewichteten Aktiva („RWA").

RWAs können einer Bankbetriebsstätte nur dann zugerechnet werden, wenn die maßgeblichen Vermögenswerte gem. § 19 BsGaV korrekt zugeordnet und entsprechend in den Hilfs- und Nebenrechnungen erfasst wurden.

Es muss beachtet werden, dass gemäß der BsGaV die Hilfs- und Nebenrechnung sowie das Dotationskapital zu Beginn des Jahres festgestellt und im Verlauf des Jahres fortgeführt werden sollen.[2] Allerdings wird in der Praxis hiervon meist abgewichen. Üblicherweise erfolgt die Erstellung der Hilfs- und Nebenrechnung sowie die Festlegung des Dotationskapitals im Rahmen der Steuererklärung, da dies den Anforderungen gem. § 2 Abs. 2 Satz 2 BsGaV entspricht (die Hilfs- und Nebenrechnung muss spätestens zum

1 BMF, Schreiben v. 22.12.2016, BStBl 2017 I S. 182, Rz. 233 ff.

2 Laut BMF, Schreiben v. 22.12.2016, BStBl 2017 I S. 182, Rz. 129, sollte das Dotationskapital zu Beginn des Jahres ermittelt werden.

Zeitpunkt der Einreichung der Steuererklärung erstellt sein). Die folgende Erklärung beruht daher auf den in der Praxis gängigen Verfahren.

Demnach sind gem. § 20 Abs. 1 BsGaV folgende Schritte anzuwenden, um das Dotationskapital einer inländischen Bankbetriebsstätte zu ermitteln:

- Im ersten Schritt sollen die RWAs der Bank (gesamt)[1] des Vorjahres[2] sowie diejenigen, die der Betriebsstätte zugeordnet sind, identifiziert werden.
- Danach sollte das Eigenkapital des Vorjahres der Bank (gesamt) identifiziert werden. Das Eigenkapital eines ausländischen Kreditinstituts setzt sich aus dem gezeichneten Kapital (Nennkapital), den einbehaltenen Gewinnen und den offenen Rücklagen zusammen (bankenaufsichtsrechtliches Kernkapital).[3]
- Als dritter Schritt sollte die nachfolgende Formel zur Identifizierung des Dotationskapitals zu Beginn des Jahres verwendet werden.

$$D = \frac{RWAs\ Betriebsstätte}{RWAs\ Bank} x\ E$$

D = Dotationskapital der Betriebsstätte zu Beginn des Jahres
E = Eigenkapital der Bank zu Beginn des Jahres

- Abschließend sollte am Ende des Wirtschaftsjahres gem. § 12 Abs. 6 BsGaV überprüft werden, ob eine Anpassung des Dotationskapitals erforderlich ist.
- Eine Anpassung des Dotationskapitals ist notwendig, wenn
  1. dies das inländische Bankenaufsichtsrecht erfordert gem. § 20 Abs 5 BsGaV; oder
  2. aufgrund von Veränderungen in der Zuordnung von Personalfunktionen, Vermögenswerten oder Chancen und Risiken eine erhebliche Änderung des Dotationskapitals am Ende des Jahres auftritt (gem. Rz. 253 VWG BsGa ist eine Änderung erheblich, wenn sie mehr als 30 % beträgt, jedoch mindestens 2 Mio. € ausmacht).

1 Bitte beachten Sie, dass gemäß der Verwaltungsmeinung (BMF, Schreiben v. 22.12.2016, BStBl 2017 I S. 182, Rz. 236) die konsolidierten RWA der Bank verwendet werden können, sofern eine Bescheinigung eines Wirtschaftsprüfers vorliegt. Diese Bescheinigung sollte belegen, dass die Eigenkapitalberechnung weder auf Einzelinstitutsbasis durchgeführt wurde noch ohne unverhältnismäßigen Aufwand durchgeführt werden kann.

2 Laut BMF, Schreiben v. 22.12.2016, BStBl 2017 I S. 182, Rz. 129, sollte das Dotationskapital zu Beginn des Jahres ermittelt werden.

3 Laut BMF, Schreiben v. 22.12.2016, BStBl 2017 I S. 182, Rz. 234.

Dementsprechend ist zum Abschluss des Jahres eine Neuberechnung des Dotationskapitals erforderlich, um festzustellen, ob die Veränderungen bis zum Jahresende von wesentlicher Bedeutung sind (§ 20 Abs 5 Satz 2 i. V. mit §12 Abs. 6 BsGaV).

11.6.2.2. Subsumtion anhand des Beispielsfalls

2. Fall:

Ermittlung des Dotationskapital für das Wirtschaftsjahr 2023:

- **Erster Schritt:** Laut des Jahresabschlusses der L-S.A. hat die Bank am Ende des Jahres 2022 insgesamt 100 Mio. € in RWAs, davon sind 20 Mio. € der Betriebsstätte in Deutschland zugeordnet worden.
- **Zweiter Schritt:** Das Eigenkapital der L-S.A. betrug im Jahr 2022 190 Mio. €, bestehend aus 25 Mio. € gezeichnetem Kapital (Nennkapital), 100 Mio. € einbehaltenen Gewinnen und 65 Mio. € offenen Rücklagen (bankenaufsichtsrechtliches Kernkapital).
- **Dritter Schritt:** Das Dotationskapital der L-DE ist zu Beginn des Jahres 2023 wie folgt zu ermitteln:

$$D = \frac{20 \text{ Mio.} €}{100 \text{ Mio.} €} x \; 190 \text{ Mio.} €$$

Das Dotationskapital am 1.1.2023 der L-DE beträgt 38 Mio. €.

- **Vierter Schritt (Ermittlung am Ende des Wirtschaftsjahres):** Die RWAs der Bank betrugen zum Jahresende 2023 insgesamt 130 Mio. €, wovon 27 Mio. € der Betriebsstätte zugeordnet waren. Das Eigenkapital der L-S.A. betrug zum Ende des Jahres 2023 195 Mio. €. Entsprechend der Vorschriften des Bankenaufsichtsrechts war keine Anpassung des Dotationskapitals erforderlich.

$$D = \frac{27 \text{ Mio.} €}{130 \text{ Mio.} €} x \; 195 \text{ Mio.} €$$

- Das Dotationskapital der L-DE beträgt am 31.12.2023 **40,5 Mio. €**. Dies entspricht einer Änderung von 6,5 % (2,5 Mio. €/38 Mio. €). Daher ist gem. § 12 Abs. 5 BsGaV keine Anpassung erforderlich.

Das Dotationskapital der L-DE für das Wirtschaftsjahr 2023 nach § 20 Abs. 1 BsGaV beträgt 38 Mio. €.

11.6.3. Geringeres Dotationskapital als die Kapitalaufteilungsmethode (§ 20 Abs. 2 BsGaV)

11.6.3.1. Definition

Wenn die Betriebsstätte ein geringeres Dotationskapital ausweist, als gemäß der Kapitalaufteilungsmethode (Abs. 1) vorgesehen wäre, erlaubt § 20 Abs. 2 BsGaV dies unter bestimmten Bedingungen.

Abs. 2	Beschreibung
Satz 1	Soweit dies zu einem Ergebnis der inländischen Bankbetriebsstätte führt, das im Verhältnis zum übrigen Unternehmen dem Fremdvergleichsgrundsatz besser entspricht.
Satz 2	Die Betriebsstätte sollte jedoch ein Dotationskapital aufweisen, das gemäß den aufsichtsrechtlichen Standards als Kernkapital ausgewiesen würde, falls sie als eigenständige, inländische Bank gelten würde (Mindestkapitalausstattungsmethode).
Satz 3	Wenn die Mindestkapitalausstattungsmethode angewandt wird, muss das Dotationskapital um 0,5 Prozentpunkte der Summe der RWAs der inländischen Bankbetriebsstätte erhöht werden, es sei denn, ein reduzierter Zuschlag führt zu einem Ergebnis der Bankbetriebsstätte, das eher mit dem Fremdvergleichsgrundsatz übereinstimmt.

Das bedeutet, dass ein niedrigeres Dotationskapital als laut der Kapitalaufteilungsmethode erlaubt ist, solange dieser Betrag mindestens der Mindestkapitalausstattungsmethode zuzüglich eines angemessenen Aufschlags in Prozent der risikogewichteten Aktiva (RWAs) entspricht und die niedrigere Vorgehensweise begründet wird.

11.6.3.2. Subsumtion anhand des Beispielsfalls – § 20 Abs. 2 BsGaV

2. Fall:

Das luxemburgische Stammhaus L-S.A. plant die Übernahme eines Konkurrenzunternehmens im Land Z. Die deutsche Zweigniederlassung (L-DE) ist nicht in diese Übernahme involviert. Daher wird für das Jahr 2023 ein niedrigeres Dotationskapital i. H. von 10 Mio. € zugewiesen, als es gem. § 20 Abs. 1 BsGaV ermittelt worden wäre.

Falls die Betriebsstätte als eigenständige Bank operieren würde, müssten gemäß den aufsichtsrechtlichen Standards in Deutschland mindestens 15 Mio.€[1] als Kernkapital vorgehalten werden.

Aufgrund des vorliegenden Sachverhalts kann das Dotationskapital der Betriebsstätte für das Jahr 2023 unter den Werten liegen, die gemäß Abs. 1 ermittelt wurden. Gemäß § 20 Abs. 2 Satz 2 und 3 BsGaV müssen jedoch zumindest die lokalen Mindestkapitalanforderungen beachtet werden. In diesem Zusammenhang wird vorgeschlagen, einen Aufschlag von 0,5 % auf die RWAs anzuwenden.

Die folgenden Berechnungen stellen das Dotationskapital gem. § 20 Abs. 2 BsGaV dar:

- Mindestkapitalausstattung: 15 Mio. €, zzgl. 0,5 % von 27 Mio. € = 1,35 Mio. €
- Dotationskapital nach § 20 Abs. 2 BsGaV 2023 beträgt 16,35 Mio. €

11.6.4. Ausnahme für kleinere Banken (§ 20 Abs. 3 BsGaV)

11.6.4.1. Definition

Zur Berechnung des Dotationskapitals einer inländischen Betriebsstätte einer im Ausland ansässigen Bank bietet § 20 Abs. 3 BsGaV Vereinfachungsregeln an. Diese Regelung dient der Entlastung jüngerer oder kleinerer Banken.

Gemäß § 20 Abs. 3 BsGaV kann eine inländische Betriebsstätte einer im Ausland ansässigen Bank unter folgenden Bedingungen von der Anwendung der Kapitalaufteilungsmethode sowie von § 20 Abs. 2 BsGaV befreit werden:

1. Die Gesamtsumme der Aktiva in der Hilfs- und Nebenrechnung der inländischen Bankbetriebsstätte beträgt weniger als 1 Mrd. €; und
2. für diese Betriebsstätte wird ein Dotationskapital i. H. von mindestens 3 % der Gesamtsumme der Aktiva in der Hilfs- und Nebenrechnung ausgewiesen, wobei dieser Betrag jedoch nicht unter 5 Mio. € liegen darf.

11.6.4.2. Subsumtion anhand des Beispielsfalls – Abs. 3

2. Fall:

Die Aktiva der L-DE in der Hilfs und Nebenrechnung betrugen zum 1.1.2023 120 Mio. Euro und zum 31.12.2022 150 Mio. Euro.

1 Bitte beachten Sie, dass die Mindestkapitalausstattung in Deutschland nur auf fiktiver Basis ermittelt wurde.

Da die Aktiva der L-DE in der Hilfs- und Nebenrechnung im Jahr 2023 weniger als 1 Milliarde Euro betrugen, kann das Dotationskapital der L-DE aus Vereinfachungsgründen wie folgt ermittelt werden:

- 3 % der RWA (27 Mio. €) = 810.000 €;
- mindestens 5 Mio. €.

Das Dotationskapital der L-DE beträgt nach der Vereinfachungsregel gem. § 20 Abs. 3 BsGaV 5 Mio. €.

11.6.5. EU-Unterkapitalisierung des ausländischen Kreditinstituts (§ 20 Abs. 4 BsGaV)

11.6.5.1. Definition

In EU- bzw. EWR-Mitgliedsstaaten, in denen eine Regelung gem. § 2a KWG (Waiver, siehe auch Art. 7 der Verordnung (EU) Nr. 575/2013) für ausländische Kreditinstitute existiert, kann das erforderliche Kernkapital möglicherweise nicht von jedem einzelnen Kreditinstitut gehalten werden. Stattdessen kann die Anforderung auf die Kreditinstitutsgruppe angewendet werden. Die Übernahme der aufsichtsrechtlichen Erleichterungen für die Bestimmung des steuerlichen Eigenkapitals von Kreditinstituten kann dazu führen, dass inländische Bankbetriebsstätten ausländischer Kreditinstitute ein steuerliches Dotationskapital ausweisen, das nicht mit dem Fremdvergleichsgrundsatz gem. § 1 Abs. 5 AStG vereinbar ist.

In solchen Fällen ordnet § 20 Abs. 4 BsGaV eine modifizierte Berechnung des Dotationskapitals von inländischen Bankbetriebsstätten an, wenn das ausländische Bankenaufsichtsrecht eine Unterkapitalisierung des Kreditinstituts erlaubt, unter der Bedingung, dass die Anforderungen des Fremdvergleichsgrundsatzes berücksichtigt wurden. Die modifizierte Berechnung entfällt, wenn eine der folgenden Bedingungen gem. § 20 Abs. 4 Satz 1 BsGaV erfüllt ist:

1. Die Bank wendet die Regelung nicht an; oder
2. die Bank weist nach, dass ihre Eigenkapitalausstattung nach dem anzuwendenden Bankenaufsichtsrecht auch dann ausreichen würde, wenn sie die Regelung nicht anwenden würde.

Falls die genannten Optionen nicht erfüllt sind, wird gem. § 20 Abs. 4 Satz 2 BsGaV vermutet, dass das ausländische Kreditinstitut, das seinen Sitz in einem EU- oder EWR-Mitgliedsstaat hat, zu dem die inländische Bankbetriebsstätte gehört, unzureichendes Eigenkapital aufweist. Infolgedessen wird auch die inländische Bankbetriebsstätte voraussichtlich zu wenig Eigenkapital aufweisen. In solchen Fällen sollte für das Dotationskapital, das gemäß der Kapitalaufweisungsmethode an Betriebsstätten aufzuteilen ist, nicht auf das Kernkapital des einzelnen ausländischen Kreditinstituts, sondern auf das konsolidierte Kernkapital der Gruppe des ausländischen Kreditinstituts, zu der das besagte ausländische Kreditinstitut gehört, abgezielt werden.

Um den Anteil der inländischen Bankbetriebsstätte an diesem Kapital zu bestimmen, sollte das Verhältnis der Gesamtsumme der RWA der Bankbetriebsstätte zur Gesamtsumme der RWA der ausländischen Kreditinstitutsgruppe herangezogen werden. Da es sich um eine konsolidierte Analyse handelt, sollten alle internen Risiken innerhalb der Gruppe (einschließlich solcher, die gegenüber verbundenen Kreditinstituten innerhalb der Gruppe bestehen) außer Acht gelassen werden.

11.6.5.2. Subsumtion anhand des Beispielsfalls – § 20 Abs. 4 BsGaV

Es ist wichtig zu beachten, dass das nachfolgende Beispiel eine Abwandlung von Fall 2 darstellt und sich ausschließlich auf die Erläuterung des § 20 Abs. 4 BsGaV konzentriert.

Das ausländische Kreditinstitut L-S.A. mit Sitz in Luxembourg (EU) nutzt die Waiver-Regelung, die im Luxembourg gilt. Am 1.1.2023 weist es RWAs von 10 Mrd. € auf. Das unter Verwendung der Waiver-Regelung ausgewiesene Kernkapital für L-S.A beträgt 400 Mio. €. Ohne die Waiver-Regelung wäre gemäß den luxemburgischen Bankenaufsichtsvorschriften für Luxembourg ein Mindesteigenkapital von 1,1 Mrd. € erforderlich gewesen.

L-DE wurden RWAs (ohne interne Gruppenrisiken) i. H. von 2 Mrd. € zugeordnet. Gemäß der Kapitalaufteilungsmethode für Bankbetriebsstätten wird L-DE ein Dotationskapital von 400 x 2.000/10.000 = 80 Mio. € zugewiesen. Die Gruppe, zu der L-DE gehört, verfügt insgesamt über ein bankenaufsichtsrechtliches Kernkapital von 2 Mrd. €. Die RWAs der Gruppe belaufen sich auf 20 Mrd. € (ohne interne Gruppenrisiken).

Die Dotierung von L-DE wird gem. § 20 Abs. 4 Satz 2 BsGaV festgelegt und der Nachweis gem. § 20 Abs. 4 Satz 1 Nr. 2 BsGaV wurde nicht geführt.

Ausgangspunkt für die Berechnung ist das bankenaufsichtsrechtliche Kernkapital der Waiver-Gruppe (d. h. 2 Mrd. €). Der Anteil von L-DE entspricht dem Verhältnis RWAs von L-DE zu den gesamten gewichteten Risiken der Gruppe. Das entsprechende Dotationskapital von L-DE beträgt 2.000 x 2.000/20.000 = 200 Mio. €. Dieses Dotationskapital bildet die Grundlage für die deutsche Besteuerung.

11.6.6. Handelsrechtliches Eigenkapital als Untergrenze (§ 20 Abs. 5 BsGaV)

11.6.6.1. Definition

Die Zuordnungsregeln enthalten noch eine „extra" Untergrenze. Diese ergibt sich aus dem Verweis auf § 12 BsGaV, der sinngemäß anzuwenden ist, sofern § 20 BsGaV keine abweichenden Sonderregelungen enthält. Daher ist abschließend nach § 12 Abs. 5 BsGaV zu prüfen, ob das bisher ermittelte Dotationskapital jenes unterschreitet, das der inländischen Betriebsstätte handelsrechtlich zugeordnet worden ist. Ist dies der Fall, bildet das handelsrechtlich zugeordnete Kapital die dritte Untergrenze.

11.6.6.2. Subsumtion anhand des Beispielsfalls – § 20 Abs. 5 BsGaV

Im zweiten Fall ist gem. § 20 Abs. 5 i.V. mit § 12 Abs. 5 BsGaV eine Untersuchung des handelsrechtlichen Eigenkapitals vorgesehen. Falls dieses den Wert des Dotationskapitals gem. § 20 Abs. 1–4 BsGaV übertrifft, stellt das HGB-Dotationskapital die Mindestgrenze dar.

Im Fall 2 wurde gem. § 20 Abs 3. BsGaV 5 Mio. € als Dotationskapital identifiziert. Die L-DE hat laut HGB Eigenkapital i. H. von 20 Mio. € am 31.12.2023. Dies sollte als Untergrenze gesehen werden.

Schließlich sind die 20 Mio. € gem. § 20 Abs 5 BsGaV maßgebend.

11.6.7. Unter- oder Überdotierung

11.6.7.1. Definition

Zur Anpassung der Zinsaufwendungen im Falle einer Unter- oder Überdotierung werden die Vorschriften gem. §§ 12, 14 Abs. 2, 15 Abs. 2 BsGaV entsprechend angewendet. Wir verweisen auf die entsprechenden Abschnitte in den genannten Paragrafen.

Es ist zu beachten, dass gem. Rz. 252 der VWG BsGa eine zeitlich begrenzte Toleranz für die Über- oder Unterdotierung gewährt wird, sofern eine zum Ende des Vorjahres entstandene Über- oder Unterdotierung unverzüglich korrigiert wird. Dies bedeutet, dass, wenn eine Bank am 1.1. eines Jahres feststellt, dass ihr Dotationskapital unzureichend ist, von einer Anpassung der Zinsaufwendungen abgesehen wird, sofern diese Unterdotierung zeitnah behoben wird. Wie zuvor erwähnt, wird die Hilfs- und Nebenrechnung sowie die Dotationskapitalfestlegung üblicherweise im Rahmen der Steuererklärung erstellt (d. h., das Wirtschaftsjahr ist bereits abgeschlossen). Daher können diese Ausnahmeregelungen zu diesem Zeitpunkt von den Banken nicht mehr angewendet werden. Aus diesem Grund ist zu empfehlen, das Dotationskapital möglichst frühzeitig zu berechnen, idealerweise zu Beginn des Jahres. Dadurch erhält die Bank genügend Zeit, eventuelle Korrekturen vor Jahresende durchzuführen, um eine Anpassung der Zinsaufwendungen zu vermeiden.

11.6.7.2. Subsumtion anhand des Beispielsfalls

Wie oben erwähnt, belief sich das handelsrechtliche Eigenkapital der L-DE am 31.12.2023 auf 20 Mio. €. Dies ist gem. § 20 Abs. 5 i. V. mit § 12 Abs. 5 BsGaV auch für die Festlegung des Dotationskapitals maßgebend. Darüber hinaus wird angemerkt, dass im Rahmen der Steuererklärung keine Korrekturen am Eigenkapital vorgenommen wurden.

Daher hat die L-DE keine Unterdotierung, und es ist keine Korrektur der Zinsaufwendungen erforderlich.

11.7. Dotationskapital im Outbound-Fall (§ 21 BsGaV)

11.7.1. Mindestkapitalausstattungsmethode (§ 21 Abs. 1 BsGaV)

11.7.1.1. Definition

Im Outbound-Fall ändert sich die Prüfreihenfolge grundsätzlich. So ist vorrangig nicht die Kapitalaufteilungsmethode, sondern die Mindestkapitalausstattungsmethode anzuwenden. Demgemäß ist für eine ausländischen Betriebsstätte das Dotationskapital zuzuordnen, das ihr nach § 13 Abs. 1 BsGaV zugeordnet wurde, also das aus betriebswirtschaftlichen Gründen notwendige Mindestkapital (erste Obergrenze).

Ein höheres Dotationskapital als das so ermittelte ist nur zuzuordnen, wenn dies auf Grundlage aufsichtsrechtlicher Anforderungen im Ansässigkeitsstaat der Betriebsstätte erfolgt (sog. Mindestkapitalausstattungsmethode für Bankenbetriebsstätten/ zweite Obergrenze).

Die vorranginge Anwendung der Mindestkapitalausstattungsmethode steht grds. nicht im Einklang mit dem OECD-Betriebsstättenbericht. Die Methode ist gem. OECD lediglich als nationale Safe Harbour-Regelung anzuerkennen. Begründet wird dies seitens der OECD auch damit, dass die Anwendung der Methode regelmäßig zu geringeren Steuereinnahmen führen dürfte. Durch die Verpflichtung zur Anwendung in Outbound-Fällen dreht die deutsche Finanzverwaltung dieses Prinzip auf den Kopf, in dem sie dem jeweiligen anderen Land die geringeren Steuereinnahmen zugesteht.

Nach § 21 Abs 1 Satz 2 BsGaV hat die ausländische Betriebsstätte die Gründe für den Ansatz eines höheren Dotationskapitals als nach § 13 Abs. 1 BsGaV nachzuweisen.

Innerhalb der EU gelten die Regeln der BASEL III. Die folgende Abbildung illustriert die Mindestkapitalausstattung der Basel III:

ABB 1: Kapitalausstattung

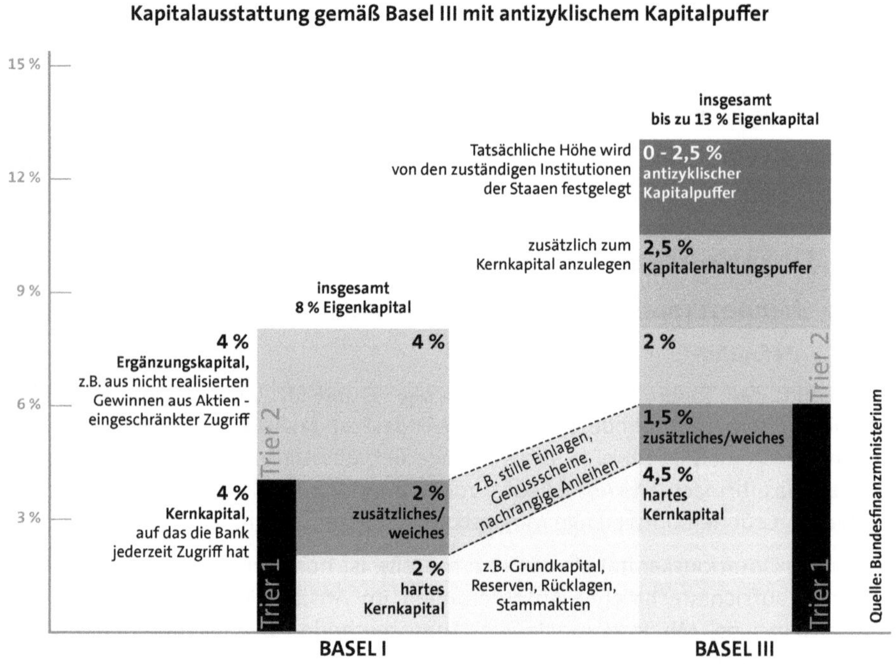

Für die Finanzverwaltung stellt das Tier 1-Kapital (das sind 6 % des Kernkapitals) gem. Art. 92 Abs. 1 Buchst. b der Verordnung EU Nr. 575/2013 sowie ein zusätzlicher Zuschlag von 0,5 % gem. § 20 Abs. 2 Satz 3 BsGaV die Mindestkapitalanforderung dar.[1]

11.7.1.2. Subsumtion anhand des Beispielsfalls – § 21 Abs. 1 BsGaV

1. Fall:

Die D-AG verfügt am 1.1.2023 über ein Kernkapital von insgesamt 600 Mio. €. Zudem weist die D-ES zugeordnete RWAs i. H. von 150 Mio. € auf (von 1. Mrd. € der D-AG). Gemäß den örtlichen Bankenaufsichtsbestimmungen in Spanien muss die D-ES ein Eigenkapital von 11 Mio. € aufweisen.

1 Siehe BMF, Schreiben v. 22.12.2016, BStBl 2017 I S. 182, Rz. 258.

In diesem Fall würde, wenn die D-ES eine eigenständige Bank wäre, nach deutschen Vorschriften ein Mindestkapital von 6,5% des Kernkapitals erforderlich sein, also 6,5 Mio. €. Allerdings sind gemäß den spanischen Vorschriften tatsächlich 11 Mio. € als Mindestkapital notwendig.

Daher wären gem. § 20 Abs. 1 BsGaV zunächst 11 Mio. € erforderlich.

11.7.1.3. Überprüfung am Ende des Jahres

Gemäß § 20 BsGaV wird das Dotationskapital zu Beginn des Jahres ermittelt und zum Jahresende überprüft, um festzustellen, ob eine erhebliche Veränderung eingetreten ist. Ebenso sieht § 21 vor, dass diese Dotationskapital-Ermittlung am Anfang und am Ende des Jahres durchgeführt wird. Gemäß Rz. 269 des VWG BsGa wird eine Veränderung als erheblich betrachtet, wenn sie mehr als 30% beträgt oder mindestens 2 Mio. € ausmacht.

11.7.1.4. Subsumtion anhand des Beispielsfalls

Die D-AG verfügt am 31.12.2023 über ein Kernkapital von insgesamt 620 Mio. €. Zudem weist die D-ES zugeordnete RWAs i. H. von 170 Mio. € auf (von 1,3 Mrd. € der D-AG). Gemäß den örtlichen Bankenaufsichtsbestimmungen in Spanien muss die D-ES ein Eigenkapital von 13 Mio. € aufweisen.

Das Dotationskapital der D-ES beträgt am 31.12.2023 **13 Mio. €**. Dies entspricht einer Änderung von 18,8% (2 Mio. €/11 Mio. €). Daher ist gem. § 13 Abs. 5 BsGaV keine Anpassung erforderlich.

Das Dotationskapital der D-ES für das Wirtschaftsjahr 2023 nach § 21 Abs. 1 BsGaV beträgt 11 Mio. €.

11.7.2. Höheres Dotationskapital als die Kapitalaufteilungsmethode (§ 21 Abs. 2 BsGaV)

11.7.2.1. Definition

Gemäß § 20 Abs. 2 BsGaV kann einem inländischen Kreditinstitut einer ausländischen Bankbetriebsstätte ein höheres Dotationskapital als nach Abs. 1 nur zugewiesen werden, wenn dieses höhere Kapital zu einem Ergebnis der ausländischen Bankbetriebsstätte führt, dass besser dem Fremdvergleichsgrundsatz entspricht. In diesem Zusammenhang stellt die Kapitalaufteilungsmethode die zweite Obergrenze gem. § 20 Abs. 2 Satz 2 BsGaV dar.

11.7.2.2. Subsumtion anhand des Beispielsfalls – § 21 Abs. 2 BsGaV

In unserem Fall ist zu überprüfen, ob die Obergrenze überschritten ist:

Die nachfolgende Berechnung ist vereinfacht dargestellt. Für die genaue Methode der Kapitalaufteilung siehe das Kapitel zu § 20 Abs. 1 BsGaV.

Gesamte RWAs der Bank am 31.12.2023: 1,3 Mrd. €

RWAs der D-ES am 31.12.2023: 170 Mio. €

Gesamt-Eigenkapital der D-DE 620 Mio. €

$$D = \frac{170\ Mio.\ €}{1{,}3\ Mrd.\ €} x\ 620\ Mio.\ €$$

Die Grenze gem. § 20 Abs. 2 Satz 2 BsGaV liegt bei 8,19 Mrd. €. Da dieser Wert nicht überschritten wird, findet § 20 Abs. 2 Satz 2 BsGaV keine Anwendung.

11.7.3. Escape aus der Obergrenze (§ 21 Abs. 3 BsGaV)

11.7.3.1. Definition

Für die Obergrenze aus Abs. 2 wiederum beinhaltet § 21 Abs. 3 BsGaV einen weiteren Ausnahmetatbestand. Eine Zuordnung von Dotationskapital oberhalb der Obergrenze des § 21 Abs. 2 BsGaV ist demnach nicht zu beanstanden, wenn diese Zuordnung auf Grundlage von lokalen aufsichtsrechtlichen Anforderungen erfolgt, und die Bankbetriebsstätte den zugrundliegenden Regeln tatsächlich folgt. Diese Regeln sind nur anzuwenden, soweit dem übrigen Unternehmen rechnerisch mindestens so viel Kapital verbleibt, wie es nach inländischem Bankenaufsichtsrecht erforderlich wäre.

11.7.3.2. Subsumtion anhand des Beispielsfalls – § 21 Abs. 3 BsGaV

In unserer Situation ist Abs. 3 nicht relevant, da die Bedingungen von Abs. 2 BsGaV nicht überschritten werden.

11.7.4. EU Waiver Konflikte (§ 21 Abs. 4 BsGaV)

11.7.4.1. Definition

Entsprechend § 20 Abs. 4 BsGaV regelt § 21 Abs. 4 BsGaV die Anwendung von EU-Waiver-Regelungen, wie beispielsweise die Vorschriften gem. § 2a KWG, bezüglich ausländischer Bankbetriebsstätten von inländischen Kreditinstituten.

§ 21 Abs. 4 BsGaV behandelt den Sachverhalt, in dem ein inländisches Kreditinstitut infolge einer Waiver-Regelung nur über ein beschränktes Kernkapital verfügt und eine ausländische Finanzverwaltung darauf beharrt, dass für eine ausländische Bankbetriebsstätte ein Mindestdotationskapital gem. § 21 Abs. 1 Satz 1 BsGaV zu berücksichtigen ist.

Gemäß § 21 Abs. 4 BsGaV ist in diesem Szenario das Mindestdotationskapital der ausländischen Bankbetriebsstätte anzuerkennen, vorausgesetzt, im Inland steht ebenfalls ausreichendes Kernkapital zur Verfügung. Dieses Kernkapital soll vergleichbar sein mit dem Betrag, den das Unternehmen benötigen würde, um in Deutschland als eigenständiges Kreditinstitut Bankgeschäfte auszuüben.

11.7.4.2. Subsumtion anhand des Beispielsfalls – § 21 Abs. 4 BsGaV

Es ist wichtig zu beachten, dass das nachfolgende Beispiel eine Abweichung von Fall 1 darstellt und sich ausschließlich auf die Erläuterung des § 21 Abs. 4 BsGaV konzentriert.

D-AG gehört zu einer inländischen Waiver-Gruppe gem. § 2a KWG und unterhält eine ausländische Bankbetriebsstätte, D-ES, in Spanien. Das nach deutschem Bankenaufsichtsrecht erforderliche Kernkapital von D-DE zur Abdeckung aller gewichteten Risiken beträgt 1.000 €, ohne Berücksichtigung der Waiver-Regelung.

Das tatsächlich D-AG innerhalb der Waiver-Gruppe zugeordnete Kernkapital beläuft sich auf 900 Mio. €. Die RWA der D-AG betragen 10 Mrd. €, von denen 2 Mrd. € auf die D-ES entfallen. Gemäß des Bankenaufsichtsrechts in Spanien müsste D-ES mindestens ein Dotationskapital von 200 Mio. € zuzuordnen sein. Nach deutschem Bankenaufsichtsrecht – ohne Waiver – wäre dem übrigen Unternehmen mindestens ein Kernkapital i. H. von 800 Mio. € zuzuordnen.

Die gesamte Mindestkapitalausstattung für D-DE und das übrige Unternehmen beträgt 1 Mrd. €, doch D-AG verfügt tatsächlich nur über ein Kernkapital von 900 €. Gemäß § 21 Abs. 4 BsGaV kann D-ES in diesem Fall nur so viel Dotationskapital zugeordnet werden, dass dem restlichen Unternehmen das nach deutschem Bankenaufsichtsrecht erforderliche Mindestkernkapital (800 Mio. €) verbleibt. Daher steht D-ES lediglich Dotationskapital i. H. von 100 Mio. € zur Verfügung.

11.7.5. Handelsrechtliches Eigenkapital als Obergrenze (§ 21 Abs. 3 BsGaV)

11.7.5.1. Definition

Die Regelungen des Abs. 3 sind analog zu denen des § 20 Abs. 5 BsGaV. Lediglich bildet das handelsrechtliche Eigenkapital im Inbound-Fall die finale Ober- anstatt Untergrenze.

11.7.5.2. Subsumtion anhand des Beispielsfalls

Laut Jahresabschluss beläuft sich das handelsrechtliche Eigenkapital der D-ES auf 90 Mio. €. Da dieser Wert (Obergrenze) nicht überschritten wird, ist gem. § 21 Abs. 5 BsGaV keine Korrektur erforderlich.

11.7.6. Unter- oder Überdotierung

11.7.6.1. Definition

Zur Anpassung der Zinsaufwendungen im Falle einer Unter- oder Überdotierung werden die Vorschriften gem. §§ 12, 14 Abs. 2, 15 Abs. 2 BsGaV entsprechend angewendet. Wir verweisen auf die entsprechenden Abschnitte in den genannten Paragrafen.

11.7.6.2. Subsumtion anhand des Beispielsfalls

Wie zuvor erwähnt, betrug das handelsrechtliche Eigenkapital der D-ES am 31.12.2023 90 Mio. €. Zusätzlich wurde festgestellt, dass im Rahmen der Steuererklärung keine Anpassungen am Eigenkapital vorgenommen wurden.

Gemäß § 21 Abs. 1 BsGaV beläuft sich das Dotationskapital auf 11 Mio. €. Infolgedessen besteht eine Überdotierung, die gem. §§ 14 Abs. 2, 15 Abs. 2 BsGaV korrigiert werden sollte. Eine solche Korrektur würde dazu führen, dass an die Betriebsstätte in Spanien mehr Zinsaufwendungen und für das Stammhaus in Deutschland D-DE weniger Zinsaufwendungen allokiert werden sollten.

Hierbei ist zu beachten, dass bei Outbound-Fällen nach der BsGaV lediglich eine Korrektur der Überdotierung möglich ist. Sollte das Dotationskapital niedriger sein als gem. § 21 BsGaV vorgesehen (d. h. Unterdotierung), führt die Anwendung der BsGaV zu keiner Korrektur.

12. Versicherungsbetriebsstätte

von Jannis Lülf[1]

LITERATUR:

BMF, Verwaltungsgrundsätze Betriebsstättengewinnaufteilung, BMF-Schreiben v. 22.12.2016, BStBl 2017 I S. 182; *Busch* in Vögele/Borstell/van der Ham, Verrechnungspreise, 6. Aufl. 2023, Kapitel 38; *Greinert/Karnath*, Berechnung des Dotationskapitals der inländischen Betriebsstätte einer ausländischen Versicherung, IStR 2022 S. 420; *OECD*, Bericht über die Zurechnung von Gewinnen zu Betriebsstätten, 2010.

12.1. Einleitung

Für Versicherungsunternehmen bieten Betriebsstättensachverhalte besondere Herausforderungen. Die BsGaV wie auch der OECD-Betriebsstättenbericht[2] erfordern eine eingehende Analyse der durch die jeweiligen Betriebsstätten ausgeübten Tätigkeiten, um die Zuordnung der Versicherungsverträge und die damit im Zusammenhang stehenden Gewinnpotenziale vorzunehmen. Verkompliziert wird diese Analyse dadurch, dass die BsGaV dem OECD-Betriebsstättenbericht in wichtigen Punkten widerspricht und darüber hinaus zwischen Inbound- und Outbound-Sachverhalten unterscheidet. Zudem bieten beide Regelwerke an zentralen Punkten Interpretationsspielräume, die zu Streitigkeiten und Doppelbesteuerung führen können.

12.2. Beispielfälle

1. Fall: Die A-AG mit Sitz in Deutschland (Stammhaus A-DE) ist ein Versicherungsunternehmen, welches global auf dem Versicherungsmarkt aktiv ist und Risiken in den Bereichen Spezialversicherungen zeichnet (u. a. Cyber, Marine, Air). Hierbei hat die A-AG die Bedeutung von Auslandsmärkten erkannt und diverse Auslandsbetriebsstätten begründet, darunter in Frankreich (A-FR seit 2013) und China (A-CN seit 2017). In China agiert A-CN auch als Rückversicherer. Die Underwriting-Teams sind abhängig von der Produktsparte mit Spezialisten besetzt, die die Risiken lokal begutachten und zeichnen.

2. Fall: Die B-Ltd mit Sitz in Großbritannien ist ein Versicherungsunternehmen, welches innerhalb Europas Reiseversicherungen anbietet (Reiserücktritt, Reiseabbruch, Gepäck, Dienstreise). Unter anderem unterhält die B-Ltd eine Betriebsstätte in Deutschland (B-DE). Diese ist für den Vertrieb der Versicherungsprodukte zuständig. So hat das Personal der Betriebsstätte Kundenbeziehungen zu Reisebuchungsportalen aufgebaut, über die die Versicherungsprodukte der B-Ltd angeboten werden. Für den in Deutsch-

1 Jannis Lülf ist Senior Manager, Transfer Pricing bei PwC in Frankfurt am Main.

2 OECD, Bericht über die Zurechnung von Gewinnen zu Betriebsstätten, 2010.

land erst im vergangenen Jahr eingeführten Bereich der Dienstreiseversicherung hat die B-DE unter hohen Marketinganstrengungen erste (Groß-)Unternehmen als Kunden gewinnen können.

12.3. Hintergrund: Besonderheit des Versicherungsgeschäfts

Versicherungsunternehmen haben bei ihrer Betriebsstättengewinnabgrenzung gesonderte Zuordnungsregelungen zu beachten. Dies sind in Deutschland einerseits die BsGaV samt zugehörigen VWG BsGa[1] und international der OECD-Betriebsstättenbericht. Hintergrund hierfür ist das besondere Geschäftsmodell der Versicherer. Ein Versicherungsunternehmen übernimmt Verpflichtungen in Form von Versicherungsverträgen über noch ungewisse Schäden; hierfür erhält das Versicherungsunternehmen Versicherungsprämien. Tritt ein Schaden ein, erhält der Versicherungsnehmer als Gegenleistung für erbrachte Prämienzahlung eine Entschädigung in Höhe des im Versicherungsvertrag vereinbarten Betrags. Um die Zahlung der Entschädigungen zu gewährleisten, müssen Versicherungsunternehmen versicherungstechnische Rückstellungen bilden und ausreichendes Eigenkapital vorhalten. Diese gebildeten Reserven werden durch den Versicherer investiert, um eine Kapitalanlagerendite zu erzielen.

Diese Einkommensquellen sind ökonomisch folglich direkt mit dem Versicherungsvertrag verknüpft, und somit an das durch das Versicherungsunternehmen eingegangen Risiko (sog. Versicherungsrisiko). Die besondere Zuordnungsregelungen folgen diesen Einnahmequellen. Hierbei wird zunächst die Frage nach dem Vorliegen einer Versicherungsbetriebsstätte geklärt (§ 23 BsGaV). Der Fokus der Analyse liegt dann auf der Frage, zu welchem Teil des Unternehmens der Versicherungsvertrag zuzuordnen ist (§ 24 BsGaV), um sogleich (vermittelt über die Zuordnung des Dotationskapital, §§ 25 und 26 BsGaV) infolge die Zuordnung der (zinsträchtigen) Kapitalanlagen zu thematisieren (§ 27 BsGaV).

Zuletzt werden Sondersachverhalte (§§ 28 und 29 BsGaV) diskutiert.

Dadurch, dass die BsGaV sich auf die Zuordnungsregelungen fokussiert, bietet sie somit eine klarere Struktur als Teil IV des OECD-Betriebsstättenberichts, welcher sich seinerseits mit Versicherungsbetriebsstätten auseinandersetzt. Gleichzeitig bietet Teil IV jedoch tiefere Einblicke in die ökonomischen Erwägungen und erlaubt daher, neben den VWG BsGa, eine Interpretationsgrundlage der Zuordnungsregeln. Dieses Kapitel folgt der in der BsGaV vorgegebenen Struktur.

1 BMF, Schreiben v. 22.12.2016, BStBl I 2017 I S. 182.

12.4. Vorliegen einer Versicherungsbetriebsstätte (§§ 23 und 29 BsGaV)

12.4.1. Definition

Ausgangspunkt der Analyse ist zunächst die Frage, ob überhaupt eine Versicherungsbetriebsstätte vorliegt.[1] Nur wenn dies zu bejahen ist, sind die besonderen Zuordnungsregelungen der §§ 24–29 BsGaV anzuwenden. In allen anderen Fällen gelten die allgemeinen Regelungen der BsGaV. Versicherungsbetriebsstätte i. S. des § 23 BsGaV ist eine Betriebsstätte nur, wenn sie (i) Teil eines Versicherungsunternehmens i. S. des § 1 Abs. 1 Satz 1 VAG (oder ausländischen Äquivalents) ist, und (ii) ihrerseits Versicherungsgeschäft betreibt.

§ 1 Abs. 1 Satz 1 VAG bietet hierbei einen Katalog an Tätigkeiten, von denen in den meisten Fällen lediglich Nr. 1 von Relevanz sein dürfte. Dieser verweist auf § 7 Nr. 33 und 34 VAG, die ein Versicherungsunternehmen definieren als ein in der EU (Nr. 33) oder einem Drittstaat (Nr. 34) ansässiges Erst- oder Rückversicherungsunternehmen, das (Rück-)Versicherungsgeschäfte betreibt, aber nicht Träger der Sozialversicherung ist.

§ 7 Nr. 34a VAG bietet hierbei eine hilfreiche Negativabgrenzung. Demgemäß ist die ausschließliche Ausübung von Versicherungsvertriebstätigkeiten nicht notwendigerweise ausreichend für die Begründung einer Versicherungsbetriebsstätte. Hierbei ist der Begriff des Versicherungsvertriebs durchaus weit auszulegen und erfasst u. a. Beratung, Vorbereitungsarbeiten zum Abschließen von Versicherungsverträgen, aber auch das Abschließen von Versicherungsverträgen selbst, wie auch deren Verwaltung und Erfüllung, insbesondere im Schadensfall.[2] Versicherungsvermittler, auch in Form von Betriebsstätten eines Versicherungsunternehmen, fallen folglich nicht unter den § 23 BsGaV.

Das maßgebliche Kriterium für das Vorliegen einer Versicherungsbetriebsstätte ist gem. § 23 BsGaV also, dass einerseits das Gesamtunternehmen Versicherungen im eigenen Namen zeichnet, aber auch, dass diese Versicherungsverträge anteilig der deutschen Betriebsstätte zuzuordnen sind. Um zu prüfen, ob eine Betriebsstätte eine Versicherungsbetriebsstätte i. S. des § 23 BsGaV ist, ist also zunächst auf Grundlage des § 24 BsGaV zu prüfen, ob der Betriebsstätte Versicherungsverträge zuzuordnen sind.

§ 29 BsGaV hält fest, dass die §§ 23–28 BsGaV auch für solche Unternehmen gelten, die mit Versicherungsgeschäften vergleichbare Geschäfte betreiben und die entweder Teil eines Pensionsfonds[3] oder einer Versicherungs-Zweckgesellschaft[4] sind.

---

1 Zur Vereinfachung wird angenommen, dass eine Betriebsstätte i. S. des § 12 AO vorliegt.

2 Art. 2 Abs. 1 Nr. 1 und 2 der Richtlinie (EU) 2016/97 des Europäischen Parlaments und des Rates vom 20.1.2016 über Versicherungsvertrieb (Neufassung), ABl. EU Nr. L 2016/26, 2.2.2016.

3 § 236 VAG oder vergleichbares ausländisches Aufsichtsrecht.

4 § 168 VAG oder vergleichbares ausländisches Aufsichtsrecht.

Teil IV des OECD-Betriebsstättenberichts enthält selbst keine klare Definition oder Begriffsabgrenzung, die klärt, welche Tätigkeiten unter die besonderen Zuordnungsregeln fallen.

12.4.2. Subsumtion anhand der Beispielsfälle

Die Subsumption anhand der Beispielfälle wird folglich erst nach der fallbezogenen Prüfung des § 24 BsGaV vorgenommen.

12.5. Zuordnung von Versicherungsverträgen (§ 24 BsGaV)

12.5.1. Grundlegendes Vorgehen (§ 24 Abs. 1–3 BsGaV)

Wie einleitend dargestellt, bildet der Versicherungsvertrag für Versicherungsunternehmen einen wesentlichen Nexus für die Entstehung von Erträgen und Aufwendungen. Daher ist es nicht verwunderlich, dass in der Analyse ein wesentlicher Fokus auf die Frage gelegt wird, welchem Unternehmensteil die vom Gesamtunternehmen gezeichneten Versicherungsverträge zuzuordnen sind.

Das Versicherungsgeschäft ist, wie ebenfalls einleitend dargelegt, ein Risikogeschäft. Den generierten Einnahmen stehen über die Laufzeit des Versicherungsvertrags die Unwägbarkeit des Eintritts eines Schadensfalls gegenüber. Über die Vielzahl von gezeichneten Versicherungsverträgen („Risikoausgleich im Kollektiv") sollten die Versicherungspolicen derart ausgestaltet sein, dass die Erträge die Aufwendungen übersteigen. Hierfür ist es zentral, dass das Versicherungsunternehmen die eingegangenen Risiken einerseits korrekt einschätzt (Eintrittswahrscheinlichkeit, Höhe des Risikos), wie auch angemessen bepreist.

Der Versicherungsvertrag ist dem Unternehmensteil zuzuordnen, der sog. „unternehmerische Risikoübernahmefunktion" ausübt (§ 24 Abs. 1 Satz 1 BsGaV). Unter die Risikoübernahmefunktion fallen laut Verordnung alle Tätigkeiten, deren Ausübung zu der Übernahme von Chancen und Risiken aus einem Versicherungsvertrag führt (§ 24 Abs. 1 Satz 2 BsGaV). Das „Führen" sollte hierbei nicht rein prozessual ausgelegt werden. Vielmehr fallen jene Tätigkeiten unter die Risikoübernahmefunktion, die letztlich (mit-)bestimmen, welchen Chancen und Risiken das Gesamtunternehmen dem Grunde nach, aber auch der Höhe nach ausgesetzt ist.

Konkret identifiziert § 24 Abs. 1 Satz 3 BsGaV:

	Personalfunktion	Kurzerläuterung[1]
1	Festlegung der Zeichnungsstrategie	Entwicklung des Versicherungsprodukts wie auch der Zeichnungspolitik
2	Risikoklassifizierung und Risikoauswahl	Analyse des spezifischen Risikos
3	Preisgestaltung	Festlegung des Preises für das spezifische Risiko
4	Analyse der Risikoweitergabe	z. B. im Rahmen von Rückversicherung
5	Annahme der versicherten Risiken	Letztliche Entscheidung über die Risikoannahme

Ist ein Versicherungsvertrag einem Unternehmensteil zuzuordnen, folgen dieser Zuordnung alle mit dem konkreten Versicherungsgeschäft zusammenhängenden Vermögenswerte, sowie die relevanten Chancen und Risiken, d. h. insbesondere Einnahmen (Versicherungsprämien) und Ausgaben (Auszahlung von Schadensprämien) (§ 24 Abs. 2 BsGaV).

In vielen Situationen werden aus den oben gezeigten Personalfunktionen Tätigkeiten in mehreren Unternehmensteilen ausgeübt. In solchen Fällen ist die Betriebsstätte zu identifizieren, der mit Blick auf die oben genannten Personalfunktionen der größte Teil zukommt (§ 24 Abs. 3 Satz 1 BsGaV). Dieser Betriebsstätte wird sogleich die unternehmerische Risikoübernahmefunktion zugeordnet, und somit auch der Versicherungsvertrag (§ 24 Abs. 3 Satz 2 BsGaV). Zudem wird noch einmal expliziert, was bereits aus der Auflistung der Personalfunktionen deutlich wird: Ausschließlich Personalfunktionen, die bis hin zum Abschluss eines Versicherungsvertrages von Relevanz sind, können die unternehmerische Risikoübernahmefunktion bilden (§ 24 Abs. 3 Satz 3 BsGaV).[2] Somit wäre bereits eine der Unterzeichnung nachgelagerte Entscheidung zur Risikoabgabe in Form einer Rückversicherung nicht mehr zu berücksichtigen.

Die Beurteilung, welche Betriebsstätte den größeren Teil der relevanten Personalfunktionen ausübt, erfolgt typischerweise qualitativ. Dabei sind die Personalfunktionen zunächst gemäß der Bedeutung der jeweiligen Funktion für den gesamten Zeichnungsprozess zu gewichten.[3] Im Anschluss ist zu identifizieren, in welchem Ausmaß die jeweiligen Funktionen in den beteiligten Betriebsstätten ausgeübt werden.[4]

1 Für detaillierte Erläuterungen siehe BMF, Schreiben v. 22.12.2016, BStBl I 2017 I S. 182, Rz. 285, sowie OECD-Betriebsstättenbericht, 2010, Teil IV Rz. 34ff.

2 Im Einklang mit OECD-Betriebsstättenbericht, 2010, Teil IV Rz. 68f.

3 BMF, Schreiben v. 22.12.2016, BStBl I 2017 I S. 182, Rz. 291ff.

4 Siehe als Schema z. B. BMF, Schreiben v. 22.12.2016, BStBl I 2017 I S. 182, Rz. 295.

12.5.2. Subsumtion anhand der Beispielsfälle – § 24 Abs. 1–3 BsGaV

1. Fall: Die unternehmensweite Versicherungsstrategie wird im Stammhaus, d.h. durch A-DE festgelegt. Hierbei entscheidet A-DE grds., welche Versicherungsprodukte angeboten werden sollen, wie auch auf welchen Märkten. Aufgrund des Spezialcharakters der Versicherungen, und um einen adäquaten Wissensaustausch sicherzustellen, sind die Underwriting-Teams je Versicherungsprodukt auf bestimmte Betriebsstätten verteilt. Anhand des Beispiels „Aviation" soll dies weiter konkretisiert werden.

- Das Underwriting-Team für Aviation ist in A-FR beheimatet. Dort wird, gemeinsam mit Zuarbeit durch A-DE, die Zeichnungsstrategie für das Produkt entwickelt.
- Die einzelne Risikobeurteilung über die Versicherung obliegt aber alleinig A-FR, die ein eigenes Risikomodell zur Risikoklassifizierung entworfen hat (z. B. unter Einbezug der Flugzeugtypen, Schadenshistorie der Airline, durchschnittliche Crewerfahrung, Flugrouten).
- Aufgrund der Markterfahrung kann das Team einerseits die Höhe der notwendigen Prämien bestimmen, die im angemessenen Verhältnis mit den Risiken stehen, sowie auch, ob diese Prämien am Markt durchsetzbar sind.
- Sie bereiten auf der Grundlage ein Votum vor, welches einem zentralen Komitee bei A-DE vorgelegt wird, welches formal (aber ohne detaillierte Sachkenntnisse) über die Risikoannahme entscheidet.
- Auf Basis von Informationen, die von A-FR zugeliefert werden, entscheidet das Personal von A-DE darüber, ob und in welchem Ausmaß die Risiken in das Rückversicherungsprogramm einfließen.

Hieraus ergibt sich das folgende Bild:

Personalfunktion	**Gewichtung**	**A-DE**	**A-FR**
Festlegung der Zeichnungsstrategie	2	1	1
Risikoklassifizierung und Risikoauswahl	4	0	4
Preisgestaltung	3	0	3
Analyse der Risikoweitergabe	2	2	0
Annahme der versicherten Risiken	1	1	0
Summe	**12**	**4**	**8**

Somit sind die Versicherungsverträge aus dem Aviation-Geschäft der A-AG gem. § 24 Abs. 3 BsGaV der Betriebsstätte A-FR zuzuordnen. Aufgrund der Zuordnung der Versicherungsverträge ist A-FR als Versicherungsbetriebsstätte i. S. des § 23 BsGaV zu klassifizieren.

2. Fall: Die Versicherungsprodukte der B-Ltd, mit Ausnahme der Dienstreiseversicherung, sind von sehr hoher Standardisierung geprägt. Das Personal des Stammhauses (B-UK) hat eine Softwarelösung entwickelt, über die auf den Reisebuchungsportalen automatisch Versicherungsprodukte angeboten werden können. Über eine API-Schnittstelle können die relevanten Parameter (Reiseart und -ziel, Preis, Alter der Reisenden, Nationalität, etc.) automatisch ausgewertet und eine kundenspezifische Versicherungsprämie angeboten werden. B-DE übernimmt für diese Versicherungen ausschließlich Vertriebsaktivitäten und beschäftigt keine Underwriter. Da B-DE keinerlei unternehmerische Risikoübernahmefunktionen ausübt, sind die Versicherungsverträge gem. § 24 Abs. 1 BsGaV B-UK zuzuordnen. Da bis zum Vorjahr keine anderen Versicherungsprodukte auf dem deutschen Markt angeboten worden sind, war B-DE bis zu diesem Zeitpunkt keine Versicherungsbetriebsstätte i. S. des § 23 BsGaV.

Die Dienstreiseversicherung wurde erst im Vorjahr auf dem deutschen Markt eingeführt, und ist ein für das Gesamtunternehmen neues Produkt:

- Die Zeichnungsstrategie wurde durch B-DE entwickelt, hierbei hat Personal der B-UK unterstützt.
- Anders als bei den sonstigen Produkten der B-Ltd ist es notwendig, detaillierte Informationen über die prospektiven Versicherungsnehmer zu sammeln (Branche, typische Orte der Dienstreisen, Anzahl Personal etc.). Dies erfolgt lokal durch B-DE.
- Auch hat B-DE einen Underwriter angestellt, der aufgrund der hohen Vertriebsaufwendungen bereits bei der ersten Geschäftsanbahnung involviert ist und eine erste Risikobeurteilung vornimmt, noch bevor detaillierte Informationen vorliegen.
- Die Detailinformationen werden leicht angepasst, um sie kompatibel zu machen mit dem Risikoklassifizierungstool, welches von B-UK entwickelt worden ist. Dieses Tool klassifiziert nicht nur das Risiko, sondern berechnet auch die Mindestprämienhöhe.
- Auf dieser Grundlage erfolgt die Prämienverhandlung durch Personal der B-DE. Die letztliche Freigabe der Prämienhöhe erfolgt gleichzeitig mit der Risikoannahme ausschließlich durch Personal der B-DE.

Eine Rückversicherung für Dienstreisepolicen erfolgt nicht.

Hieraus ergibt sich das folgende Bild:

Personalfunktion	**Gewichtung**	**B-UK**	**B-DE**
Festlegung der Zeichnungsstrategie	3	1	2
Risikoklassifizierung und Risikoauswahl	2	1,5	0,5
Preisgestaltung	2	0	2
Analyse der Risikoweitergabe	-	-	-
Annahme der versicherten Risiken	2	0	2
Summe	**9**	**2,5**	**6,5**

Im Ergebnis sind die Dienstreisepolicen gem. § 24 Abs. 3 BsGaV B-DE zuzuordnen. Ab Aufnahme der Versicherung von Dienstreiseprodukten ist B-DE als Versicherungsbetriebsstätte i. S. des § 23 BsGaV zu klassifizieren.

12.5.3. Spezialfälle der Beweislastumkehr (§ 24 Abs. 4–6 BsGaV)

Aus § 24 Abs. 4–6 BsGaV ergeben sich mehrere Fälle der Beweislastumkehr, indem der Verordnung widerlegbare Vermutungen postuliert. Diese sollen im Folgenden einzeln thematisiert werden.

12.5.4. Rückversicherung (§ 24 Abs. 4 BsGaV)

Bei Rückversicherungsunternehmen wird widerlegbar vermutet, dass der Risikoklassifizierung und -auswahl die Rolle als unternehmerische Risikoübernahmefunktion zufällt. Dies wird damit begründet, dass das Rückversicherungsgeschäft individuellere Versicherungsprodukte hervorbringt, die eine aufwändigere Analyse der Risiken nötig macht.[1]

Diese Vermutung steht im diametralen Widerspruch mit der OECD, die gerade ausführt, dass die Risikoauswahl für Rückversicherer kein bedeutender Teil des Zeichnungsprozess sei, und – innerhalb des Zeichnungsprozesses – die Produktentwicklung und Preisgestaltung wichtiger seien. Die OECD lässt jedoch im Unterschied zu den Ausführungen in den VWG BsGa offen, welche Aktivitäten im Rückversicherungsunternehmen welchem Teilprozess im Zeichnungsprozess zugeordnet werden, so dass dieser Dissens in den Kategorien nicht notwendigerweise einen Dissens in der Beurteilung bedeuten muss. Zum Beispiel ist die Abgrenzung zwischen Produktentwicklung und Risikoklassifizierung nicht immer eindeutig.

1 Siehe weitere Details in BMF, Schreiben v. 22.12.2016, BStBl I 2017 I S. 182, Rz. 299.

In der durchgeführten Analyse ist daher zentral, dass die im Unternehmen ausgeübten Aktivitäten klar den fünf Bestandteilen des Zeichnungsprozesses zugeordnet und in ihrer Bedeutung gewichtet werden, um die Zuordnungsentscheidung vorzunehmen. Wird dieser Prozess angemessen dokumentiert, und wird so eine abweichende Auffassung zu Abs. 4 erreicht, sollte diese Dokumentation genügen, um die Vermutung zu widerlegen.

2. Fall: Da B-CN als einziger Unternehmensbestandteil und ohne weitere Unterstützung des Stammhauses Rückversicherungen zeichnet, sind die Rückversicherungsverträge ohnehin dort zuzuordnen.

12.5.5. Hauptbevollmächtigter im Inbound-Fall (§ 24 Abs. 5 BsGaV)

Im Drittlandsfall dürfen Erstversicherungsunternehmen ihr Geschäft in Deutschland ausschließlich durch Begründung einer aufsichtsrechtlich regulierten Niederlassung betreiben.[1] Anders gelagert ist die Situation für EU-Fälle. Hier steht es einem Versicherungsunternehmen grds. offen, ob sie ihr Geschäft aus dem Sitzland betreibt (sog. Dienstleistungsverkehr), oder aber eine Niederlassung begründet.

Für eine aufsichtsrechtliche begründete Niederlassung ist ein sog. Hauptbevollmächtigter zu benennen, der ermächtigt ist, das Gesamtunternehmen gegenüber Dritten zu vertreten sowie vertraglich zu binden (insbesondere Zeichnung von Versicherungsverträgen).[2] In diesen Fällen ist gem. § 24 Abs. 5 BsGaV widerlegbar davon auszugehen, dass die inländische Betriebsstätte für die Versicherungsverträge, für die der Hauptbevollmächtigte als ermächtigt gilt, die unternehmerische Risikoübernahmefunktion ausübt.

Für die Führung des Gegenbeweises ist die Vorlage einer qualitativen Verrechnungspreisanalyse, wie sie oben dargestellt wurde, nicht ausreichend. Vielmehr besteht eine erhöhte Beweispflicht, gemäß derer zunächst der Negativbeweis geführt werden muss, dass die unternehmerische Risikoübernahmefunktion nicht im Inland ausgeübt wird (§ 24 Abs. 5 Satz 2 Nr. 1 BsGaV). Zudem ist zu belegen, dass keine Unterscheidung in der Darstellung gegenüber Finanz- und Versicherungsaufsichtsbehörde besteht (§ 24 Abs. 5 Satz 2 Nr. 2 BsGaV).

Dieses Vorgehen steht klar im Widerspruch zum OECD-Betriebsstättenbericht. Die Zuordnung von Versicherungsverträgen ist ausschließlich auf Grundlage der Analyse der tatsächlich ausgeübten Personalfunktionen vorzunehmen. Die Benennung eines Hauptbevollmächtigten bedeutet zwar, dass das Versicherungsunternehmen in Deutschland

1 Siehe § 67 Abs. 1 Satz 1 i. V. mit § 68 Abs. 1 Satz 1 VAG. Für Rückversicherungsunternehmen kann unter Umständen auch ein Betrieb aus dem Land des Sitzes möglich sein (§ 67 Abs. 1 Satz 2 VAG).

2 § 58 Abs. 1 Nr. 3 VAG.

tätig wird, jedoch nicht, dass durch die deutsche Betriebsstätte auch tatsächlich der qualitativ wesentliche Teil der unternehmerischen Risikoübernahmefunktion ausgeübt wird.

In der Praxis sollte sichergesellt werden, dass die angestellten Analysen für Zwecke der Zuordnung angemessen dokumentiert werden und im Einklang stehen mit den bei den Aufsichtsbehörden eingereichten Unterlagen.

12.5.6. Subsumtion anhand der Beispielsfälle – § 24 Abs. 5 BsGaV

2. Fall: In Folge des Brexits wurde B-DE aufsichtsrechtlich als Versicherungsbetriebsstätte registriert (zuvor erfolgte die Tätigkeit im Rahmen des Dienstleistungsverkehrs).

Also ist gem. § 24 Abs. 5 BsGaV widerlegbar davon auszugehen, dass B-DE die unternehmerische Risikoübernahme für alle Versicherungspolicen ausübt. Erfasst davon sind auch die Policen, für die B-DE vor dem Brexit gem. § 23 BsGaV gar nicht als Versicherungsbetriebsstätte zu klassifizieren war.

Der Tätigkeitsplan,[1] der der BaFin im Rahmen der aufsichtsrechtlichen Begründung vorgelegt worden ist, bestätigt die oben genannten Ausführungen, so dass die Zuordnung der unternehmerischen Risikoübernahmefunktion abseits der Dienstreiseversicherungen weiterhin bei B-UK erfolgt.

12.5.7. Hauptbevollmächtigter im Outbound-Fall (§ 24 Abs. 6 BsGaV)

Im Outbound-Fall kann leider nicht analog verfahren werden. Ist ein (Haupt-)Bevollmächtigter nach ausländischem Versicherungsaufsichtsrecht bestellt, ist dieser ausländischen Betriebsstätte die unternehmerische Risikoübernahmefunktion nur unter zwei Szenarien zuzuordnen.

Erstens, wenn die qualitative Analyse nachgewiesen hat, dass dort tatsächlich die unternehmerische Risikoübernahmefunktion ausgeübt wird (§ 24 Abs. 6 Satz 1 BsGaV).

Ist dies nicht der Fall, wird aber die Zeichnung (d. h. die Annahme der versicherten Risiken) von der Betriebsstätte durchgeführt, kann die unternehmerische Risikoübernahmefunktion lokal zuzuordnen sein, wenn eine weitere Personalfunktion, die gemäß BsGaV nicht dem Zeichnungsprozess zuzuordnen ist, ausgeübt wird und diese Personalfunktion in der qualitativen Bewertung überwiegt:

1 Gemäß § 61 Abs. 2 Satz 1 VAG i. V. mit Art. 145 Abs. 2 Buchst. b der RL 2009/138/EG (Solvabilität II).

- Produktmanagement und Produktentwicklung,[1]
- Verkauf und Marketing, oder
- Risikomanagement und Rückversicherung.[2]

12.5.8. Anzunehmende schuldrechtliche Beziehungen (§ 24 Abs. 7 BsGaV)

Für alle Personalfunktionen, die nach eingehender Analyse nicht die unternehmerische Risikoübernahmefunktion darstellen, ist eine fremdübliche Vergütung festzulegen. Die Gegenpartei dieser fiktiven Dienstleistung wird in den aller meisten Fällen der Unternehmensteil sein, der die unternehmerische Risikoübernahmefunktion ausübt und dem folglich der Versicherungsvertrag, wie auch alle Erträge und Aufwendungen aus diesem zuzuordnen sind.

Dies erfasst z. B.:

- Die sonstigen Tätigkeiten des Zeichnungsprozesses bei der Betriebsstätte, der nicht die unternehmerische Risikoübernahmefunktion zugeordnet wird;
- andere Personalfunktionen, die bei der Anbahnung des Versicherungsvertrags relevant sind (z. B. Vertriebstätigkeiten);
- Personalfunktionen im Rahmen des laufenden Managements einer Police (z. B. Schadensregulierung, Vertragsmanagement, Asset Liability Management);

sonstige Hilfstätigkeiten (z. B. Accounting, Finance, HR).

Für die Ermittlung eines fremdüblichen Preises stehen alle Verrechnungspreismethoden offen und die geeignete Methode ist im Einklang mit den regulären Verrechnungspreisgrundsätzen zu identifizieren. In den meisten Fällen dürften die Tätigkeiten außerhalb des Zeichnungsprozesses als Routinetätigkeiten zu klassifizieren sein, für die regelmäßig kostenorientiere Verrechnungspreise unter Anwendung der transaktionsbezogenen Nettomargenmethode infrage kommen.

Für die Tätigkeiten des Zeichnungsprozesses kommen in der Praxis verschiedene Methoden zur Anwendung. Die geeignete Methode wird sich hierbei regelmäßig an den folgenden Fragen orientieren:

- Welche Bedeutung haben die Funktionen für den Zeichnungsprozess (d. h., wie „knapp" war die Entscheidung der Zuordnung der unternehmerischen Risikoübernahmefunktion)?
- Wie integriert sind diese Tätigkeiten mit denen der unternehmerischen Risikoübernahmefunktion?

1 Für eine Beschreibung siehe OECD-Betriebsstättenbericht, 2010, Teil IV Rz. 26 ff.

2 Für eine Beschreibung siehe OECD-Betriebsstättenbericht, 2010, Teil IV Rz. 38 ff.

Übernimmt eine Betriebsstätte nur zu einem geringeren Ausmaß Personalfunktionen im Zeichnungsprozess, wird auch in dieser Konstellation in der Praxis vielfach eine kostenorientierte Vergütung verwendet (analog zu den sonstigen Funktionen), insbesondere wenn die Tätigkeiten klar vom übergreifenden Prozess trennbar sind (z. B., wenn ein Unternehmensteil nur für das Rückversicherungsprogramm verantwortlich ist).

Je stärker sich die Funktionen, die im Zusammenhang mit dem Zeichnungsprozess stehen, ausprägen und je integrierter diese im Gesamtprozess erscheinen, umso stärker wird sich die Vergütung regelmäßig von einer reinen Kostenorientierung entfernen.

Beispielhaft kommt hierbei eine Beteiligung der Betriebsstätte an den Bruttoprämien infrage, also eine Provision, wie sie unverbundene Versicherungsagenten erhalten würden. Die Höhe der Provision wird sich dabei regelmäßig an der funktionalen Ausprägung der Betriebsstätte orientieren. Eine Provision kommt dabei einer Umsatzbeteiligung gleich. Der fiktive Dienstleister wird also nicht an den wesentlichen Risiken (d. h. dem Versicherungsrisiko) beteiligt.

Für die Verprobung kommen insbesondere die Preisvergleichsmethode infrage, sofern das Versicherungsunternehmen selbst Versicherungsvermittler nutzt, oder aber die transaktionsbezogene Nettomargenmethode. Bei beiden Methoden ist darauf zu achten, dass auch unverbundene Versicherungsvermittler von ihren Auftraggebern mit unterschiedlichen Bevollmächtigungen ausgestattet werden. So ist insbesondere zu unterscheiden zwischen einem Versicherungsmakler und einem Assekuradeur, der, anders als der Makler, mit weitreichenden Zeichnungsvollmachten ausgestattet ist.

Die Anwendung der Gewinnaufteilungsmethode kommt insbesondere infrage, wenn beide (oder mehrere) Unternehmensteile vergleichbar bedeutende Beiträge zum Zeichnungsprozess beisteuern, die zudem derart integriert sind, dass die Abgrenzung von einzelnen Dienstleistungspaketen ausscheidet.

Bei der Prüfung, ob die Gewinnaufteilungsmethode geeignet ist, sollte immer bedacht werden, dass im Rahmen der Methode allen beteiligten Unternehmensteilen tatsächliche Verlustrisiken aus dem Versicherungsgeschäft zugeordnet werden. Dies kann nur sachgerecht sein, wenn die beteiligten Unternehmensteile auch tatsächlich gemeinsam über die Annahme der Risiken entscheiden. Die Zuordnung von etwaigen Verlusten zu einer Betriebsstätte, die sich faktisch nicht gegen die Zeichnung einer Police „wehren" kann, wird in den meisten Fällen nicht im Einklang mit dem Fremdvergleichsgrundsatz stehen.

12.5.9. Subsumtion anhand der Beispielsfälle – § 24 Abs. 7 BsGaV

Fall 1: Da A-DE das Stammhaus der A-AG bildet, sind hier ein Großteil der Hilfsfunktionen angesiedelt. Diese werden kostenorientiert vergütet. Die Höhe des Kostenaufschlags wird durch eine Datenbankstudie im Rahmen der transaktionsbezogenen Nettomargenmethode verprobt.

Auch für die Unterstützung im Rahmen des Zeichnungsprozesses erhält A-DE einerseits eine kostenorientierte Vergütung. Der Kostenaufschlag berücksichtigt hierbei die Hochwertigkeit der geleisteten Tätigkeiten im Bereich der Zeichnungsstrategie. Da A-DE für den vollständigen Prozess zur Anbahnung und Abwicklung der Rückversicherungen verantwortlich ist, kann A-DE als eine Art Rückversicherungsbroker verstanden werden. Da die A-AG selbst auch mit Rückversicherungsbrokern zusammenarbeitet, wird die Vergütung auf Grundlage der internen Preisvergleichsmethode festgelegt.

Fall 2: Für die Funktionen im Bereich Marketing und Vertrieb (mit Ausnahme der Dienstreiseversicherung) erhält B-DE eine kostenorientierte Vergütung. Im Rahmen einer Datenbankstudie wurden vergleichbare Unternehmen identifiziert, die Vertriebsmaßnahmen im Bereich der Integration auf Verkaufsplattformen anbieten.

Als Alternative wurde erwogen, für die Vertriebsvergütung auf einen internen Preisvergleich abzustellen. Hierbei sollten Provisionen herangezogen werden, die B-Ltd in anderen Ländern an unverbundene Versicherungsmakler zahlt. Diese Makler vermitteln im Direktvertrieb KfZ-Versicherungen der B-Ltd an Endkunden. Jedoch sind die Tätigkeiten im Vertrieb der B-DE nur eingeschränkt mit denen von Versicherungsmaklern vergleichbar. So vertreibt B-DE in diesem Zusammenhang selbst gar keine Versicherungsprodukte, sondern ermöglicht lediglich B-UK, Versicherungsprodukte über die gewonnenen Plattformen zu vertreiben. Aufgrund des fehlenden Bezugs zum Versicherungsprodukt weist der interne Preisvergleich daher für diese Produkte keine ausreichende Vergleichbarkeit auf.

Für die Dienstreichsversicherung wiederum erhält B-UK eine kostenorientiere Vergütung, die ihre Personalkosten im laufenden Zeichnungsprozess erfasst. Zudem erhält sie für die Nutzung des durch B-UK entwickelten IT-Tools, das zur Risikoklassifizierung eingesetzt wird, eine auf das durch B-DE gezeichnete Prämienvolumen bezogene Lizenz. Die Lizenzhöhe wurde auf Grundlage einer Studie einer proprietären Lizenzdatenbank ermittelt (externer Preisvergleich).

12.6. Dotationskapital im Inbound-Fall (§ 25 BsGaV)

12.6.1. Grundlegende Erwägungen zum Dotationskapital

Der Bestimmung und Zuordnung des Dotationskapitals innerhalb eines Versicherungsunternehmens werden in der BsGaV gleich zwei Paragrafen gewidmet, einmal für den Inbound-Fall (§ 25 BsGaV), wie für den Outbound-Fall (§ 26 BsGaV). Dies folgt der Systematik der §§ 12 und 13 BsGaV bzw. §§ 20 und 21 BsGaV.

Bei Versicherungsunternehmen steht die Zuordnung des Dotationskapitals ganz besonders im Fokus. Hintergrund ist, wie auch die Praxisfälle darlegen werden, dass an die Zuordnung des Dotationskapitals direkt die Zuordnung der zinstragenden Kapitalanlagen gekoppelt ist. So ist es im fiskalischen Interesse, dass einer inländischen Betriebsstätte ein möglichst hohes, einer ausländischen aber ein möglichst niedriges Dotationskapital zugeordnet wird.

Ausführliche Rechenbeispiele zur Bestimmung des Dotationskapitals sind in der VWG BsGa zu finden.[1] Infolge sollen die Berechnung zur Veranschaulichung lediglich schematisch angerissen werden.

Es soll nicht unerwähnt bleiben, dass diese Ungleichbehandlung von In- und Outbound-Sachverhalten nicht im Einklang mit den Ausführungen im OECD-Betriebsstättenbericht steht.

12.6.2. Kapitalaufteilungsmethode, Zuordnung der Vermögenswerte (§ 25 Abs. 1 BsGaV)

12.6.2.1. Definition

In einem ersten Schritt soll einer inländischen Betriebsstätte ein angemessener Anteil an Vermögenswerten zugeordnet werden. Die Angemessenheit der Zuordnung wird hierbei ökonomisch an das durch die Betriebsstätte eingegangene Risiko geknüpft (sog. modifizierte Kapitalaufteilungsmethode für Versicherungsbetriebsstätten). Ausdruck des eingegangenen Risikos sind die der Betriebsstätte (handelsrechtlich oder steuerrechtlich) zugeordneten versicherungstechnischen Rückstellungen (die gerade der Besicherung der eingegangenen Risiken dienen).

Zunächst sind dabei die für die Zuordnung relevanten Vermögenswerte zu identifizieren. Dies sind jene Vermögenswerte, die auf der Aktivseite den versicherungstechnischen Rückstellungen, wie dem Dotationskapital zum Zwecke der Bedeckung gegenüberstehen. Maßgeblich ist hierbei der Rechnungslegungsstandard des Gesamtunternehmens. Dies sind einerseits die Kapitalanlagen des Versicherungsunternehmens,[2] wie auch die Forderungen für selbstabgeschlossenes Versicherungsgeschäft.[3]

---

1 BMF, Schreiben v. 22.12.2016, BStBl I 2017 I S. 182, Rz. 315 ff.

2 Aktivposten „C. Kapitalanlagen" gem. Formblatt 1 RechVersV, wobei strittig ist, ob auch Beteiligungen, die in C.II gem. Formblatt RechVersV eingruppiert sind, tatsächlich zu Vermögenswerten zählen, die der Bedeckung dienen, siehe Busch in Vögele/Borstell/van der Ham, Verrechnungspreise, 6. Aufl. 2023, Kap. 38 Versicherungen Rz. 213f.

3 Aktivposten „E. I. Forderungen aus dem selbst abgeschlossenen Versicherungsgeschäft" gem. Formblatt 1 RechVersV. Auch hier ist strittig, ob nicht auch Abrechnungsforderungen aus dem Rückversicherungsgeschäft, gem. Position E.II des Formblatts I der RechVersV einbezogen werden müssten, insoweit sie bedeckungsfähige Vermögenswerte darstellen, siehe FG München, Urteil vom 13.12.2021 - 7 K 2379/20 EAAAI-04558; sowie kritisch zum Urteil Greinert/Karnath, IStR 2022 S. 420.

Nun werden die versicherungstechnischen Rückstellungen der inländischen Betriebsstätte ins Verhältnis gesetzt zu den Rückstellungen des Gesamtunternehmens. Der inländischen Betriebsstätte sind dann im selben Verhältnis Vermögenswerte aus dem Pool zuzuordnen.

Dieses Vorgehen entspricht der auch von der OECD autorisierten Kapitalaufteilungsmethode.[1]

12.6.2.2. Subsumtion anhand des Beispielsfalls – § 25 Abs. 1–3 BsGaV

Fall 2: Die Rechnungslegung der B-Ltd erfolgt auf Grundlage von IFRS. B-Ltd weist relevante Vermögenswerte i. H. von 100, sowie versicherungstechnische Rückstellungen i. H. von 90 aus. Separat für B-DE werden versicherungstechnische Rückstellungen i. H. von 9 ausgewiesen. Hieraus ergeben sich Vermögenswerte, die B-DE zuzuordnen sind i. H. von 10.

12.6.3. Kapitalaufteilungsmethode, Zuordnung des Dotationskapitals (§ 25 Abs. 2 BsGaV)

12.6.3.1. Definition

In einem zweiten Schritt sind von den zugeordneten Vermögenswerten einerseits die versicherungstechnischen Rückstellungen, und andererseits die Verbindlichkeiten und Rechnungsabgrenzungsposten, die im Zusammenhang mit dem Versicherungsgeschäft stehen, in Abzug zu bringen. Die Differenz bildet das Dotationskapital der Betriebsstätte.

Zur besonderen Herausforderung in der Praxis führt regelmäßig, dass die Ermittlungen in Schritt 1 auf Grundlage des Rechnungslegungsstandards des Gesamtunternehmens erfolgt, im Schritt 2 aber von den so ermittelten, zuzuordnenden Vermögenswerten die Rückstellungen und Verbindlichkeiten abzuziehen sind, die auf Grundlage der deutschen Rechnungslegungsstandards (d. h. HGB und RechVersV) ermittelt worden sind.

Insbesondere für Schaden-, Unfall- sowie Rückversicherungen kann dieser Umstand dazu führen, dass der inländischen Betriebsstätte nur ein geringes oder gar ein negatives Dotations- (d. h. Eigen-)kapital verbleibt. Grund hierfür ist die sog. Schwankungsrückstellung, die – vereinfacht – dazu dient, die Mehrjahresergebnisse von Versicherungsunternehmen zu glätten, die aus Schwankungen in den Schadensereignissen resultieren. In guten Schadensjahren (d. h. Jahre mit Schäden unterhalb des Mehrjahresmittels) wird ein Teil der (Mehr-)Erträge in die Schwankungsrückstellung einge-

1 Siehe im Detail OECD-Betriebsstättenbericht, 2010, Teil IV Rz. 131 ff.

stellt, während in schlechten Jahren Beträge aus der Schwankungsrückstellung entnommen werden können.[1]

Das Konzept einer Schwankungsrückstellung ist jedoch anderen Rechnungslegungsstandards entweder gänzlich fremd (insbesondere IFRS), oder aber anders ausgestaltet (z.B. Luxemburg). Dies führt regelmäßig dazu, dass das Dotationskapital, dass auf Grundlage des ausländischen Rechnungslegungsstandards verbleiben würde, durch die Schwankungsrückstellung der inländischen Betriebsstätte aufgezehrt wird.[2]

12.6.3.2. Subsumtion anhand des Beispielsfalls – § 25 Abs. 2 BsGaV

Fall 2: Neben den zuzuordnenden Vermögenswerten i.H. von 10 weisen die HGB-Bücher zusätzliche Aktiva i.H. von 5 aus. Die für das Dienstreiseversicherungsgeschäft zu bildende Schwankungsrückstellung beträgt 2. Somit ergibt sich ein Dotationskapital von 4:

	Zuzuordnende Vermögenswerte:	10
	Sonstige Aktiva:	5
=	Aktiva:	15
	Versicherungstechnische Rückstellung:	9
	Schwankungsrückstellung:	2
=	Dotationskapital	4 (15 – 9 – 2)

12.6.4. Abweichende Zuordnung (Mindestkapitalausstattungsmethode) (§ 25 Abs. 3 BsGaV)

Das so ermittelte Dotationskapital bildet eine erste Untergrenze. Diese darf nur unterschritten werden, wenn das ermittelte Ergebnis in der Gesamtschau nicht fremdüblich ist. Hierbei ist das Verhältnis der Zuordnung zum Gesamtunternehmen vor dem Hintergrund des Funktions- und Risikoprofils der inländischen Betriebsstätte zu würdigen.

Diese Unterschreitung ist aber nach unten hin begrenzt auf den Wert des Eigenkapitals, den die inländische Betriebsstätte als eigenständiges Versicherungsunternehmen aus-

1 § 341h HGB i.V. mit § 29 RechVersV.

2 Für ein Rechenbeispiel siehe Busch in Vögele/Borstell/van der Ham, Verrechnungspreise, 6. Aufl. 2023, Kap. 38 Rz. 221.

weisen müsste, um aufsichtsrechtlichen Grundsätzen zu genügen (sog. Mindestkapitalausstattungsmethode für Versicherungsbetriebsstätten).[1] Wird der Betriebsstätte auf Grundlage des Abs. 2 also bereits ein Dotationskapital unterhalb der aufsichtsrechtlichen Anforderungen zugeordnet, ist eine zusätzliche Unterschreitung untersagt.

Zu beachten ist, dass diese zusätzliche Untergrenze ausschließlich innerhalb des Abs. 3 zu lesen ist, also Anwendung findet, wenn das auf Grundlage von Abs. 2 ermittelte Dotationskapital unterschritten werden soll.[2]

Zusätzlich ist anzumerken, dass die Mindestkapitalausstattungsmethode in dieser Form keine von der OECD autorisierte Methode darstellt.[3] Diese Methode wird zwar von der OECD diskutiert, letztlich aber als ungeeignet verworfen und lediglich als nationale Safe-Harbour-Regelung akzeptiert, sofern deren Anwendung nicht dazu führt, dass einer Betriebsstätte mehr Gewinne zugerechnet werden als bei Anwendung einer autorisierten Methode.

Da die Methode im Falle des Abs. 3 als zusätzliche Untergrenze fungiert, wird die Regelung ausschließlich in Fällen greifen, in denen die Anwendung der Kapitalaufteilungsmethoden zu einer niedrigeren Zuordnung von Dotationskapital geführt hätte. Somit steht die Anwendung der Mindestkapitalausstattungsmethode gem. Abs.3 nicht im Einklang mit den Anforderungen der OECD.

12.6.5. Abweichende Zuordnung der Vermögenswerte (§ 25 Abs. 4 BsGaV)

Die Zuordnung des Dotationskapitals unter Anwendung der modifizierten Kapitalaufteilungsmethode für Versicherungsbetriebsstätten erfolgt auf Grundlage der in Abs. 1 ermittelten Vermögenswerte. Wird durch die Anwendung des Abs. 3 oder 5 von der modifizierten Kapitalaufteilungsmethode für Versicherungsbetriebsstätten abgewichen, also ein anderes Dotationskapital angesetzt, sind die der inländischen Betriebsstätte zuzuordnenden Vermögenswerte im gleichen Maß anzupassen.

12.6.6. Handelsrechtliches Eigenkapital als Untergrenze (§ 25 Abs. 5 BsGaV)

Die Zuordnungsregeln enthalten noch eine dritte Untergrenze. Diese ergibt sich aus dem Verweis auf § 12 BsGaV, der sinngemäß anzuwenden ist, sofern § 25 BsGaV keine abwei-

1 Für die EU z.B. geregelt in Art. 129 (d) Directive 2009/138/EC of the European Parliament and of the Council of 25 November 2009 on the taking-up and pursuit of the business of Insurance and Reinsurance (Solvency II).

2 Siehe Greinert/Karnath, IStR 2022 S. 420.

3 Siehe OECD-Betriebsstättenbericht, 2010, Teil IV Rz. 160.

chenden Sonderregelungen enthält. Daher ist abschließend nach § 12 Abs. 5 BsGaV zu prüfen, ob das bisher ermittelte Dotationskapital jenes unterschreitet, das der inländischen Betriebsstätte handelsrechtlich zugeordnet worden ist. Ist dies der Fall, bildet das handelsrechtlich zugeordnete Kapital die dritte Untergrenze.

Diese Maßgeblichkeit des Handelsrechts für die Zuordnung des Dotationskapitals ist dem OECD-Betriebsstättenbericht gänzlich fremd und wäre daher seitens der deutschen Finanzverwaltung in einem Verständigungsverfahren wohl kaum durchsetzbar.[1]

12.6.7. Zeitpunkt der Ermittlung (§ 25 Abs. 5 BsGaV)

12.6.7.1. Definition

Die Ermittlung des Dotationskapitals, und somit auch die Zuordnung der Vermögenswerte, ist grds. zu Beginn eines Wirtschaftsjahrs durchzuführen (§ 12 Abs. 1 BsGaV). Grundlage sind typischerweise die Bilanzzahlen am Endzeitpunkt des Vorjahres (31.12. = 1.1. bei kalendergleichem Wirtschaftsjahr). Eine unterjährige Neudurchführung der Schritte 1–4 ist nur notwendig, wenn dies entweder aufsichtsrechtlich geboten ist (§ 25 Abs. 5 BsGaV) oder wenn das Ergebnis der Neuermittlung eine erhebliche Abweichung von der Bestimmung zu Beginn des Wirtschaftsjahres aufweist und diese Abweichung auf eine veränderte Zuordnung von Personalfunktionen, von Vermögenswerten oder von Chancen und Risiken zurückzuführen ist (§ 12 Abs. 6 BsGaV).

Der Begriff der Erheblichkeit ist in der Verordnung unbestimmt, in der Praxis bieten jedoch die Ausführungen in den VWG BsGa Anhaltspunkte, dass eine Abweichung erheblich ist, wenn sie 30 % sowie 2 Mio. € (Bagetellgrenze) überschreitet.[2]

Im laufenden Versicherungsgeschäft dürfte eine erhebliche Abweichung erst bei der Ermittlung des Dotationskapital für das Folgejahr auffallen (wie auch die Formulierung in den VWG BsGa nahelegt[3]). Daher ist es ratsam, die Ermittlung des Dotationskapitals zeitnah nach Beendigung der Jahresabschlussarbeiten durchzuführen, um etwaige Anpassungsnotwendigkeiten rechtzeitig vor Abgabe der ersten Steuererklärungen zu identifizieren.

Wird eine Betriebsstätte neu gegründet oder nimmt eine Betriebsstätte wesentliche neue Produkte in ihr Versicherungsprogramm auf, dürften erhebliche Abweichungen gehäuft auftreten.

1 Siehe auch Busch in Vögele/Borstell/van der Ham, Verrechnungspreise, 6. Aufl. 2023, Kap. 38 Rz. 227.

2 BMF, Schreiben v. 22.12.2016, BStBl I 2017 I S. 182, Rz. 322.

3 BMF, Schreiben v. 22.12.2016, BStBl I 2017 I S. 182, Rz. 322.

Eine Herausforderung in der Praxis ist, wie die Neuzuordnung bei festgestellter Abweichung erfolgen kann. Insbesondere wenn die Abweichung nicht durch einen bekannten Trigger entsteht und sich daher erst bei der Bestimmung für das Folgejahr offenbart. Dann kann es sachgerecht sein, für die steuerliche Zuordnung die Jahresdurchschnittswerte, also das Mittel der Anfangs- und Endjahreswerte zu nutzen.

Gerade wenn eine Betriebsstätte begründet wird, ist vorstellbar, dass in einem einzelnen Jahr eine Vielzahl von erheblichen Abweichungen eintritt. Auch in diesen Fällen ist, nach Prüfung der Materialität (insbesondere der Bagetellgrenze), die Anwendung von Jahresdurchschnittswerten vorstellbar. Alternativ könnte es sachgerecht sein, auf die letztmalige Abweichung abzustellen, also den Zeitpunkt, in dem im Wirtschaftsjahr ein „business-as-usual" eintritt.

12.6.7.2. Subsumtion anhand des Beispielsfalls – § 25 Abs. 5 BsGaV

Fall 2: Die Produkte der Dienstreiseversicherung wurden erst im Vorjahr eingeführt. Durch die Gewinnung mehrerer großer Unternehmen als Versicherungsnehmer im betreffenden Wirtschaftsjahr war es von vornherein wahrscheinlich, dass es im Jahr zu erheblichen Abweichungen kommen würde. Daher wurde anhand des letzten großen Sprungs der Prämienhöhe im 3. Quartal entschieden, eine Neuermittlung auf Grundlage der 3. Quartalszahlen durchzuführen. Die Ermittlung ergab eine Abweichung von über 30 %, aber unter 2 Mio. €. Auch die Bestimmung für das Folgejahr ergab keine Abweichung größer 2 Mio. €, so dass keine Neuzuordnung vorgenommen wurde.

12.6.8. Prüfungsschema

ABB 1: Kapitalaufteilungsmethode (§ 25 Abs. 1 und 2)

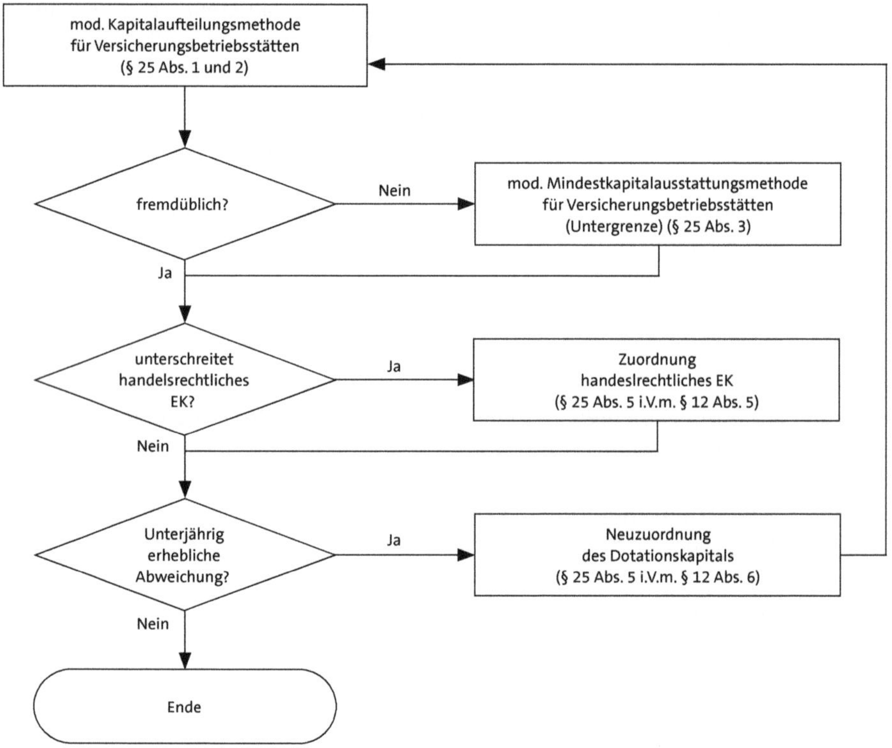

12.7. Dotationskapital im Outbound-Fall (§ 26 BsGaV)

12.7.1. Mindestkapitalausstattungsmethode (§ 26 Abs. 1 BsGaV)

12.7.1.1. Definition

Im Outbound-Fall ändert sich die Prüfreihenfolge grundsätzlich. So ist vorrangig nicht die Kapitalaufteilungsmethode, sondern die Mindestkapitalausstattungsmethode anzuwenden. Demgemäß ist für eine ausländischen Betriebsstätte das Dotationskapital zuzuordnen, dass ihr nach § 13 Abs. 1 BsGaV zugeordnet würde (siehe auch Saliger in Kapitel 4), also das aus betriebswirtschaftlichen Gründen notwendige Mindestkapital (erste Obergrenze).

Ein höheres Dotationskapital als das so ermittelte ist nur zuzuordnen, wenn dies auf Grundlage aufsichtsrechtlicher Anforderungen im Ansässigkeitsstaat der Betriebsstätte erfolgt (sog. Mindestkapitalausstattungsmethode für Versicherungsbetriebsstätten/zweite Obergrenze).[1]

Die vorrangige Anwendung der Mindestkapitalausstattungsmethode steht grds. nicht im Einklang mit dem OECD-Betriebsstättenbericht.[2] Die Methode ist gemäß OECD lediglich national als national Safe Harbour-Regelung anzuerkennen. Begründet wird dies seitens der OECD auch damit, dass die Anwendung der Methode regelmäßig zu geringeren Steuereinnahmen führen dürfte. Durch die Verpflichtung zur Anwendung in Outbound-Fällen dreht die deutsche Finanzverwaltung dieses Prinzip auf den Kopf, in dem sie dem jeweiligen anderen Land die geringeren Steuereinnahmen zugesteht.

In der Praxis stellt die deutsche Finanzverwaltung regelmäßig nur auf die zweite Obergrenze ab, erkennt also zugeordnetes Dotationskapital ausschließlich in der Höhe an, die für den (Minimal-)Betrieb als fiktiv eigenständiges Versicherunternehmen notwendig wäre.

Dies erscheint bei Betrachtung des Wortlauts der Verordnung nicht sachgerecht und entspricht auch nicht dem Fremdvergleichsgrundsatz. Tatsächlich dürfte die zweite Obergrenze nämlich nur eine Untermenge der ersten Obergrenze darstellen. Denn für den (betriebswirtschaftlichen) Betrieb eines (fiktiv eigenständigen) Versicherungsunternehmens ist mindestens das aufsichtsrechtlich benötigte Eigenkapital notwendig. Tatsächlich dürfte das betriebswirtschaftlich notwendige Eigenkapital in den allermeisten Fällen sogar höher liegen.

So würde kein eigenständiges Versicherungsunternehmen mit Eigenkapital in exakt der Höhe der aufsichtsrechtlichen Anforderungen agieren. Schon bei kleineren Schwankungen, z. B. der kurzfristigen Zeichnung einer zusätzlichen Versicherungspolice, würde das Versicherungsunternehmen andernfalls die Eigenkapitalforderungen unterschreiten und müsste dann mit aufsichtsrechtlichen Sanktionen rechnen. Daher ist es betriebswirtschaftlich notwendig, immer einen gewissen Eigenkapitalpuffer vorzuhalten, der gem. § 13 Abs. 1 BsGaV als Dotationskapital der ausländischen Betriebsstätte zuzuordnen wäre.

Wenn man die betriebswirtschaftliche Notwendigkeit weiter fasst, wären zudem Marktanforderungen zu beachten. Zum Beispiel haben viele institutionelle Versicherungsnehmer Ratinganforderungen an ihre Versicherer, die unter Umständen zu höheren

1 Für die EU z. B. geregelt in Art. 129 (d) Directive 2009/138/EC of the European Parliament and of the Council of 25 November 2009 on the taking-up and pursuit of the business of Insurance and Reinsurance (Solvency II).

2 Siehe OECD-Betriebsstättenbericht, 2010, Teil IV Rz. 160.

Kapitalisierungsquoten führen können. Zudem sind Versicherer auf Auslandsmärkten oft gegenüber heimischen Versicherern benachteiligt und müssen höhere Kapitalisierungsquoten vorweisen, um überhaupt erfolgreich auf einem Markt agieren zu können.

Zentral ist, dass kein Versicherungsunternehmen ohne wirtschaftliche Not (also ohne betriebswirtschaftliche Gründe) „zu viel" Eigenkapital halten wird. Das lokal betriebswirtschaftlich notwendige Eigenkapital kann daher über eine Peer-Analyse identifiziert werden. Bei einer solchen Peer-Analyse sollte auf die allgemeingültigen Vergleichbarkeitskriterien geachtet werden.

12.7.1.2. Subsumtion anhand des Beispielsfalls – § 26 Abs. 1 BsGaV

Fall 1: Für A-FR gelten die EU-Mindestkapitalanforderungen gemäß Solvency II. Auf Grundlage der Mindestkapitalausstattungsmethode für Versicherungsbetriebsstätten (zweite Obergrenze) ist ihr daher der höhere Wert aus (i) der absoluten Untergrenze als eigenständiges Versicherungsunternehmen und dem (ii) anteiligen Mindestkapital zuzuordnen, dass A-FR als eigenständiges Versicherungsunternehmen benötigen würde.[1] Es besteht jedoch keine aufsichtsrechtliche Anforderung, das Mindestkapital eines Versicherungsunternehmens je EU-Betriebsstätte zu ermitteln, was eine Ermittlung für rein steuerliche Zwecke notwendig macht. Da eine solche Bestimmung im Detail einen hohen Aufwand darstellt, wird das Mindestkapital für steuerliche Zwecke in vielen Fällen geschätzt.

Grundlage der Schätzung bildet das Solvency Capital Requirement (SCR). Dies ist typischerweise als das aufsichtsrechtliche Mindestkapital innerhalb der EU anzusehen, da im Falle des Unterschreitens der SCR-Quote von 100 % aufsichtsrechtliche Eingriffe erfolgen können. Das SCR, das für das Gesamtunternehmen innerhalb der EU ermittelt wird, ist nun zwischen A-DE und A-FR aufzuteilen. Ein in der Praxis üblicher Aufteilungsschlüssel sind die versicherungstechnischen Rückstellungen, die die BsGaV im Rahmen der modifizierten Kapitalaufteilungsmethode bereits als geeignetes Maß identifiziert hat. Sofern andere qualifizierte Schätzungen vorliegen (z. B. aus der Bestimmung sonstiger relevanter aufsichtsrechtlicher Kennzahlen), sind diese gleichermaßen nutzbar.

Da A-FR Geschäfte im Bereich Aviation zeichnet, ist das absolute Mindestkapital 3,7 Mio. €.[2] Das Gesamtunternehmen hat ein SCR von 30 Mio. €. Werden die versicherungstechnischen Rückstellungen von A-DE und A-FR ins Verhältnis gesetzt, ergibt sich ein auf A-FR entfallender Anteil von 15 %. Dies ergibt ein SCR für A-FR von 4,5 Mio. €. Das auf die EU entfallende Kapital der A-AG beläuft sich auf 45 Mio. € und bedeckt das SCR also zu 150 %. Vor dem Hintergrund des steuerlichen Risikos in Deutschland weist A-AG

1 Art. 129 (1) (d) Directive 2009/138/EC of the European Parliament and of the Council of 25 November 2009 on the taking-up and pursuit of the business of Insurance and Reinsurance (Solvency II).

2 Art. 129 (1) (d) (i) Directive 2009/138/EC of the European Parliament and of the Council of 25 November 2009 on the taking-up and pursuit of the business of Insurance and Reinsurance (Solvency II).

der A-FR lediglich einen Kapitalpuffer über das SCR i.H.von 5% zu. Da das anteilig auf A-FR entfallende SCR das absolute Mindestkapital übersteigt, ergibt sich so ein der A-FR zuzuordnendes Dotationskapital i.H.von 4,725 Mio.€.[1]

A-CN unterliegt dem Versicherungsaufsichtsrecht in China. Hier besteht analog zum EU-Aufsichtsrecht die Anforderung, Mindestkapital zu halten (Quote von 100%). Für Rückversicherungsunternehmen besteht jedoch eine Sonderregelung. So werden Rückversicherer am Markt benachteiligt, wenn sie nicht 200%, d.h. das doppelte der Mindestkapitalanforderung an Eigenkapital halten. So müssen die Erstversicherer bei ihrer eigenen Risikovorsorge die Solvenz des Rückversicherers berücksichtigen. Hält das Rückversicherungsunternehmen weniger als 200% der Mindestkapitalanforderungen, muss der Erstversicherer selbst mehr Eigenkapital vorhalten.[2] Im Ergebnis werden chinesische Erstversicherer daher vorzugsweise nur mit solchen Rückversicherern kooperieren, die die erhöhten Eigenkapitalanforderungen erfüllen.

Es besteht neben den aufsichtsrechtlichen Mindestkapitalanforderungen des Rückversicherers also zudem eine aufsichtsrechtlich begründete, betriebswirtschaftliche Notwendigkeit, mindestens 200% der Eigenkapitalanforderung zu halten. Seitens A-CN sind daher für ihr Erstversicherungsgeschäfts 100% und für das Rückversicherungsgeschäft 200% der Mindestkapitalanforderung vorzuhalten. Wie auch für A-FR wird A-CN zusätzlich ein geringer Eigenkapitalpuffer i.H.von 5% zugeordnet, um die andernfalls steuerlichen Risiken in Deutschland einzugrenzen.

12.7.2. Abweichende Zuordnung (Kapitalaufteilungsmethode) (§ 26 Abs. 2 BsGaV)

Das durch die Mindestkapitalausstattungsmethode ermittelte Dotationskapital bildet eine erste Obergrenze. Analog zu § 25 Abs. 3 BsGaV kann von dieser Obergrenze nur abgewichen werden, hier aber nach oben, wenn ein anderes Zuordnungsergebnis dem Fremdvergleichsgrundsatz besser entspricht. Hierbei bildet das Ergebnis nach § 25 Abs. 1 und 2 BsGaV, also die Anwendung der modifizierten Kapitalaufteilungsmethode, eine zweite Obergrenze. Zur Anwendung dieser Methode wird auf die entsprechenden Textpassagen verwiesen.

1 Anzumerken ist, dass in der Praxis typischerweise ein Dotationskapital in Höhe des Mindestkapitals zugeordnet wird. Tatsächlich stellt dies eine Vereinfachung dar, da das aufsichtsrechtliche Mindestkapital nicht vollständig mit Eigenkapital, sondern mit Eigenmitteln bedeckt sein muss. Die Eigenmittel sind jedoch weiter gefasst als das Eigenkapital, hierunter fallen z.B. auch nachrangige Verbindlichkeiten.

2 Art. 29 CBIRC Solvency Supervision of Insurance Companies Rule No. 8 – Minimum capital for credit risk.

12.7.3. Escape aus der Obergrenze (§ 26 Abs. 3 BsGaV)

Die Obergrenze aus Abs. 2 wiederum hat einen Escape. Eine Zuordnung von Dotationskapital oberhalb der Obergrenze des § 26 Abs. 2 BsGaV ist nicht zu beanstanden, wenn diese Zuordnung auf Grundlage von lokalen aufsichtsrechtlichen Anforderungen erfolgt, und das Versicherungsunternehmen den diesen Anforderungen zugrundliegenden Regeln tatsächlich folgt. Der Escape vom Escape ist, dass diese abweichende Zuordnung nicht dazu führen darf, dass das Restunternehmen unterdotiert ist, also unter die jeweilige Zuordnung des Dotationskapitals gem. § 25 Abs.3 BsGaV bzw. § 26 Abs. 2 BsGaV fällt.

12.7.4. Handelsrechtliches Eigenkapital als Obergrenze sowie Zeitpunkt der Ermittlung (§ 26 Abs. 3 BsGaV)

Die Regelungen des Abs. 3 sind analog zu denen des § 25 Abs. 5 BsGaV. Lediglich bildet das handelsrechtliche Eigenkapital im Inbound-Fall die finale Ober- anstatt Untergrenze.

12.7.5. Abweichende Zuordnung der Vermögenswerte

Kurioserweise ist die abweichende Zuordnung der Vermögenswerte, anders als in § 25 Abs. 4 BsGaV, in § 26 BsGaV nicht in einem eigenen Absatz geregelt. Da die Bestimmung des Dotationskapitals auf Grundlage von § 26 BsGaV ansonsten zwecklos wäre, ist diesem Paragrafen eine analoge Regelung wie die des § 25 Abs. 4 BsGaV hinzuzudenken.

12.7.6. Prüfungsschema

ABB 2: Kapitalaufteilungsmethode (§ 13 Abs. i.V.m. 26 Abs. 1)

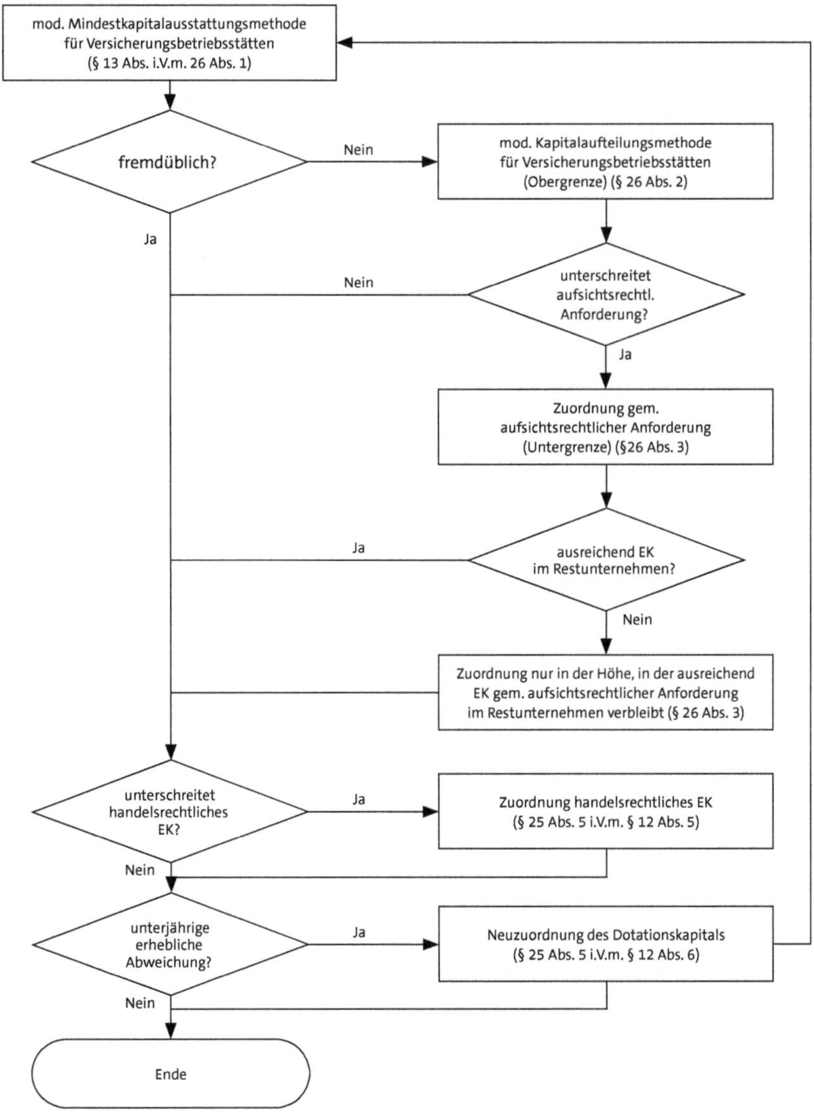

12.8. Zuordnung von Einkünften aus Vermögenswerten (§ 27 BsGaV)

12.8.1. Zielsetzung des Paragrafen

Da § 27 BsGaV seine Zielsetzung nicht expliziert, soll diese kurz vorangestellt werden. Geregelt werden soll, welche Einkünfte aus Vermögenswerten einer Versicherungsbetriebsstätte zuzuordnen sind. Die Höhe der zuzuordnenden Vermögenswerte selbst steht hierbei durch die Anwendung des §§ 25 bzw. 26 BsGaV bereits fest, lediglich die „Art“ der zugeordneten Vermögenswerte ist noch unklar.

12.8.2. Direkte Zuordnung von Vermögenswerten (§ 27 Abs. 1 BsGaV)

In einem ersten Schritt ist die direkte Zuordnung von Einkünften aus Vermögenswerten vorgesehen. Das heißt, dass jene Vermögenswerte (und somit deren Einkünfte) abzugrenzen sind, die eindeutig dem Geschäft einer einzelnen Versicherungsbetriebsstätte zuzuordnen sind. Gelistet sind mehrere Anknüpfungspunkte, die letztlich jedoch dasselbe Aussagen: Dient ein Vermögenswert der Bedeckung entweder der versicherungstechnischen Rückstellungen, Verbindlichkeiten oder Rechnungsabgrenzungsposten aus Versicherungsgeschäft oder aber des Dotationskapitals, so sind diese Vermögenswerte direkt einer Betriebsstätte zuzuordnen.

In der Praxis ist strittig, inwieweit eine direkte Zuordnung bestimmter Vermögenswerte auf Grundlage dieser Anforderungen zu einem Unternehmensteil tatsächlich möglich ist. Die Zweifel gründen sich in der Frage, ob Vermögenswerte tatsächlich regelmäßig einzig zur Bedeckung einer einzelnen Versicherungsbetriebsstätte genutzt werden, oder ob im Falle eines Zahlungsausfalls bei einer Betriebsstätte nicht auch Vermögenswerte einer anderen Betriebsstätte verwertet würden.[1]

Die VWG BsGa führen aus, dass es letztlich nicht auf die o.g. Anknüpfungspunkte ankommt, sondern lediglich darauf, ob sich der bilanzielle Ausweis eines Vermögenswerts bei der Betriebsstätte aus handels- oder aufsichtsrechtlichen Anforderungen ergibt.[2] Die dortigen Beispiele, ein von der Betriebsstätte genutztes Bürogebäude sowie Bankdepot, zeigen jedoch, dass auch diese Anforderung wohl eher eng auszulegen ist und nicht leichtfertig auf Finanzanlagen übertragen werden kann.

Eine direkte Zuordnung sollte daher mit Bedacht und nur in eindeutigen Fallkonstellationen angewendet werden, insbesondere dann, wenn die direkte Zuordnung auf aufsichtsrechtliche Anforderungen zurückzuführen ist (z. B. Ring Fencing). Ein weiteres kla-

1 Die OECD spricht in diesem Zusammenhang auch von „ungebundenen“ Kapitalanlagen, siehe z. B. OECD-Betriebsstättenbericht, 2010, Teil IV Rz. 167.

2 BMF, Schreiben v. 22.12.2016, BStBl I 2017 I S. 182, Rz. 333.

res Beispiel bietet der OECD-Betriebsstättenbericht mit Verweis auf die Investmentanlagen in Treuhandfonds.[1]

Für alle direkt zugeordneten Vermögenswerte sind die mit diesen Vermögenswerten im Zusammenhang stehenden Erträge derselben Betriebsstätte zuzuordnen.

12.8.3. Indirekte Zuordnung von Vermögenswerten (§ 27 Abs. 2 BsGaV)

Verbleibt nach der direkten Zuordnung von Vermögenswerten noch ein Fehlbetrag zum auf Grundlage des §§ 24 bzw. 25 BsGaV festgestellten Sollbetrags, sind der Betriebsstätte zusätzlich Einkünfte in Höhe der durchschnittlichen Kapitalanlagerendite des Versicherungsunternehmens zuzuordnen.[2]

Die durchschnittliche Kapitalanlagerendite ist dem Jahresabschluss eines Versicherungsunternehmens entnehmbar. Dieser Wert wird mit der Höhe der indirekt zuzuordnenden Vermögenswerte (also Delta zwischen Soll und bereits direkt zugeordneten Vermögenswerten) multipliziert.

Aus dem Verordnungstext wie auch den VWG BsGa ergibt sich keine Anforderung, die durchschnittliche Kapitalanlagerendite um die im Gesamtunternehmen bereits direkt zugeordneten Vermögenswerte zu korrigieren. Dies steht im Einklang mit der Vorstellung, dass die durchschnittliche Kapitalanlagerendite auch deshalb Anwendung findet, um eine aufwändige Untergliederung der Einkünfte aus diversen Vermögenswertgruppen (z. B. Dividenden, Zinsen, Mieten) zu vermeiden.[3]

12.9. Rückversicherung innerhalb eines Unternehmens (§ 28 BsGaV)

Die Zuordnung eines Versicherungsvertrages ist abschließend in § 24 BsGaV geregelt. Von Bedeutung für die Zuordnungsentscheidung sind hierbei nur und ausschließlich Funktionen, die eine Rolle im Zeichnungsprozess, also bei der Anbahnung des Versicherungsvertrages einnehmen. Die nachgelagerte laufende Betreuung des Versicherungsvertrages spielt für die Zuordnung keine Rolle.

Die Rückversicherung eines Versicherungsvertrages innerhalb eines Versicherungsunternehmens würde dieses Grundprinzip aushebeln und es möglich machen, den

---

1 Siehe OECD-Betriebsstättenbericht, 2010, Teil IV Tz. 166.

2 Dies stellt eine deutliche Vereinfachung gegenüber dem OECD-Betriebsstättenbericht dar, welcher zusätzliche Überlegungen anfordert, die angemessenen ungebundenen Vermögenswerte sowie deren Kapitalanlagerendite zu identifizieren, siehe OECD-Betriebsstättenbericht, 2010, Teil IV Rz. 167 ff.

3 BMF, Schreiben v. 22.12.2016, BStBl I 2017 I S. 182, Rz. 336.

Versicherungsvertrag (und somit alle Chancen und Risiken aus demselben) einer beliebigen Betriebsstätte zuzuordnen. Daher ist explizit geregelt, dass eine Rückversicherungstransaktion nicht als anzunehmende schuldrechtliche Beziehung anzuerkennen ist. Eine Rückversicherung über das Versicherungsunternehmen hinaus, also auch an andere Versicherungsunternehmen innerhalb eines Konzerns, sind hiervon nicht betroffen.

13. Betriebsstättenausnahmen

von Susann van der Ham[1]

LITERATUR:

BMF, Verwaltungsgrundsätze Betriebsstättengewinnaufteilung, BMF-Schreiben v. 22.12.2016, BStBl 2017 I S. 182; *Bollermann/Pietrek* IWB 4/2022 S. 125; *Brüninghaus/van der Ham* in Vögele/Borstell/van der Ham, Verrechnungspreise, 6. Aufl. 2024; S. 1533; *Micker*, IWB 19/2022 S. 742; *Rehfeldt* in GKGK, DBA. Art. 5 OECD-MA; *van der Ham* in GKGK, DBA, Art. 7 OECD-MA; *van der Ham/Retzer* in Oestreicher/Schnitger/Wellens, Gewinnabgrenzung nach dem AOA, 2020, S. 347; *van der Ham/Retzer*, In der Kürze liegt die Würze?, IWB 3/2020, S. 86.

13.1. Auslieferungslager

13.1.1 Darstellung des Sachverhalts

Grundfall: Das in den Niederlanden ansässige Unternehmen Fashion De Lux B.V. (FDL) bietet hochwertige Bekleidungsprodukte im Luxussegment an. Die FDL beschäftigt am Hauptsitz in Amsterdam ca. 2.000 Mitarbeiter und deckt hiermit u.a. die folgenden Tätigkeitbereiche ab: Kollektionsplanung, Category Management, Sourcing bei unabhängigen Herstellern, Design, Brand Management, Data Management sowie strategisches Supply Chain Management. FDL verkauft hauptsächlich online über eine eigene Website. Daneben werden die Produkte europaweit über unverbundene Groß- und Einzelhändler vertrieben. Die FDL unterhält kein eigenes Netzwerk an Einzelhandelsgeschäften. Grundsätzlich wird der deutsche Markt aus den Niederlanden bedient. Um jedoch auch kurzfristigen Bedarf decken zu können, nutzt die FDL ein Auslieferungslager in der Nähe von Frankfurt. Das Lager wird von einem unabhängigen Logistiker betrieben, der sämtlichen Tätigkeiten bzgl. der Ware (Kommissionierung, Umpacken, Rücksendungsmanagement, etc.) übernimmt. Die FDL hat jederzeit Zugang zu den Räumlichkeiten, um regelmäßige Qualitätskontrollen durchführen zu können. Die FDL hat kein eigenes Personal vor Ort.

Abwandlung (1): FDL vertreibt die Ware auf dem deutschen Markt über eine in Deutschland gegründete Tochtergesellschaft FDL GmbH (FDLG). Die FDLG ist für den Vertrieb der Produkte in Deutschland im Rahmen von engen Vorgaben der FDL und für die Kundenbetreuung verantwortlich. Die Ware wird direkt aus dem Zentrallager in den Niederlanden bzw. aus dem Auslieferungslager bei Frankfurt an den Kunden versendet.

1 Susann van der Ham, Diplom-Kauffrau und Steuerberaterin, ist Partnerin Tax Transfer Pricing bei PwC in Düsseldorf.

Die FDLG wird nur für eine logische Sekunde Eigentümerin der Ware, die sie von der FDL einkauft und sofort an den Kunden weiterverkauft.

Abwandlung (2): Wie Abwandlung (1). Allerdings handelt es sich bei der FDL nicht um ein niederländisches, sondern um ein britisches Unternehmen.

13.1.2. Rechtliche Grundlagen

13.1.2.1. Betriebsstättenbegründung im nationalen Recht

Ein Unternehmen mit Sitz und geschäftlicher Oberleitung in den Niederlanden unterliegt typischerweise dort der unbeschränkten Steuerpflicht. Darüber hinaus kann ein solches Unternehmen mit inländischen Einkünften der beschränkten Steuerpflicht gem. § 40 Abs. 1 Nr. 2a EStG unterliegen, sofern das Unternehmen im Inland eine Betriebsstätte i. S. des § 12 AO unterhält oder im Inland ein ständiger Vertreter i. S. des § 13 AO tätig wird.

Gemäß § 12 AO ist jede feste Geschäftseinrichtung oder Anlage, die der Tätigkeit des Unternehmens dient, als Betriebsstätte anzusehen. Gemäß § 12 Satz 2 Nr. 5 AO zählt hierzu insbesondere ein Warenlager. Die Tatbestandsvoraussetzung für das Vorliegen einer solchen Betriebsstätte sind:

- **Das Vorliegen einer festen Geschäftseinrichtung:** Hierbei ist eine räumliche und eine zeitliche Dimension zu beachten. Zur Erfüllung des räumlichen Kriteriums ist zum einen eine gewisse örtliche Fixierung notwendig. Zum anderen muss die Geschäftseinrichtung über eine gewisse Dauer und Stetigkeit bestehen.[1] Im Hinblick auf das zeitliche Element bietet die gesetzliche Regelung keine weiteren Ansatzpunkte, daher ist für die Auslegung auf die Rechtsprechung abzustellen und im Einzelfall zu prüfen. Die deutsche Finanzverwaltung geht jedoch unter Berufung auf das BFH-Urteil vom 19.5.1993 regelmäßig dann von einer Betriebsstätte aus, wenn eine Frist von sechs Monaten überschritten ist.[2]
- **Der Unternehmenstätigkeit dienende Tätigkeit:** Die Tätigkeit in der festen Geschäftseinrichtung muss dem Unternehmen dienen. Der Begriff Unternehmenstätigkeit umfasst kaufmännische, operative oder technische Aktivitäten, die dem Unternehmenszweck dienen. Hierunter fallen auch Hilfstätigkeiten oder Tätigkeiten von untergeordneter Bedeutung.[3]

---

1 Vgl. BFH, Urteil v. 28.8.1986 - V R 20/79, BStBl 1987 II S. 162.

2 Vgl. BFH, Beschluss v. 22.6.2010 - VII B 244/09, BFH/NV 2010 S. 2020 TAAAD-53113; BFH, Urteil v. 19.5.1993 - I R 80/92, BStBl 1993 II S. 655.; BMF, Schreiben v. 22.12.2016, BStBl 2017 I S. 182, Tz. 1.1.1.1.

3 Vgl. BFH, Urteil v. 8.12.1971 - I R 3/69, BStBl 1972 II S. 289.

- **Verfügungsmacht/Verwurzelung:** Das Unternehmen muss über diese feste Einrichtung in gewisser Weise verfügen können. Ein einfacher Zugang zu dieser festen Geschäftseinrichtung reicht hingegen nicht aus. Dieses Innehaben einer Verfügungsmacht über eine genutzte Geschäftseinrichtung oder Anlage muss nicht nur vorübergehend bestehen. Dies erfordert gemäß BFH-Rechtsprechung eine Rechtsposition des Unternehmens, „die ihm ohne seine Mitwirkung nicht ohne weiteres entzogen oder die ohne seine Mitwirkung nicht ohne weiteres verändert werden kann".[1]

Eine beschränkte Steuerpflicht i. S. des § 49 Abs. 1 Nr. 2 Buchst. a EStG kann auch durch einen ständigen Vertreter i. S. des § 13 AO ausgelöst werden. Danach ist ein ständiger Vertreter eine Person, die nachhaltig die Geschäfte eines Unternehmens besorgt und dabei dessen Sachweisungen unterliegt. Hierbei handelt es sich insbesondere um eine Person, die für ein Unternehmen nachhaltig Verträge abschließt, vermittelt oder Aufträge einholt oder einen Bestand von Gütern oder Waren unterhält und davon Auslieferungen vornimmt (§ 13 AO). Hierfür sind folgende Tatbestandsvoraussetzungen relevant:

- **Geschäftsbesorgung für einen anderen:** Der Vertreter muss für das vertretende Unternehmen wirtschaftlich tätig werden und dessen Geschäfte besorgen.[2] Da § 13 Satz 2 AO die Abschlussvollmacht nur als beispielhafte Aufgabe des ständigen Vertreters vorsieht, kann davon ausgegangen werden, dass im nationalen Recht das Vorliegen einer Abschlussvollmacht nicht zwingend erforderlich ist.[3]
- **Nachhaltigkeit:** Die Tätigkeit des ständigen Vertreters für das nichtansässige Unternehmen in Deutschland muss eine gewisse Dauerhaftigkeit haben.[4]
- **Weisungsgebundenheit:** Das vertretene Unternehmen ist gegenüber dem ständigen Vertreter weisungsbefugt bzw. der ständige Vertreter ist gegenüber dem vertretenen Unternehmen weisungsgebunden. Somit kann das vertretene Unternehmen Einfluss auf das Handeln des Vertreters nehmen[5] und entscheidend bestimmen.[6]

Die Rechtsfolgen des ständigen Vertreters und der Betriebsstäte sind weitgehend dieselben.

---

1 Vgl. BFH, Urteil v. 3.2.1993 - I R 80-81/91, BStBl 1993 II S. 462.

2 Vgl. Drüen in Tipke/Kruse, AO/FGO, § 13 AO Rz. 3 ff.

3 Vgl. BFH, Urteil v. 12.4.1978 - I R 136/77, BStBl 1978 II S. 494.

4 Vgl. BFH, Urteil v. 12.4.1978 - I R 136/77, BStBl 1978 II S. 496; BFH, Urteil v. 27.11.1963 - I 335/60 U, BStBl 1964 III S. 76; BFH, Urteil v. 28.6.1972 - I R 35/70, BStBl 1972 II S. 787.

5 Vgl. Heinsen in Gosch, AO/FGO, § 13 AO Rz. 9; Drüen in Tipke/Kruse, AO/FGO, § 13 AO Rz. 5.

6 Vgl. BFH, Urteil v. 12.4.1978 - I R 136/77, BStBl 1978 II S. 494

13.1.2.2. Betriebsstättenbegründung im Abkommensrecht

Gemäß Art. 5 Abs. 1 DBA Niederlande[1] bedeutet der Ausdruck „Betriebsstätte" eine feste Geschäftseinrichtung, durch die die Geschäftstätigkeit eines Unternehmens ganz oder teilweise ausgeübt wird. Die Tatbestandsmerkmale für das Vorliegen einer festen Geschäftseinrichtungsbetriebsstätte im Abkommensrecht sind daher recht ähnlich. Auch hier muss eine feste Geschäftseinrichtung vorliegen, was eine gewisse zeitliche und räumliche Fixierung voraussetzt. Die Unternehmenstätigkeit des Unternehmens muss durch diese feste Geschäftseinrichtung erfolgen. Weiterhin muss eine Verfügungsmacht des Unternehmens gegeben sein.[2]

Darüber hinaus ist gem. Art. 5 Abs. 8 DBA Niederlande von einer Vertreterbetriebsstätte auszugehen, wenn eine Person – mit Ausnahme eines unabhängigen Vertreters i. S. des Art. 5 Abs. 9 DBA Niederlande – für ein Unternehmen tätig ist und in einem Vertragsstaat die Vollmacht besitzt und im anderen Vertragsstaat gewöhnlich ausübt, im Namen des Unternehmens Verträge abzuschließen.

13.1.2.3. Negativkatalog

Anders als im nationalen Recht enthält Art. 5 Abs. 7 DBA Niederlande jedoch eine Rückausnahme, wonach in besonderen Fällen trotz Vorliegens der Voraussetzungen für eine Geschäftseinrichtungsbetriebsstätte oder für eine Vertreterbetriebsstätte dennoch keine Betriebsstätte begründet wird. Hierzu zählen u. a.

- Einrichtungen, die ausschließlich zur Lagerung, Ausstellung oder Auslieferung von Gütern oder Waren des Unternehmens benutzt werden;
- Bestände von Gütern oder Waren des Unternehmens, die ausschließlich zur Lagerung, Ausstellung oder Auslieferung unterhalten werden; oder
- Bestände von Gütern oder Waren des Unternehmens, die ausschließlich zu dem Zweck unterhalten werden, durch ein anderes Unternehmen bearbeitet oder verarbeitet zu werden;

sofern diese Tätigkeiten vorbereitender Art sind oder eine Hilfstätigkeit darstellen.

13.1.2.4. Antifragmentierungsregelung

Im Zuge des OECD BEPS-Projekts wurde in das OECD-MA 2017 in Art. 5 Abs. 4.1 OECD-MA eine neue Antifragmentierungsregelungen aufgenommen. Diese Vorschrift richtet sich

1 Vgl. Gesetz zu dem Abkommen vom 12.4.2012 zwischen der Bundesrepublik Deutschland und dem Königreich der Niederlande zur Vermeidung der Doppelbesteuerung und zur Verhinderung der Steuerverkürzung auf dem Gebiet der Steuern vom Einkommen, BGBl 2012 II S. 1415.

2 Für weitere Details hierzu wird auf die Ott in Kapitel 3 verwiesen.

gegen die Vermeidung von Betriebsstätten durch eine künstliche Aufsplittung von Wertschöpfungsketten. Dabei soll insbesondere verhindert werden, dass durch künstliche Aufspaltung von Haupt- und Nebenfunktionen die steuerliche Bemessungsgrundlage in einem Marktstaat minimiert werden kann. Die Neuregelung sieht nun vor, dass die Ausnahmeregelung des Art. 5 Abs. 4 OECD-MA nicht greift, wenn der Steuerpflichtige oder eine nahestehende Person Geschäftstätigkeiten im selben Staat ausübt und

- diese Geschäftstätigkeit eine Betriebsstätte begründet; oder
- wenn die Kombination der beiden Geschäftstätigkeiten zur Begründung einer Betriebsstätte führen würde.

Voraussetzung für die Anwendung der neuen Regelung ist, dass die beiden Tätigkeiten sich ergänzende Funktionen darstellen, welche Teil einer zusammenhängenden Geschäftstätigkeit sind.

Diese Neuregelung wurde u. a. in das deutsche DBA mit dem Vereinigten Königreich Großbritannien und Nordirland (DBA UK) aufgenommen. Die Änderungen sind am 17.12.2021 in Kraft getreten.[1] Das DBA Niederlande enthält keine vergleichbare Regelung.

13.1.2.5. Betriebsstättengewinnabgrenzung

Für die Betriebsstättengewinnabgrenzung sind aus deutscher Sicht die Grundsätze des § 1 Abs. 5 AStG heranzuziehen, wonach die inländische Betriebsstätte eines ausländischen Unternehmens für Gewinnabgrenzungszwecke wie ein fiktiv selbständiges Unternehmen zu behandeln ist, es sei denn, die Zugehörigkeit der Betriebsstätte zum Unternehmen erfordert eine andere Behandlung.

Bei der Betriebsstättengewinnabgrenzung ist eine zweistufige Vorgehensweise vorgesehen. In einem ersten Schritt sind die Personalfunktionen, die Vermögenswerte sowie die Chancen und Risiken zuzuordnen und das Dotationskapital zu bestimmen. Anschließend sind die anzunehmenden schuldrechtlichen Beziehungen (Dealings) zwischen Stammhaus und Betriebsstätte zu identifizieren (§ 1 Abs. 4 und 5 Satz 5 AStG). In einem zweiten Schritt sind danach für diese Dealings angemessene Verrechnungspreise festzulegen (§ 1 Abs. 5 Satz 5 AStG). Für weitere Details sei auf Salinger in Kapitel 4 verwiesen.

1 Vgl. BGBl 2021 II S. 668; BGBl 2022 II S. 124.

13.1.3. Lösungshinweise

13.1.3.1. Grundfall

Im Grundfall ist zu untersuchen, ob das Auslieferungslager in der Nähe von Frankfurt eine Betriebsstätte des niederländischen Unternehmens im Inland i. S. des § 12 AO darstellt. Das Warenlager stellt grds. eine feste Geschäftseinrichtung dar. Es liegt sowohl eine räumliche Fixierung als auch eine gewisse Dauerhaftigkeit vor, da das Lager nicht nur kurzfristig genutzt wird. Die Lagerung von Waren ist grds. auch als eine Tätigkeit einzustufen, die der Unternehmenstätigkeit der FDL dient.

Fraglich ist, ob die FDL über eine Verfügungsmacht über die feste Geschäftseinrichtung verfügt. Dafür könnte sprechen, dass die FDL jederzeit Zugang zu den Räumlichkeiten des unverbundenen Logistikunternehmens hat, in dessen Räumlichkeiten die Ware gelagert wird. Zu einem anderen Ergebnis würde man kommen, wenn die FDL ihren Besuch jeweils ankündigen müsste und keine eigenständige Zugangsberechtigung zu den Räumlichkeiten hätte, sondern hier jeweils nur mit einer Besucherkarte ausgestattet werden würde.

Selbst wenn die FDL keine Verfügungsmacht über die feste Geschäftseinrichtung hätte und somit eine Betriebsstätte i. S. des § 12 AO auszuschließen wäre, müsste im zweiten Schritt das Vorliegen eines ständigen Vertreters i. S. des § 13 AO geprüft werden. Im vorliegenden Fall könnte das Logistikunternehmen als ständiger Vertreter der FDL anzusehen sein, da dieses für die FDL einen Bestand von Gütern oder Waren unterhält und davon mit einer gewissen Nachhaltigkeit Auslieferungen vornimmt. Fraglich ist jedoch, ob bzgl. des unabhängigen Logistikers das Tatbestandsmerkmal der Weisungsgebundenheit vorliegt. Wäre dies zu bejahen, müsste man wohl von dem Vorliegen eines ständigen Vertreters i. S. des § 13 AO ausgehen.

In einem zweiten Schritt wäre nun abkommensrechtlich zu prüfen, ob Deutschland von seinem Besteuerungsrecht Gebrauch machen könnte. Dies ist im vorliegenden Fall jedoch zu verneinen:

- Sofern die FDL über eine Verfügungsmacht über die Räumlichkeiten verfügt, sind zwar die Voraussetzungen für das Vorliegen einer festen Geschäftseinrichtung erfüllt. Allerdings stellt das Unterhalten eines Warenbestandes in Deutschland für Zwecke der Auslieferung eine Hilfstätigkeit i. S. des Art. 5 Abs. 7 Buchst. c DBA Niederlande dar. Das Auslieferungslager hat dabei nur eine unterstützende Funktion bzw. Hilfsfunktion, da es nur dem Spitzenausgleich und zur Sicherstellung kurzfristiger Lieferungen dient und das Zentrallager nicht ersetzt.

- Auch ein ständiger Vertreter bzw. eine Vertreterbetriebsstätte kann ausgeschlossen werden, da diese abkommensrechtlich einen abhängigen Vertreter mit Abschlussvollmacht erfordert, welcher hier sachverhaltsgemäß nicht vorliegt.

Folglich begründet die FDL in Deutschland keine Betriebsstätte.

13.1.3.2. Abwandlung (1)

Hinsichtlich des Warenlagers ergibt sich auch nach der Abwandlung kein anderes Bild. Die FDLG begründet auch keine Vertreterbetriebsstätte für die FDL, da sie ausschließlich im eigenen Namen und auf eigene Rechnung handelt und keine Abschlussvollmacht für die FDL besitzt. Eine Antifragmentierungsregelung analog zu Art. 5 Abs. 4.1 OECD-MA enthält das DBA Niederland nicht.

13.1.3.3. Abwandlung (2)

Sofern eine Verfügungsmacht der FDL über die Räumlichkeiten vorliegt, in denen die Ware gelagert wird, begründet die FDL nach nationalem Recht eine Betriebsstätte nach § 12 AO.

Das DBA UK schränkt das deutsche Besteuerungsrecht nicht ein, da gem. Art. 5 Abs. 4 Buchst. a DBA UK die Antifragmentierungsreglung zur Anwendung kommt, wonach die Rückausnahme gem. Art. 5 Abs. 4 DBA UK u. a. dann nicht greift, wenn folgende Voraussetzungen erfüllt sind:

- ein verbundenes Unternehmen (hier die FDLG) übt am selben Ort oder an einem anderen Ort in Deutschland eine Geschäftstätigkeit aus und die Gesamttätigkeit beider Unternehmen stellt weder eine Tätigkeit vorbereitender Art noch eine Hilfstätigkeit dar; und
- die an beiden Orten ausgeübten Tätigkeiten ergänzen sich und hängen zusammen.

Diese Voraussetzungen sind im vorliegenden Fall erfüllt, da das Auslieferungslager der FDL und die Vertriebstätigkeit der FDLG eng miteinander verbunden sind und sich ergänzen.

Mithin begründet die FDL in der Abwandlung (2) mit dem Auslieferungslager in Deutschland auch abkommensrechtlich eine Betriebsstätte.

13.1.3.4. Vergütung der Betriebsstätte in Abwandlung (2)

Im nächsten Schritt wäre im Fall der Abwandlung (2) zu untersuchen, in welchem Umfang die FDL in Deutschland beschränkt steuerpflichtig ist. Hierzu ist gem. § 1 Abs. 5 AStG i. V. mit §§ 1–17 BsGaV zunächst eine Zuordnung von Personalfunktionen, Vermögenswerten, Chancen und Risiken sowie Dotationskapital vorzunehmen:

- **Personalfunktionen:** Laut Sachverhalt hat die FDL kein eigenes Personal vor Ort. Zwar besteht grds. die Möglichkeit, dass Mitarbeiter der FDL das Auslieferungslager regelmäßig besuchen, um dort Qualitätskontrollen durchführen zu können. Allerdings dürften diese Besuche nicht zu einer Zuordnung von Personalfunktionen zur deutschen Betriebsstätte führen, da die Tätigkeiten keinen bzw. allenfalls nachrangigen sachlichen Bezug zur Tätigkeit der Betriebsstätte haben. Vielmehr besteht ein starker sachlicher Bezug zum Stammhaus, in dem z. B. das Supply Chain Management angesiedelt ist, welches funktional für die Qualitätskontrolle verantwortlich ist. Sofern die Tätigkeit vor Ort an weniger als 30 Tagen innerhalb des Wirtschaftsjahres ausgeübt wird, ist diese Personalfunktion gem. § 4 Abs. 1 BsGaV dem Stammhaus zuzuordnen. Im Ergebnis sind der Betriebsstätte keine Personalfunktionen zuzuordnen.
- **Waren und andere materielle Wirtschaftsgüter:** Für die Zuordnung von materiellen Wirtschaftsgütern ist die Personalfunktion der Nutzung maßgeblich (§ 5 Abs. 1 BsGaV). Da das Auslieferungslager von einem unverbundenen Logistiker betrieben wird, befinden sich außer den im Lager befindlichen Waren keine weiteren materiellen Wirtschaftsgüter der FDL vor Ort in Deutschland. Hinsichtlich der Waren ist fraglich, ob diese mangels Personalfunktion der Betriebsstätte überhaupt zugeordnet werden können. Eine Zuordnung der Waren zur Betriebsstätte wäre auch ohne das Vorhandensein einer maßgeblichen Personalfunktion gem. BMF-Schreiben vom 17.12.2019[1] denkbar. Hierbei wird insbesondere auf die Rz. 66 und 75 des OECD-Betriebsstättenberichts 2010[2] Bezug genommen. In den Fällen, in denen die Betriebsstätte nur aufgrund der Tatsache zustande kommt, dass materielle Wirtschaftsgüter sich vor Ort befinden, soll nicht die Personalfunktion der Nutzung, sondern der Ort der Nutzung als maßgebliches Zuordnungskriterium herangezogen werden. In diesem Fall wären die Waren der deutschen Betriebsstätte zuzuordnen. Allerdings ist in einem nächsten Schritt zu prüfen, ob es eine andere Personalfunktion im Stammhaus gibt, die für die Ware von größerer Bedeutung ist (§ 4 Abs. 2 BsGaV). Da sämtliche Personalfunktionen bzgl. der Ware, insbesondere das Design, das Sourcing, das Supply Chain Management und sämtliche Verwaltungsfunktionen im Stammhaus ausgeübt werden, wäre auch eine Zuordnung der Ware zum Stammhaus vertretbar.
- **Chancen und Risiken:** Sofern die Waren der Betriebsstätte zuzuordnen wären, müssten der Betriebsstätte gem. § 10 Abs. 1 BsGaV auch warenbezogene Chancen und Risiken zugeordnet werden. Sind jedoch andere Personalfunktionen, wie im vorliegenden Fall das zentrale Supply Chain Management, für das Bestandsmanagement

1 Vgl. BMF, Schreiben v. 17.12.2019, BStBl 2020 I S. 84.

2 OECD, Report on the attribution of profits to permanent establishments v. 22.7.2010.

der Waren verantwortlich und überwiegt diese Verantwortung gegenüber den Tätigkeiten der Betriebsstätte, wären Chancen und Risiken im Zusammenhang mit den Waren dem Stammhaus zuzurechnen (§ 10 Abs. 3 BsGaV). Folglich sind Kosten wie z. B. Wertminderungen der Ware ausschließlich dem Stammhaus zuzurechnen.

- Für alle anderen Zuordnungsregelungen gelten die allgemeinen Vorschriften. Hier sei auf Details in anderen Kapiteln dieses Buches verweisen.

Im Ergebnis der Zuordnungsübung ist es im vorliegenden Fall vertretbar, dass der Betriebsstätte weder Personalfunktionen noch Vermögenswerte, Chancen und Risiken oder Dotationskapital zuzuordnen ist. Da die Betriebsstätte in diesem Fall keine Funktionen und Risiken übernimmt, kann auch keine anzunehmende schuldrechtliche Geschäftsbeziehung zwischen Stammhaus und Betriebsstätte vorliegen. Folglich wäre der Betriebsstätte ein Gewinn in Höhe von null zuzuordnen.

Selbst wenn man zu dem Ergebnis käme, dass die Ware der Betriebsstätte zuzuordnen wäre, würde der Betriebsstätte – wenn überhaupt – nur ein geringer Gewinn zuzuordnen sein, da es sich bei der Ware im Auslieferungslager nicht um wesentliche Werttreiber des Unternehmens handelt.[1] Für die in diesem Fall vorliegende anzunehmende schuldrechtliche Beziehung (treuhänderisches Halten eines Bestands von Waren) wäre allenfalls ein geringfügiges Dienstleistungsentgelt auf Basis der Kostenaufschlagsmethode festzusetzen. In die Kostenbasis dürften jedoch die Anschaffungskosten der Waren nicht einfließen, da entsprechende Chancen und Risiken dem Stammhaus zuzuordnen sind. Anders könnte sich dies jedoch gestalten, wenn es sich bei der Ware um den wesentlichen Werttreiber für den Unternehmenserfolg der FDL handeln würde.[2] Dies ist jedoch im vorliegenden Fall nicht ersichtlich.

13.2. Informationsbeschaffung

13.2.1. Darstellung des Sachverhalts

Die niederländische Tageszeitung Maasbode B.V., die in Rotterdam erscheint, unterhält ein Redaktionsbüro für Zwecke der Informationsbeschaffung in Deutschland. In dieser Redaktionsstätte werden Informationen gesammelt, übersetzt, redaktionell aufbereitet und in druckreifen bzw. veröffentlichungsreifen Artikeln zusammengefasst.

13.2.2. Rechtsgrundlagen

Für die Frage nach der beschränkten Steuerpflicht der Maasbode B.V. in Deutschland gelten die allgemeinen Grundsätze. Gleiches gilt für die Frage der abkommensrecht-

1 Vgl. van der Ham/Retzer, In der Kürze liegt die Würze?, IWB 3/2020, S. 86.

2 Vgl. van der Ham/Retzer, In der Kürze liegt die Würze?, IWB 3/2020, S. 86, m. w. N.

lichen Beschränkung des deutschen Besteuerungsrechts. Insoweit wird auf die Ausführungen in van der Ham in Kapitel 13.1.2. und Kapitel 13.1.3.1. verwiesen.

Hinsichtlich der Frage, ob und inwieweit die Rückausnahme des Art. 5 Abs. 7 DBA Niederlande greift, ist zunächst zu schauen, ob die Tätigkeiten grds. im Negativkatalog aufgeführt werden und ob diese geeignet sind, als Tätigkeiten vorbereitenden Art zu gelten, bzw. als Hilfstätigkeiten eingestuft werden können.

Hierbei ist zunächst festzustellen, dass der Negativkatalog des Art. 5 Abs. 7 DBA Niederlande in Buchst. e regelt, dass eine feste Geschäftseinrichtung, die ausschließlich zu dem Zweck unterhalten wird, Informationen zu beschaffen, zu den Betriebsstättenausnahmen gehören kann. Voraussetzungen hierfür sind:

- Die Gesamttätigkeit der festen Geschäftseinrichtung ist vorbereitender Art oder stellt eine Hilfstätigkeit dar, und
- die feste Geschäftseinrichtung dient ausschließlich diesem Zweck.

13.2.3. Lösungshinweise

Die Redaktionsstelle der Maasbode B.V. stellt eine Betriebsstätte in Deutschland dar, da insbesondere die Rückausnahme des Art. 5 Abs. 7 DBA Niederland nicht greift.

Zum einen ist fraglich, ob die Tätigkeit der Redaktionsstelle einer Tageszeitung insgesamt überhaupt eine Tätigkeit vorbereitender Art bzw. eine Hilfstätigkeit sein kann. Vielmehr stellt die Informationsbeschaffung und deren redaktionelle Bearbeitung für Veröffentlichungszwecke die Haupttätigkeit einer Tageszeitung dar.

Zwar kann die reine Informationsbeschaffung ggf. als eine Tätigkeit vorbereitender Art eingestuft werden. Allerdings muss die Gesamttätigkeit und nicht nur ein Teilbereich der Tätigkeiten der festen Geschäftseinrichtung vorbereitender Art sein. Wenn jedoch wie im vorliegenden Fall weitere Tätigkeiten ausgeübt werden, die keinen vorbereitenden Charakter haben, dann fehlt es an dem Kriterium der Ausschließlichkeit.[1] In diesem Fall kann die Rückausnahme nicht wirken und die Maasbode B.V. begründet mit der Redaktionsstelle eine Betriebsstätte in Deutschland.

13.3. Einkaufstätigkeit

13.3.1. Darstellung des Sachverhalts

Grundfall: Die Uhrenfabrik AG (UFA) mit Sitz in Zug (Schweiz) produziert hochwertige Uhren und vertreibt diese weltweit über eine Netzwerk an Vertriebsgesellschaften. Ein

1 Vgl. BFH, Urteil v. 23.1.1985 - I R 292/81, BStBl 1985 II S. 417.

Großteil der Teile zur Uhrenfabrikation wird in der Schweiz handgefertigt. Einige Teile und Komponenten werden allerdings in Deutschland von unverbundenen Herstellern beschafft, die sich auf die Fertigung von Komponenten für hochwertige Uhren spezialisiert haben. Hierzu hat die UFA in Glashütte (Sachsen) eine Tochtergesellschaft gegründet, die UFA Einkaufs GmbH (UFAG), die als Einkaufsagent der UFA in Deutschland agiert und für sie mit den Lieferanten Lieferverträge abschließt. Für ihre Tätigkeit erhält die UFAG eine fremdübliche Handelsvertreterprovision.

Abwandlung (1): Die UFA sitzt nicht in der Schweiz, sondern in Österreich.

Abwandlung (2): Die UFA sitzt nicht in der Schweiz, sondern in den Niederlanden.

13.3.2. Vertreterbetriebsstätte im Einkauf

Die UFA ist als ein Unternehmen mit Sitz und Ort der Geschäftsleitung in der Schweiz typischerweise dort unbeschränkt steuerpflichtig. Darüber hinaus könnte die UFA gem. § 49 Abs. 1 Nr. 2 Buchst. a EStG in Deutschland beschränkt steuerpflichtig sein, wenn sie ihre Unternehmenstätigkeit im Inland über eine Betriebsstätte (§ 12 AO) oder über einen ständigen Vertreter (§ 13 AO) ausübt.

Eine Betriebsstätte ist jede feste Geschäftseinrichtung oder Anlage, die der Tätigkeit eines Unternehmens dient (§ 12 AO). Als Betriebsstätten sind gem. § 12 Satz 2 Nr. 6 AO insbesondere Einkaufsstellen anzusehen. Für die weiteren Tatbestandsvoraussetzungen wird auf van der Ham in Kapitel 13.1.2.1. verwiesen.

Ein ständiger Vertreter i. S. des § 13 AO ist eine Person, die nachhaltig die Geschäfte eines Unternehmens besorgt und dabei dessen Sachweisungen unterliegt. Hierzu zählt insbesondere eine Person, die für ein Unternehmen nachhaltig Verträge abschließt. Für die weiteren Tatbestandsvoraussetzungen wird auf van der Ham in Kapitel 13.1.2.1. verwiesen.

Gemäß Art. 5 Abs. 1 DBA Schweiz[1] bedeutet der Ausdruck „Betriebsstätte" eine feste Geschäftseinrichtung, durch die die Geschäftstätigkeit eines Unternehmens ganz oder teilweise ausgeübt wird. Die Tatbestandsmerkmale für das Vorliegen einer festen Geschäftseinrichtungsbetriebsstätte im Abkommensrecht sind daher recht ähnlich. Auch hier muss eine feste Geschäftseinrichtung vorliegen, was eine gewisse zeitliche und räumliche Fixierung voraussetzt. Die Unternehmenstätigkeit des Unternehmens muss durch diese feste Geschäftseinrichtung erfolgen. Außerdem muss eine Verfügungsmacht des Unternehmens gegeben sein.

1 Vgl. Abkommen zwischen der Bundesrepublik Deutschland und der Schweizerischen Eidgenossenschaft zur Vermeidung der Doppelbesteuerung auf dem Gebiete der Steuern vom Einkommen und vom Vermögen, BGBl 1972 II S. 1021.

Darüber hinaus ist gem. Art. 5 Abs. 4 DBA Schweiz von einer Vertreterbetriebsstätte auszugehen, wenn eine Person – mit Ausnahme eines unabhängigen Vertreters i. S. des Art. 5 Abs. 5 DBA Schweiz – für ein Unternehmen tätig ist und in einem Vertragsstaat die Vollmacht besitzt und im anderen Vertragsstaat gewöhnlich ausübt, im Namen des Unternehmens Verträge abzuschließen.

Art. 5 Abs. 4 DBA Schweiz sieht jedoch eine Ausnahmeregelung für Einkaufstätigkeiten vor. Danach begründet eine solche Person ungeachtet der vorliegenden Tatbestandsvoraussetzungen dann keine Vertreterbetriebsstätte, wenn sich ihre Tätigkeit auf den Einkauf von Gütern oder Waren für das Unternehmen beschränkt. Dabei erfolgt keine (weitere) Einschränkung darauf, dass die Einkaufstätigkeit vorbereitender Art sein oder eine Hilfstätigkeit darstellen muss.

Schaut man in das DBA Österreich,[1] lässt sich feststellen, dass die Voraussetzungen für das Vorliegen einer festen Geschäftseinrichtungsbetriebsstätte (Art. 5 Abs. 1 DBA Österreich) bzw. einer Vertreterbetriebsstätte (Art. 5 Abs. 5 und 6 DBA Österreich) denen entsprechen, die auch gemäß DBA Schweiz gelten. Ein Unterschied besteht jedoch bzgl. der in beiden DBA geregelten Rückausnahmen für das Vorliegen einer Vertreterbetriebsstätte. In Art. 5 Abs. 5 DBA Österreich wird dabei nicht speziell auf eine Einkaufstätigkeit abgestellt, sondern es wird allgemein auf den Negativkatalog verwiesen, der in Art. 5 Abs. 4 DBA Österreich enthalten ist.

Voraussetzung für die Anwendung der Rückausnahmeklausel ist somit, dass die Einkaufstätigkeit im Negativkatalog aufgezählt ist. Dies ist grds. der Fall, denn Art. 5 Abs. 4 Buchst. c DBA Österreich regelt, dass eine feste Geschäftseinrichtung, die ausschließlich zu dem Zweck unterhalten wird, für das Unternehmen Güter oder Waren einzukaufen, keine Betriebsstätte begründet. Bemerkenswert ist hierbei, dass das DBA Österreich einen Art. 5 Abs. 4 enthält, der der Fassung des OECD-MA vor 2017 entspricht. Das heißt, dass die Änderungen des Art. 5 Abs. 4 OECD-MA 2017, die im Rahmen des OECD-BEPS Projekts erfolgten, noch nicht in das DBA eingeflossen sind. Diese Änderungen bezogen sich auf die Regelung, wonach alle Tätigkeiten nur dann keine Betriebsstätte begründen, wenn diese bezogen auf die Gesamtwertschöpfung des betrachteten Unternehmens von vorbereitender Art sind bzw. Hilfstätigkeiten darstellen. Da diese Voraussetzung im DBA Österreich jedoch nicht enthalten ist, rechtfertigt jede Tätigkeit im Negativkatalog die Anwendung der Rückausnahmeklausel.[2]

Abschließend soll nun noch das DBA Niederlande geprüft werden. Art. 5 Abs. 8 DBA Niederlande enthält bzgl. der Anwendbarkeit der Rückausnahme für Vertreterbetriebs-

1 Vgl. Gesetz zu dem Abkommen vom 24.8.2000 zwischen der Bundesrepublik Deutschland und der Republik Österreich zur Vermeidung der Doppelbesteuerung auf dem Gebiet der Steuern vom Einkommen und vom Vermögen BGBl 2002 II S. 735.

2 Vgl. BFH, Urteil v. 23.1.1985 - I R 292/81, BStBl 1985 II 417.

stätten den inhaltsgleichen Verweis auf den Negativkatalog des Art. 5 Abs. 7 DBA Niederlande. Allerdings ist in Art. 5 Abs. 7 DBA Niederlande explizit geregelt, dass die Tätigkeiten des Katalogs nur dann eine Rückausnahme erlauben, wenn diese vorbereitender Art sind oder Hilfstätigkeiten darstellen.

13.3.3. Lösungshinweise

13.3.3.1. Grundfall Schweiz

Die UFA unterhält keine feste Geschäftseinrichtung i. S. des § 12 AO i. V. mit Art. 5 Abs. 1 DBA Schweiz in Deutschland. In den Geschäftsräumen der UFAG wird ausschließlich die Unternehmenstätigkeit der UFAG ausgeübt. Außerdem hat die UFA keine Verfügungsmacht über die Geschäftsräume der UFAG.

Die UFAG ist allerdings nachhaltig und weisungsgebunden für die UFA tätig und besitzt die Vollmacht, für die UFA-Einkaufsverträge abzuschließen. Die UFAG ist somit als ständiger Vertreter i. S. des § 13 AO zu charakterisieren. Die UFA begründet allerdings keine Vertreterbetriebsstätte in Deutschland gem. Art 5 Abs. 3 DBA Schweiz, da die Tätigkeit der UFAG auf den Einkauf von Gütern oder Waren für die UFA beschränkt ist.

13.3.3.2. Abwandlung (1) Österreich

Wäre die UFA in Österreich ansässig, würde sie ebenfalls keine Vertreterbetriebsstätte i. S. des Art. 5 Abs. 5 und 6 DBA Österreich begründen, da ihre Tätigkeit auf eine im Negativkatalog des Art. 5 Abs. 4 DBA Österreich genannte Tätigkeit beschränkt ist.

13.3.3.3. Abwandlung (2) Niederlande

Wäre die UFA in den Niederlanden ansässig, würde sie nur dann keine Vertreterbetriebsstätte i. S. des Art. 5 Abs. 8 i. V. mit Abs. 7 DBA Niederlanden begründen, wenn die Einkaufstätigkeit eine Tätigkeit vorbereitender Art oder eine Hilfstätigkeit darstellen würde. Diese Frage kann jedoch nur auf Basis einer genauen Funktions- und Risikoanalyse bzw. einer Wertschöpfungsbeitragsanalyse geklärt werden.

Würde man zu dem Ergebnis kommen, dass die Einkaufstätigkeit nicht nur vorbereitender Art ist und keine Hilfstätigkeit darstellt, würde die UFA in Deutschland eine Vertreterbetriebsstätte begründen.

13.3.3.4. Vergütung der Betriebsstätte in Abwandlung (2)

Für die Betriebsstättengewinnabgrenzung sind aus deutscher Sicht die Grundsätze des § 1 Abs. 5 AStG heranzuziehen, wonach die inländische Betriebsstätte eines ausländischen Unternehmens für Gewinnabgrenzungszwecke wie ein fiktiv selbständiges Unternehmen zu behandeln ist, es sei denn, die Zugehörigkeit der Betriebsstätte zum Unternehmen erfordert eine andere Behandlung.

Bei der Betriebsstättengewinnabgrenzung ist eine zweistufige Vorgehensweise vorgesehen. In einem ersten Schritt sind die Personalfunktionen, die Vermögenswerte sowie die Chancen und Risiken zuzuordnen und das Dotationskapital zu bestimmen. Anschließend sind die anzunehmenden schuldrechtlichen Beziehungen (Dealings) zwischen Stammhaus und Betriebsstätte zu identifizieren (§ 1 Abs. 4 und 5 Satz 5 AStG). In einem zweiten Schritt sind danach für diese Dealings angemessene Verrechnungspreise festzulegen (§ 1 Abs. 5 Satz 5 AStG).

Für die Betriebsstättengewinnabgrenzung bei ständigen Vertretern sind neben den allgemeinen Vorschriften der §§ 1–17 BsGaV besondere Vorschriften des § 39 BsGaV zu beachten. Gemäß § 39 Abs. 2 BsGaV erfolgt die Zuordnung von Personalfunktion bei Vertreterbetriebsstätten primär auf Basis einer fiktiven Zurechnung von Personalfunktionen des Vertreters zur Vertreterbetriebsstätten. Für weitere Details sei auf Thiede in Kapitel 5 verwiesen.

Im vorliegenden Fall dürfte es trotz der Zurechnung von Personalfunktionen der UFAG zum ständigen Vertreter bzw. zur Vertreterbetriebsstätte der UFA zu keinem Ergebnis des ständigen Vertreters bzw. der Vertreterbetriebsstätte kommen, das über das Ergebnis der UFAG hinausgeht. Denn der für den ständigen Vertreter bzw. die Vertreterbetriebsstätte entstehende Ertrag muss im Regelfall vollständig an den Vertreter weitergegeben werden (Null-Summen-Theorie).[1]

1 Vgl. BMF, Schreiben v. 22.12.2016, BStBl 2017 I S. 182, Rz. 422.

14. Hilfs- und Nebenrechnung und weitere Dokumentationsvorschriften

von Caroline Wies[1]

LITERATUR:

Beiser, Arm's length-Prinzip zwischen Stammhaus und Betriebsstätten – Funktion und Grenzen der Fiktion der Selbstständigkeit und Unabhängigkeit, DStZ 2023 S.137; *BMF,* Verwaltungsgrundsätze Betriebsstättengewinnaufteilung, BMF-Schreiben v.22.12.2016, BStBl 2017 I S.182; *Dombrowski/Sommer/Dahle,* Die Pflicht zur Erstellung der Hilfs- und Nebenrechnung für Betriebsstätten – Praktische Im- und Komplikationen für den Steuerpflichtigen, IStR 2016 S.109; *Gosch,* Betriebsstätte und AOA, ISR 2018 S.404; *Greil/Greil,* Steuerliche Verrechnungspreise – Ein fallbasierter Einstieg, 2.Aufl. 2022; *Grotherr/Herfort/Kaminski,* Internationales Steuerrecht, 4.Aufl. 2022; *Haverkamp,* Zur finalen Fassung der Verwaltungsgrundsätze Betriebsstättengewinnaufteilung, ISR 2017 S.33; *Heinsen,* Die neuen Verwaltungsgrundsätze zur Betriebsstättengewinnaufteilung (VWG BsGa) – Zehn wichtige Neuerungen, DB 2017 S.85; *Klein,* Betriebsstättenbesteuerung ausländischer Unternehmen in Deutschland, IWB 2/2021 S.46 DAAAH-69277; *Korts/Korts/Korts,* Grundlagen des Internationalen Steuerrechts, 2022; *Looks/Heinsen,* Betriebsstättenbesteuerung: Inboundinvestitionen, Steuergestaltungen, Branchenbesonderheiten, 3.Aufl. 2017; *Lübbehüsen/Kahle,* Brennpunkte der Besteuerung von Betriebsstätten, 2.Aufl. 2019; *OECD,* Bericht über die Zurechnung von Gewinnen zu Betriebsstätten, 2010; *Oestreicher/Schnitger/Wellens,* Gewinnabgrenzung nach dem Authorised OECD Approach (AOA): Fremdvergleich in Gestalt des Authorised OECD Approach und Betriebsstättengewinnermittlung im In- und Ausland, 2.Aufl. 2021; *Wassermeyer/Andresen/Titz,* Betriebsstätten-Handbuch – Gewinnermittlung und Besteuerung, 2.Aufl. 2018.

14.1. Einleitung und Problemstellung

Die Erstellung von Hilfs- und Nebenrechnungen stellt Unternehmen in der Praxis regelmäßig vor unterschiedlichste Herausforderungen. Ihre spezielle Herausforderung ergibt sich aus dem Widerspruch zwischen der rechtlichen Einheit des Unternehmens einerseits und der Notwendigkeit, die Betriebsstätte fiktiv als selbständige Einheit zu betrachten, um steuerliche Gewinne zuzuweisen, gemäß dem Grundsatz des Fremdvergleichs („dealing at arm's length").

Die deutschen Vorschriften zur Betriebsstättengewinnaufteilung und insbesondere die darin verankerte Hilfs- und Nebenrechnung gelten als sehr speziell. Vergleichbar detaillierte und zahlreiche Anforderungen lassen sich in anderen Rechtssystemen und Ländern nicht ausfindig machen.

1 Caroline Wies ist Senior Managerin Transfer Pricing bei PwC in Köln. Der Beitrag gibt ausschließlich die private Meinung der Autorin wieder und wurde nicht in dienstlicher Eigenschaft verfasst.

Daher sollten beispielsweise insbesondere bei signifikant hohen Einkünften oder Finanzierungsaufwendungen einer in Deutschland begründeten Betriebsstätte eines ausländischen Unternehmens (Inbound-Betriebsstätten) oder einer im Ausland begründeten Betriebsstätte eines deutschen Unternehmens (Outbound-Betriebsstätten) immer die verschiedenen Länderperspektiven einbezogen werden, da andernfalls nicht sichergestellt werden kann, dass die vorgenommene Gewinnaufteilung und durchgeführte Hilfs- und Nebenrechnung auch zweifelsfrei von Finanzverwaltungen in anderen Ländern anerkannt werden.

Darüber hinaus erweist sich in der Praxis häufig bereits die Datensammlung, um überhaupt eine Hilfs- und Nebenrechnung aufstellen zu können, als schwierig. Zugriffsrechte fehlen oftmals oder Daten sind nur schwer oder mit hohem Aufwand zutreffend ermittelbar (da beispielsweise häufig keine separaten Buchungskreise in der Buchhaltung für Betriebsstätten angelegt bzw. verwendet werden), um die gesetzlich geltenden Anforderungen nach deutschem Recht erfüllen zu können.

Um die Zuordnung von Personalfunktionen, Vermögenswerten und Verbindlichkeiten, Chancen und Risiken, sowie insbesondere die Ermittlung des sog. Dotationskapitals in der Praxis zu erleichtern, wird im Folgenden auf Basis der gesetzlichen Anforderungen und anhand von verschiedenen Beispielsfällen für In- und Outbound-Betriebsstätten die Erstellung von Hilfs- und Nebenrechnungen schrittweise veranschaulicht.

14.2. Gesetzliche Anforderungen

2008 wurde der sog. „Authorized OECD Approach" (AOA) von der OECD eingeführt und im Jahr 2010 konkretisiert.[1] Obwohl Betriebsstätten keine eigenständigen Rechtseinheiten darstellen, sondern in der Rechtseinheit ihres Stammhauses aufgehen, werden sie mit der Anwendung des AOA aus steuerrechtlicher Sicht für die Ergebnisermittlung als eigenständige Unternehmen behandelt (separate entity approach).[2]

Die Umsetzung des AOA in das deutsche Recht wurde durch das Amtshilferichtlinie-Umsetzungsgesetz vom 26.6.2013 durch Änderung des § 1 AStG vorgenommen. Die Gewinnabgrenzungsaufzeichnungsverordnung (GAufzV) wird in diesem Zusammenhang auch auf Betriebsstätten angewendet (siehe dazu insbesondere Wies in Kapitel 14.5). Die Betriebsstättengewinnaufteilungsverordnung (BsGaV), die am 17.10.2014 erlassen wurde, präzisiert die Anwendung des AOA.

Der deutsche Gesetzgeber hat mit § 1 Abs. 5 AStG i.V. mit der BsGaV eine gesetzliche Grundlage zur Behandlung von Betriebsstättengewinnaufteilungen geschaffen und

1 OECD Report 2010, Report on the Attribution of Profits to Permanent Establishments v. 22.7.2010.

2 Zu weiterführenden Informationen zum AOA, siehe Saliger in Kapitel 4.

diese durch die Verwaltungsgrundsätze Betriebsstättengewinnaufteilung (VWG BsGa) konkretisiert. Da die VWG BsGa lediglich Verwaltungsanweisungen für die Finanzverwaltung darstellen, können diese nicht als bindendes Recht geltend gemacht werden, aber wertvolle Hinweise und Indikationen zur Betriebsstättengewinnaufteilung liefern.

14.3. Inbound-Betriebsstätte

14.3.1. Darstellung des Sachverhalts

Die Slow Rida B.V. ist eine Kapitalgesellschaft mit Sitz in den Niederlanden und Mutter-unternehmen eines weltweit tätigen Konzerns, bestehend aus rechtlich selbstständigen Tochtergesellschaften und Betriebsstätten. Die Unternehmensgruppe ist spezialisiert auf die Produktion und Vermarktung von Lastenfahrrädern mit Elektroantrieb, inklusive Zubehör und Ersatzteilen. In Deutschland befindet sich seit mehreren Jahren eine Betriebsstätte des Stammhauses der Slow Rida B.V., die für den Vertrieb der Lastenfährräder auf dem lokalen Markt zuständig ist. Hierfür wurde eine Verkaufsfläche (Shop) inklusive Show-Room und kleiner Werkstatt in Köln käuflich erworben. Dafür hatte das niederländische Stammhaus zum Erwerbszeitpunkt einen Kredit aufgenommen. Eine geringe Anzahl angrenzender Büroräume, in denen weitere Vertriebsmitarbeiter der deutschen Betriebsstätte arbeiten, wurden von einem fremden Dritten angemietet.

Die Mitarbeiter der deutschen Betriebsstätte führen verkaufsunterstützende Tätigkeiten (Sales Support Services) aus.Die Verkaufsstrategie sowie das Shop-Konzept und -Design wird vom Stammhaus entwickelt und definiert. Ebenso werden Kaufverträge von Mitarbeitern des Stammhauses unterzeichnet. Die Mitarbeiter der deutschen Betriebsstätte haben nur einen geringen Verhandlungsspielraum bei Verkaufsgesprächen mit Kunden und sind an die Weisungen des Stammhauses gebunden.

Die Lastenfahrräder, die im Show-Room des Shops stehen, werden vom niederländischen Stammhaus geliefert, welches wiederum ein europäisches Zentrallager in Rotterdam betreibt. Die von den Kunden bestellten Lastenfahrräder werden direkt aus den Niederlanden zu ihnen nach Hause geliefert. Das Stammhaus hat eine pauschale Gewährleistungsrückstellung in seinen Büchern, von der 50.000€ auf die deutsche Betriebsstätte entfallen. Weiterhin entfallen anteilige personalbezogene Rückstellungen auf die Mitarbeiter der deutschen Betriebsstätte (30.000€). Einzelne Verbindlichkeiten sowie ein geringer Bestand an flüssigen Mitteln sind der Betriebsstätte ebenso zuzuweisen.

Die Bilanz des Stammhauses in TEUR stellt sich für die letzten beiden abgeschlossenen Wirtschaftsjahre (wobei die Wirtschaftsjahre den Kalenderjahren entsprechen) wie folgt dar:

Aktiva	**31.12.23 in TEUR**	**31.12.22 in TEUR**	**Passiva**	**31.12.23 in TEUR**	**31.12.22 in TEUR**
Immaterielle Vermögensgegenstände	7.000	5.800	Gezeichnetes Kapital	60.000	60.000
Sachanlagen (inklusive Gebäude)	86.500	91.000	Gewinn-/ Verlustrücktrag	7.000	8.500
Finanzanlagen	13.000	13.000	Jahresüberschuss	3.000	-1.500
Vorräte	21.500	23.000	Personalbezogene Rückstellungen	32.000	40.000
Forderungen	18.000	15.000	Gewährleistungs-Rückstellungen	25.000	29.000
Flüssige Mittel	11.000	12.200	Verbindlichkeiten	30.000	24.000
Bilanzsumme	**157.000**	**160.000**		**157.000**	**160.000**

Alle in der Betriebsstätte auflaufenden Kosten werden vom Stammhaus erstattet. Für die vermittelten Umsätze erhält die deutsche Betriebsstätte eine Umsatzprovision i. H. von 6%. Die Gesamtvergütung der Betriebsstätte wurde über eine Benchmarkingstudie verprobt und kann als fremdüblich erachtet werden.

Eine Hilfs- und Nebenrechnung soll für die deutsche Betriebsstätte für das Wirtschaftsjahr 2023 erstellt werden. Das Wirtschaftsjahr entspricht dem Kalenderjahr. Die deutsche Betriebsstätte unterliegt keiner Buchführungspflicht.

14.3.2. Diskussion und Lösung

14.3.2.1. Grundsätzliches Vorgehen

Ziel der Hilfs- und Nebenrechnung ist die Gewinnermittlung einer Betriebsstätte unter der Annahme, sie sei ein eigenständiges Unternehmen. Die Gewinnermittlung bzw. -aufteilung für eine Betriebsstätte, die im Zahlenwerk der Hilfs- und Nebenrechnung dargestellt wird, erfolgt in einem mehrstufigen Vorgehen, das in § 1 BsGaV normativ verankert ist.[1] Zunächst ist eine „klassische" Funktions- und Risikoanalyse durchzuführen, anhand derer transaktionsbezogen für die beteiligten Unternehmen und/oder Betriebsstätten ermittelt wird, welche Funktionen jeweils ausgeübt, welche Risiken jeweils übernommen werden und welche Partei welche immateriellen Vermögensgegenstände besitzt. Entscheidungskompetenzen und Beiträge zur Wertschöpfung spielen hier eine wichtige Rolle, um die Art der ausgeführten Geschäftstätigkeiten klassifizieren zu können.

Auf Basis der Funktions- und Risikoanalyse werden Personalfunktionen für die Betriebsstätte bestimmt und zugewiesen. Auf Basis dieser Personalfunktionen werden die Vermögenswerte, Chancen und Risiken sowie Geschäftsvorfälle der Betriebsstätte zugeordnet und darauf aufbauend das Dotationskapital und die Passivposten ermittelt.[2]

Weiterhin werden anzunehmende schuldrechtliche Transaktionen/Beziehungen, sog. „interne Dealings", die zwischen der Betriebsstätte und dem Stammhaus bestehen, identifiziert.[3] Im vorliegenden Fall betreffen die internen Dealings die Sales Support Services (vertriebsunterstützende Tätigkeiten), die von der Betriebsstätte für das Stammhaus erbracht werden. Zum Zwecke der Gewinnermittlung der Betriebsstätte müssen die internen Dealings (hier: Sales Support Services) bepreist werden. Hierbei ist es wichtig zu beachten, dass keine vertraglichen schuldrechtlichen Liefer- und Leistungsbeziehungen zwischen Stammhaus und Betriebsstätte bestehen, sondern dies eine reine Fiktion eines Leistungsaustauschs für steuerliche Gewinnaufteilungszwecke darstellt.[4] Die Bepreisung der fiktiven Liefer- und Leistungsbeziehungen erfolgen unter Beachtung der allgemein gültigen Verrechnungspreisregelungen, wie beispielsweise Durchführung einer Funktions- und Risikoanalyse, Anwendung des Fremdvergleichsgrundsatzes und der Verrechnungspreismethoden sowie Durchführung einer ökonomischen Vergleichbarkeitsanalyse.[5]

Es gilt also, für die Betriebsstätte eine steuerliche Ergebnisrechnung, eine Art „kleinen Jahresabschluss" zu erstellen, die alle in den beiden oben genannten Schritten dargestellten Inhalte reflektiert. Eine Besonderheit stellt der Aufstellungszeitpunkt dar. Eine Hilfs- und Nebenrechnung ist gem. § 3 Abs. 1 BsGaV bereits zu Beginn eines Wirtschaftsjahres aufzustellen, über das Jahr fortzuschreiben und zum Ende des Wirtschaftsjahres abzuschließen. Die Hilfs- und Nebenrechnung muss spätestens zum Zeitpunkt der Abgabe der Steuererklärung der Betriebsstätte erstellt sein, damit deren

1 Siehe dazu auch die Ausführungen in Saliger in Kapitel 4.

2 Vgl. §§ 4–14 BsGaV.

3 Vgl. § 16 f. BsGaV.

4 Vgl. § 1 Abs. 4 Nr. 2 AStG i. V. mit § 16 Abs. 1 Nr. 2 BsGaV.

5 Vgl. § 16 Abs. 2 BsGaV.

Einkünfte, die anhand der Hilfs- und Nebenrechnung ermittelt worden sind, entsprechend berücksichtigt werden können.

Das Format einer Hilfs- und Nebenrechnung ist weder in der BsGaV noch in den VWG BsGa hinreichend konkretisiert. In der Praxis wird sich meist an der klassischen Aufstellung einer Bilanz und Gewinn- und Verlustrechnung orientiert.

Für die Aufstellung der Hilfs- und Nebenrechnung auf den Beginn des jeweiligen Wirtschaftsjahres können die Schlussbilanzwerte des Vorjahres als ein Anhaltspunkt dienen. Da es sich bei der Hilfs- und Nebenrechnung um eine einjährige Betrachtung handelt, liegt kein bzw. muss nicht zwingend ein Bilanzzusammenhang gem. § 252 Abs. 1 HGB vorliegen. Insbesondere die zu Beginn des Jahres durchzuführende Dotationskapitalkalkulation führt häufig dazu, dass zumindest die Passivposten, bestehend aus Rückstellungen und Verbindlichkeiten, anteilig gekürzt werden müssen und somit nicht mehr den Schlussbilanzwerten des Vorjahres entsprechen (können).

14.3.2.2. Lösung des Falls

14.3.2.2.1. Durchführung einer Funktions- und Risikoanalyse

Für die Geschäftstätigkeiten der deutschen Betriebsstätte ist gem. § 1 Abs. 1 BsGaV eine vollständige Verrechnungspreisanalyse, bestehend aus Funktions- und Risikoanalyse sowie einer Vergleichbarkeitsanalyse (zur Bestimmung fremdüblicher Verrechnungspreise), durchzuführen. Da die BsGaV keine nähere Definition einer Funktions- und Risikoanalyse beinhaltet, kann sich an der Definition in § 4 Abs. 1 Nr. 3 GaufzV orientiert werden.

Die Verrechnungspreisanalyse erfolgt transaktionsbezogen. Daher muss in einem ersten Schritt die konzerninterne grenzüberschreitende Transaktion identifiziert werden. Da Betriebsstätten gemäß der Anwendung des AOA wie eigenständige Unternehmen zu behandeln sind, sind auch Transaktionen zwischen Stammhaus und Betriebsstätte (sofern sie in zwei unterschiedlichen Ländern belegen sind), zu analysieren. Im vorliegenden Sachverhalt besteht eine grenzüberschreitende Transaktion zwischen dem niederländischen Stammhaus und der deutschen Betriebsstätte. Die deutsche Betriebsstätte führt vertriebsunterstützende Tätigkeiten im lokalen Markt aus.

In der Funktions- und Risikoanalyse wird bestimmt, welche Funktionen von der Betriebsstätte ausgeübt werden, welche Art von Risiken von ihr in welchem Umfang übernommen werden und welche immateriellen Wirtschaftsgüter zum Einsatz kommen. Im vorliegenden Fall übt die Betriebsstätte in ihrer Funktion vertriebsunterstützende Geschäftstätigkeiten aus. Der Umfang der ausgeübten Funktionen ist beschränkt, da sämtliche Strategien und Vorgaben durch das niederländische Stammhaus definiert werden und die deutsche Betriebsstätte diese im Wesentlichen „nur“ ausführt. Risiken trägt die

Betriebsstätte nur in einem geringen Maße, da sie Verträge mit Kunden nicht selbst unterzeichnet und somit auch kein wesentliches Marktrisiko trägt. Weiterhin hat sie beispielsweise auch keinen hohen Waren- oder Forderungsbestand. Wesentliche immaterielle Wirtschaftsgüter besitzt oder nutzt die deutsche Betriebsstätte nicht. Im Vergleich zum niederländischen Stammhaus haben die Tätigkeiten der deutschen Betriebsstätte einen geringeren Wertschöpfungsanteil. Als Folge der Funktions- und Risikoanalyse kann die deutsche Betriebsstätte also als Routine-Einheit klassifiziert werden.

Auf Basis der Funktions- und Risikoanalyse wird für die o.g. Transaktion zu einem späteren Zeitpunkt eine Vergleichbarkeitsanalyse durchgeführt, um fremdübliche Verrechnungspreise zu ermitteln (siehe dazu Wies in Kapitel 14.3.2.2.6.).

PRAXISHINWEIS:

Eine Betriebsstätte kann beliebig viele Transaktionen durchführen, mit dem Stammhaus und/ oder anderen verbundenen Unternehmen. Alle konzerninternen grenzüberschreitenden Transaktionen sind dabei einer separaten Verrechnungspreisanalyse zu unterziehen.

14.3.2.2.2. Zuordnung von Personalfunktionen

Basierend auf der durchgeführten Funktions- und Risikoanalyse werden Personalfunktionen, also die Tätigkeiten, die vom Personal der jeweiligen Betriebsstätte ausgeübt werden, identifiziert.[1] Personalfunktionen können auch als Geschäftstätigkeiten der Betriebsstätte angesehen werden. Eine nicht abschließende Auflistung an möglichen Personalfunktionen findet sich in § 4 Abs. 3 BsGaV. Die Personalfunktionen bilden die Grundlage für die Gewinnermittlung der jeweiligen Betriebsstätte.

Im vorliegenden Fall übt das gesamte Personal der Betriebsstätte vertriebsunterstützende Geschäftstätigkeiten für das niederländische Stammhaus im lokalen Markt in Deutschland aus. Folglich ist der deutschen Betriebsstätte diese Personalfunktion gem. § 4 Abs. 1 BsGaV zuzuordnen.

PRAXISHINWEIS:

Eine Betriebsstätte kann mehr als nur eine Personalfunktion ausüben. Gäbe es in der deutschen Betriebsstätte beispielsweise noch eine Produktionsstätte für die Lastenfahrräder, so würde die Betriebsstätte als Personalfunktion neben der Vertriebsunterstützung auch die Produktion (-stätigkeiten) ausüben, die im Rahmen der Gewinnermittlung auch entsprechend separat bepreist werden müssten.

Auf Basis der zugeordneten Personalfunktion(en), werden im nächsten Schritt nun die mit der/den Personalfunktion(en) in Verbindung stehenden Vermögenswerte[2], Chan-

1 Zu weiterführenden Details, siehe Saliger in Kapitel 4.

2 Materielle (§ 5 BsGaV) und immaterielle Vermögenswerte (§ 6 BsGaV), Finanzanlagen, Beteiligungen und ähnlichen Vermögenswerten (§ 7 BsGaV) sowie sonstige Vermögenswerte (§ 8 BsGaV).

cen, Risiken und Geschäftsvorfälle zugeordnet. Wichtig bei der Erstellung einer Hilfs- und Nebenrechnung ist, dass die Zuordnung von Vermögensgegenständen, Chancen, Risiken, Geschäftsvorfällen, Dotationskapital und übrigen Passivposten bereits zu Beginn des zu dokumentierenden Wirtschaftsjahres der Betriebsstätte erfolgt. Dies betrifft jedoch nur die Bilanzpositionen der Hilfs- und Nebenrechnung und nicht die Positionen aus der Gewinn- und Verlustrechnung, da Letzterer eine Zeitraum- und keine Zeitpunktbetrachtung zugrunde liegt.

PRAXISTIPP!

Für die leichtere Zuordnung von Vermögensgegenständen, Chancen, Risiken und Geschäftsvorfällen ist für buchhalterische Zwecke ein separater Buchungskreis für die jeweilige Betriebsstätte empfehlenswert!

Falls aus unterschiedlichen Gründen kein separater Buchungskreis für die Betriebsstätte eingerichtet werden kann, kann es hilfreich sein, anhand des Kontenrahmens des Stammhauses die einzelnen Bilanz- und GuV-Positionen durchzugehen und zu identifizieren, welche Posten (ggf. anteilig) der Betriebsstätte für die steuerliche Gewinnermittlung zugeordnet werden müssen.

14.3.2.2.3. Zuordnung von Vermögenswerten

Basierend auf den Personalfunktionen werden der Betriebsstätte Vermögenswerte (materielle Vermögenswerte nach § 5 BsGaV und immaterielle Vermögenswerte nach § 6 BsGaV) zugewiesen. Maßgeblich bei der Zuordnung von materiellen Vermögenswerten ist deren Nutzung durch die Ausübung der entsprechenden Personalfunktionen.[1] Bei der Zuordnung von immateriellen Vermögenswerten hingegen ist deren Schaffung oder Erwerb entscheidend.[2]

Im vorliegenden Fall sind der deutschen Betriebsstätte lediglich materielle Vermögenswerte zuzuordnen und keine immateriellen Vermögenswerte. Das niederländische Stammhaus hat vor einigen Jahren den Shop in Deutschland mit Show-Room und kleiner Werkstatt gekauft. Dieser steht somit im Eigentum der Slow Rida B.V. und ist in deren Büchern mit entsprechendem Restbuchwert i. H. von 240.000 € zu Beginn des Wirtschaftsjahres erfasst. Da die Räumlichkeiten in Deutschland ausschließlich von der deutschen Betriebsstätte für ihre Geschäftstätigkeiten genutzt werden, ist das Gebäude mit dem gesamten Restbuchwert der deutschen Betriebsstätte zuzuordnen.

Neben dem Gebäude sind auch noch ein kleiner Vorratsbestand an Lastenfahrrädern, die im Shop-/Show-Room stehen, sowie Ersatzteile der deutschen Betriebsstätte zuzuordnen. Die Ausstellungsstücke im Shop-/Show-Room werden der deutschen Betriebsstätte zugeordnet, da sie der Vermarktung von Lastenfahrrädern auf dem lokalen Markt

1 Siehe § 5 Abs. 1 BsGaV sowie OECD-Betriebsstättenbericht 2010, Teil I, Tz. 75.

2 Siehe § 6 Abs. 1 BsGaV.

und somit der Ausübung der Personalfunktion (Vertriebsunterstützung) dienen. Ähnlich verhält es sich bei den Ersatzteilen, die an die Kunden verkauft werden und bei Bedarf in der kleinen Werkstatt direkt eingebaut werden können.

Immaterielle Vermögenswerte, wie beispielsweise Patente oder Marken, werden von der deutschen Betriebsstätte nicht genutzt und können ihr daher auch nicht zugeordnet werden.

14.3.2.2.4. Zuordnung von Geschäftsvorfällen

Auf Basis der ausgeübten Personalfunktionen sind der Betriebsstätte gem. § 9 BsGaV Geschäftsvorfälle zuzuordnen. Davon umfasst sind sowohl Geschäftsvorfälle mit verbundenen Unternehmen als auch mit fremden Dritten.

Im vorliegenden Fall können der Betriebsstätte einige Geschäftsvorfälle und die damit in Verbindung stehenden Betriebseinnahmen und -ausgaben zugeordnet werden, deren ausgeführte Personalfunktion die Grundlage des Zustandekommens bildet. Im vorliegenden Fall sind dies (i) ein Kassenbestand aufgrund des Verkaufs von Zubehör und Ersatzteilen, (ii) Verbindlichkeiten in Form von Darlehen und anderen sonstigen Verbindlichkeiten, (iii) Personalaufwendungen für das in der deutschen Betriebsstätte angestellte Personal, (iv) Mietaufwendungen für die angemieteten Büros einzelner Vertriebsmitarbeiter sowie (iv) Zinsaufwendungen, die für das Darlehen anfallen, womit der Kauf der Immobilie finanziert wurde.

14.3.2.2.5. Zuordnung von Chancen und Risiken

Chancen und Risiken, die im Zusammenhang mit der Nutzung von Vermögenswerten oder im Zusammenhang mit Geschäftsvorfällen stehen, die der Betriebsstätte zugeordnet wurden, sind ebenso gem. § 10 Abs. 1 BsGaV der Betriebsstätte zuzuweisen. Darüber hinaus können auch Chancen und Risiken, die sich aus der Ausübung der Geschäftstätigkeit ergeben, der Betriebsstätte nach § 10 Abs. 2 BsGaV zugeordnet werden.

Ein gewisses geschäftliches Risiko ergibt sich im vorliegenden Fall dadurch, dass ggf. Zubehör oder ein Ersatzteil entweder fehlerhaft ist und verkauft wird oder in der Werkstatt falsch am Lastenrad eingebaut wird. Für solche Fälle ist der deutschen Betriebsstätte ein Anteil an der im Stammhaus gebildeten pauschalen Gewährleistungsrückstellung zuzuordnen, hier gem. Sachverhalt: 50.000 €. In der Praxis orientiert sich die anteilige Zuordnung von Gewährleistungsrückstellungen häufig an einer Verhältnisgröße, beispielsweise an den (vermittelten) Umsatzerlösen.

14.3.2.2.6. Zuordnung von anzunehmenden schuldrechtlichen Beziehungen und Erfassung fiktiver Betriebseinnahmen und -ausgaben

Für die Geschäftsbeziehung, die fiktiv zwischen dem niederländischen Stammhaus und der deutschen Betriebsstätte besteht (Durchführung von vertriebsunterstützenden Geschäftsaktivitäten), sind der Betriebsstätte gem. §16 BsGaV anzunehmende schuldrechtliche Beziehungen (sog. interne Dealings) sowie daraus entstehende fiktive Betriebseinnahmen und – ausgaben zuzuweisen.

Wie bereits im Sachverhalt erläutert, übernimmt die deutsche Betriebsstätte vertriebsunterstützende Tätigkeiten im lokalen Markt. Im vorliegenden Fall übt die Betriebsstätte in ihrer Funktion vertriebsunterstützende Geschäftstätigkeiten aus. Der Umfang der ausgeübten Funktionen ist beschränkt, da sämtliche Strategien und Vorgaben durch das niederländische Stammhaus definiert werden und die deutsche Betriebsstätte diese im Wesentlichen „nur" ausführt. Risiken trägt die Betriebsstätte nur in einem geringen Maße, da sie Verträge mit Kunden nicht selbst unterzeichnet und somit auch kein wesentliches Marktrisiko trägt. Weiterhin hat sie beispielsweise auch keinen hohen Waren- oder Forderungsbestand. Wesentliche immaterielle Wirtschaftsgüter besitzt oder nutzt die deutsche Betriebsstätte nicht. Als Folge der Funktions- und Risikoanalyse kann die deutsche Betriebsstätte also als Routine-Einheit klassifiziert werden.

Gemäß §16 Abs. 2 BsGaV sind für anzunehmende schuldrechtliche Beziehungen Verrechnungspreise anzusetzen, die dem Fremdvergleichsgrundsatz entsprechen. Das heißt, für die Bepreisung der fiktiven grenzüberschreitenden internen Transaktion zwischen Stammhaus und Betriebsstätte ist eine Vergleichbarkeitsanalyse durchzuführen, deren Vorschrift in §90 Abs. 3 AO i.V. mit §1 Abs. 3 „GaufzV" verankert ist.

Im Rahmen der Vergleichbarkeitsanalyse wird die Auswahl und Anwendung der Verrechnungspreismethode für die jeweilige Transaktion durchgeführt. Als am besten geeignete Verrechnungspreismethode wurde die Transaktionale Nettomargenmethode (TNMM) identifiziert und kommt demnach zur Anwendung. Für ihre Geschäftstätigkeiten erhält die Betriebsstätte eine Provision i. H. von 6% auf die von ihr vermittelten Drittumsätze. Darüber hinaus werden alle Kosten, die in der Betriebsstätte anfallen, vom Stammhaus in den Niederlanden erstattet. Insgesamt wird die Betriebsstätte auf eine EBIT-Marge ausgesteuert.

Die Vergütung für ihre Geschäftstätigkeiten erhält die deutsche Betriebsstätte vom niederländischen Stammhaus. Sie besteht aus zwei Komponenten, die sich wie folgt berechnen:

1) Erstattung operativer Kosten

Erstattung operativer Kosten in voller Höhe:	Werte in €
Abschreibungen	20.000
+ Personalaufwendungen	250.000
+ Mietaufwendungen	100.000
=	370.000

2) Provision auf vermittelten Umsatz

6 % Provision auf vermittelten Drittumsatz	Werte in €
Drittumsatz	1.500.000
x 6 % Provision	0,06
=	90.000

Die Gesamtvergütung der Betriebsstätte beläuft sich also auf 460.000 € (370.000 € + 90.000 €). Die deutsche Betriebsstätte wird insgesamt auf eine Routine-(EBIT-)Marge ausgesteuert, die innerhalb der in einer Benchmarkingstudie ermittelten interquartilen Bandbreite liegt und somit als fremdüblich erachtet werden kann.

In der nachstehenden Tabelle sind die – auf Basis von der deutschen Betriebsstätte ausgeübten Personalfunktionen – zugeordneten Vermögenswerte, Chancen und Risiken und Geschäftsvorfälle (inklusive interner Dealings) aufgeführt:

Vermögensgegenstände/ Chancen/Risiken/Geschäftsvorfälle	**Werte in € 1.1.23**	**Werte in € 31.12.23**	**Klassifizierung**
Gebäude	240.000	220.000	Bilanzposten Aktiva
Vorräte (Bikes im Show-Room)	45.000	60.000	Bilanzposten Aktiva
Vorräte (Zubehör und Ersatzteile)	5.000	10.000	Bilanzposten Aktiva
Kassenbestand	10.000	10.000	Bilanzposten Aktiva
Gewährleistungs-Rückstellung	50.000	45.000	Bilanzposten Passiva
Personal-RSt	30.000	20.000	Bilanzposten Passiva
Verbindlichkeiten	100.000	80.000	Bilanzposten Passiva

Sonstige betriebliche Erträge (Vergütung der Geschäftstätigkeiten (internen Dealings))	0	460.000	GuV-Posten
Abschreibungen	0	20.000	GuV-Posten
Personalaufwendungen	0	250.000	GuV-Posten
Mietaufwendungen	0	100.000	GuV-Posten
Zinsaufwendungen	0	30.000	GuV-Posten

14.3.2.2.7. Kalkulation des Dotationskapitals

Das sog. Dotationskapital kann als das „Eigenkapital“ der Betriebsstätte verstanden werden, dessen Kalkulation für inländische Betriebsstätten auf den Vorschriften des § 12 BsGaV basiert. Ziel ist, die Ermittlung und Zuweisung eines Dotationskapitals in der Höhe, welches die Betriebsstätte zur Erfüllung ihrer Funktionen bzw. zur Ausübung ihrer Geschäftstätigkeiten benötigt. Für Inbound-Betriebsstätten ist grds. eine anteilige Zuordnung des Eigenkapitals des Gesamtunternehmens (Stammhaus inklusive Betriebsstätte) auf Basis der anteilig der Betriebsstätte zugewiesenen Vermögensgegenstände anhand der Kapitalaufteilungsmethode erforderlich.[1]

Die Ermittlung des Dotationskapitals anhand der Kapitalaufteilungsmethode erfolgt dabei in zwei Schritten. In einem ersten Schritt wird die Summe der Vermögensgegenstände, die der Betriebsstätte zu Beginn des zu dokumentierenden Jahres, zugeordnet worden sind, ins Verhältnis zu den Vermögensgegenständen des Gesamtunternehmens (Stammhaus inklusive Betriebsstätte) gesetzt. Das Ergebnis ist eine sog. Asset Ratio. Diese Asset Ratio wird im zweiten Schritt mit dem Eigenkapital des Gesamtunternehmens (Stammhaus inklusive Betriebsstätte) multipliziert. Das Ergebnis ist das Dotationskapital, was in der Bilanz der Hilfs- und Nebenrechnung angegeben wird.

Im Falle von buchführungspflichtigen Betriebsstätten ist in jedem Fall zu prüfen, ob das Dotationskapital, das anhand der Kapitalaufteilungsmethode ermittelt wurde, das Eigenkapital, das in der Handelsbilanz der Betriebsstätte bereits erfasst ist, übersteigt. Falls dies der Fall ist, darf gem. § 12 Abs. 5 BsGaV maximal das bereits in der Handelsbilanz erfasste Eigenkapital in der Bilanz der Hilfs- und Nebenrechnung angesetzt werden. Falls das ermittelte Dotationskapital geringer als das in der Handelsbilanz ausgewiesene Eigenkapital ist, wäre das Dotationskapital anzusetzen.

1 Siehe § 12 Abs. 1–4 BsGaV.

PRAXISTIPP!

Da für die Anwendung der Kapitalaufteilungsaufteilungsmethode Bilanzwerte des Gesamtunternehmens zu Beginn eines Geschäftsjahres erforderlich sind, kann der Einfachheit halber auf die Schlussbilanzwerte des Vorjahres abgestellt werden.

Im vorliegenden Fall handelt es sich um eine nicht-buchführungspflichtige Betriebsstätte. Das heißt, dass das ermittelte Dotationskapital in der Bilanz der Hilfs- und Nebenrechnung anzusetzen ist. Die Kalkulation gemäß der Kapitalaufteilungsmethode stellt sich wie folgt dar:

1. Schritt: Ermittlung der Asset-Ratio zum 1.1.2023:

$$\frac{\text{Zugeordnete Vermögenswerte der Betriebsstätte}}{\text{Vermögenswerte des Gesamtunternehmens}} = \frac{300}{100.000} = 0{,}3\ \%$$

2. Schritt: Ermittlung des Dotationskapitals zum 1.1.2023:

*Asset Ratio * Eigenkapital Gesamtunternehmen* = 0,3 % * 47.000 TEUR = 141 TEUR

Der deutschen Betriebsstätte ist ein Dotationskapital i. H. von 141.000 € zuzuweisen.

14.3.2.2.8. Zuordnung übriger Passivposten

Nachdem die Vermögenswerte zugeordnet wurden und das Dotationskapital ermittelt worden ist, gilt es nun die übrigen Passivposten zuzuordnen. Nach § 14 Abs. 1 BsGaV werden die Passivposten vorrangig nach der direkten Methode zugeordnet. Dies betrifft alle Passivposten, die mit den bereits zugeordneten Vermögenswerten sowie Chancen und Risiken der Betriebsstätte in Zusammenhang stehen. Im vorliegenden Fall sind dies die Gewährleistungs-Rückstellung (50.000 €), die personalbezogenen Rückstellungen (30.000 €) sowie die Verbindlichkeiten (100.000 €). Die Summe der direkt zuordenbaren Passivposten beträgt 180.000 €.

Für das weitere Vorgehen wird nun die Summe der Vermögenswerte, die der deutschen Betriebsstätte zugeordnet worden sind (300.000 €) der Summe aus dem ermitteltem Dotationskapital (141.000 €) und den direkt zuordenbaren Passivposten (180.000 €) gegenübergestellt.

Grundsätzlich können zwei Szenarien hinsichtlich der (übrigen) Passivposten auftreten. In beiden Szenarien stellen die (übrigen) Passivposten eine Residualgröße dar. Zum einen kann die Summe der Vermögenswerte die Summe aus Dotationskapital und direkt zuordenbaren Passivposten übersteigen (Aktivüberhang bzw. Fehlbetrag Passivseite). In solchen Fällen ist die Passivseite mit übrigen Passivposten des Gesamtunternehmens nach der indirekten Methode gem. § 14 Abs. 3 BsGaV aufzufüllen. Zum anderen kann der umgekehrte Fall eintreten, dass die Summe aus Dotationskapital und direkt zuordenbaren Passivposten die Summe der zugeordneten Vermögenswerte übersteigt (Passivüberhang). In solchen Fällen muss auf der Passivseite gekürzt werden. Hierbei ist zu beachten, dass das Dotationskapital führend ist und sich eine Kürzung gem. § 14 Abs. 2 BsGaV nur auf die übrigen Posten der Passivseite bezieht.

Im vorliegenden Fall liegt ein Passivüberhang vor. Die Summe der Vermögenswerte übersteigt die Summe aus ermitteltem Dotationskapital und direkt zuordbaren Passivposten um 21.000 €.

Summe zugeordneter Vermögenswerte	300.000 €
- Ermitteltes Dotationskapital	– 141.000 €
- Summe direkt zuordenbarer Passivposten	– 180.000 €
= Passivüberhang	– 21.000 €

Damit sich die Summe aus ermitteltem Dotationskapital und direkt zuordenbaren Passivposten mit der Summe der zugeordneten Vermögenswerte ausgleicht, sind die direkt zuordenbaren Passivposten anteilig nach § 14 Abs. 2 BsGaV zu kürzen. Der Kürzungsfaktor ermittelt sich anhand der Höhe der ursprünglich direkt zuordenbaren Passivposten (hier 180.000 €) und dem verbleibenden Restbetrag, der auf der Passivseite nach Abzug des ermittelten Dotationskapitals übrig bleibt (300.000 € – 141.000 € = 159.000 €).

Ermittlung des Anteils, der für direkt zuordenbare Passivposten verbleibt:

$$\frac{159 \text{ TEUR}}{180 \text{ EUR}} = 0{,}8833 = 88{,}33\ \%$$

Die direkt zuordenbaren Passivposten können zum 1.1.2023 demnach nur mit 88,33 % ihrer ursprünglichen Werte angesetzt werden: die Gewährleistungs-Rückstellung mit 44.000 € (50.0000 € * 88,33 %), die personalbezogenen Rückstellungen mit 27.000 € (30.000 € * 88,33 %) und die Verbindlichkeiten mit 88.000 € (100.000 € * 88,33 %).

14.3.2.2.9. Zuordnung von Finanzierungsaufwendungen

Finanzierungsaufwendungen, die mit Passivposten in Zusammenhang stehen, die der Betriebsstätte bereits direkt zugeordnet worden sind, werden gem. § 15 Abs. 1 BsGaV zugewiesen. Im vorliegenden Fall ist der deutschen Betriebsstätte ein Darlehen zugeordnet worden, das für den Kauf des Shops (inklusive Show-Room und kleiner Werkstatt) aufgenommen wurde und für das Zinsaufwendungen im Wirtschaftsjahr 2023 angefallen sind. Entsprechend sind die Zinsaufwendungen in voller Höhe auch der deutschen Betriebsstätte zuzuweisen.

Da die Zinsaufwendungen jedoch im direkten Zusammenhang mit den direkt zuordenbaren Passivposten stehen bzw. in gewisser Maßen von diesen abhängen, sind Zinsaufwendungen – sofern eine Kürzung der direkt zuordenbaren Passivposten erforderlich war, um die Passivseite der Betriebsstätten-Bilanz auszugleichen – ebenfalls im gleichen Verhältnis gem. § 15 Abs. 2 BsGaV zu kürzen. Entscheidend ist, dass im Falle einer Kürzung der Zinsaufwendungen auf die Kürzungsrate zu Beginn des Jahres (hier 1.1.2022) abgestellt wird und nicht auf das Jahresende.

Im vorliegenden Fall wurden der deutschen Betriebsstätte ursprünglich 30.000 € an Zinsaufwendungen zugeordnet. Da die direkt zuordenbaren Passivposten nur i. H. von 88,33 % im Vergleich zu ihrem ursprünglich zuordenbaren Betrag ansetzbar sind, sind auch die Zinsaufwendungen nur in gleicher Höhe ansetzbar, nämlich i. H. von 27.000 € (30.000 € * 0,8833 = 27.000 €).

14.3.2.2.10. Zusammenführung in Betriebsstätten-Bilanz und -Gewinn- und Verlustrechnung für die Hilfs- und Nebenrechnung

Werden nun alle zugeordneten Vermögenswerte, Passivposten und das ermittelte Dotationskapital in der Betriebsstätten-Bilanz zu Beginn des Jahres zusammengefasst, stellt sich diese wie folgt dar:

Aktiva	**1.1.23 (Werte in €)**	**Passiva**	**1.1.23 (originäre Werte in €)**	**Anpassungen BsGaV**	**1.1.23 (finale Werte in €)**
Gebäude	240.000	Dotationskapital	0	+141.000	141.000
Vorräte	50.000	Gewährleistungs-RSt	50.000	−6.000	44.000
Forderungen	5.000	Personal-RSt	30.000	−3.000	27.000
Kasse	5.000	Verbindlichkeiten	100.000	−12.000	88.000
Bilanzsumme	**300.000**		**180.00**	**120.000**	**300.000**

Gemäß § 3 Abs. 1 BsGaV ist die Hilfs- und Nebenrechnung während des Wirtschaftsjahres fortzuschreiben und am Ende des Wirtschaftsjahres abzuschließen. Im Wirtschaftsjahr 2022 übt die deutsche Betriebsstätte ihre Geschäftstätigkeiten aus und wickelt diverse Transaktionen/Geschäftsvorfälle mit verbundenen Parteien und fremden Dritten ab. Die Gewinn- und Verlustrechnung der deutschen Betriebsstätte stellt sich für 2022 wie folgt dar:

Gewinn- und Verlustrechnung	**1.1.23–31.12.23 (originäre Werte in €)**	**Anpassungen BsGaV**	**1.1.23–31.12.23 (finale Werte in €)**
+ Sonstige betriebliche Erträge (Vergütung „interner" Dealings)	0	+ 460.000	460.000
– Abschreibungen	20.000	0	20.000
– Personalaufwendungen	250.000	0	250.000
– Mietaufwendungen	100.000	0	100.000
= Operatives Ergebnis (EBIT)	– 370.000	+460.000	90.000
– Zinsaufwendungen	30.000	– 3.000	27.000
= Ergebnis vor Steuern (EBT)	– 400.000	+ 457.000	57.000
–Steuern vom Einkommen und Ertrag	0	– 17.000	17.000
Jahresüberschuss	-400.000	+ 440.000	40.000

* Die Steuern vom Einkommen und Ertrag wurden vereinfacht mit einem effektiven Steuersatz i. H. von 30 % ermittelt (EBT i. H. von 57.000 € x vereinfachter Steuersatz i. H. von 30 % = Steueraufwand i. H. von 17.000 €).

Am Ende des Wirtschaftsjahres wird die „Schlussbilanz" für die Betriebsstätte erstellt. Unter der Annahme der Schlussbilanzwerte stellt sich diese sich wie folgt dar:

Aktiva	**31.12.23 (Werte in €)**	**Passiva**	**31.12.23 (originäre Werte in €)**	**Anpassungen BsGaV**	**31.12.23 (finale Werte in €)**
Gebäude	220.000	Dotationskapital	0	+ 141.000	141.000
Vorräte	40.000	Jahresüberschuss	40.000	0	40.000
Forderungen	15.000	Gewährleistungs-RSt	55.000	– 25.000	30.000

Kasse	5.000	Personal-RSt	40.000	– 19.000	21.000
		Verbindlichkeiten	90.000	– 42.000	48.000
Bilanzsumme	280.000		225.000	+ 55.000	280.000

14.4. Outbound-Betriebsstätte

14.4.1. Darstellung des Sachverhalts

Die Schnappschuss GmbH mit Sitz in München produziert kleine Pocket-Kameras, die insbesondere bei Outdoor-Sportarten und -Aktivitäten zum Einsatz kommen. Sämtliches technisches Know-how liegt bei der Schnappschuss GmbH. Zwei Patente stehen ebenso in ihrem Eigentum. Für den Vertrieb in zahlreichen anderen Ländern sind verschiedene Tochtergesellschaften im Ausland zuständig, die Pocket-Kameras an Sportartikel-Händler vertreiben.

Darüber hinaus gibt es eine Betriebsstätte in Norwegen, die drei Mitarbeiter beschäftigt. Sie übt Business Support Services aus, die als routinemäßig eingestuft werden können. Weder materielle noch immaterielle Vermögenswerte können der norwegischen Betriebsstätte zugewiesen werden. Ein kleines Büro, das sich die drei beschäftigten Mitarbeiter teilen, wurde angemietet. Die norwegische Betriebsstätte hat kleine Bestände an materiellen Vermögensgegenständen (Büroausstattung), (personalbezogenen) Rückstellungen und Verbindlichkeiten.

Die norwegische Betriebsstätte wird für ihre Tätigkeiten auf Basis der Kostenaufschlagsmethode (C+ 5 %) vergütet, d. h., alle in der Betriebsstätte auflaufenden Kosten werden vom deutschen Stammhaus erstattet. Zusätzlich verbleibt ein geringer Anteil am operativen Gewinn (EBIT) i. H. von 5 % in Norwegen.

Eine Hilfs- und Nebenrechnung soll für die norwegische Betriebsstätte für das Wirtschaftsjahr 2023 erstellt werden. Das Wirtschaftsjahr entspricht dem Kalenderjahr. Die norwegische Betriebsstätte unterliegt keiner Buchführungspflicht.

14.4.2. Diskussion und Lösung

14.4.2.1. Grundsätzliches Vorgehen

Das grundsätzliche Vorgehen bei der Erstellung einer Hilfs- und Nebenrechnung ist bei In- und Outbound-Betriebsstätten gleich[1]. In beiden Fällen werden der Betriebsstätte basierend auf den Personalfunktionen, Vermögenswerten, Chancen und Risiken, Geschäftsvorfälle (inklusive anzunehmender schuldrechtlicher Beziehungen („interner Dealings")), Dotationskapital und übrige Passivposten zugeordnet (zur ausführlichen Darstellung siehe Wies in Kapitel 14.3.2.).

Der einzige Unterschied besteht hinsichtlich der Zuweisung des Dotationskapitals (siehe dazu im Detail im folgenden Abschnitt).

14.4.2.2. Lösung des Falls

14.4.2.2.1. Durchführung einer Funktions- und Risikoanalyse

In der Funktions- und Risikoanalyse wird bestimmt, welche Funktionen von der Betriebsstätte ausgeübt werden, welche Art von Risiken von ihr in welchem Umfang übernommen werden und welche immateriellen Wirtschaftsgüter zum Einsatz kommen. Im vorliegenden Fall übt die norwegische Betriebsstätte in ihrer Funktion geschäftsunterstützende Tätigkeiten (Business Support Services) aus. Der Umfang der ausgeübten Funktionen ist beschränkt, da sämtliche Vorgaben durch das deutsche Stammhaus gemacht werden und die deutsche Betriebsstätte diese im Wesentlichen „nur" ausführt. Risiken trägt die Betriebsstätte ebenfalls nur in einem sehr geringen Maße. Immaterielle Wirtschaftsgüter besitzt oder nutzt die norwegische Betriebsstätte nicht. Im Vergleich zum deutschen Stammhaus haben die Tätigkeiten der norwegischen Betriebsstätte einen sehr geringeren Wertschöpfungsanteil. Als Folge der Funktions- und Risikoanalyse kann die norwegische Betriebsstätte also als Routine-Einheit klassifiziert werden.

14.4.2.2.2. Zuordnung von Personalfunktionen und Vermögenswerten

Die norwegische Betriebsstätte übt geschäftsunterstützende Geschäftsaktivitäten aus. Diese können ihr folglich als Personalfunktion zugewiesen werden. Zu Beginn des zu dokumentierenden Jahres kann der Restbuchwert an materiellen Vermögenswerten für die Büroausstattung der norwegischen Betriebsstätte (150.000 NOK) sowie ein geringer Bestand an flüssigen Mitteln (150.000 NOK) der norwegischen Betriebsstätte zugeordnet werden, da diese im Zusammenhang mit der Ausübung der Personalfunktion im Zusammenhang stehen.

1 Siehe gesonderte Vorschriften in der BsGaV für Bau- und Montagebetriebsstätten (siehe im Detail dazu van der Ham in Kapitel 6), Bankbetriebsstätten (siehe im Detail dazu Fiscal in Kapitel 11), sowie Versicherungsbetriebsstätten (siehe im Detail dazu Lülf in Kapitel 12).

14.4.2.2.3. Zuordnung von Chancen und Risiken und Geschäftsvorfällen

Der norwegischen Betriebsstätte können anteilig personalbezogene Rückstellungen (beispielsweise für Urlaub der in der Betriebsstätte angestellten Mitarbeiter) zugewiesen werden. Des Weiteren werden der Betriebsstätte auch Geschäftsvorfälle und die damit in Verbindung stehenden Betriebseinnahmen und -ausgaben zugeordnet, deren Personalfunktion die Grundlage des Zustandekommens bildet. Im vorliegenden Fall sind dies (i) Personalaufwendungen für das in der deutschen Betriebsstätte angestellte Personal i. H. von 3 Mio. NOK sowie (ii) Mietaufwendungen für die angemieteten Büros einzelner Vertriebsmitarbeiter (2 Mio. NOK).

14.4.2.2.4. Zuordnung von anzunehmenden schuldrechtlichen Beziehungen und Erfassung fiktiver Betriebseinnahmen und -ausgaben

Wie im Sachverhalt bereits erläutert, erbringt die norwegische Betriebsstätte Business Support Services für das deutsche Stammhaus. Die Funktions- und Risikoanalyse hat ergeben, dass die norwegische Betriebsstätte ein limitiertes Funktions- und Risikoprofil hat und Geschäftsaktivitäten ausübt, die als routinemäßig eingestuft werden können. Die ausgeübten Funktionen haben einen geringen wertschöpfenden Charakter und die von ihr übernommenen Risiken sind gering.

Im Rahmen der Vergleichbarkeitsanalyse wird die Auswahl und Anwendung der Verrechnungspreismethode für die jeweilige Transaktion durchgeführt. Als am besten geeignete Verrechnungspreismethode wurde die TNMM identifiziert und kommt demnach zur Anwendung. Für ihre Geschäftstätigkeiten erhält die Betriebsstätte eine Erstattung aller Kosten, die in der Betriebsstätte anfallen sowie einen Gewinnaufschlag i. H. von 5 % vom Stammhaus in Deutschland. Insgesamt wird die Betriebsstätte auf eine EBIT-Marge ausgesteuert.

Die Vergütung für ihre Geschäftstätigkeiten erhält die norwegische Betriebsstätte vom deutschen Stammhaus und berechnet sich wie folgt:

<u>Erstattung operativer Kosten + Gewinnaufschlag i. H. von 5 %</u>

Erstattung operativer Kosten in voller Höhe:	Werte in NOK
Personalaufwendungen	3.000.000
+ Mietaufwendungen	2.000.000
= Operative Kosten gesamt	5.000.000
+ Gewinnaufschlag i. H. von 5 %	250.000
= Höhe erstattungsfähige Kosten inklusive Gewinnaufschlag	5.250.000

Die Gesamtvergütung der Betriebsstätte beläuft sich also auf 5.250.000 NOK (5.000.000 NOK + 250.000 NOK). Die norwegische Betriebsstätte wird insgesamt auf eine Routine-(EBIT-)Marge ausgesteuert, die innerhalb der in einer Benchmarkingstudie ermittelten interquartilen Bandbreite liegt und somit als fremdüblich erachtet werden kann.

14.4.2.2.5. Zuordnung des Dotationskapitals

Die Zuordnung von Dotationskapital erfolgt für ausländische Betriebsstätten nach der Mindestkapitalausstattungsmethode gem. § 13 BsGaV. Dies bedeutet, dass einer ausländischen Betriebsstätte nur dann Dotationskapital zuzuordnen ist, soweit es aus betriebswirtschaftlichen Gründen erforderlich ist (§ 13 Abs. 1 BsGaV). Grundsätzlich wird bei ausländischen Betriebsstätten also ein Dotationskapital von Null angenommen. Sofern aus betriebswirtschaftlichen und/oder Fremdvergleichsgründen ein höheres Dotationskapital zugewiesen werden soll, ist dies glaubhaft vom Steuerpflichtigen darzulegen. Für die Kalkulation des Dotationskapitals verweist § 13 Abs. 3 BsGaV auf die Vorschriften der Dotationskapitalkalkulation für inländische Betriebsstätten in § 12 Abs. 1–3 BsGaV. Als Höchstbetrag ist – identisch wie bei inländischen Betriebsstätten – auch bei ausländischen Betriebsstätten das tatsächlich in deren Handelsbilanz ausgewiesene Kapital anzusetzen (§ 13 Abs. 4 BsGaV).

Im vorliegenden Fall kann der norwegischen Betriebsstätte ein Dotationskapital von Null zugewiesen werden. Aufgrund des limitierten Funktions- und Risikoprofils und der Tatsache, dass der Betriebsstätte keine wesentlichen Vermögensgegenstände zuzuweisen sind, ist weder aus betriebswirtschaftlichen noch aus Fremdvergleichsgründen ein höherer Betrag als Null zuzuweisen.

14.4.2.2.6. Zuordnung übriger Passivposten und Finanzierungsaufwendungen

Nachdem die Vermögenswerte zugeordnet wurden und das Dotationskapital ermittelt worden ist, gilt es nun die übrigen Passivposten zuzuordnen. Nach § 14 Abs. 1 BsGaV werden die Passivposten vorrangig nach der direkten Methode zugeordnet. Dies betrifft alle Passivposten, die mit den bereits zugeordneten Vermögenswerten sowie Chancen und Risiken der Betriebsstätte in Zusammenhang stehen. Im vorliegenden Fall sind dies die personalbezogenen Rückstellungen (180.000 NOK) sowie ein kleiner Bestand an Verbindlichkeiten (120.000 NOK). Die Summe der direkt zuordenbaren Passivposten beträgt 300.000 NOK.

Für das weitere Vorgehen wird nun die Summe der Vermögenswerte, die der deutschen Betriebsstätte zugeordnet worden sind (300.000 NOK), der Summe aus dem ermitteltem Dotationskapital (0 NOK) und den direkt zuordenbaren Passivposten (300.000 NOK) gegenübergestellt.

Dadurch, dass das zuzuweisende Dotationskapital 0 beträgt und sich die Aktiv- und Passivseite der Betriebsstätten-Bilanz bereits ausgleichen, sind keine anteiligen Kürzungen oder Auffüllungen auf der Passivseite vorzunehmen.

Finanzierungsaufwendungen sind der norwegischen Betriebsstätte gemäß Sachverhalt nicht zuzuweisen. Falls hypothetisch doch Finanzierungsaufwendungen zuordenbar wären, wären diese ebenso nicht anteilig gem. § 14 BsGaV zu kürzen, da auch keine Passivposten zu kürzen waren.

14.4.2.2.7. Zusammenführung in Betriebsstätten-Bilanz und -Gewinn- und Verlustrechnung für die Hilfs- und Nebenrechnung

Werden nun alle zugeordneten Vermögenswerte, Passivposten und das ermittelte Dotationskapital in der Betriebsstätten-Bilanz zu Beginn des Jahres zusammengefasst, stellt sich diese wie folgt dar:

Aktiva	1.1.23 (Werte in NOK)	Passiva	1.1.23 (originäre Werte in NOK)	Anpassungen BsGaV	1.1.23 (finale Werte in NOK)
Büroausstattung	150.000	Dotationskapital	0	0	0
Bank	150.000	Personal-RSt	180.000	0	180.000
		Verbindlichkeiten	120.000	0	120.000
Bilanzsumme	300.000	Bilanzsumme	300.000	0	300.000

Gemäß § 3 Abs. 1 BsGaV ist die Hilfs- und Nebenrechnung während des Wirtschaftsjahres fortzuschreiben und am Ende des Wirtschaftsjahres abzuschließen. Im Wirtschaftsjahr 2023 übt die norwegische Betriebsstätte ihre Geschäftstätigkeiten aus und wickelt diverse Transaktionen/Geschäftsvorfälle ab. Die Gewinn- und Verlustrechnung der norwegischen Betriebsstätte stellt sich für 2023 wie folgt dar:

Gewinn- und Verlustrechnung	**1.1.23-31.12.23 (originäre Werte in NOK)**	**Anpassungen BsGaV**	**1.1.23-31.12.23 (finale Werte in NOK)**
+ Sonstige betriebliche Erträge (Vergütung „interner" Dealings)	0	+ 5.250.000	5.250.000
- Personalaufwendungen	3.000.000	0	3.000.000
- Mietaufwendungen	2.000.000	0	2.000.000
= Operatives Ergebnis (EBIT)	– 5.000.000	0	250.000
- Steuern vom Einkommen und Ertrag	0	– 55.000	– 55.000
Jahresüberschuss	– 5.000.000	+ 5.195.000	195.000

Am Ende des Wirtschaftsjahres wird die „Schlussbilanz" für die Betriebsstätte erstellt. Unter der Annahme der Schlussbilanzwerte stellt sich diese sich wie folgt dar:

Aktiva	**31.12.23 (Werte in NOK)**	**Passiva**	**31.12.23 (originäre Werte in NOK)**	**Anpassungen BsGaV**	**31.12.23 (finale Werte in NOK)**
Büroausstattung	140.000	Dotationskapital	0	0	0
Bank	130.000	Jahresüberschuss	0	+ 195.000	195.000
		Personal-RSt	15.000	0	15.000
		Verbindlichkeiten	60.000	0	60.000
Bilanzsumme	270.000	Bilanzsumme	75.000	+ 195.000	270.000

14.5. Andere Dokumentationsvorschriften

14.5.1. Einleitung

Neben der Erstellung von Hilfs- und Nebenrechnungen gelten für Betriebsstätten weitere Dokumentationspflichten. Mit der Umsetzung des AOA ins nationale Recht, wurde auch die Dokumentationsvorschrift zur Erstellung einer Verrechnungspreisdokumentation für Betriebsstätten implementiert. Ziel war es, die Dokumentationsvorschriften zur Gewinnabgrenzung zwischen Stammhaus und Betriebsstätte denen für verbundene Unternehmen anzugleichen.

Im Folgenden werden die Erfordernisse an eine Verrechnungspreisdokumentation für Betriebsstätten auf Basis der gesetzlichen Anforderungen dargestellt.

14.5.2. Gesetzliche Anforderungen

Die Umsetzung des AOA in das deutsche Recht wurde durch das Amtshilferichtlinie-Umsetzungsgesetz vom 26.6.2013 durch Änderung des § 1 AStG vorgenommen. Mit § 1 Abs. 5 AStG i. V. mit der BsGaV hat der Gesetzgeber eine gesetzliche Grundlage zur Behandlung von Betriebsstättengewinnaufteilungen geschaffen, die in § 3 BsGaV ebenso Vorschriften zur Erstellung einer Verrechnungspreisdokumentation für Betriebsstätten beinhaltet. § 3 BsGav enthält einen Verweis auf die allgemeinen Vorschriften zur Erstellung von Verrechnungspreisdokumentationen in § 90 Abs. 3 AO i. V. mit der „GAufzV".

Dies bedeutet also, dass die allgemeinen Vorschriften für Verrechnungspreisdokumentationen gelten, jedoch gemäß BsGaV einige Besonderheiten bzgl. der Dokumentation von Betriebsstätten und insbesondere in Bezug auf die Gewinnaufteilung zwischen Stammhaus und Betriebsstätte Anwendung finden. Die Größenvorschriften bzw. Schwellenwerte gem. § 6 GAufzV, ab denen eine Verrechnungspreisdokumentation zu erstellen ist, sind zu beachten.

14.5.3. Dokumentationserfordernisse

In § 90 Abs. 3 AO i. V. mit der GAufzV sind zwei Arten der Verrechnungspreisdokumentation enthalten. Zum einen die landesspezifische unternehmensbezogene Dokumentation („Local File") in § 4 GAufzV sowie die Stammdokumentation („Master File") in § 6 GAufzV. Da das Master File die Dokumentation von gruppenweiten Sachverhalten beinhaltet (wie z. B. Übersicht der Geschäftstätigkeit und Wertschöpfungskette, Systematik von Verrechnungspreisbestimmungen, Finanzierungsaktivitäten, Finanzdaten etc.), wird im Folgenden der Fokus auf das Local File gelegt und welche zusätzlichen Informationen im Hinblick auf die Innentransaktion zwischen Stammhaus und Betriebsstätte in der Dokumentation grds. angegeben werden müssen.

14.5.3.1. Inhalt

Mit der Umsetzung des AOA in nationales Recht, werden Betriebsstätten aus Verrechnungspreissicht so behandelt, als wären sie ein eigenständiges Unternehmen. Dies gilt ebenso für die Vorschriften zur Erstellung einer Verrechnungspreisdokumentation. Sofern die in § 6 GAufzV genannten Schwellenwerte überschritten werden, ist eine Betriebsstätte ebenso zur Erstellung eines Local Files verpflichtet.

Im Folgenden werden die einzelnen Aufzeichnungserfordernisse erläutert.

Beteiligungsverhältnisse, Geschäftsbetrieb und Organisationsaufbau

- Beteiligungsverhältnisse zwischen dem Steuerpflichtigen (Legaleinheit) und nahestehenden Personen, mit denen er Geschäftsbeziehungen hat, einschließlich der Kenntlichmachung von Betriebsstätten.
- Organisatorische und operative Konzernstruktur sowie Veränderungen innerhalb des Dokumentationszeitraums, sowohl für das dokumentationspflichtige Unternehmen (Legaleinheit) als auch für seine Betriebsstätte.
- Beschreibung der Management- und Organisationsstruktur des inländischen Steuerpflichtigen, einschließlich der Berichtslinien von Mitarbeitern der Betriebsstätte innerhalb der Gruppe und zum Stammhaus.
- Beschreibung der Tätigkeitsbereiche und Geschäftsstrategie des Unternehmens, einschließlich der Aktivitäten der Betriebsstätte.

Geschäftsbeziehungen

- Beschreibung der einzelnen Geschäftsbeziehungen, einschließlich Art, Umfang und Veränderungen im Dokumentationszeitraum sowie der zugrundeliegenden Verträge.
- Hinweis: Verrechnungspreisrichtlinien können als Teil der Dokumentation verwendet werden.
- Funktions- und Risikoanalyse:
  - Beschreibung der ausgeübten Funktionen und übernommenen Risiken, insbesondere Durchführung einer detaillierten Analyse der Personalfunktion(en) der Betriebsstätte, da diese als Ausgangspunkt für anzunehmende schuldrechtliche Beziehungen dienen.
  - Angabe der eingesetzten Vermögenswerte, insbesondere immaterieller Vermögenswerte und deren Zuordnung zu Stammhaus und/oder Betriebsstätte.

- Beschreibung der gewählten Geschäftsstrategien und bedeutenden Markt- und Wettbewerbsverhältnisse.
- Beschreibung der Wertschöpfungskette sowie des Wertschöpfungsbeitrags, insbesondere Darlegung wie sich die Wertschöpfungsbeiträge zwischen Stammhaus und Betriebsstätte aufteilen.

Verrechnungspreisanalyse (insbesondere für die Angemessenheitsverprobung der Innentransaktion zwischen Stammhaus und Betriebsstätte)

- Zeitpunkt der Verrechnungspreisbestimmung sowie der zu diesem Zeitpunkt verfügbaren Informationen zur Preisbestimmung.
- Darstellung der angewandten Verrechnungspreismethode(n) und Begründung ihrer Auswahl und Eignung.
- Unterlagen über die Berechnungen bei der Anwendung der gewählten Verrechnungspreismethode(n).
- Auflistung und Beschreibung von verwendeten vergleichbaren internen oder externen Geschäftsvorfällen (ggf. auch unter Einbeziehung von Datenbankstudien), die belegen, dass der Fremdvergleichsgrundsatz bei den zu dokumentierenden Transaktionen (hier insbesondere die Innentransaktion(en) zwischen Stammhaus und Betriebsstätte) befolgt wurde.

14.5.3.2. Form

Das Local File kann gem. § 2 Abs. 1 GAufzV grds. in Papierform oder elektronisch erstellt werden. Die Dokumentation ist ordnungsgemäß zu führen und gemäß den gesetzlichen Pflichten aufzubewahren. In der Regel beträgt die Aufbewahrungspflicht zehn Jahre, kann in einzelnen Fällen jedoch auch länger sein, sofern die Festsetzungsfrist noch nicht abgelaufen ist.

14.5.3.3. Sprache

Die zu verwendende Sprache im Local File ist grds. Deutsch (siehe § 2 Abs. 5 GAufzV). Allerdings kann die jeweilige Finanzbehörde auf Antrag Ausnahmen hiervon zulassen. Der Antrag kann vor der Anfertigung der Aufzeichnungen gestellt werden, er ist aber spätestens unverzüglich nach Anforderung der Aufzeichnungen durch die Finanzbehörde zu stellen. Die Praxis zeigt, dass gerade bei Betriebsstättensachverhalten, in denen das Stammhaus und die Betriebsstätte in unterschiedlichen Jurisdiktionen ansässig sind, Dokumentationen in englischer Sprache häufig zugelassen werden. Dies stellt jedoch keinen grundsätzlichen Anspruch auf die Erstellung einer Verrechnungspreisdokumentation in englischer Sprache dar.